山东博物馆辑刊

2020年

山东博物馆　编

文物出版社

图书在版编目（CIP）数据

山东博物馆辑刊. 2020年 / 山东博物馆编. -- 北京：文物出版社，2020.9
ISBN 978-7-5010-6756-5

Ⅰ. ①山… Ⅱ. ①山… Ⅲ. ①博物馆－山东－丛刊
Ⅳ. ①G269.275.2

中国版本图书馆CIP数据核字(2020)第148028号

山东博物馆辑刊（2020年）

编　　者　山东博物馆

责任编辑　贾东营
责任印制　张　丽

出版发行　文物出版社
社　　址　北京市东直门内北小街2号楼
网　　址　http://www.wenwu.com
邮　　箱　web@wenwu.com
制版印刷　天津图文方嘉印刷有限公司
经　　销　新华书店
开　　本　889×1194　1/16
印　　张　15.25
版　　次　2020年9月第1版
印　　次　2020年9月第1次印刷
书　　号　ISBN 978-7-5010-6756-5
定　　价　188.00元

《山东博物馆辑刊》编委会

目 录

文博科技

文物宣教

文博资讯

青岛市黄岛区博物馆藏商周青铜兵器

文/郭长波 青岛市黄岛区博物馆

内容提要

青岛市黄岛区古称琅琊，商周时期先后属于莒国和齐国，是齐长城入海之地。近年来，黄岛区博物馆在辖域内征集商周青铜兵器42件，包括剑、戈、镞三种器型，以剑为主，时代从商至战国。商代铜镞证明黄岛区商代文化遗存的存在，春秋战国时期大量的青铜兵器与齐景公以后齐国占有琅琊、加强东南边境军事防御有关，也是齐国与吴越、燕国等进行文化交流的见证。

关键词

青铜兵器　琅琊　齐国　吴越

青岛市黄岛区地处山东半岛东南部、胶州湾西岸，滨黄海而立，山水相济，河海表里，人文肇起六万年前。商周时期设琅琊邑，先属莒，后归齐，是齐国的“东境上邑”和齐长城入海之地。近年来，黄岛区博物馆征集商周青铜兵器42件，包括剑25件、戈6件、镞11件，时代早至商晚期，以东周为主。这些青铜兵器对研究商周时期琅琊邑的文化交流和军事防御有重要意义。

一 青铜兵器介绍

（一）青铜剑25件，根据剑茎和剑格形制分为A、B、C三型。

A型剑身狭长，中脊突起，圆茎上下等粗，实心，中间有两条平行的粗箍，有宽格。根据有无剑首分为AⅠ式和AⅡ式。AⅠ式有剑首，两件通长44厘米，剑身前部微收狭，分别征集于宝山镇雷家庄（图一：1）和铁山街道别家村（图一：2）；一件剑首微凹，

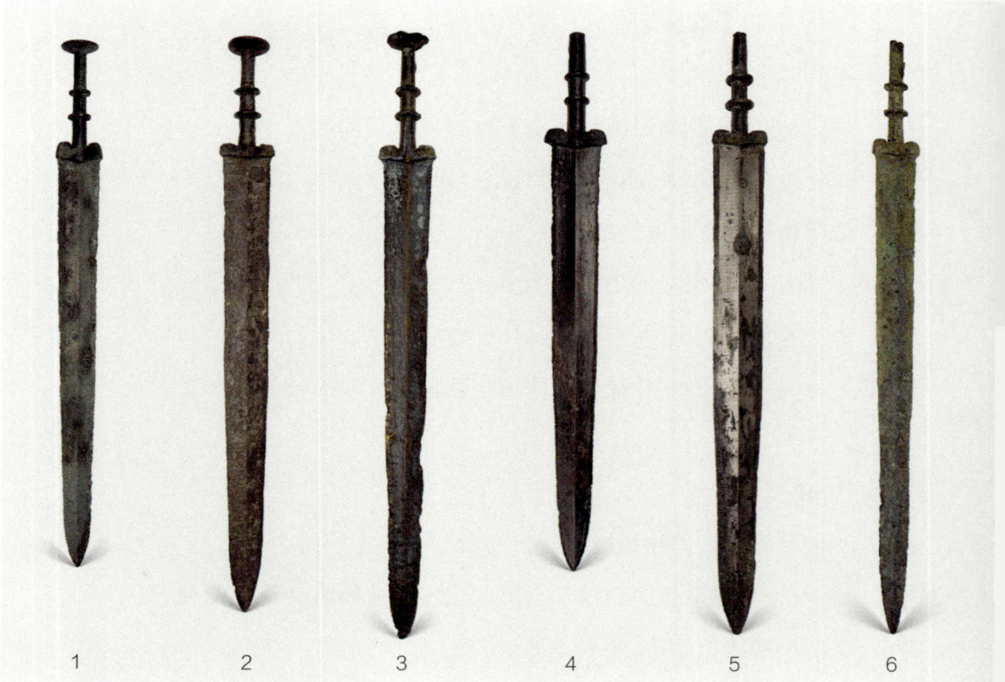

图一　A型青铜剑

图二　B 型青铜剑

通长 49 厘米，征集于藏南镇草桥村（图一：3）。A Ⅱ式无剑首，一件通长 43 厘米，征集于大场镇魏家湾（图一：4）；一件剑刃与剑从缘线明显，通长 50 厘米，征集于琅琊镇台西头村（图一：5）；一件剑从中部近锋端微收狭，通长 46.5 厘米，征集于隐珠街道店头村（图一：6）。

B 型剑身狭长，脊线突出，有格较窄，剑茎圆形，上细下粗，中空透底，有圆首，通长 37.2 厘米，征集于大村镇陈家庄（图二）。

C 型无铜后格、首。一件剑身中脊突起，断面作菱形，剑从中部外突，柱状茎，后端一侧有凸起与茎成直角，通长 30 厘米，征集于六汪镇塔桥村（图三：1）；一件剑身扁平，中脊突起，剑从有血槽，柱状茎，通长 30.5 厘米，征集于琅琊镇台西头村（图三：2）；一件剑身扁平，中脊突起，剑身近茎处呈弧形内收，后端斜折连茎，茎呈扁平，剑锋略残，通长 42 厘米，征集于隐珠街道崮上村（图三:3）;一件剑身狭长，脊线突起，中脊微凹，与两侧的缘线形成浅血槽，脊线与缘线交汇与剑锋，柱状茎，剑身后端与茎成直角，通长 47.5 厘米，征集于滨海街道山张村（图三：4）。

1　2　3　4

图三　C 型青铜剑

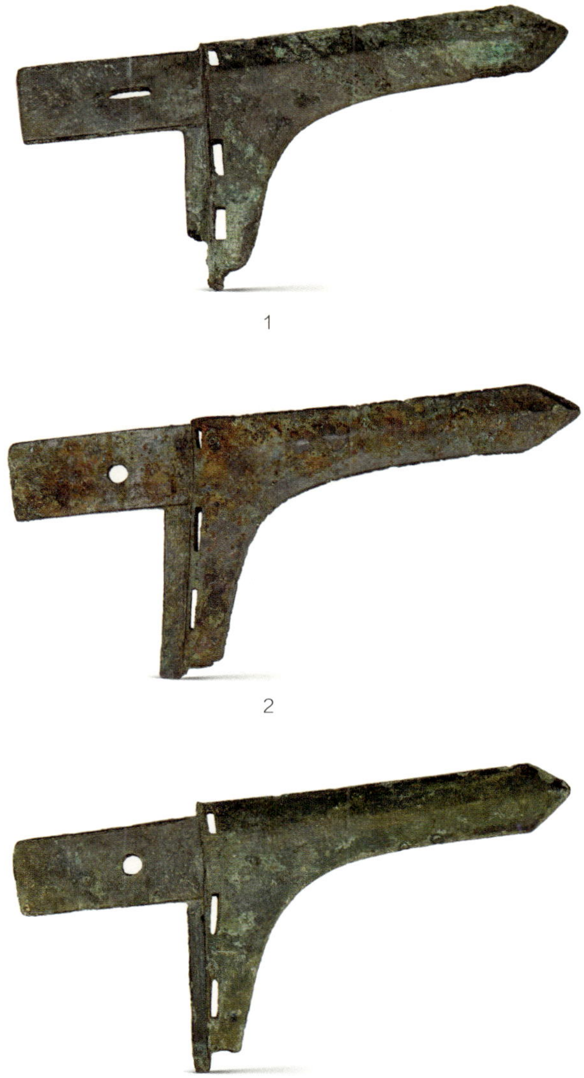

1

2

3

图四　A 型青铜戈

（二）馆藏青铜戈 6 件，均为直内有胡戈，根据形制分为 A、B、C 三型。

A 型三角形锋，长援，中脊突出，长胡，阑侧三穿，内呈长方形，上有一穿。一件穿呈长方形，通长 23、援长 15.5、内长 7.5 厘米，征集于琅琊镇台西头村（图四：1）；一件阑侧穿呈长方形，内穿呈圆形，通长 23.7、援长 16.1、内长 7.6 厘米，征集于滨海街道顾家崖头村（图四：2）；一件阑侧穿呈长方形，内穿呈圆形，通长 23.4、援长 15.5、内长 7.9 厘米，征集铁山街道徐家大村（图四：3）。

B 型弧线形尖锋，无折角，援微上扬，中胡，内基本平直，有一穿，下缘与阑约成直角。一件无上阑，阑侧三穿，胡下部呈弧形与阑相连，通长 16.8、援长 10.4、内长 6.4 厘米，征集于大村镇于家庄（图五：1）；一件阑侧两穿，胡下部方折与阑相连，

1

图六　C 型青铜戈

2

图五　B 型青铜戈

通长 18.7、援长 12.5、内长 6.2 厘米，征集于滨海街道石屋子沟村（图五：2）。

C 型弧线锋作柳叶尖状，狭长援弧曲上扬，中部起脊，窄长胡，阑侧三穿；长内略上翘，内上一穿，后缘上斜，两面开刃。通长 27.7、援长 17.5、内长 10.2 厘米，征集于大场镇西寺村（图六）。

（三）馆藏青铜镞 11 件，根据镞翼的数量分为 A、B、C 三型。

A 型双翼镞，中脊突出，是中国古代镞的主流形制。根据翼的形态分为 A Ⅰ式、A Ⅱ式。A Ⅰ式镞身较短，呈三角形，高脊隆起，双翼外敞有刃，后锋形成倒刺，脊末端接圆锥形铤，长为 5.5 厘米（图七：1）。A Ⅱ式两翼呈弧线形，双翼下垂，尖圆锋，隆脊，断面菱形，圆柱形铤。一件双翼近脊，残长 6.4 厘米（图七：2）；一件翼尾倒刺，与中脊形成空隙，残长 4.3 厘米（图七：3）。3 件镞均征集于琅琊镇东皂户村。

B 型三翼镞，镞身细长，尖峰，三翼极窄，无后锋，圆柱形铤，残长 5.5 厘米，征集于大场镇西寺村（图八）。

1　　2　　3

图七　A 型青铜镞

图八　B 型青铜镞

C 型三棱镞，截面呈三角形，无外伸之翼，圆柱形铤，细于镞身，通长 6 厘米，征集于隐珠街道郭家河岩村（图九）。

图九　C 型青铜镞

二 馆藏青铜兵器的年代

黄岛区博物馆馆藏青铜剑、戈、镞均为商周时期器物。A Ⅰ式剑与新泰周家庄东周墓地 M61、洛阳中州路 M2729、长治分水岭 M53 出土的青铜剑相似，A Ⅱ式剑与山西长子县东周墓地 M2、长治分水岭 M21、新泰周家庄东周墓地 M3 出土的青铜剑相似；B 型剑见于新泰周家庄东周墓地的 M71 和洛阳中州路 M2717；C 型剑见于洛阳中州路 M2719、长岛王沟东周墓 M10、新泰周家庄东周墓地 M1 等。新泰周家庄东周墓地 M3 为春秋早期，M61 为春秋晚期，M71 为战国中期，M1 为战国早期 [1]；山西长子县东周墓地 M2 为春秋晚期；长治分水岭 M53 为战国中期，M21 为战国晚期；洛阳中州路 M2729 为春秋晚期，M2717 和 M2719 为战国早期 [2]；长岛王沟东周墓 M10 为战国早期 [3]。因此，A 型剑的延续时间比较长，时代跨度从春秋晚期到战国中期；B 型剑时代为战国早中期，C 型剑时代为战国早中期。

直内戈是东周青铜兵器的大宗。馆藏直内戈中 A 型见于薛国故城 M1，B 型见于济南千佛山战国墓（JCZ72:024）、章丘绣惠女郎山一号战国大墓，C 型见于临淄淄河店 M2。薛国故城 M1 时代为春秋中期 [4]，济南千佛山战国墓（JCZ72:024）[5]、章丘绣惠女郎山一号战国大墓 [6] 时代为战国中晚期，临淄淄河店 M2 时代为战国早期 [7]。因此，馆藏青铜戈的时代从春秋中晚期到战国。

青铜镞中，A Ⅰ式镞与安阳殷墟妇好墓出土的Ⅱ式铜镞 [8]、1957 年济南长清兴复河征集的Ⅳ式铜镞 [9] 形制相近，时代为商代晚期。A Ⅱ式镞见于春秋中期的洛阳中州路 M4、薛国故城 M1[10] 和春秋晚期的新泰周家庄东周墓地 M49[11]，时代为春秋中晚期。B 型镞与战国早期潞城潞河韩国墓葬 M7、长岛王沟东周墓 M10 出土的铜镞相似 [12]，时代为战国早期。三棱镞考古发现较少，战国早期才开始流行 [13]，故 C 型镞时代为战国时期。

三 馆藏青铜兵器的文化归属

商代，鲁东南沿海地区一直是东夷人势力范围，商文化很少影响到这里。2016 年，山东省文物保护修复中心在对黄岛区博物馆馆藏青铜器修复时，发现 A Ⅰ式青铜镞与殷墟妇好墓出土铜镞相近，证明琅琊东皂户遗址存在商文化遗存。商周时期，东夷土著势力非常强大，尤其是莒国，作为东夷诸国中面积较大、实力较强的国家之一，商代抗殷，周拒齐、鲁，与中原王朝的关系并非十分融洽，多次遭到征伐。东皂户地区在商代和西周时期属于莒国范围，该遗址发现的青铜镞或与商征莒国的战争有关。

春秋晚期，诸侯争霸，战争频繁，山东地区出土的剑、戈等青铜兵器所呈现的文化因素明显增多。A、B 型青铜剑在山东地区出土较多，但没有找到祖型。1963 年，湖南衡南一座墓葬中出土两件青铜剑，均为有首、有格、双箍、实圆茎，一件剑身尚有井字形花纹，形制与 A 型青铜剑相同 [14]，时代不晚于春秋中期。1965 年，安徽屯溪发掘的 M3、M7 中出土两件青铜剑，亦为有首、有格、有箍、圆实茎，与 A 型青铜剑不同的是屯溪出土的剑身较短，其中一件有一箍，时代为西周中期 [15]。按照时代先后将屯溪铜剑、衡南铜剑和馆藏 A 型铜剑排列起来，可以看出它们之间存在着一脉相承的发展演变关系，剑身由短变长，茎箍由少变多。1965 年，浙江长兴出土一柄铜剑，全长 21.6 厘米，剑身扁平无脊棱，有格，有首，一箍，圆茎半空，时代不晚于西周中期。该剑形制似馆藏 A 型，但圆茎半空又与 B 型相似 [16]。屯溪和衡南墓葬是典型的吴越文化遗存，考古发现 B 型剑多出于吴越地区，因此，A、B 型剑应当是在吴越剑影响下形成的 [17]。C 型青铜剑出于齐长城南北两侧，柱脊、无格、无箍的特点与我国北方和东北地区流行的一种青铜短剑有些相似，时代为战国早中期，可能与齐燕战争有关。馆藏青铜戈器形单一，素面无纹，援由平直到弓曲，锋由三角变为弧线形，内尾由方角到鳍状，与山东地区春秋中晚期到战国时期青铜戈的演变规律相一致 [18]，本地特征较为明显。

春秋中晚期，齐国疆域向东扩展到达大沽河以西区域，莒国势力范围不断向南萎缩，退到了莒县、沂南、临沂一带。《左传·昭公二十年》记载晏婴告诫景公时提到齐国疆域“聊、摄以东，姑、尤以西，其为人也多矣”[19]，姑指大沽河，尤指小姑河，这一区域原是莒国计斤地区。齐悼公四年（前 485 年），“徐承帅舟师，将自海入齐，齐人败之，吴师乃还”[20]，这说明齐景公后期，琅琊区域已纳入齐国版图。因此，馆藏吴越文化特征的青铜剑是春秋晚期齐、吴两国之间文化交融影响的结果。

四 结 语

齐国的军事防御体系继承了周代“守在四境”的思想，重点防御泰沂山系与河流、海域交界处以及山川谷地。琅琊地处齐国东南边境，春秋晚期设有左关，战国时期修筑完成的齐长城在这里入海，地缘位置与莒国以及南方的吴越相近，区域间交流频繁，导致青铜器特征形成“你中有我、我中有你”的局面。近年来，黄岛区内大量发现春秋中晚期到战国时期兵器，与这一时期齐国势力范围南扩到达黄岛相符。

注 释

[1] 山东省文物考古研究所、新泰市博物馆：《新泰周家庄东周墓地（上）》，文物出版社，2014年，576-586页。
[2] 山西省考古研究所：《山西长子县东周墓》，《考古学报》，1984年4期，528页；山西省文物管理委员会、山西省考古研究所：《山西长治分水岭战国墓第二次发掘》，《考古》，1964年3期，136页；中国科学院考古研究所编著：《洛阳中州路西工段》，科学出版社，1959年，150页。
[3] 烟台市文物管理委员会：《山东长岛王沟东周墓群》，《考古学报》，1993年1期，83页。
[4] 山东省济宁市文物管理局：《薛国故城勘查和墓葬发掘报告》，《考古学报》，1991年4期，492页。
[5] 李晓峰、伊沛扬：《济南千佛山战国墓》，《考古》，1991年9期，817页。
[6] 济青公路文物工作队绣惠分队：《章丘绣惠女郎山一号战国大墓发掘报告》，《济青高级公路考古发掘报告集》，齐鲁书社，1993年，120、121页。
[7] 山东省文物考古研究所：《山东淄博市临淄区淄河店二号战国墓》，《考古》，2000年10期，65页。
[8] 中国社会科学院考古研究所编著：《殷虚妇好墓》，文物出版社，1980年，109页。
[9] 山东省博物馆：《山东长清出土的青铜器》，《文物》，1964年4期，43页。
[10] 中国科学院考古研究所编著：《洛阳中州路西工段》，科学出版社，1959年，102页；山东省济宁市文物管理局：《薛国故城勘查和墓葬发掘报告》，《考古学报》，1991年4期，492页。
[11] 山东省文物考古研究所、新泰市博物馆：《新泰周家庄东周墓地（上）》，2019年，文物出版社，583页。
[12] 山西省考古研究所、山西省晋东南地区文化局：《山西省潞城县潞河战国墓》，《文物》，1986年6期，17页。
[13] 朱凤瀚著：《中国青铜器综论》，上海古籍出版社，2009年，436页。
[14] 湖南省博物馆：《湖南衡南、湘潭发现春秋墓葬》，《考古》，1975年5期，297、298页。
[15] 胡文：《安徽屯溪奕棋又出土大批西周珍贵文物》，《文物》，1965年6期，52页。
[16] 夏星南：《浙江长兴出土五件商周铜器》，《文物》，1979年11期，93、94页。
[17] 李伯谦：《中原地区东周铜剑渊源试探》，《文物》，1982年1期，47页。
[18] 井中伟：《先秦时期青铜戈·戟研究》，吉林大学2006年博士研究生学位论文，182页。
[19] 杨伯峻编著：《春秋左传注》，中华书局，1990年，1417、1418页。
[20] 杨伯峻编著《春秋左传注》，中华书局，1990年，1656页。

简背划线的意义

——以银雀山汉简《六韬》为例

文/杨　青　山东博物馆
文/刘　钊　吉林大学古籍研究所古文字研究室

内容提要

1972 年，银雀山汉墓竹简《六韬》的出土，为研究《六韬》的篇章结构、流传情况、成书年代提供了新的资料。自 2015 年以来，山东博物馆依托"2011 协同创新"平台，启动了"银雀山汉简保护整理与研究"项目，利用红外线扫描、高清数码拍照等先进技术手段，对竹简进行系统整理与综合研究。通过对重新扫描、拍摄的高质量图版的观摩，发现了竹简上更多的微观信息。本文以银雀山汉简《六韬》为例，在原整理者整理成果的基础上，结合简背划线的相连情况，对《六韬》中若干有疑问的残简进行了重新考察，尝试找到这些残简相对合理的位置关系。

关键词

银雀山汉简　六韬　简背划线

一 导　言

自 2015 年以来，山东博物馆依托"2011 协同创新"平台，联合中国文化遗产研究院、清华大学出土文献研究与保护中心等单位联合启动了"银雀山汉简保护整理与研究"项目，利用红外线扫描、高清数码拍照等先进技术手段，对竹简进行系统整理与综合研究。通过对重新扫描、拍摄的高质量图版的观摩，我们发现了一个有趣的现象，即大量竹简背面存有刻刀划出的斜线（见图一）。

图一　简背划线

在简牍学史上，简背划线现象很早就被学者提及过。1991 年，包山楚简的整理者首次提到简背划线现象，他们指出："有少量竹简背面有刻刀划出的斜线，或墨笔划出的墨线，相邻的简有的可据此依次相接，有的则互不相关。这两种线道可能是在编联之前做的某种记号。"[1] 但是，在 1991—2011 年间，学界虽注意到简背划线现象，却并未予以重视。直到 2011 年孙沛阳《简册背划线初探》发表之后，简背划线才得到学界关注，研究日益深入。

在目前所见的简册材料中，岳麓秦简、北大汉简、清华简等都存有简背划线现象，可见这一现象在竹书中具有一定的普遍性。简册背划线大致可分为刻划线和墨划线两类，前者为主要形式，上举例子皆为此类；后者则较少，包山简、上博简《庄王既成》篇等材料中有见。

学界普遍认为简背划线产生于竹简编联之前。[2] 它的形成方式可以大致推测为：制简工匠把整根竹竿裁切成规定长度的竹筒，用刻画工具，按照相应的角度，在竹筒的非竹节部分上，进行旋转刻划。然后再将竹筒劈破，制成一枚枚竹简。简背划线的主要作用就是方便竹简的排序。古人在竹书制作过程中，依划线编排次序取简进行抄写，

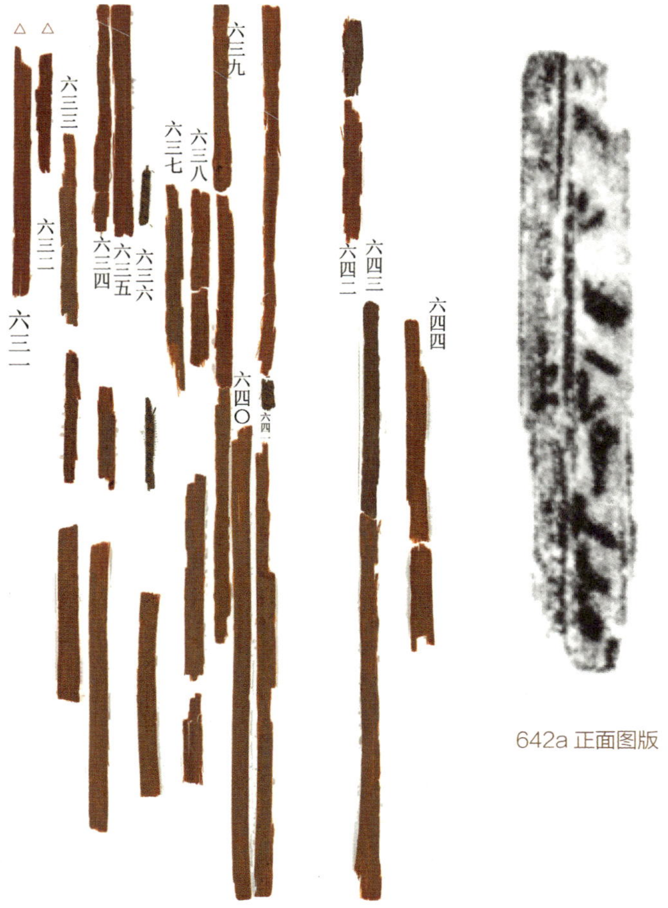

图二　《六韬 · 一》原简序

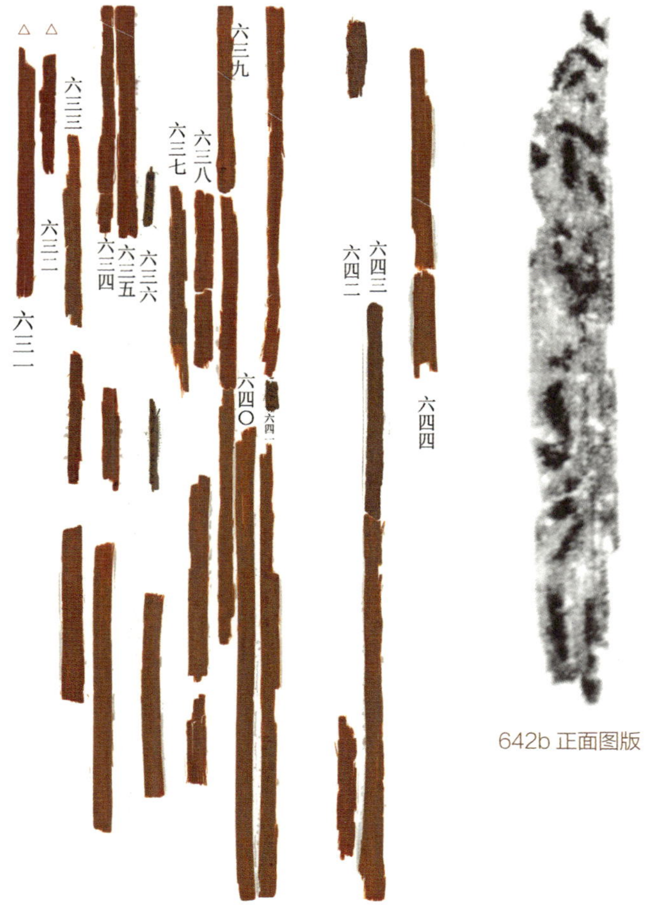

图三　《六韬 · 一》新简序

使得它可以成为排序的重要依据。本文将以银雀山汉简《六韬》为例，来说明简背划线对复原简序的重要性。

二 简背划线与编联

银雀山汉简《六韬》相关竹书残损严重，仅有极少数竹简未残断，另有少部分在拼合后基本完整。通过再次整理，我们共编联缀合成竹简 136 支，各篇均有不同程度的缺损。相对完整的竹简长度在 27.5 厘米左右，约合汉制一尺二，0.5 至 0.7 厘米宽。简文顶行书写，不留天头地脚，每简容字自 32 至 38 不等，平均 35 字左右。编绳两道，大致将整简三等分。简文行款未留编绳空间，绳痕常叠压于文字之上，应为书写后编联。竹简背面的划线，大致上起于竹简顶端，止于竹简的第一道上编绳处，自左上至右下延伸，至编绳附近后，则另起一道划线。有的篇章简背划线起始位置较低，应是与别的篇章同属一卷，编联在其后的缘故，对推测原来的简册编联状态有一定意义。

在原整理者整理成果的基础上，结合简背划线的相连情况，我们对《六韬》中若干有疑问的残简进行了重新考察，尝试找到这些残简相对合理的位置关系。

（一）《六韬》第一篇

《六韬》第一篇在传本《六韬》中为《文韬 · 文师》篇，为全书之首，《群书治要》中则作为全书之序。此篇共有十七支竹简，正文十四支，即 631–644 号简，正文后有附简三支，即 645–647 号简。

根据《银（壹）》中整理小组对此篇简序位置的整理，排列后的简背情况如图二所示。根据简背划线的位置判断，642 号、644 号两简的位置有商榷之处。642–644 号简释文为：

> 仁之所在，天下归之。□□（前文已释为“大乐”）【642】……义之所在，天下归之。凡民者，乐生而亚（恶）死，亚（恶）危而归利。能生利【643】……文王再藤曰：“敢毋受天之诏命乎？”【644】……

今本《六韬 · 文韬 · 文师》中与此段相类似的文字内容为：

> 仁之所在，天下归之。免人之死，解人之难，救人之患，济人之急者，德也；德之所在，天下归之。与人同忧同乐，同好同恶者，义也；义之所在，天下赴之。凡人恶死而乐生，好德而归利，能生利者，道也；道之所道之所在，天下归之。

文王再拜曰："允哉，敢不受天之诏命乎！"乃载与俱归，立为师。

结合传世本文义，642-644 号简归入此篇是没有疑问的。

642 号简由 642a（释文为"仁之所在"）与 642b（释文为"天下归之大乐"）两枚残简缀合而成。根据形制可断定，642a 为简首，位置可以排定。结合前面几枚简背划线情况判断，如果 642b 确与 642a 缀合，642b 简背应有划痕。而据高清图版，642b 简背并无划痕。另结合今本《六韬》此处内容推测，642b 号简（释文为"天下归之大乐"）不应与"仁之所在"句相连，而与下文的"天下归之与人同忧同乐"相对应。据此，大致可以推测出 642b 残简位置。因 644 号简背有划痕，据此可以重新排定此简位置。重新排定的此篇简序背面如图三所示。

（二）《六韬》第十篇

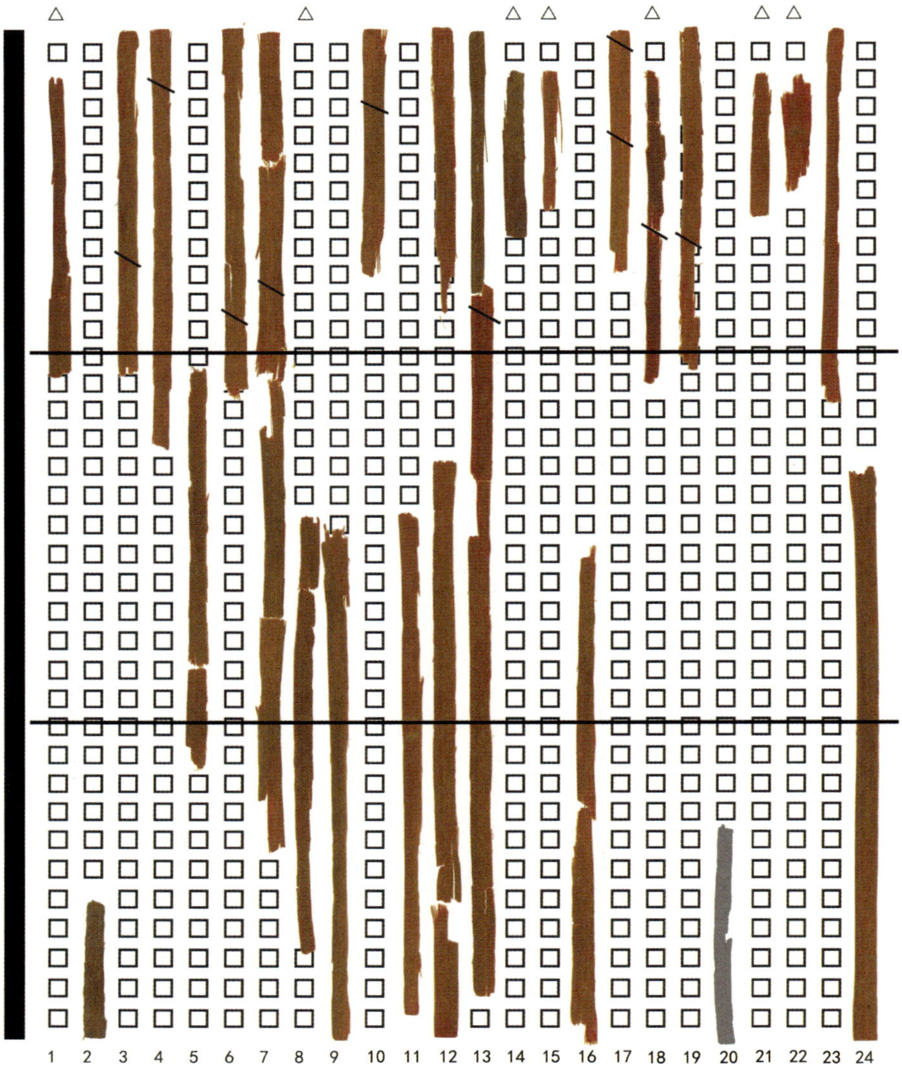

图四 《六韬·十》原简序

本篇所收竹简共计编为 24 个简号，内容都与武王伐纣事相关，因事类相近而被原整理者编为一篇。本篇所收各简之形制字体亦与简本《六韬》他篇相似，当为《六韬》佚篇无疑。本次再整理过程中，通过观察简背划线信息，再结合简文内容看，原整理者的复原可能并不能反映这部分简牍的原始状态，这组竹简也可能本不属于同一篇章，各简关系需要重新加以考虑。

根据《银（壹）》中整理小组对此篇简序位置的整理，排列后的简背划线比较凌乱（图四）。银雀山汉简《六韬》有传世本的诸篇，其简背划线分布比较规律，整体上是连续的。因此我们尝试以此为基础，参照简文内容，对这部分竹简的分篇与编联做一些调整（图五）。因为其中还有不少疑问，且无传世本的最终印证，故只作为一种意见，以供参考。[3]

三 结 语

随着图像信息获取技术的不断提高，使得我们能够明确竹简上更多的微观信息，也对以往学界长期忽略的简背现象有了新的认识。当然，并不是所有竹简背面都有划痕现象，这也说明这一工艺并非竹简加工的必要环节。在目前所见的简册材料中，简背划线现象主要发现于书籍类的竹简中，由于此类用途的竹简最后要编联成册，故而采用了这种加工工艺。

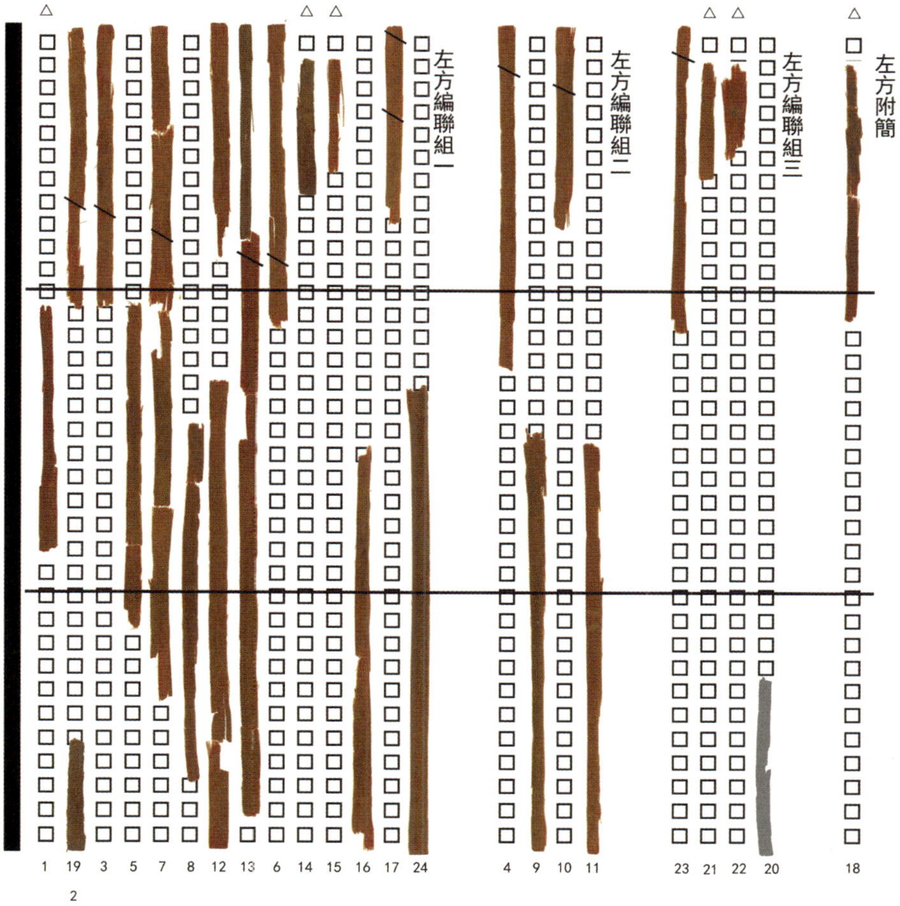

图五 《六韬·十》新简序

制简过程中，依据划线编排次序取简进行抄写，相邻两支竹简由于在切割时共同拥有一道切缝，将它们依次编联后，会形成“严丝合缝”的效果。另外，因同一竹材的质地肌理基本相同，竹书可以呈现出较为统一的面貌，故而可以使竹书面貌更为美观。

尽管简背划线为简序复原工作提供了重要依据，然编联成册的过程中，仍有诸多可能产生问题的环节存在，如古人并不一定每次书写都按序取简等。因此在竹简编联过程中，整理者对划线现象的利用应保持谨慎的态度，要注意划线与内容的不统一性。古人在编联时想必也考虑到了这些因素，故而尚有一些竹书除简背划线之外，还标有次序编号。例如，清华简《尹至》《系年》《说命》《厚父》等篇，简背均标有现成的编号。这就为竹书的编联提供了更为直接的依据。

总之，简背划线虽有提示简序的作用，但影响竹简编联与拼缀的因素还有很多，竹简编联还需综合考虑竹简上的其他信息，不可孤立运用。

注 释

[1] 湖北省荆沙铁路考古队：《包山楚墓》，文物出版社，1991年，267页。

[2] 参见孙沛阳：《简册背划线初探》，《出土文献与古文字研究第四辑》，上海古籍出版社，2011年，449～462页。又参见李均明、赵桂芳：《清华简文本复原——以〈清华大学藏战国竹简〉一、二集为例》，美国芝加哥大学等举办的“文本中国”国际学术研讨会论文，2012年5月。

[3] 此处限于篇幅体例，具体的复原过程我们另有专文加以探讨。

山东广饶皆公寺出土造像碑及相关问题

文/赵　金　东营市历史博物馆

内容提要

广饶县位于山东省中部偏北，地理和自然条件优越，其南部的青州和西部的博兴都是南北朝至隋唐以来佛教文化十分繁盛发达之地。在魏晋南北朝时，广饶一带属青州管辖，是社会经济和文化较为发达的地区。此区域曾先后被十六国中的后赵、南燕，南朝时的刘宋，北朝时的北魏、北齐、北周等政权所统治。至隋唐，境内寺院总数达二十余所，其中皆公寺是一处影响较大的寺庙，留下了较多珍贵的遗迹遗物。本文通过皆公寺遗址出土的三尊造像碑对该地区的石雕艺术、佛教文化及皆公寺的位置、年代等问题予以初步考证，可对文献起到补缺、印证作用。

关键词

山东广饶　皆公寺　造像碑

广饶县位于山东省中部偏北，地理和自然条件优越，世代先民生活在这块富饶的土地上，创造出灿烂的历史文明，其南部的青州市和西部的博兴县都是南北朝至隋唐以来佛教文化十分繁盛发达之地，保存和出土过大量佛教造像碑。在魏晋南北朝时，广饶属青州管辖，是社会经济和文化较为发达的地区，也是各割据政权频繁争夺、战乱不止的地方。该区域曾先后被十六国中的后赵、南燕，南朝时的刘宋，北朝时的北魏、北齐、北周等政权所统治。这些政权的最高统治者大都笃信佛教，并迎请高僧，大造佛寺，广纳僧众，使该区域的佛教文化异常盛行，至隋唐，寺院总数竟达二十余所[1]。目前，境内已发现十九处佛教寺庙遗址。

根据寺庙遗址出土的遗迹遗物等资料证实，北魏时，当地已建有规模较大的寺院多处，其中皆公寺是影响较大的一个，在该寺遗址及周边区域发现造像碑三尊，分别命名皆公寺比丘道伾造弥勒像碑、皆公寺造像碑和皆公寺造像龛碑。有些学者曾撰文对其中的两尊造像碑予以介绍[2]，有些问题有待进一步深入探讨分析。

一　造像碑概况

皆公寺比丘道伾造弥勒像碑（图一），整石呈舟形，碑尖残缺，残高约 340、宽 120 厘米。碑顶正中饰一倒悬龙，口衔莲茎，两侧浮雕 4 尊伎乐飞天。背屏外侧饰火焰纹，正中雕单尊主佛，立姿，手残无，右手断面有圆形榫眼，下颌部有裂纹，身后为多重圆形头光及椭圆形背光。主佛高螺纹肉髻，面方圆，面目清秀，外披博带式通肩大衣，“U”形衣纹，衣襟搭于左臂，胸前束打结小衣带，下着长裙，裙纹流畅，下摆外展，足略残，立于方形莲花座之上。莲花座断为多块，部分残缺。底座正面阴线刻图像及题铭，正中图像为一坐姿力士，双手向上托举博山炉。力士两侧为坐姿僧人，旁侧有题铭，外侧画像残缺。题铭为“大魏孝昌三年正月二日奉诏建立皆公寺”“大魏孝昌三季岁次丁未二月十五日比丘道伾为一切众生敬造弥勒石佛”“比丘惠供养佛”“比丘僧绪供养比丘僧援”。

皆公寺造像碑（图二），整石呈长方形，通高 254、宽 160 厘米。碑顶两角各浮雕人物三身，中间一人手举日月。正中雕单尊主佛，立姿，头、手残无，残高 98 厘米，残手断面偏上均有圆形榫眼，内着僧祇支，外着褒衣博带式佛衣，胸前内衣带打结下垂，

图一　皆公寺比丘道伾造弥勒像碑

图二　皆公寺造像碑

襟前凸叠衣褶搭左臂外垂略展。下着长裙，裙纹稀疏，垂至踝外展，立于覆莲台上。舟形背光上端尖倾，纹饰自外向内为火焰、莲花宝瓶、同心椭圆、莲瓣。顶光较大，分三层，外饰缠枝花叶，中间为多重同心圆光环，内层轮光。背光外层顶饰一翼龙，项光两侧浮雕3尊伎乐飞天。下角线刻供养人5身，旁有姓名题记。两侧亦浅浮雕小佛像16尊，均结跏趺坐。覆莲台正面人物阴刻，残缺不清。

皆公寺造像龛碑（图三），整石呈舟形，背面光滑，顶略前倾，石质黄中泛白，通高50.5、宽31、厚12厘米，高浮雕一佛二菩萨二弟子。碑顶浮雕一尊半身盘臂化佛，坐于覆莲台上，下方两侧雕2尊飞天。化佛高约8厘米，肉髻，身披双领下垂式袈裟，双臂盘于胸前，火焰纹项光，被二飞天承托。两飞天手持宝珠，另两个飞天手持排箫。飞天头戴遮耳帽，臂挂飘带，上身裸露，下身着露脐兜脚裤，面部圆润，体态丰满。中部高浮雕主佛（图四），高28厘米，肉髻发式，双耳垂肩，面庞丰满，身披袈裟，左手扶膝，右手抬掌曲二指，善跏趺坐于方形台椅，赤足各踩一覆莲台，神态慈祥。主佛项光亦为素面火焰纹，边缘凸出石面。主佛两侧侍立两弟子，光头赤脚，面圆短颈，眉目清秀，神态平和，双手抄于腹前，跣足立于花蒂台。弟子两侧侍立两菩萨，高约20厘米，头戴宝冠，内着圆领兜裙，外披帛，一手戴镯曲于胸前，另一手提领帛带，赤足立于圆台。方形底座正中雕一裸身盘坐力士，头、手顶举主佛莲座。力士两侧蹲护法狮子一只，昂首瞠目，回首相向。底座两角雕一站立天王，头戴战盔，身着铠甲，足穿战靴，一腿直立，一脚踩台阶，一手叉腰，另一手持剑，目视前方。

二　造像碑年代、主佛身份、纹饰等

比丘道伾造弥勒像碑座阴刻有“大魏孝昌三季岁次丁未二月十五日比丘道伾为一切众生敬造弥勒石佛”“比丘惠供养佛”“比丘僧绪供养比丘僧援”三段题铭（图五），为了解造像碑的年代、用途、刻碑者、供养人都提供了明确线索。

大魏孝昌三季岁次丁未二月十五日即北魏孝昌三年（527年）二月十五日。僧人休为众生祈福敬造弥勒石佛，供养者为惠、绪、援三僧。弥勒佛是大乘佛教的八大菩萨之一，传说他为释迦牟尼佛同时代人，生于印度波罗奈国劫波利村波婆利大婆罗门家。先释迦牟尼“四十二劫”而修行，但因他“具凡夫身，未断诸漏”，虽然已经出家，但仍然保留着一部分富家子弟的生活作风，喜欢华美衣服，好交游，结果释迦牟尼佛后来居上，成为世尊。尽管如此，弥勒佛仍被释迦牟尼佛指定为继任者，相传他将在未来娑婆世界降生，成为下一个尊者，故世称弥勒为“未来佛”[3]。

有些书籍资料将皆公寺造像碑的年代定为北朝中晚期[4]，而参照比丘道休造弥勒像碑，皆公寺造像碑的年代断为北朝中期即北魏晚期似乎更为准确。皆公寺造像碑无论体积大小、雕刻内容，还是纹饰布局（图六）等，与比丘道休造弥勒像碑十分近似，尤其造像主佛的衣着打扮、背光、头光等方面几乎完全一致。尽管皆公寺造像碑主佛头部缺失，但古青州地区在北魏晚期至东魏时期，流行弥勒、观世音、释迦多宝及释迦信仰，以弥勒下生信仰尤为突出[5]，再结合与比丘道休造弥勒造像主佛身体姿态、服饰衣纹等方面的实物对比推测，皆公寺造像碑主佛亦应为弥勒佛。

皆公寺造像碑顶两角浮雕的人物手举日月纹饰，在已出土的北朝中晚期百册造像碑和段家造像碑上也存在，有些学者曾撰文介绍，认为人物为天人[6]。关于天人，《陈义孝佛学常见辞汇》解释为天上的人，《丁福保佛学大辞典》又作天众，即住于欲界六天及色界诸天之有情，亦指住于天界或人界之众生。对于天人的观点，作者不敢苟同，而应是现实生活中的胡人。造像碑上的人物身穿短袖上衣，头戴半圆形尖顶帽，头发浓密，深目高鼻三角眼，留山羊胡，这与宋人李昉等编纂的《太平广记》中关于胡人形象的记载是一致的。

胡人原指中国以北的蒙古高原地区的游牧族群。秦汉时期塞北胡人统一后被汉人称为匈奴，匈奴则自称为胡。后来胡人一词则被用来作为华夏族（汉族）以外民族的泛称，也包括印度[7]。中国历史上，由胡人建立的政权不在少数，有北魏、后唐、后晋、辽、金、元、清等政权。所以，北魏时期造像碑上面出现执政民族者的形象实属情理之中的事情。

胡人手举日月一方面寓意政权与天地同寿，同日月争辉，祈求江山永驻，永远屹立不倒。另一方面也一定程度上是对当时社会历史状况的反映，说明当时胡人已经常见于当地，并参与当地的社会经济活动，为人们所习见，故而被引用到佛教造像之中。

皆公寺造像龛碑体积相对较小，在人物、纹饰（图七）等方面的风格与其他造像碑截然不同。菩萨身上的衣纹稀疏柔和，已经摆脱唐代早期衣着繁复、纹饰刻板的样式，

图三　皆公寺造像龛碑

图四　皆公寺造像龛碑局部

图五　皆公寺比丘道伾造弥勒像碑题铭拓片

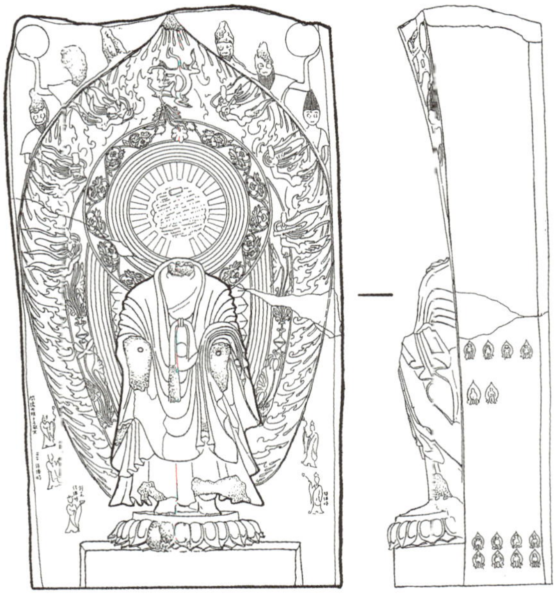

图六　皆公寺造像碑线图

图七　皆公寺造像龛碑线图

肢体采用的是富于变化的S型屈曲式，显得自然生动，这符合唐中期菩萨立姿的突出特征。主佛座椅为长方形椅背式，佛经上称为金刚宝座，而此种样式也流行于唐代。椅背上端两侧雕有瑞兽，上吻长而上翘，眼大而圆，短角小耳，应为摩羯鱼。“摩羯”为佛教中的一种神鱼，龙首鱼身，其地位类似中国的河神。大藏经《一切经音义》卷四十云：“摩羯者，梵语也。海中大鱼，吞噬一切。”以摩羯鱼为纹饰多见于唐代的金银器。描绘摩羯鱼的传统来自印度，摩羯鱼是鳄鱼形象的变化发展。最早的摩羯鱼造型可以在公元前 100 年印度山奇大塔的塔门装饰中找到。在藏族绘画史一千多年的发展历程中，摩羯鱼也在不断变化着，后来又与汉族的龙结合成“长鼻龙”，多见于寺院金顶的四角，近现代终被汉族的龙形象彻底替代。主佛为倚坐像，以这种形象出现的佛像多为弥勒佛。这与佛教传说有关。依据弥勒下生经，说他将由兜率天下到人间，接替释迦牟尼佛进行教化，由菩萨变为未来佛。倚座是展示弥勒坐在华龙树下等待成佛的形象[8]。

三 皆公寺的年代、位置等

据皆公寺比丘道偘造弥勒像碑座题铭“大魏孝昌三年正月二日奉诏建立皆公寺”，可知该寺建于北魏孝昌三年（公元 527 年）正月二日，皇帝下令修建，规格较高。另据王文彬等编纂《续修广饶县志》（民国二十四年石印本）记载，皆公寺位于县城西南十七华里杨赵寺庄。

杨赵寺庄，即今天的李鹊镇赵寺村，因寺立村，原由赵寺、高家、崔柳、大柳、小郭家、北赵、东堡、西堡、艾家、南赵、杨家、郝家村共 12 个自然村（俗称“十二杨赵”）组成。这些村共同供养皆公寺。明初洪武元年（1368 年），田姓族人由直隶（今河北省）枣强县迁此立村，初名田家庄，后改为杨赵庄，民国时期称杨赵寺庄，上个世纪五十年代改称赵寺村至今。

该寺在北魏孝昌三年建成后，历经“三武一宗灭佛”运动，几度兴衰，在民国二十四年（1935 年）依然存在，绵延 1400 多年。期间，寺庙多次被修缮，其中明代正德元年（1506 年）主持胜永重修，清代乾隆二十六年（1761 年）再修，嘉庆二十四年（1819 年）又重修。作者通过对赵寺村中老人走访座谈了解，皆公寺原有前后廊坊、钟楼、塔等建筑。钟楼内有铁钟一个，高约 1.5 米，20 世纪四十年代毁于战火。塔位于院内东南角，高约 20 米，五十年代被拆除。寺内原立《重修皆公寺碑记》一通，年代不详，后断为两块，被村民掩埋于院中井内。今该寺仅存旧址，被赵寺村所占压。2009 年夏，通过对皆公寺旧址调查勘探，初步确定遗址南北长约 100、东西宽约 70 米，总占地面积约 7000 平方米。

四 造像碑的发现、流向、损毁原因等

皆公寺比丘道偘造弥勒像碑的具体发现时间不详，但早在二十世纪三十年代就已作为广饶县 5 块著名石刻造像之一被载入首期《中国教育年鉴》，当时命名杨赵寺造像[9]。八十年代初，该碑被调运省石刻艺术博物馆，目前陈列于山东博物馆。

二十世纪五十年代第一次文物普查时，在小张乡南赵村又发现一通皆公寺造像碑，当时命名南赵石造像。发现时，该碑已被搁置村南水湾边多年。此碑后于 70 年代初，与皆公寺比丘道偘造弥勒像碑一起公布为第一批县级文物保护单位，90 年代初调运县博物馆。

20 个世纪 70 年代，小张乡南赵村村民在村东井内，又意外发现皆公寺造像龛碑。此井距皆公寺旧址仅 100 米左右。后调运县博物馆。21 世纪初，又与皆公寺造像碑一起调运市历史博物馆。

皆公寺出土造像碑均存在不同程度损毁。皆公寺比丘道偘造弥勒像碑碑尖残缺，主佛手部缺失，鼻子损毁，下颌部开裂（图八），足残，莲花座断为多块，部分已经遗失。底座外侧图像漫漶不清。皆公寺造像碑从中部斜断，主佛头、手均已不存在（图九），胡人面部毁坏。皆公寺造像龛碑主佛右手拇指断为两截等等。应与历史上的“三武一宗灭佛“事件有关。“三武一宗灭佛”，指的是北魏太武帝、北周武帝、唐武宗、后周世宗所发动的四次灭佛运动的合称，使我国的佛教发展受到很大打击，因此在佛教史上又被称为“法难”“三武一宗之厄”等。

北朝是中国佛教出现第一个兴盛高潮的朝代，但在短短近 200 年间却先后出现北魏太武帝、北周武帝发动的大规模灭佛事件，佛像和寺院均遭毁灭性破坏。属于北齐管辖的山东恰好经历中国历史上的第二次灭佛运动，即公元 577 年北周攻灭北齐，继续推行北周武帝的毁佛政策[10]。皆公寺比丘道偘造弥勒像碑刻于公元 527 年，而皆公寺造像碑年代为北魏晚期，其雕刻年代最晚也不会超过公元 534 年，所以惨遭此次运动破坏。

会昌年间（841—846 年），唐武宗又发起大规模拆毁佛寺和强迫僧尼还俗的毁佛运动。110 年以后，即公元 955 年，五代时期的后周世宗下诏废天下无敕额之寺院，毁铜像，收钟磬钹铎之类铸钱。雕刻于唐中期的皆公寺造像龛碑成为后两次运动的受害者，而皆公寺比丘道偘造弥勒像碑、皆公寺造像碑再次遭受毁坏。

皆公寺的造像碑屡次惨遭毁坏，却没有彻底消失。佛教认为，佛涅槃后会经过正法、像法、末法三个发展阶段。所谓末法，即指佛法灭绝。这种思想源自古印度，佛教宣扬末法思想，是要求佛教徒应有忧患意识，努力使佛法久留，造福众生。所以，每一次灭佛运动后，佛教信众并未就此悲观下去，反而对末法观点深信不疑。大规模的佛教劫难之余，佛教信众也逐渐形成埋藏佛像的习俗，他们将成堆的残破佛像收集起来，像埋葬佛教舍利一样挖坑埋藏起来[11]，使得佛像得以保存。灭佛运动过后，新的最高统治者再次推崇佛教，恢复寺庙，对损毁的佛像加榫接合修复，这也就不难理解为什么皆公寺出土的造像碑会有如此多的榫眼，可惜的是，修复后的佛像被再次毁坏，榫眼保留至今。

图八　皆公寺比丘道休造弥勒像头部

图九　皆公寺造像碑主佛局部

五 小　结

广饶境内的寺庙遗址多集中分布在小清河以南区域，佛教造像大多出土于此，这里从北朝到隋唐都处在以青州为中心的佛教文化圈之内，所以文化遗迹遗物从总体上说是与古青州佛教文化一脉相承的。无论是北魏时期的皆公寺比丘道休造弥勒像碑、皆公寺造像碑，还是唐代皆公寺造像龛碑，都雕刻洗练细腻，装饰内容丰富华美，世俗化特点突出，是典型的青州佛教文化圈一带的造像风格。

该寺出土的造像碑，年代前后相差二三百年。期间，造像碑的风格并非一成不变，无论人物服饰特点、面部特征及发式，还是碑形样式等均有一些变化，形成各自的时代特征。如北魏时期造像碑，高浮雕背屏，主佛高肉髻，面相清瘦，颧骨略高，身形略显矮短，身着褒衣博带式袈裟等，飞天形象极为突出，顶束双鬟髻，面部清瘦，微折腰，袒上身，长裙贴体覆足上扬等。而唐代皆公寺造像龛碑虽仍有背屏，但高浮雕龛式一铺五身造像形式已经出现，造像肉髻低平，面相长圆，双目低垂，表情严肃，身体挺拔，削肩、隆胸，腹内收，体态窈窕，薄衣透体等，尤其飞天面似童相，穿着露脐兜脚裤，显得格外稚趣可爱，完全已经不是早期作品中所见到的成年人形象[12]。

目前，虽然发现的造像碑全部残缺，但装饰华丽，雕工精湛，美感犹存，充分体现地域性石雕艺术辉煌成就，是研究中国及世界石雕艺术、佛教文化等方面发展史的极其宝贵资料。皆公寺为皇帝下令建造，规模较大，绵延 1400 多年，寺内石造像应远不止于目前发现的数量。境内早年发现的段家石造像与皆公寺造像碑风格相近，或为同一时期、甚至同一寺院的作品[13]。如此较多数量造像碑的发现，也从侧面反映出这座千年古刹曾经的辉煌兴盛，一定程度上可弥补地方志之缺漏。

附记：文中拓片由肖贵田先生制作，线图由赵正强先生绘制。本文得到了何德亮、于秋伟两位先生的悉心指导。借此一并深表谢忱！

注释

[1] 于树健：《东营文化通览》，山东人民出版社，2012年。
[2] 赵正强：《山东广饶佛教石造像》，《文物》，1996年12期。
[3] 朱燕英：《福州木雕名匠柯世荣龙眼木雕弥勒佛坐像赏析》，《文物鉴定与鉴赏》，2015年62期。
[4] 尹秀民：《广饶文物概览》，内蒙古人民出版社，2001年。
[5] 王瑞霞：《北朝晚期古青州地区的佛教信仰》，《敦煌研究》，2007年6期。
[6] 同注[2]。
[7] 王立：《唐诗中的胡人形象——兼谈中国文学中的胡人描写》，《内蒙古大学学报（人文社会科学版）》，2002年1期。
[8] 王芳：《唐代皆公寺造像龛碑：一尊精美的倚座佛造像》，《文物鉴定与鉴赏》，2015年62期。
[9] 张万春：《东营市历史博物馆简志（1977-2002）》，中国国家广播出版社，2002年。
[10] 肖贵田：《山东的维纳斯女神——蝉冠菩萨像》，《中国博物馆》，2012年2期。
[11] 同注[10]。
[12] 同注[8]。
[13] 同注[2]。

潍坊市博物馆藏佛教石造像

文/杜晓军　王琳琳　潍坊市博物馆

内容提要

潍坊市博物馆为国家一级博物馆，馆内藏品丰富，种类繁多。其中有一批佛教石造像较有特色，这批造像从北朝到唐代，有圆雕造像、浮雕造像；单体造像和背屏造像。该批佛教石造像技法精湛、工艺高超，且至今资料一直没有发表。本文拟对其进行逐一详细介绍，以供学界研究。

关键词

佛教石造像　胁侍菩萨　护法龙　背屏

佛教自汉代传入中国，由佛教信仰衍生出了许多人类艺术史上令人叹为观止的精品之作，佛造像艺术方面展现的尤为淋漓尽致。虔诚的信众自愿倾尽积蓄和一生之力，为佛造像，供人礼拜。使那些技艺精湛，气势恢宏的造像作品能够历经风雨，穿越千年保留到了今天。

潍坊市博物馆藏佛教造像100余件，大部分为铜造像，时代多数为明清时期，北朝较少。石造像虽然为数不多，但较有特色。至今，资料一直没有发表，现选取六件北朝—唐代石造像进行介绍（因早期资料不全导致北朝造像均来源不详）。以供学术界研究。

一 北朝造像

1. 北魏孝昌二年树惠和造像（藏品号：08284）。背屏为莲瓣形，呈弧面前倾状，顶端微残，残高46.5、宽27厘米（图一、A）。背屏正面上部中间浮雕飞龙，两侧各

图一　A　北魏孝昌二年树惠和造像（正面）

图一　B　北魏孝昌二年树惠和造像（背面）

图二　北魏普泰三年封法造像

图三　北齐彩绘背屏式三尊像

飞天一身，体态轻盈，裙带飞扬。佛像头部残缺。头光正中为凸起圆饼形，外周减地雕刻成圆环，中圈素面无纹。溜肩，臂胛较瘦。内着僧祇支，外穿褒衣博带式佛衣，右领襟横搭左肘，上身衣纹稀疏，自两肩垂至腹下作偏右下垂，形成阶梯状“U”形衣纹，双膝处多襞褶。衣饰略显厚重。内着长裙，裙长曳地。衣裙下摆稍有外展。双手作施无畏与愿印。跣足立于莲台上。

背屏背面题记六行：“大魏孝昌二年岁次丙午／八月戊辰朔十五日壬午／树惠和造石像一躯愿／使生生世世常值佛闻法／愿使居家眷属值佛／闻法”（图一、B）。书法端庄秀丽，为北朝至隋唐过渡期正楷字体。

背屏下为圆锥状榫柱，插于长方形台座上，台座四周素面无纹。

2. 北魏普泰三年封法造像（藏品号:01110，国家二级文物）。保存完好。通高 47.5、宽 27.5 厘米（图二）。背屏为锐角舟形，正面顶部略前倾，装饰火焰纹。中下部一佛二菩萨三尊立像。主尊肉髻较高，头微前倾，长脸形，凸颧骨，宽额小颐，嘴角上翘呈微笑状。溜肩，窄臂胛，含胸，凸腹。内着僧祇支，外穿褒衣博带式佛衣。右领襟横搭左肘，衣纹从两肩垂至腹下作偏右侧垂鳞形，衣裙下摆多襞褶，锐角外展。双手作施无畏与愿印。跣足立于半圆形覆莲台座上。主尊头部后方有两道阴线刻的同心圆头光，正中浅浮雕莲瓣纹，身后多重椭圆形身光。两胁侍发髻高挽，额前发由中间往两边梳至脑后，脸形略方，微笑。长颈，溜肩，窄臂胛，含胸。内着僧祇支，披帛自两肩沿体侧垂下，在两膝间交叉上卷，绕前臂而过飘于体侧。右胁侍双手持莲蕾于胸前，左胁侍上抬双手被胸前覆莲遮掩。均跣足立于半圆形覆莲台座上。背屏背面素面无纹。

背屏下方为长方形台座，正面题记七行，铭为：“普泰三年／十月一日封法／造像一躯愿／生生世世直佛／文法／□山刚侍佛／时”。北魏普泰年号仅用两年，三年应当是误刻。

3. 北齐彩绘背屏式三尊像（藏品号:08238，国家三级文物）。背屏顶部略残，残高 85、宽 49.5 厘米（图三）。上部四组高浮雕：分别为主尊头顶上方化生童子和大象局部；两侧各一菩萨坐于束腰藤座上，分别向前伸出持物之手；二胁侍正上方浮雕两帐形龛，内雕相对而坐文殊与维摩；两龛上方分别一裙带飘扬飞天。

中下部一佛二菩萨三尊立像。主尊磨光肉髻低平，脸方圆，五官略显紧凑。粗短颈，宽圆肩，小腹微微隆起，着交领大袖连体衣，下缘露绿色长裙，未雕饰衣纹。右手残缺，左手施与愿印。跣足立于莲台上。右胁侍头戴冠。袒上身，面相体态与本尊相同。

饰项圈，璎珞自颈部经胸前垂至上腹。下着长裙，衣纹呈弧形，简洁流畅。帔帛自背后绕至双臂内侧缓缓垂下。左胁侍头戴花蔓冠，宝缯垂肩。脸呈圆形，表情淡然。饰项圈，璎珞配饰同右胁侍。上腹中央有垂布，中间打结后自然垂至腹间，成为腰带一部分。长裙贴体。帔帛通覆双肩，自上臂内侧向后穿出沿体侧垂至莲台。两胁侍双手缺。跣足立于莲台上。

背屏下部主尊两侧有浮雕之双龙，体粗壮有力，首低俯，足三爪，尾弯曲上扬。口衔莲秆引出莲台，莲叶、莲蕾组成了二胁侍站立的莲台座。另各伸出一足，将主尊及莲台托起。背屏背面素面无纹。

主尊外衣、两胁侍菩萨衣裙及背屏现存赭红色。交领大衣领边、袖及两胁侍帔帛均蓝灰色。主尊长裙及飞天裙为草绿色。部分彩绘剥落。

这铺造像目前保留下来的彩绘应该是后代修复留下的，覆盖了原造像的较多本色。

4. 北周天和四年夏侯总陁造像（藏品号：08285）。保存基本完整。通高54、宽23.5厘米（图四、A）。背屏两侧平直，上部内收成尖顶，顶部弧面前倾，菩萨头戴高宝冠，中央饰摩尼宝珠。圆脸形，细眼长耳，双目微睁平视，脸颊丰润饱满。头光为浅浮雕圆环，环内周雕六身化生童子，顶部饰盛开莲花。粗短颈，溜肩。袒上身，体形肥硕敦实。颈部连珠状项圈，下佩饰花蕾。两排串珠式璎珞，沿胸两侧垂至腹部，穿圆饼形饰后至双膝处，由摩尼宝珠连接成“U”形。帔帛自双肩沿上臂内侧穿出飘向身后，颇具动感。下着贴体长裙，腹下衣纹居中，形成稀疏垂鳞纹。左上臂戴钏。右手执物上抬，左手握物垂于体侧。跣足立于仰莲和覆莲相背组成莲台上。两侧各蹲踞一兽。

图四　A 北周天和四年夏侯总陁造像（正面）

图四　B 北周天和四年夏侯总陁造像（背面）

背屏背面题记六行，隶书。铭文为："以如来应缘福降舍卫闻耀教潜化是故佛弟／子夏侯总阤割捨双珍为之忘（亡）父造像一区愿使／亲眷悉□□提心达□法相復愿天王承隆应／劫师徒七世父母一切象生合家大小永离□／缠托生兜率面奉弥勒常闻正法所愿如是／天和四年十五日同造像一区"（图四、B）。

二 唐代造像

1. 唐倚坐佛造像（藏品号：06406）。20世纪90年代，发现于石佛寺旧址（今潍城区向阳路市中级人民法院）。头部缺失，残高276、宽170厘米（图五、A）。宽肩，挺胸，身材壮硕。内着僧祇支，外穿双领下垂式佛衣，右襟左偏。右臂残，左臂仅余肘部以上。着长裙，衣裾下垂覆座。服饰轻薄贴体，衣纹于两下肢间呈稀疏"U"形。双足踏莲花，倚坐于亚腰形方座上。方座两侧有高浮雕扛托力士，均作托举状。底层饰一周覆莲纹（图五、B、C）。

2. 唐跏趺坐佛造像（藏品号：06413）。2003年东明寺旧址出土（今潍坊机械设计研究所）。头部已失，残高102、宽56厘米（图六）。双臂残，表层风化。宽肩，身形健壮。着袒右大衣，佛衣贴体。结跏趺坐于仰莲座上，下承接方形须弥座。

三 结　语

通过对以上佛教石造像的初步整理与研究，我们得出如下认识：

1. 这批造像年代跨度较长，从北魏至唐代，历经三百余年。其造型特征明显，制作工艺精湛，圆、浮雕，减地平雕和线刻是其主要雕刻形式。背屏式浮雕和圆雕造像中，背屏式浮雕造像形体较小，有单尊和多尊之别，圆雕造像较大，均为单体。

2. 资料显示，北魏孝昌二年和普泰三年造像特征大致相近，后者雕刻技法更为精湛，线条流畅自然，造型极具代表性。其褒衣博带式佛衣为北方地区北魏中晚期以来常见的服饰，诸城武定纪年的造像较多保留了其特征，虽然佛衣披着形式有变化。但同诸城第一组造像体

图五　A 唐圆雕坐像

图五　B 唐圆雕坐像右侧扛托力士

图五　C 唐圆雕坐像左侧扛托力士

图六　唐圆雕坐像

态及服饰基本吻合，后者雕造工艺更显古朴厚拙[1]。与青州第二期造像比较，表情和略显修长身材及胁侍菩萨发式等都较接近[2]。两造像的确切纪年铭文和所表现的服饰、面相、体态等特征，对研究该时期佛教造像分期断代具有重要参考价值。

3. 北齐彩绘背屏式三尊像中，护法龙口吐嘉莲承托两胁侍菩萨，身姿矫健，体态活泼、富于变化。莲茎、莲叶、莲蕾共同形成充满生机的荷莲组合。在我国传统文化中，龙是古代装饰纹样中使用最频繁的母题，又是八部护法之一。在青州、临朐、诸城等地同时期造像中均有发现。由此说明，龙是该时期佛像造型特点之一，恰好印证杜在忠先生“梁武帝崇龙说”[3]。

4. 石佛寺和东明寺圆雕坐像的发现，足以见证潍坊地区历史上佛教繁荣之盛况，对本区域宗教文化及信仰研究均具有重要意义。

注　释

[1][3] 杜在忠、韩岗：《山东诸城佛教石造像》，《考古学报》，1994年2期。
[2] 夏名采、王瑞霞：《青州龙兴寺出土背屏式佛教石造像分期初探》，《文物》，2000年5期。

济南长清灵岩寺千佛殿建筑考

文/王 晶 刘丽丽 常 祥 济南市考古研究所

内容提要

济南长清灵岩寺千佛殿，是以木结构建筑为主体的古代寺院佛教殿堂。从大殿现存建筑的体量、规格、结构、构件上，部分保存和沿用了唐宋时期的时代特征和构件，故此，能窥视到唐宋时期的遗物及营造风格，形象直观地展示出较早时期的古建筑风韵，甚是难得，为我们研究济南地区唐宋时期的结构特征及明代时期的梁架结构，都具有重要意义。

关键词

灵岩寺　千佛殿建筑　结构特征　考证

图一　灵岩寺千佛殿

灵岩寺地属济南市长清区万德镇辖区，在泰山主脉西北向的方山下，与地处泰山北麓的历城区柳埠街道办事处神通寺（古称朗公寺）皆缘由东晋时期的朗公法师而兴起，是山东地区传入佛教后最早的两处佛教道场寺院，两者之间的直线距离约 16 公里。两座寺院的创立，标示着山东佛教的正式传入和兴起。灵岩寺东北距省会济南市区 45 公里，南离泰安市 16 公里。西侧的万德镇驻地有南北向的京沪高铁、津浦铁路、京台高速和 104 国道，自古便是交通要道。1982 年，灵岩寺被国务院公布为全国重点文物保护单位。千佛殿（图一）是灵岩寺现存建筑布局中的主殿，是诸座殿宇中规模最大、等级最高、时代特征最早、承用老构件最多的一座营造规范的建筑载体，研究该殿的时代特征与构造风格，对其今后的宣传、保护和利用，大有裨益。

一　千佛殿的创建与重修

千佛殿位于般舟殿前的断崖下，二殿在同一轴心线上。历城神通寺与长清灵岩寺皆因东晋朗公高僧传播佛教而兴起[1]，历史上均有千佛殿的营建，且为寺院之主殿；

更伴有伽蓝殿、达摩殿的存在[2]。两者皆为佛教道场，寺院的起源均缘于朗公，主要殿宇奉祀的内容相同，形成双姊寺院，并驾齐驱。至唐会昌五年（845 年）唐武宗李炎下令灭佛，“暨乎会昌五年，毁去佛口，天下大同，凡有额寺五千余所，兰若三万余所，丽名僧人廿六万七千余人。所奉驱除，略无遗孑。惟此龛佛像俨然，微有董残。”[3]。神通寺与灵岩寺同遭劫难，彻底毁没。此后的神通寺再也没有大型殿宇的兴起，只有后来小型殿堂的营建和香火的苟延[4]，失去昔日的辉煌与影响，一蹶不振。而灵岩寺继而得到朝廷的赐予，“大中五年（851 年）奉旨，许于旧踪再起精舍。”[5] 又起香火，大有营造之风，拓建寺院，出现中兴态势，一路走向昌盛繁荣。同兴起、同发展的两座寺院由此结束“一茎双花”的模式。清康熙三十五年（1696 年）刻本《灵岩志》称，千佛殿由慧崇和尚创建于唐贞观（627—649 年）中。据唐垂拱四年（688 年）《慧迹塔记》碑载：“……昔有慧迹禅师在此山门住持五十余载……”自垂拱四年倒数五十余年，则至唐贞观年间（627—649 年）前期。而现存于五花殿东侧台地展示的唐开元十三年（725 年）石灯座（图二）镌有“慧崇”的法名，在题记后部提名部分依次为“……僧法明供养、僧慧盛供养、僧慧敬供养、僧玄景供养、僧慧崇供养、僧无为供养、僧法藏供养、僧智慧供养……”从中可知，当时的住持僧是法明，慧崇只是领导层成员的第五位，尚未充当住持僧。天宝元年（742 年）的《灵岩寺颂碑》内容所示的“上座僧（即主持僧）玄景”，在石灯座题记中排列于慧崇之前位，应是慧崇和尚的前任者，此时的灵岩寺住持僧还不是慧崇。慧崇塔史载营建于天宝年间，按照石灯座僧人领导层的排序推断，其中的慧崇至天宝年间接任主持是可信的；那么，慧崇任住持僧的时间应在天宝二年（743 年）至天宝十五年（756 年）之间。故此，而非《灵岩志》所载：“唐贞观初……故慧崇长老改迁今寺”[6]之说。《灵岩寺颂碑》又载：“高宗临御（麟德二年 665 年）[7]之后，克永光堂，大悲之修，舍利之口，报身之造，禅师之崇，山上灯口口切宇内，舍那之构，六身铁像。次者，三躯大口金刚口口增袤。远而望之，云霞炳焕于丹霄；即而察之，日月照明口口道。皆帝王之力，舍以国财……”由此观之，灵岩寺真正大规模的营造活动应是在麟德二年“高宗临御”之后开始的。

为方便每个柱础的描述，将显露的檐柱柱础进行编号，自明间西侧柱础编为 1 号，顺时针方向至明间东侧柱础共编有 10 号。现存千佛殿所承用的檐柱（图三），东南隅的 7 号柱础（图四）与“金箱斗底槽”式柱网（图七—6），皆是唐代始建千佛殿时期的遗作，并延续使用至今，没有改变。7 号柱础制作规范，体量硕大，雕琢精湛，气势大度。柱网与现存唐代木结构建筑山西五台山佛光寺大殿同，后被宋《营造法式》所规定，成为官式之作。如此规模殿宇的营建，需借“帝王之力，舍以国财”才能得以实现，应是“高宗临御”之后而始建的。由慧崇墓塔的规模、制作及地理位置所示，慧崇生前应在寺院历史发展的进程中做出过突出贡献。从灵岩寺唐代时期的营建活动看，现址院落唐代营建的大殿建筑唯有千佛殿，该殿的营建最显业绩成就，时间亦相适宜，因此，千佛殿的创建应是慧崇当任期间完成的，始建于唐天宝二年（743 年）至天宝十五年（756 年）之间是可信的。否则，不会出现如此高规格的慧崇墓塔。

图二　唐代石灯座

图三　千佛殿前檐柱

图四　东南隅 7 号檐柱柱础

唐武宗会昌五年（845 年）灭佛，始建的千佛殿给予拆除，四面檐柱得以保护，没有遭到破坏；柱础多已毁坏或移位它处（大雄宝殿檐柱下的两个柱础、五花殿东侧台地上的两个柱础），因为该院落的唐代大殿建筑唯千佛殿一处，不会是其他殿堂的遗留。唐大中五年（851 年）寺院恢复，于唐代后期得以重建千佛殿。此次重建，在大殿遗留的构件特征迹象看，有加工的檐柱柱础与唐代遗留的瓜棱檐柱匹配雕琢，顾及长短而加减，柱与础的结合在尺寸上非常吻合。金柱进行了规格与内容、形制上的一致设计，统一规划制作。沿用唐代初期的“金相斗底槽”式柱网结构，重建了千佛殿，规模与初创时期的千佛殿同。

宋代初期，“……先蒙朝廷拨赐山场地土，于乾德年立碑□说四至去处，沿为地畔广阔……”；“实地面积近 40 平方千米，实属辽阔壮观”；“虽有布施四方源源而来，但僧人的衣食还是主要依赖于寺院的土地所获……”[8] 宋代初期，朝廷对灵岩寺有过较大土地的恩赐。另据宋张公亮《齐州景德灵岩寺记》载：“每岁孟春迄首夏，四向千里，居民老幼，匍匐而来，散财施宝，惟恐不及。岁入数千缗，斋粥之余，羡盈积多。”[9] 朝廷拨赐的大量土地和佛教徒对寺院道场的捐资施舍，为灵岩寺带来巨大的财富，为千佛殿的重建积聚了能力和可能。

至正元年（1341 年）河北道肃政廉访使张起岩撰并篆额《大元泰山灵岩禅寺创建龙藏记》碑文载：“历隋暨唐，殿堂齐寮，日新以盛。宋太平兴国天禧景德，偏以其号锡寓内寺院，故寺当号景德，寺之千佛殿、五花殿构于其时，石刻俱在，迄今广宇周廓，遗制尚存。”明确指出宋景德（1004–1007 年）年间应是重修千佛殿。会昌灭佛至宋景德间约 160 年左右，加之寺院的正常保养、维护和从檐柱上看，没有倒塌的迹象，故谓之重修。宋王逵《灵岩千佛殿记》描述：“……有琼环者次第以轮奂，其如土木之华、绘塑之美、泉石之丽、草木之秀、森林然棋布前后，远者咸以耳闻之，近者咸以目击之，于千佛殿之旨何啻于形影之外。”景德（1004–1007 年）年间，琼环长老重建千佛殿。“……极其庄严，前后工程费逾万金，皆公卿士庶所乐施者，泛常僧能如实乎？”[10] 此次重建工程资金为社会上下各个阶层所捐施。“……至若黄金涂像，碧瓦凌空，回廊大殿，莹然尘外，层楼峻塔，倬彼霄际。”[11] 营建的千佛殿有周匝回廊，绿琉璃瓦覆盖。殿顶结构势必为重檐。回廊作为大殿的附属配制，在宋《营造法式 · 大木作》模数制作中降级一等使用。此制为大殿单体建筑二至三檐的第一层檐，它不是屋顶，而是环绕主体殿身一周的裙顶，这就势必还有大殿的屋顶结构，故有回廊的建筑皆为二至三檐的屋顶形式。主体大殿的重檐屋顶，是建筑等级的最高形式，或重檐庑殿，或重檐歇山；前者规定为帝王级别使用，如：唐大明宫麟德殿、北京故宫太和殿、济南府学文庙大成殿等。因此，这里的千佛殿只能使用重檐歇山顶，亦显示出高规格的主体建筑。且柱网“金相斗地槽”亦是营建回廊式大殿的专用结构。另有宋元祐（1086—1094 年）间任济南郡从事的卞育在《游灵岩记》中记述：“……长廊大厦，其制甚雄……”[12] 描述的也是千佛殿回廊的结构与气势，双料见证了千佛殿的建筑形制与规模，陈述的内容是可信的。从史料

图五　1 号和 10 号柱础

的记载结合中国古代建筑使用等级制度上推测，此次重建的千佛殿应是亘檐歇山式屋顶，覆以绿色琉璃瓦顶，彰显建筑等级之高、规模之大，极具富丽堂皇，雄伟壮观。此次重修，琼环长老将千佛殿平柱下唐代柱础更换为雕有龙凤图案的、宋代认为最美的柱础（图五），其主因是宋代人的审美观念发生变化，在显要位置、出入频繁的明间两侧，更换为当时人们最易接受和欣赏的图案柱础，是显示宋代中期传统文化阶段性变化的一种体现。同时，也证明当时的维修，明间梁架有过局部的落架。

1995 年发掘鲁班洞得石碣（图六）一方，刻有“洪武二十三年重修千佛殿、共水陆殿，并修东西两架僧房三十余间。工毕，无准立缘谨志。”文字，证明千佛殿于明洪武二十三（1390 年）年有过重修。从文字中可以看出，不单是专修千佛殿，还维修了其他殿宇和僧房。从现存实物中看不出此次修复的痕迹，一是针对千佛殿维修工程规模小，对千佛殿的结构没产生多大改变。次是后来的明嘉靖重建时没有保存和使用该时期的建筑遗件。

在千佛殿佛座后嵌有明嘉靖十六年（1537 年）《佛宝殿碑记》一通：“……法门之兴，全仗大檀越以扶持。遂施马一疋，与贾道人共同造佛宝殿，永远供养。”此碑尽管是小施财主刻制的碑刻，但叙述出有大檀越的存在，反映出大殿捐助的广泛与重建千佛殿的具体年代。

明万历十五年（1587 年）德藩王施资重修千佛殿。据明代万历（1573—1620 年）时期的监察御史傅光宅在《重修千佛殿记并词》中载“……逮于今日，道法陵夷，僧废清规，人罕正信，苾刍散于饥馑，殿阁圮于风霜，灵泉呜咽而断流，宝树萧疏而失荫。于是德藩先定，王以夙世机缘捐施帑藏。世殿下以深心、仁孝成就功德。先是丁亥之春，有毖藏上人结盟于林壑。戊子之夏，则达观和尚说法于山岩。于时典宝副陈奉者，方奉王命督理寺工。受一言于苾藏，投五体于达观，奉戒精严，监工勤慎。遂尔山门炳焕，殿宇崔嵬。千佛殿者，面拥群峰，背环万壑。方丈廊庑，隐苍霭于星罗。宝刹浮图，出翠微而云起。玲珑栋宇，映日月而绕烟霞。轩豁檐楹，俯林峦而开紫翠。香灯于金碧辉煌，梵吹杂风泉上下。莲花座上依然三十二相之庄严，菩提树前俨然八万千门之妙好……”从中可知，德藩捐资维修所有的建筑，并在千佛殿明间脊檩下底附有“旹大明万历十五年岁次丁亥九月初八日德府重修”的题记字样。由以上记载可知，千佛殿有过明代洪武、嘉靖和万历间的三次修建。

自清代康熙（1662—1722 年）间开始，寺僧对千佛殿有过多次的重修。康熙五十三年（1714 年）、道光十四年（1834 年）、道光二十八年（1848 年）、同治十三年（1374 年）、光绪二十二年（1896 年）、1957 年国家拨专款 3.8 万元，历次皆为维修。从现存殿宇的面貌看，历次维修只是小型的修修补补，没有看到结构上的改变，仍持有明代建筑的营造风范。

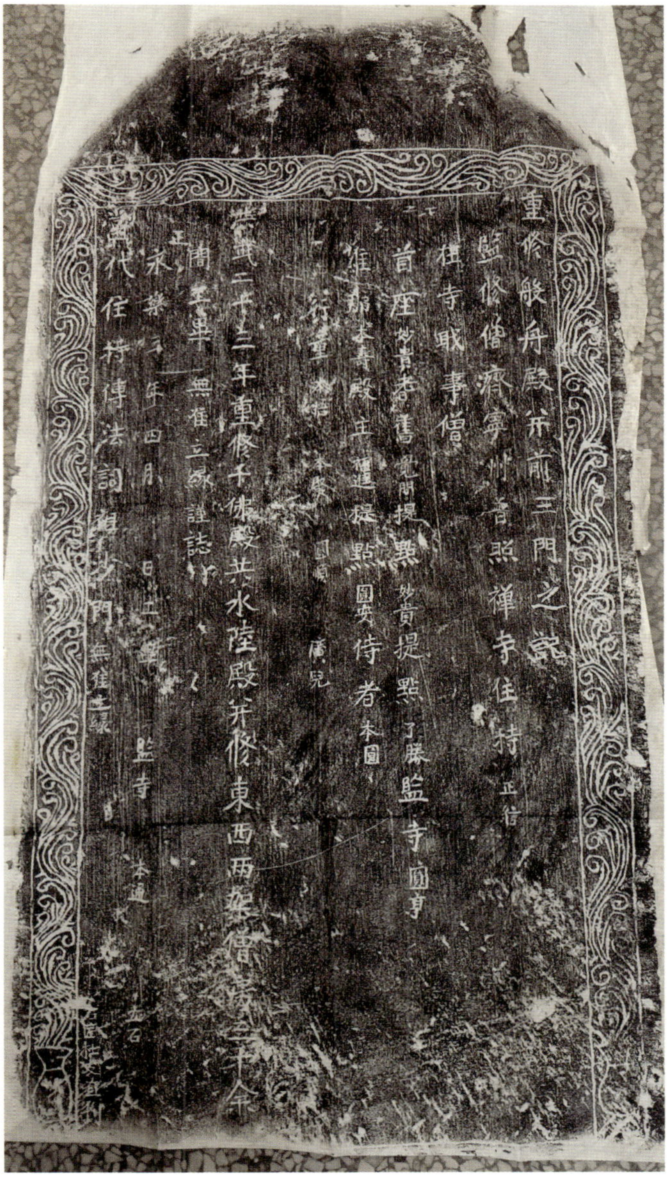

图六　鲁班洞发掘出土明代碑刻

1957 年的专款维修，只是对大殿屋顶的清理、瓦垄的修补及罗汉木屋的制作，其目的是解决屋顶的漏雨问题和对宋塑罗汉个体的实施保护。

1994 年，国家文物局拨专款进行维修，是揭顶修复工程，目的是解决殿顶的严重漏雨问题。由专业队伍做出维修方案，经国家文物局批准，在确保彩色泥塑罗汉像和其他文物安全的条件下，进行揭顶维修工程。严格按照文物“修旧如旧”的原则，能用的原有脊饰、瓦垄构件，编号入座，继续使用。不能用的按照构件规格进行定制。采用中国传统的营造工艺技术，按照流程制作苫背，将脊饰原构件、原位置（除筒瓦外）恢复，完成中华人民共和国成立后第一次大型的殿顶维修。同时，扩大开凿了千佛殿后的疏洪渠道，断绝水气毛吸现象，减少外部环境对室内的潮湿现象，增强雨季排洪的宣泄能力。

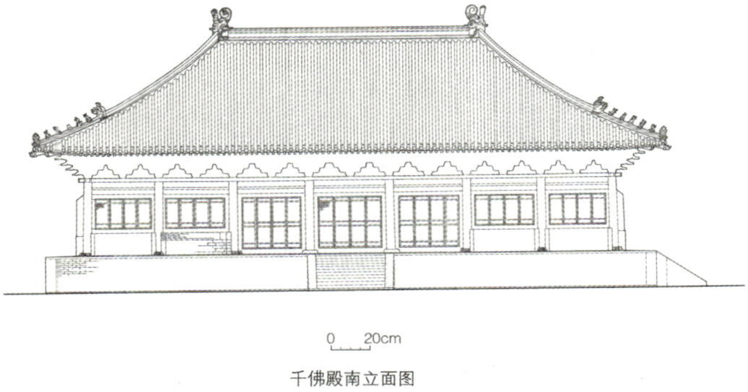

图七　1 千佛殿南立面图

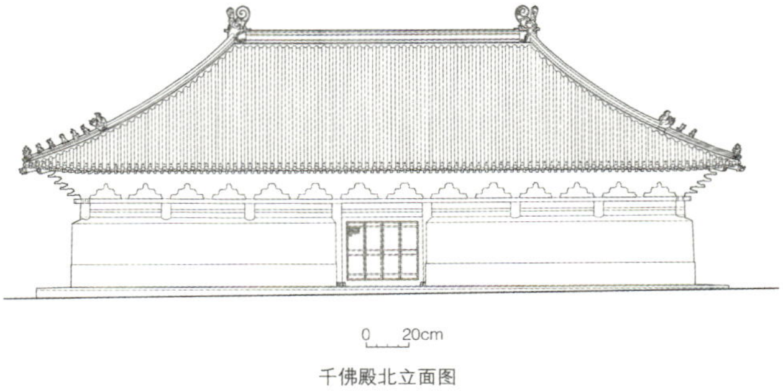

图七　2 千佛殿北立面图

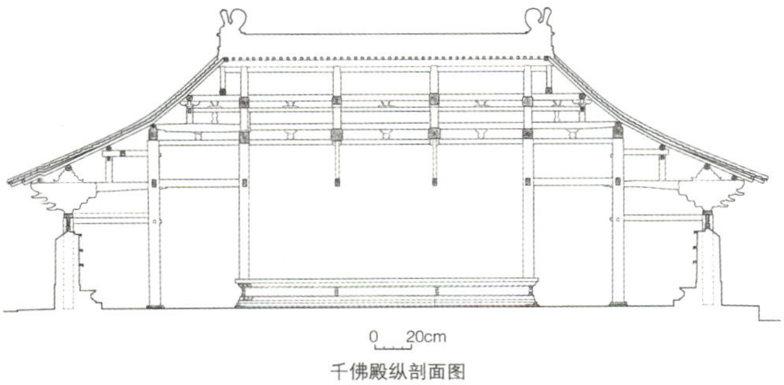

图七　3 千佛殿纵剖面图

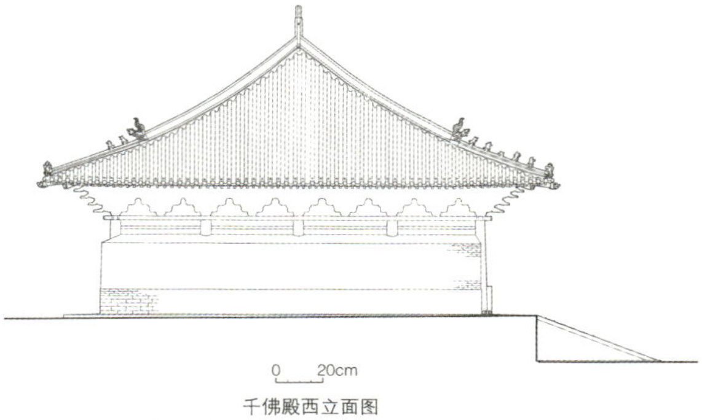

图七　4 千佛殿西立面图

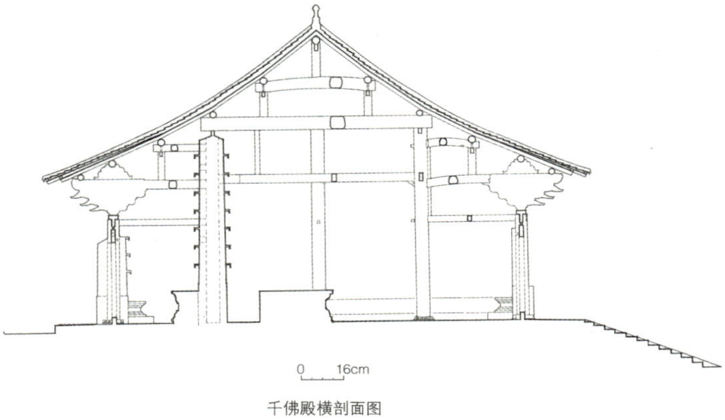

图七　5 千佛殿横剖面图

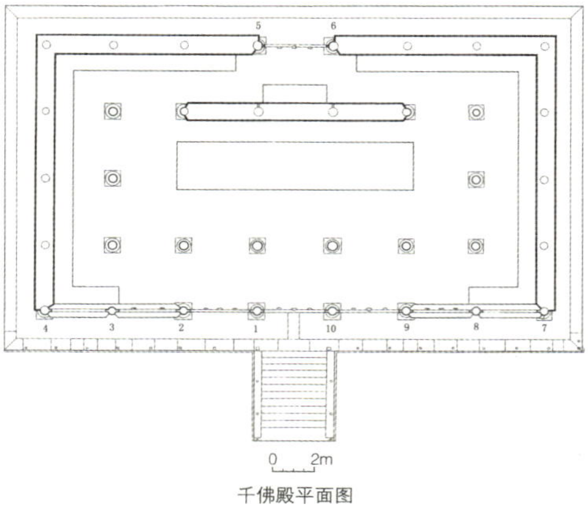

图七　6 千佛殿平面图

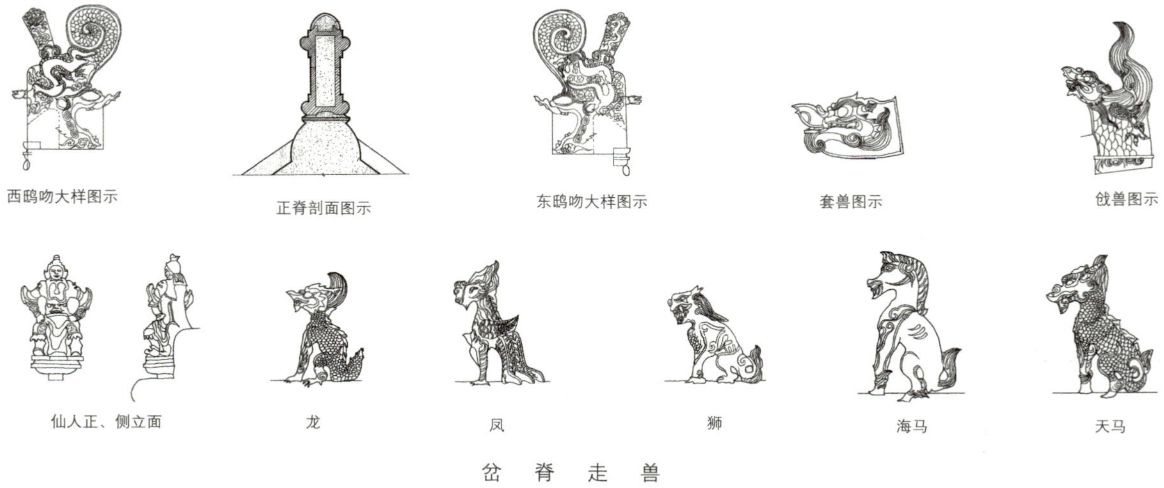

图七　7 千佛殿脊饰图示

二 千佛殿的现状结构与构造

千佛殿（图七 1—7）殿坐北朝南，建于东、北、西三面临崖的高大台基之上。台基通长 32.32 米，通宽 19.88 米；南立面高 2 米，北立面高 0.5 米（均现有地表算起），故殿址营建于山体斜坡地势的台地之上。面阔七间，进深四间，单檐庑殿顶，覆以绿色琉璃脊饰及瓦件。正脊两端置高大气势的琉璃鸱吻（图八），身躯呈直立状俯首，首头斜状式张口衔脊，凝眉瞪目；布满祥云的绿色釉身躯附着一条蛟动的黄釉色幼龙，生动活泼，整体显示雄浑有力，尾部至顶做反卷曲。上部斜插剑把，外端伸出一幼龙，生动形象，雕刻颇显苍劲。鸱吻整躯釉泽深沉，包浆溢满。正脊为脊筒子垒砌，形体高大，素面无饰。釉面存有三种状态：失釉、弱釉、新釉，为不同时期的遗物。斜四向戗脊构造与正脊同，体量比正脊略小，遗存情况两者亦同。戗脊下端置有戗兽（图九），首尾翘起，嘴巴高抬，脖颈直挺，目视天空，身尾扭动飘逸，前腿下蹲，利爪抓地有痕，俨然一副下蹲欲跃、腾空而起的兽龙。造型庄重大方，雕刻尽显苍劲，釉泽尚存古朴，四戗脊兽皆同。四条岔脊置有走兽，唯东南隅走兽为原有作品，自角梁端向后依次为仙人、龙、凤、狮、海马、天马（图十），造型生动，形象威严，釉泽犹存，色泽沉厚，且有斑剥。走兽应为奇数，为后人重修时所减去一尊。其余岔脊走兽皆为 1994 年维修时仿制原件加工制作。四坡瓦面，只有北面部分保留使用 1994 年维修前的筒板瓦原件外，其余的筒板瓦、勾头滴水皆为烧制定做。新型烧制的筒板瓦竟比原件规格小一型号，不知何故。屋顶举折平缓。南北挑檐槫（令拱上）中心点之间距离为 17.85 米，且中心点与脊槫中心点的垂直高度为 5.41 米。出檐深远，自正心枋中间平出至檐口飞椽外端的水平距离为 2.68 米，实属舒展。檐下置疏朗硕大的成组

图八　二佛殿东端鸱吻

图九　东南隅戗兽

图十　殿顶东南隅走兽

图十一　千佛殿檐下斗拱布局

图一二　檐下外曳柱头斗拱

斗拱，其布局（图十一）中的补间铺作一朵，最显斗拱布局的早期时代特征。每朵斗拱（图十二）外曳出三跳，六铺作三昂（假昂）计心造，昂体平出，昂咀琴面。里曳（图十三）六铺作三抄计心造，拱头有砍杀。用材甚广，华拱立面尺寸高 0.21 米，宽 0.14 米。每朵斗拱之间用拱眼壁板间隔，并施以三株火龙图案，甚显制作规范。檐柱立面加工成直棂内幽页（凹槽）16 棱柱，整体上下略显收分；柱头无卷杀，呈 90 度锯杀式。自平柱至角柱微微升起（图七—1 、图七—2），明间西侧平柱高 3.898 米，至西端的角柱高 3.934 米，之间差距 0.036 米。经过全站仪测量，檐柱普遍向内倾斜，柱顶中心投影至柱底几何中心的偏心距为 0.008 米。柱头施用兰额、普拍枋结构。兰额插入柱头处作卷杀手法，至角柱外不出头（图十四）；普拍枋制作面宽，覆盖粗大的檐柱顶截面，至角柱出头，做成梅花状雕饰，两者制作极具精工。自兰额至斗拱上皮，皆施以彩绘，分别施以斗拱彩绘与金线和玺彩绘。

四周檐柱，只有前檐檐柱和后檐明间两侧的檐柱显露，其余两山墙及后檐墙内的檐柱及柱础深藏墙体，不能目睹。檐柱柱础与金柱柱础相比，从形体造型与莲瓣制作上有差异，可分为檐柱柱础类和金柱柱础类。金柱柱础（图十五）整体形象类同，只是局部的纹饰雕刻有些差异，莲瓣高耸（高于锧唇平面）、凸显、丰肥、均称，立体效果极强，础隅减地刻花卉。柱础锧唇的直径在 0.78—0.87 米之间。檐柱柱础类比较复杂，造型相异，形式多样，且有不同时期的作品。东南隅的 7 号柱础莲瓣下起八角台面，每角刻有凸起圆形的小型花卉，柱础四隅雕有高浮雕半球形浮雕（为唐代早期特征）。锧唇高耸，莲瓣凸显，雄浑古朴，形态凝重。相同的柱础还有大雄宝殿檐柱下的两个柱础（图十六、图十七）、五花殿东侧台地上的两个柱础（图十八、图十九）；后二柱础为原五花殿遗址西南隅原廊柱下的柱础（图二十）和西北隅遗存的柱础（图二十一）。明间两侧的 1、10 号柱础为龙、凤追逐图案，龙为爬行疾走状，追逐的凤凰呈飞行状，之间有卷草纹饰或火

图十三　檐下里曳斗拱

图十四　角柱柱头兰额不出头

图十五　金柱柱础

图十六　大雄宝殿檐柱柱础 1

图十七　大雄宝殿檐柱柱础 2

图十八　花殿东侧台地唐柱础

图二十　原五花殿廊柱

图十九　花殿东侧害柱础

图二十一　原五花殿西北隅柱础

球纹饰相连接。画面下有高山、大海的内容显示，础隅四角减地刻展翅鸟。檐柱柱础锁唇的直径在0.80—0.92米之间。檐柱柱础相同相近类归纳起来有：1号同10号（图五），2号同9号（图二十二），3号同6号（图二十三），5号同8号（图二十四）；4号（图二十五）和7号（图四）独样。檐柱与柱础结构尚且匹配。

图二十二　2号与9号柱础

图二十三　3号和6号柱础

殿内梁架使用四椽栿，下附随梁枋，上置平梁，中置脊瓜柱。四椽栿两端搭接二椽乳袱，其外端加工成建筑模数，直接搭置在柱头斗拱上，外形雕琢成蔴叶头（图十二），以示美观。上置搭牵，其外端下立蜀柱，顶托下金槫；两端类出，构成梁架的一组缝架（图七—5）。脊槫伸出次间外端，下设一小缝架。两侧自中金槫处纵向设置二椽缝架梁，在伸出的脊槫外端下方横向放置二椽栿的太平梁，中立雷公柱，构成梁架的“推山”式结构（图七—3），致使大殿正脊加长，四隅戗脊、岔脊平面透影呈曲线状，增强大殿线条的曲线美感。柱网是宋《营造法式》中的“金相斗底槽”者，减去中心分柱，增大佛教活动场所的空间。檐下施以砖砌围墙，向上略有收分，上端削肩至兰额下结束。前檐明间、次间辟直棂方格隔扇门；稍间、尽间启直棂方格窗。后檐只有明间辟门，置直棂方格隔门扇，无窗。

台基全部用规格石包砌，台明用条砖横立漫铺，台沿施压沿石剪边，前沿有方形柱窝的痕迹，应是有过栏板的安置。台基前设台阶踏道，面宽同明间面阔之广，垂带直对明间两侧的檐柱，象眼板石漫铺，制作安置非常规范。

三　千佛殿构造特征

千佛殿台基长与宽的比例为1:0.615，非常接近于古希腊毕达哥拉斯学派长方形唯美的“黄金分割”比例值1:0.618[13]，因此，大殿的空间结构设计是非常适度的。因地势而致使台基南高北低，显示地势人工开凿之险要。庑殿顶是中国古代建筑中等级最高的屋顶

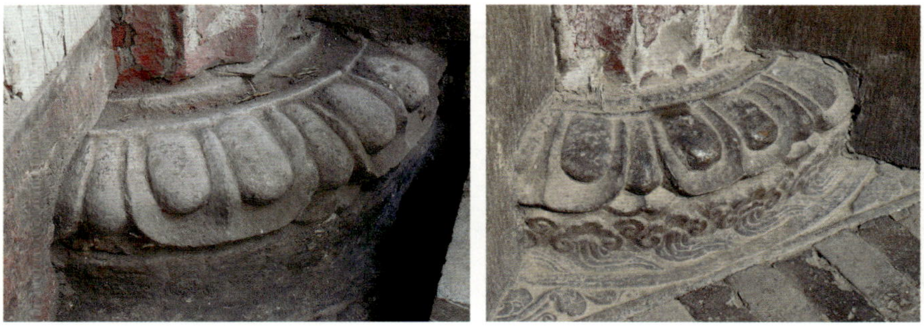
图二十四　5号和8号柱础

图二十五　4号檐柱柱础

形制，在整体古建筑群中凸显大殿地位，加之覆以绿色琉璃瓦饰，进一步标榜大殿的中心作用。从宋代的重檐歇山顶，到明代的单檐庑殿顶，应是明嘉靖十六年（1537年）重建时得以改变的。脊端的琉璃鸱吻，观其身姿及釉泽包浆，为明万历时期的遗物。正脊筒子，失釉者为明嘉靖时期，弱釉为明万历时期，新釉为1994年维修定制。戗脊状况与正脊同。东南隅戗脊下端的戗兽釉泽古朴，走兽色泽沉厚，两者均为明万历时期的遗物。屋面北坡部分保留的筒板瓦原件为明嘉靖时期的作品。其余岔脊走兽、筒板瓦、勾头滴水皆为1994年维修时仿制原件加工制作。

屋顶举折平缓，是早期建筑形制重要的特征之一。宋《营造法式》规定大殿屋面的坡度定制："如殿阁楼台，先量前后撩檐枋心相去远近，分为三份，从撩檐枋背至脊槫背举起一份……以举高尺丈，每尺折一寸，每架自上递减半为法。"[14]就是以前后撩檐枋的大殿横向宽度在中心点上举1/3处定脊槫中心点，向两侧折定两坡的金槫位置。第一折为总举高的1/10定上金槫的位置，继续下折，每一椽栿折上一椽栿折高的一半。由此而形成的大殿屋面曲线平缓悠长，是后期建筑屋面所不能达到的。千佛殿南北挑檐槫（令拱上）中心点之间距离为17.85米，脊槫中心点垂直下至南北挑檐槫中心点连接线的高度为5.41米，举高尚不到横宽的1/3，致使屋面平缓，加之出檐深远，以致屋面悠长，将雨水送以"溜远"，此乃宋代时期的结构与尺寸之遗风。自正心枋中间平出至檐口飞椽外端的水平距离为2.68米，实属舒展之挑出甚远。出檐远近，与檐下斗拱的用材及出跳多少有关。用材越大、出跳越多，出檐越长。该殿檐下斗拱的华拱立面尺寸高0.21米，宽0.14米，用材甚广，是建筑用材等级的计算模数，是后期斗拱所不能比拟的。檐下斗拱布局补间铺作一朵，是早期建筑重要特征之一。宋《营造法式》中规定："当心间须用补间铺作两朵，次间和稍间各一朵，其铺作分布，令远近皆匀。"[15]千佛殿的斗拱布局诸间皆设为补间铺作一朵，与《法式》中规定的补间铺作1—2朵同，是明、清时期斗拱布局所不及的。斗拱每朵外、内曳出三跳六铺作，皆计心造。前出三昂为假昂平出，制作有力，昂咀琴面。里跳三抄六铺作，计心造，拱头有明显的砍杀，尚显拱臂力度，与早期的拱头砍杀有区别，整朵斗拱的结构是明嘉靖时期的作品。每朵斗拱之间用拱眼壁板间隔，并施以三株火龙图案，为建筑制度中的规范做法，是明万历时期所为。檐柱立面加工成直棂内凹页16棱柱，与古希腊雅典的巴特农神庙凹槽列柱极其相似。柱体略有收分，无柱头卷杀，与山西太原天龙山第16窟（北齐）、甘肃天水麦积山第4窟（初唐）前廊柱同，彰显早期构造之风。自平柱至角柱微微升起，檐柱普遍向内倾斜，此乃谓《营造法式》中的柱升起与柱侧脚的制度做法，趋使大殿的整体重心向中心积聚，促使大殿线条的曲线美，增强大殿整体结构的重心，是宋金时期建筑构造特点的惯用手法。兰额插入柱头处作卷杀处理，是营造的规范制作；兰额至角柱外不出头，此种手法是我国现存最早木结构建筑唐代的南禅寺大殿、佛光寺大殿角柱皆具备的制作手法。兰额角柱不出头，成为唐代以前角柱的重要特征，更进一步证实大殿檐柱是唐代作品。灵岩寺鲁班洞遗址、般舟殿遗址上遗存的角柱，亦具备同样的特征，是难得的唐代实物资料。普拍枋至角柱出头做成梅花状雕饰，与兰额构件皆为明万历时期的遗物。檐柱之间的距离有自明间向外诸间不宜视觉的面阔递减。按照宋《营造法式》规定：柱高"不越间之广"[16]檐柱高位于3.898—3.934米之间，而明间至尽间的面阔尺度为4.26—3.80米之间，呈递减式状态，比对两者，诸间面阔皆大于《法式》规定的柱高尺寸。由此证明，在实际的营造过程中还是"随意加减"，灵活掌握的。自兰额至斗拱上皮，皆施以彩绘，防护木质构件的风化雨蚀，有益于表层保护，增强建筑的神秘美感，为明万历间所制。

金柱柱础从整体形象、内容、尺寸及风格上比对，施工前有过统一的设计规划要求，只是在加工过程中有雕凿水平的不同而略有差异外，显现的整体形象还是类同的，说明是同一时期制作。莲瓣高于锧唇，证明开始的设计就是不会遭到雨淋，为殿内的金柱柱础而雕造；其高耸、丰肥、匀称的莲瓣，立体效果极强，显示有唐代莲瓣的风范。普遍础隅减地刻有花卉，表现出晚唐时期的一大特点。故此，千佛殿的系列金柱柱础定为唐代晚期为妥。檐柱柱础比较复杂，是为迎合唐代檐柱而雕凿，致使在尺寸、内容、造型上形式多样，给予工匠自由雕琢的空间，体现出雕刻师傅的地域手法，从而导致柱础的形制与尺寸而异，没有具体规定统一雕刻形制与内容的标准，显现出雕刻工匠因人地域不同而雕琢的柱础形制与内容亦相异，各带有些地域性艺术手法所表现。东南隅的7号柱础莲瓣下起八角台面，每角刻有凸起圆形的小型花卉，柱础四隅刻高浮雕半球形花卉，锧唇高耸，莲瓣凸显，雄浑古朴，形态凝重。此种柱础在大雄宝殿檐柱中存在两个，五花殿东侧台地上有两个。在宋景德（1004—1007年）中琼环长老创建五花殿、崇宁间（1102—1106年）仁钦和尚创建献殿（后改称谓大雄宝殿）时，将千佛殿遗弃的始建柱础利用于创建二殿，它们应是与千佛殿檐柱同为慧崇和尚创建千佛殿时期的唐代遗存，并且皆为檐柱柱础。10个唐代的檐柱柱础找到5个，历史上遗失5个。五花殿遗址西南隅原遗存廊柱与西北隅柱础在2008年灵岩寺整治环境时拆除，移至五花殿东台地，致使周匝廊厦尺寸尽失。二柱础、西南隅石柱尚在，廊柱础与柱之间的"抄手"石墩不知去向。二柱础皆双向开槽，是地栿放置的卡槽，应是原千佛殿明间两侧的柱础，被宋代重修时所代替。

沿用了一个唐代的7号柱础，其余皆为晚唐时期建造大殿而雕刻的，相同相近的柱础为同一个工匠而作。明间两侧的1、10号龙凤柱础，雕刻技法趋于柔和，内容显示民俗题材，为宋景德（1004—1007年）年间琼环长老重修千佛殿时更换刻之。其位置是进出大殿最为显眼的地方，有意雕刻当时认为最美的艺术作品放置显要处，体现出宋代时期人们的审美观念发生变化。

殿内梁架的金柱、四椽栿、平梁，用材宏大，制作规制，与其他构件相匹配，有清《工部工程营造则列》的规范手法，颇显官式之作、规制之风，为明嘉靖时期的建筑遗构。乳栿与搭牵，用材小，且借用自然弯曲木材稍加剥皮即使用，不显规整，明显与前者的制作与用材不同。加之随梁枋、榑檩及其梁架的“推山”结构亦显略小，皆为明万历时期的遗作特征。殿内柱网采用宋《营造法式》中“金相斗底槽”，此种柱网代表作是全国著名唐代木结构建筑山西五台山佛光寺大殿是也，减去中心分柱，增大佛教活动场所的空间，是唐宋时期大殿盛行的殿柱布局。千佛殿四周围墙、台基的形制与其石块包砌、台阶踏道，观其风格皆为明万历时期所为。前檐明间和次间的直棂方格隔扇门、稍间和尽间的直棂方格窗、后檐明间直棂方格隔扇门为清代中晚期的遗作。

纵观千佛殿历次主要的重建和维修，唐天宝（743—756 年）创建，唐晚期重建。宋景德间（1004—1007 年）重修，且明间后部梁架落架。明洪武二十三年（1390 年）小型维修；明嘉靖十六年（1537 年）重建，保持檐柱原样，梁架、金柱全部更换。明万历十五年（1587 年）揭顶维修，主体梁架尚未大动，只是更换梁架的金榑、乳栿、搭牵，推山结构，谓之重修。1994 年揭顶维修，木作部分更换、接续四隅大角梁前半部分和仔角梁，下金榑至檐口的檐椽、飞椽，大部分更换。其余都是小型维修，没有改变建筑的风貌。

四 千佛殿营造用材及其建筑模数

宋《营造法式》是一部宋代时期总结历史建筑营造规律的书籍，将多年约定俗成的建筑做法，加以归纳，形成文书，以朝廷名义颁布的官方建筑营造规范，是具有法律效益的文法课本，是当时大兴土木标准化的建筑制度、历代匠师奉为的建筑规范。该书以材、栔为模数，单材 15 份，栔 6 份，单材加单栔谓之足材 21 份；材分八等，根据不同建筑规格的需求，确定营造的等级，制造相应的建筑构件，组合安装即成。其特点是减少营造工序、节约建筑材料、缩短工程工期、营造建筑规范。单材等同于华拱的立面尺寸，单栔等同于拱与拱之间的相对空间距离，只是将尺寸化作份数来计算。

经实地测量，灵岩寺千佛殿的单材拱尺寸为高 0.21 米，宽 0.14 米，按照《营造法式》单材广与厚比为 2/3 的规定，千佛殿现实中的单材尺寸非常规范，彰显官式木作之营造。遵照现今尺度与宋代时期的折算：每一尺约等于 0.309 ～ 0.329 米，取中间数 0.319 米计算，高 0.21 米 ÷(0.319 米 ÷10) = 6.58 寸 [宋]。宽 0.14 米 ÷(0.319 米 ÷10) = 4.39 寸 [宋]。对应《营造法式》中将材分为八等和八种不同的尺寸比较，“五等材：广六寸六分，厚四寸四分，殿小三间，厅堂三大间则用之”，千佛殿单材尺寸非常接近五等材的建筑规范，故此，该大殿应为五等材官式建筑等级。在中国古代木结构建筑营造体系中尚属略小等级模制，在《营造法式》中列入小型殿宇营造的建筑等级范畴。进而以五等材建筑模数为标准，分别加工制作相应的构件，组合营造出大殿。利用建筑模数加工的檐下斗拱，确定斗拱的补间铺作一朵的布局，进而确定檐椽的直径，计算出檐的长度。今日能看到如此建筑模数制作的痕迹与特征，实属难得。自斗拱的大栌斗底垂直升至罗汉枋的上皮，是整座斗拱的相对高度，该大殿的斗拱高度为 1.38 米，檐柱的高度为 3.91 米，斗拱为檐柱的 1/2.83 高。“辽中叶以后及宋、金时期约为 30％。”[17] 尚且斗拱与檐柱高的比例不足 1/3，尽显早期时代特征之风采。该大殿斗拱的用材尺度，堪比唐宋时期的斗拱用材，是明清时期的斗拱用材无法比拟的。斗拱与檐柱的比例与明清时期悬殊颇大，有着天壤之别。因此，千佛殿在斗拱用材的裁量上，采用宋代时期的建筑模制，与其结构的构件（如梁栿端头）亦是加工成同等的建筑模制。否则，构件结合是不能匹配的。明嘉靖十六年（1537 年）重建千佛殿时，工匠们应该看到当时还没有完全倒塌的宋代营建大殿遗迹，特别是大殿的出檐、斗拱规模及用材上，承袭采用了宋代时期的建筑尺寸。故此，留有诸多的宋代时期建筑特征。否则，明代的重建不会遗留宋代的建筑特征。

五 千佛殿年代断定及其存在的现实意义

为了今后宣传、保护和利用千佛殿，研究中国佛教古建筑文化，要给它一个科学的概念和恰当的历史断代，才能具体显现其历史艺术价值，在今后的历史进程中，更进一步的加以认识、研究和利用。尽管大殿秉用唐代檐柱及中、晚时期的柱础、唐宋时期的柱网结构，承袭宋代屋顶举折、斗拱用材模数及斗拱布局的营造之风，但有过明代嘉靖及万历时期梁架的营造。主体梁架结构和斗拱的制作是明代嘉靖时期所为，此是大殿结构中的骨骼部分，占有很重要的结构成分。因此，从大殿遗存的结构特征和构件成分上分析，按照古建筑断代的三大基本要素：大殿的梁架、柱网和斗拱，综合起来分析断代，现存实物定为明代嘉靖时期的遗作为妥。

中国古代建筑经过多年的风雨剥蚀，饱受战火与自然灾害的侵扰，极易腐朽、起火，不易保存下来，遗存至今的早期木结构建筑凤毛麟角。纵观中国古代建筑，遗留至今的多为寺庙建筑文化，这与统治阶级和大众的信仰有着直接关系。我国现存早期的木结构建筑山西五台山南禅寺大殿、佛光寺大殿、太原晋祠圣母殿、大同华严寺大雄宝殿、河北正定隆兴寺摩尼殿、转轮藏殿、天津蓟县独乐寺观音阁等，莫不是宗教建筑之大成，终因宗教信仰而保留至今。灵岩寺千佛殿亦是在历史宗教氛围的影响下幸存下兴，历经千年沉浮，几度毁坏，几度重建，确实是耐人寻味。从建筑体量、规格、结构、时代特征等方面，灵岩寺千佛殿还能看到唐宋时期的遗物及营造风格，甚是难得。1973 年 6 月，古建筑学家陈从周先生来到灵岩寺，仔细观察千佛殿后说："斗拱雄大，出檐深远，乍视之几认为唐宋遗构，实则木构为明建，清代修葺大耳。"[18] 特别是直棂内幽页 16 棱的檐柱，与古希腊雅典的巴特农神庙凹槽列柱极其相似，加之台基的"黄金分割"比段，也许是开放的唐朝建筑文化营造与欧洲之间的交流所致。目前，该建筑是济南地区遗存的木结构建筑使用唐代时期的檐柱与柱础、保留唐宋时期特征最规范的大殿。总之，灵岩寺千佛殿的存在，形象直观地展示出较早时期的古建筑风韵，为我们研究济南地区唐宋时期建筑的结构特征及明代时期建筑的梁架结构，提供了实物例证。

注　释

[1] [清]马大相：《灵岩志·沿革》，山东友谊出版社，1994年，22页；王晶、张幼辉：《山东济南灵岩寺之历史沿革与古代建筑》，《齐鲁文史》，2014年4期，45页。

[2] [清]聂剑光：《泰山道里记》，山东友谊出版社，1987年，58页。

[3] [唐]牟玛：修方山证明功德记刻石，大中八年，灵岩寺红门造像佛座。

[4] 房振等：《济南市神通寺遗址2013年考古勘探及发掘简报》，《山东博物馆辑刊》，2015年，75-99页。

[5] [唐]牟玛：修方山证明功德记刻石，大中八年，灵岩寺红门造像佛座。

[6] [清]马大相：《灵岩志》，山东友谊出版社，1994年，29页。

[7] 唐高宗李治与皇后武则天到泰山封禅的前一站，驻跸灵岩二十四天。下诏齐州免租赋一年半。

[8] 王晶、刘丽丽：《山东长清灵岩寺地界石碑考略》，《东方考古》，12集，科学出版社，2016年，112-119页。

[9] [清]马大相：《灵岩志·碑记》，山东友谊出版社，1994年，45页。

[10] [清]马大相：《灵岩志》，山东友谊出版社，1994年，35页。

[11] [宋]王逵：《灵岩千佛殿记》碑刻。

[12] [清]马大相：《灵岩志》，山东友谊出版社，1994年，46页。

[13] 黄金分割是指将整体一分为二，较大部分与整体部分的比值等于较小部分与较大部分的比值，其比值约为0.618。这个比例被公认为是最能引起美感的比例，因此被称为"黄金分割"。

[14] [宋]李诫撰、王海燕注译：《营造法式译解》，华中科技大学出版社，2013年，90-91页。

[15] 梁思成：《营造法式注释》·卷上，中国建筑工业出版社，1983年，122页。

[16] 陈明达：《营造法式大木作研究·上集》，文物出版社，1981年，17页。

[17] 祁英涛：《怎样鉴定古建筑》，文物出版社，1981年，35页。

[13] 任远：《文苑高手颂济南》，选自2019年5月27日《齐鲁晚报》，B07~B08。

北宋妙法莲华经叙录

文/姜保国　毛洪东　青岛市即墨区博物馆

内容提要

《妙法莲华经》又称《法华经》，是大乘佛教中的重要经典之一。以鸠摩罗什的译本流行最广，影响最大。现分藏于即墨、胶州博物馆的妙法莲华经，是一部完整的七卷，为北宋庆历四年（1044 年）写本，系用金银泥书写画就，造经人果州西充县抱戴里何子芝为供养亡过的母亲所作。1986 年 8 月史树青先生慧眼识宝始为世人所知，1987 年 3 月在北京专题召开了鉴定鉴赏会。专家一致认为该经不但是研究北宋时期四川绘画和书法的代表作，而且对研究中国美术史、宗教史都具有重要价值，被誉为“稀世珍宝”。

关键词

妙法莲华经　即墨区博物馆　何子芝　史树青

妙法莲华经七卷（后秦）释鸠摩罗什译 北宋庆历四年（1044 年）写本（卷一、二、三明洪熙元年（1425 年）修补卷轴装。高 30.5 厘米。行十六至二十字。尊名金银字写，经名及佛、菩萨等字用金字，经文用银字抄写。2008 年入选国家第一批珍贵古籍名录，编号为 00940 号。

山东省青岛市即墨区博物馆藏，存六卷；山东省胶州市博物馆藏，存一卷。

何子芝，生卒年不详，北宋果州西充县抱戴里人，《宋史》卷四五七《何群传》谓：“群字通夫，果州西充（今属四川嘉陵道）人，庆历中，世介在太学，四方诸生来学者数千人，群亦自蜀至。”此何群与何子芝有无亲属关系不得而知。葛福诚，生卒年不详，明洪熙时人。

《妙法莲华经》又称《法华经》，是大乘佛教中的重要经典之一。在中国先后六译，而三阙三存，现存《法华经》的汉译本共有三种：一为《正法华经》十卷二十七品，西晋竺法护于太康七年（286 年）口授，优婆塞弟子聂承远、张仁明、张仲政记录；二为《妙法莲华经》七卷二十八品，姚秦弘始八年（406 年）鸠摩罗什所译；三为《添品妙法莲华经》七卷二十七品，隋仁寿元年（601 年）阇那崛多所译。唐代沙门道宣在《妙法莲华经弘传序》中说：“三经重沓，文旨互陈，时所崇尚，皆弘秦本。”说明在三种汉译本中，以鸠摩罗什的译本流行最广，影响最大。

这部佛经共二十八品。第一卷 2 品《序品第一》《方便品第二》；第二卷 2 品《譬喻品第三》《信解品第四》；第三卷 3 品《药草品第五》《授记品第六》《化城喻品第七》；第四卷 6 品《五百弟子授记品第八》《授学无学人记品第九》《法师品第十》《见宝塔品第十一》《提婆达多品第十二》《劝持品第十三》；第五卷 4 品《安乐行品第十四》《从地涌出品第十五》《如来寿量品第十六》《分别功德品第十七》；第六卷 6 品《随喜功德品第十八》《法师功德品第十九》《常不轻菩萨品第二十》《如来神力品第二十一》《嘱累品第二十二》《药王菩萨本事品第二十三》；第七卷 5 品《妙音菩萨品第二十四》《观世音菩萨普门品第二十五》《陀罗尼品第二十六》《妙庄严王本事品第二十七》《普贤菩萨劝发品第二十八》。

全经均用精致的磁青纸书写，每张纸纵 30.5 至 31 厘米，横 51 至 52 厘米，每卷用纸 16.5 至 25 张不等，长度在 11—13 米之间。各卷前均有金银泥绘制的卷首画，每卷画用纸 3 张。经文部分有银丝栏，框高 22.5—23 厘米。画风演习了唐代吴道玄的“吴

图一　北宋磁青纸金银书画妙法莲华经卷轴（卷五）部分经变画和经文

家样”风格。经文系用金银泥书写，行楷书。经文书写工整，文字结构严谨，呈颜柳风格。每纸书写 26 至 33 行，每行 16 至 20 字不等。凡经名及菩萨、如来、世尊诸佛名皆金书，其余为银书，每卷经文开端的右上角书经名及序次，下书“后秦三藏法师鸠摩罗什奉诏译”。说明此部经文为后秦弘始八年（406 年）鸠摩罗什所译本。

第七卷卷尾有淡淡的银书“庆历四年太岁甲申十二月戊子朔五日壬辰弟子何子芝造此经一部谨记”的题记。后又有金书“大明洪熙元年孟秋吉旦善人葛福诚重修补造毕”题记。根据以上题记，证明此经造于北宋庆历四年（1044 年），明洪熙元年（1425 年）修补重装。

全经除卷四外，其他各卷包首均残，前杆全失。包首用淡青色云纹绫，横 26 至 27 厘米，内面为黄色樗蒲纹金泥印花锦，纹饰十分清晰，横 9—10 厘米。包首内印花锦应是明代重装时所用的宋代旧绢。全部经卷以细白麻纸裱背。

除卷一外，各卷图文均按护法神像、经变画、供养人像、如来说法图、经变画、经文顺序接排。卷一未见经变画和供养人像。护法神像、如来说法图后所续一纸，以八宝杂花为地，间绘宝匣、宝龛各一，内有“大乘法宝”、“皇帝万万岁”、“仁宗皇帝御赞”牌记各一。其后经文、纸色略浅并薄于它卷，文字风格和书写形式、绘画特点明显与其他各卷不同，卷一除护法神像、如来说法图外，皆为明代洪熙元年所补。又，卷二有六纸，卷三有二纸，其经文、纸色略浅并薄于它

图二　妙法莲华经卷二造经人题记

卷，亦皆为同时所补。经变画的榜题以简练的文字说明画的内容。各卷经变画内容与该卷各品经文内容相应。供养人像上方有题记，各卷略有不同。如卷五，以金银泥绘一男二女供养人肖像，上方金书题记："果州西充县抱戴里弟子何子芝与同寿女弟子陈氏、长男文用、次男文祚、小男文一，同造此经，愿长保安吉，供养亡过母亲杨氏。"如来说法图，皆如来居中，并绘梵王、帝释、天王、菩萨、比丘弟子等，其中如来、梵王、帝释、天王、菩萨等为金面，余为银面。

从题记上看，造此经是何子芝一家为其去世的母亲杨氏，永保安吉而造。供养人何子芝当为西充望族。

自隋以后，佛教出现宗派，各宗派都想用自己的学说来解释经文，争取群众。为了使大多数人都懂得佛教的道理，必须用俗语宣讲；为了通俗易懂，经文重要内容改用图画形式表现。经变画的出现加快了佛经的传播，扩大了佛教的影响力。经变画为我们研究美术史、宗教史提供了不可多得的重要实物资料，画中的人物、山水、鸟兽、建筑、服饰等则为研究当时社会文化史的发展提供了清晰佐证。

在我国绘画发展史上，唐代吴道玄占有十分重要的地位。其画风不但影响唐代画坛，也为宋代很多画家所追摹向往，吴道玄，原名道子，阳翟（今河南禹县）人，生卒年不详，从各种记载推测，约生于公元七世纪九十年代，卒于公元七五八年以后。笔下的人物、神鬼、山水、宫殿、草木、禽兽，无所不精，在唐代已有"冠绝于世，国朝第一"之誉。宋人更称之为"画圣"。对释道人物画的贡献，表现为他创建了前所未有的式样，创造了与前代不同的样式"吴家样"。宋代研究者曾用"吴带当风"来概括"吴家样"的特点。唐代中期以后，"吴家样"传到全国各地，对于释道人物画的创作产生了很大的影响。众多画家纷纷效仿他的式样，五代、北宋的著名释道人物画家，几乎都以他为效法的榜样。从以上的经变画来看，所运用的线条似波浪起伏，使人的观感对画中人物的衣服有一种飘飘如仙之感，"吴家样"风格非常浓郁。从书写的经文来看，颇具颜柳风骨，虽是当时的经生所写，但书法功力深厚，为宋代书法艺术中之精品。

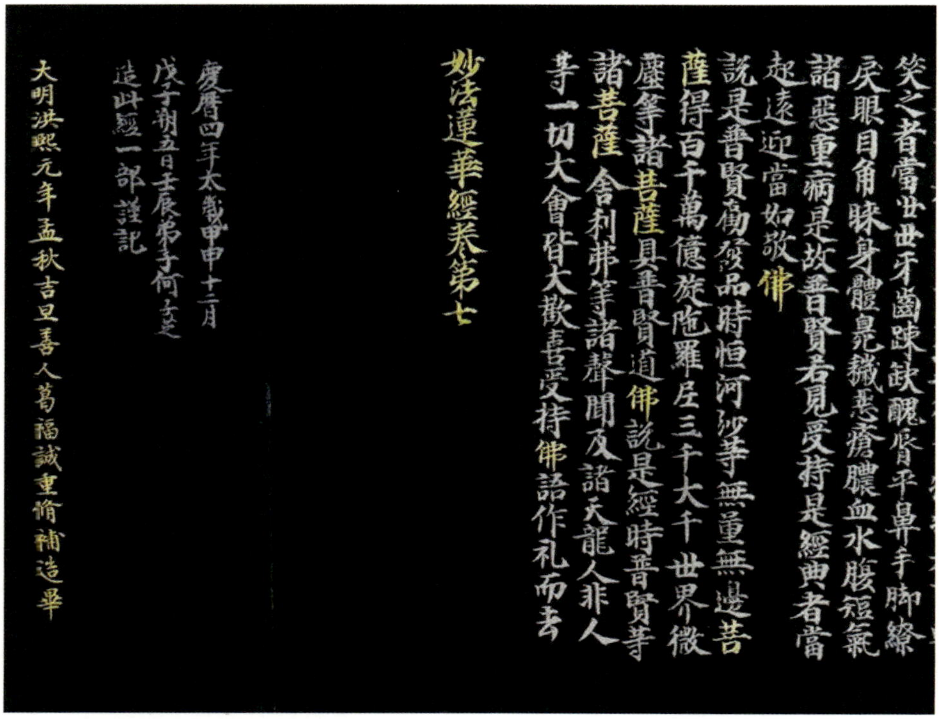

图三　妙法莲华经卷七尾部题记

图四　1987 年 3 月 26 日在中国历史博物馆鉴定现场，刘海粟（右）魏传统（左）

图五　启功先生与史树青先生在鉴定会现场

1986 年 8 月 4 日，史树青、刘光启及台立业、关天相诸先生应邀为青岛市文物局主办的历史文物鉴定讲习班讲课时，在胶县（今胶州市）博物馆提供的文物实物教材中发现金银书画《妙法莲华经》，后在对即墨、胶县博物馆鉴定馆藏文物时，又发现其他六卷。

1987 年 3 月 26 日，由国家文物鉴定委员会主办，在中国历史博物馆举行了专题鉴定鉴赏会。国家文物鉴定委员会主任委员启功，副主任委员史树青、刘巨成，委员金维诺、丁瑜、唐绍良、傅熹年及刘海粟、沈鹏、魏传统、魏仁儒等 60 余位专家、学者和书画家参加了鉴定鉴赏。鉴定结论如下："……各卷经变画画风沿袭了唐代吴道子的'吴家样'风格，均有详细的题榜，具有唐代佛教内容卷轴画的艺术传统。这种在四川完成的，流传于山东即墨、胶县的金银书画作品，不但是研究北宋时期四川绘画和书法的代表作，对研究中国美术史、宗教史都具有重要价值。多数委员认为是稀世珍宝……" 1988 年 6 月已故全国政协副主席、中国佛教协会主席赵朴初先生观看此经后敬题"……是为国之宝，不独一市冠……"的赞语。

为查清这部佛经的渊源，1987 年 4 月原即墨县文化局曾派专人到四川西充、峨眉山等地进行调查，均无踪迹可循。这部经卷是如何流传到即墨的便不得而知。1951 年即墨县进行土地改革时，没收的文物都上缴到县文化馆文物管理工作组，这部经卷亦在其中。12 月，胶州专署（时即墨归胶州专署）派张日新、焦文卿两人来即墨调走文物 32 大箱，其中包括《妙法莲华经》第六卷。1984 年即墨县博物馆建立后，这部经卷的卷一、二、三、四、五、七即移交至即墨县博物馆，卷六则遗存于胶县博物馆。

济宁运河之都的兴起和发展

文/高秀丽　济宁市博物馆

内容提要

元代是京杭运河全线贯通的时代，开凿会通河、济州洞、通惠问等水道，遂使大运河直接贯通南北，使前代呈多枝型分布的运河至此变为单线型运河，从而把南北方各大经济区域更加直接紧密地联系起来，成为中国运河变迁史上自隋唐以后的又一次重大转变，奠定了此后京杭大运河的基本走向及其规模。

关键词

京杭运河　济宁　元代　贯通　运河之都

一　京杭运河的贯通

元代是京杭运河全线贯通的时代，开凿会通河、济州洞、通惠问等水道，遂使大运河直接贯通南北，使前代呈多枝型分布的运河至此变为单线型运河，从而把南北方各大经济区域更加直接紧密地联系起来，成为中国运河变迁史上自隋唐以后的又一次重大转变，奠定了此后京杭大运河的基本走向及其规模。

至元初年，元世祖忽必烈迁都于燕京（今北京），先称中都，后改为大都，使全国政治中心再移至北方，并逐步实现了大统一。

由于北方地区的长期战乱，经济凋敝，发展滞后。而同时期的南方则获得新的开发，社会经济有长足的发展，开辟打通连接南北方的交通大动脉，实现南北大运河的贯通也势在必行。但自南宋末年，黄河泛滥溃决，先夺泗水，又夺淮入海，导致原有运河河道多淤浅不能通航。到元朝初年，南北诸运河只有江南运河、淮南运河以及御河部分河段能较顺利行舟。元初的漕运即由江南运河入淮河后，溯淮入黄至今河南封丘西南约 15 公里之中滦镇，转为旱路输运，到达淇门再入御河，运至直沽（今天津）沿白

图一　整治后的小汶河

沙河至通州，最后陆运至大都。由此水陆相交，反复装卸，既费时又费力。因此，在原有运河的基础上，开凿新的便捷的运河道路，去弯取直，使之南北通航，便成为元代亟待解决的主要问题。正是这种情况下，随着元朝的统一，经济的恢复和发展以及科学技术的进步，南北大运河的贯通具备了必要的条件。

元世祖至元十二年（1275 年），丞相伯颜统军南征，设立水运驿站，即委派郭守敬勘察汶、泗、卫相邻地区水道。漕运副使马之贞这时建议于济州城南汶、泗水河流处至大清河开凿新河，引汶、泗诸水以通漕。至元十三年丞相伯颜攻占南宋临安，以江南水运发达，主张广开漕运。此后，元朝廷即筹备资金、征调役夫。至元十八年(1281 年）十二月，世祖忽必烈诏差奥鲁赤及刘都水及精算术之人往济州确定开河夫役，又令大名、卫州新附军赴济州助役。工程从至元十九年十二月正式施工，至次年八月竣工，开凿自济州至须城安民山长达 100 余公里的运河河道，并筑坝遏汶、泗水入运河行运。济州河通航后，设都漕运司的管理机构。

济州河开通后的主要问题是如何解决水源不足的问题。朝廷采纳漕运副使马之贞的建议，于兖州立闸坝约束泗水西流，于堽城（位今山东宁阳境）立闸堰导汶水入洸河，使二水合于任城之汇源闸，以闸堰调节水势，启闭通放舟楫。至元二十六年(1289 年）将金口坝改为滚水坝，增建黑风口三孔引水闸，济水上建杏林闸、土娄闸、孙氏闸以节制水势。至元二十七年于洸河上建吴泰闸、官村闸，引水入济河。次年，再于引汶斗门上筑土坝，扩大引水量。此后又建济州上闸、安山闸、石佛闸等以调节水势，保证了运河畅通。

济州河开通后，又开凿了自东平路须城之安山西南起，经寿张西北过东昌（今山东聊城），再西北经临清与南运河相连接的会通河。

早在元世祖至元十二年(1275 年）丞相伯颜委派郭守敬勘察新运道时，郭守敬即对淮河北至御河的地形地貌及河流水道做过全面细致地考察，并绘制成图奏上。为后来开凿会通河在技术上奠定了基础，也为朝廷决策开凿山东段运河起了重大促进作用。济州河开通后，输运入京的物资先由大清河至利津行漕，出海后行海道转运至京，比之原来经河南走御河大为便捷。但后来大清河入海口为泥沙淤积，通行不便，再改由东阿陆运过临清入御河。此段陆路虽不算很长，但中经茌平一带洼地，地势低平，每逢夏秋霖雨更泥泞不堪，车马阻滞，输运艰难。为此，开凿会通河也就成为摆在元朝廷面前的紧迫任务。

世祖至元二十五年(1288 年），朝廷下诏征发东平邻近郡县夫役，拨钱、米、盐作经费，命中书断事官忙速儿、礼部尚书张孔孙、兵部尚书李处巽督役，于至元二十六年(1289 年）正月动工，当年六月功成，共开河道 125 公里，并由元世祖亲自赐名“会通河”。会通河的凿通，标志着京杭运河的全线贯通，漕运自此改为经由会通河。元朝廷把原来的利津海道运粮万户府改为临清

图二　大运河船队

御河运粮上万户府，把原来由东阿至临清的陆运人夫亦改为兵丁户，专门护送会通河上贡物品，又设置会通汶泗河道提举司，专职管理济州、会通运河。至元二十七年，马之贞又建议选调站户 3000 人，专以修护堤岸、疏浚河道。以后又每年选差都水监官员一人，以都水监名义率属吏及技术工程人员，巡视维护河道。后来又以缓急次序改诸处木闸为石闸，修建工程直到泰定二年(1325 年）才告基本结束。

会通河因地势高昂，整段河道全靠设闸控制水势，故自临清头闸至济州李海务闸，共设闸门 31 座，并因此又称为闸河。特别是为补充水源，先引汶济运，建堽城枢纽，又引泗济运，建金口枢纽，使汶、泗二水皆会于济宁之会源闸，分流南北，供运河行运。同时又经常清淤河道，并对入河船只的载重作出限制以保证航运畅通和运输安全。初开会通河时，只允许 150 料（料为古代测舟船之载重单位，一料约合当时 60 斤）船通航，后权豪富商造三四百料或 500 料大船于河中运行，致航道常患堵塞。为此，英宗延佑元年（1314 年）中书省以会通河“大船充塞于其中，阻碍余船不得往来”，于是命于运河北端临清和南端沽头、金沟 3 处各建隘闸一座。隘闸宽 9 尺，以限制 200 料以上大船

图三　大运河码头

过往，违者没收船只物资并治罪。但后来却有改建长船以过隘闸者，即此船宽虽符合规定，但却加长船身至八九十尺，甚者超过百尺者。这样，船身过长，入闸行运常不能自由回旋，仍常阻塞河道。为此，都水监会同地方官、管闸官及监察御史等官员，又议定于北隘闸下约 80 步各立 2 石则（即石标尺）以验量行舟，两石则相距 65 尺，过往船只若超过两则距离，则不许入闸。另外，严禁权势乘舟不按规定水深即令开船。又禁漕船于河内临时筑土坝，积水行舟，损坏河闸。还严禁闸官吏恃势讹诈不及时开闸放行或营私舞弊等。

元代之前，京杭运河各段虽时兴时废，但多有旧迹可循，唯会通河（含济州河）为平地新开，为前代所无。济州河虽为新开，而前代运道东有汶、洸之沟通，西有桓公沟及古济水之通航。后者金元时堙没，前者又重开，但并不是济州河的一段。元人常称济州（治济宁）至须城（今东平县）安山镇一段为济州河；安山以北至临清为会通河。二河沟通汶、泗及御河，南段自泗水接黄河。后来，二河常混称为会通河。明代很少提到济州河这一名称，二河成为一河之两段，管理维修及工程改建常统一考虑。

元代京杭运河的改道，避免了其由江苏至河南开封、郑州等地在山东临清的曲线绕远，而取江苏至济宁、临清而达河北的直线之捷。元代南北大运河的贯通，以最短的距离，纵贯当时最富庶的东部沿海区域，最终实现了国家政治中心和经济中心的大融合。

明王朝在元代京杭运河的基础上，着重对运河某些重要运段，尤其是在山东运河上实施了科技含量极高的治运工程，如南旺分水枢纽工程、漕运新渠工程等。对运河的多次整治改造，使运道畅通，漕运大兴，并围绕运河建立了一整套机构管理制度与漕运制度，至此，沟通南北地区的大动脉——京杭大运河走向鼎盛。

清朝定都北京后，为实现南粮北运，继续启用了纵贯南北的京杭大运河。它担负着每年数百万石漕粮运输任务，是清朝的一条名副其实的生命线。因而，备受统治者重视，不惜耗费巨资全力经营。无论是从运河管理机构、水源、线路、治河工程，还是从漕运体制的各个方面来说，都是在明朝旧制的基础上进一步改进、发展，使大运河和漕运进入了一个全盛时期。

济宁地处京杭运河的中段，堪称全线的“老大难”。主要原因有：济宁段为运河全线的至高点，城北的南旺号称运河的“屋脊”其海拔高程为 39 米，比北部的临清和南部的沛县高出 30 米，通水十分困难；二是因地势高亢，水源严重不足，逢干旱则是有河无水；三是济宁段处于运河与黄河的交汇处，黄河泥沙淤运，两河一直处在相互制约影响之中，造成运河改道和断流。因此，济宁河段备受历代王朝的关注。京杭运河全线贯通后，到元中期，会通河诸闸多有毁坏，为此，至治元年(1321 年)都水丞张仲仁奉朝廷之命疏浚整修由临清至彭城(今徐州)的 350 公里河道，修建小桥 98 座、大桥 58 座，以通纤道。又沿河修石涵洞排两岸积水入河，并于河岸两旁种马兰草以固溃沙，河两侧还多植树木。这是对运河一次较大的维护浚修。但后来由于疏于管理，加上黄河溃决侵犯会通河道，遂使会通河陷入日渐加重的淤塞难通的境地，终患浅涩，不胜重载。故终元一代，若漕粮北运仍以海运为主。到元朝末年，会通河竟废弃不用。明王朝为了实现南粮北运，决定重新启用京杭运河。为此，在元代运河的基础上，着重对重要河段大加整治，会通河便是重点整治河段之一。永乐九年(1411 年)，济宁州同知潘叔正建言：“会通河道四百五十余里，其淤塞者三分之一，浚而通之，非惟山东之民免转输之劳，实国家无穷之利也。”这个建议被采纳后，朝廷遂派工部尚书宋礼主持治理。同年，宋礼调发青州、兖州、济宁及直隶、徐州民工二十余万人，并力疏浚，历“二十旬而工成”。这次疏浚，不仅使会通河全线贯通，而且河道加深，“深则能蓄水，而其深三丈”。为了确保河道畅通，宋礼还制定了“每年一小挑，间年一大挑”的维护制度。

明代对济宁河段的整治，首先是为解决水源不足的问题，工部尚书宋礼采用白英老人之策，以“四水济运”，并创造了与都江堰工程相媲美的南旺分水枢纽工程，也是运河全线科技含量最高的工程，也是济宁之所以能誉为“中国运河之都”的重要砝码。同时还采取了导泉济运等措施；其次是为解决水源丰枯不均和水位太低的问题，人们在河上层层建节制闸，随时调节水位，

图四　大运河济宁段鸟瞰

图五　大运河济宁段夜色

图六　整治后的湖中运道

图七　大运河济宁段鸟瞰

“以六闸樽节水势，启闭通放舟楫”。因此，济宁河段被称为闸河。此外，为避黄保运，人们开挖或利用马场、蹭等湖泊（又称水柜），涝时蓄积黄河之水并沉降泥沙，旱时放水济运。由于多种有效措施的实施，最终治好了济宁河段的“肠梗阻”，使之“南通江淮，北达幽燕”；“南引吴楚闽粤之饶，北壮畿辅咽喉之势”。至此，沟通南北地区的大动脉——京杭大运河始贯通定型。

清王朝为实现南粮北运，京杭运河备受统治者重视，不惜耗费巨资全力经营，对包括济宁河段在内的河道及水源等大加整治。

由此可见，济宁河段在运河全线的位置与作用是何等的重要。史籍称济宁为“南控江淮，北逶京畿”；“处漕渠之中，襟带四方”；“闭则为锁钥，启则为通关”。这也就是人们常说的，“济宁通则全河通，济宁不通全河停”。正是因为济宁独具的特殊性和重要性，才使得济宁有了发展成为运河之都的可能性和必然性。元明清三代的济宁，朝廷关注，重臣驻节，百官聚集，千军防守，万马奔腾，当然地成为运河全线的政治中心。

二　最高治运行政管理机构的设置

由于济宁河段所具有特殊性和重要性，元明清三朝都把治运最高机构设在济宁，在重点整治济宁河段的同时，负责对运河全线进行整治和督理。据考，元代在济宁初设开浚大臣，后设都水监、行都水督和总治河防使，其官阶最高为正一品。明代在济宁设总理河道、总督河道、经理河漕、总漕兼河道、巡抚兼河道等，简称总河，均由朝廷钦命署理，为运河最高行政管理机构，是朝廷六大部外增设的一个部院级的朝廷直属机构，秩正二品，但不乏正一品、从一品大员充任。清朝派驻济宁的司运机构多袭明制，设总河部院，钦命署理，秩正二品。据雍正《清会典》载：“顺治初，仅设河道总督一人，又称总河，综理黄河、运河两河事务，驻济宁州。”直到雍正七年（1729 年），分河道为三：南河总督驻清江浦；河南、山东河道总督驻济宁州，称东河；直隶河道总督驻天津，称北河。其建制一直延续到清光绪罢河停运。据考，自顺治元年至光绪二十八年的 258 年间，朝廷钦命河道总督 119 任，共有 101 人充任，其中正一品大员近半。其间，总河除移驻清江浦 27 年（共 4 人充 5 任）外，其余年份均驻节济宁。

河道总督衙门是运河、黄河的最高行政管理机构，同时，他又拥有或掌管着自己的军队，并主要依靠军队来实现其总督职能。因此说，河道总督衙门是一个军政合一的机构。据《元史》载，运河贯通后，至元二十二年（1285 年）二月，“增济州漕舟三千艘，役夫二千人”。当时，经漕运至京都的粮米约百万担，其中通过济宁所运漕粮达 30 万担。为管理漕运，朝廷在济宁城南的鲁桥设立了都漕运司使。至正十年（1350 年）设济宁兵马司，驻扎辅漕兵士 1.2 万人。至正十六年，置济宁枢密分院。明代驻济宁的司运军事机构为总理河道军门署，下设道、卫，负责节制南北直隶和河南、山东各道。济宁驻军最多时达 1.3 万人。除固定的道、卫、署、衙外，还有其他的军司。永乐十八年（1420 年），行军司马樊敬受命提兵 10 万镇守济宁。正德之后，朝廷每年均遣尚书、都御史等大员兼理运河军事。隆庆四年（1570 年），朝廷为总河加提督军事职衔。一时间，济宁成了朝廷不可一日疏忽的军事要地。清代，朝廷为河道总督加兵部侍郎、右都御史衔，秩正二品。顺治初年，总河杨方兴奏请设河标中军副将署，作为河道总督衙门的直属机构，也是运河全线的最高司运军职衙门，驻节济宁州。河标中军副将署为总河副职、河标兵丁主帅，从二品，其职责为总理运河营防，催调粮草，护卫漕船，沿河治安等。河标中军副将署下辖驻守沿运河各城镇的河标营和卫。

由于朝廷把治运司运的最高行政机关和最高军事机关设在济宁，其下属的各级各类机构自然很多。总督河道衙门仅在济宁设置的机构就有运河道署、运河同知署、泉河通判署、管河通判署、巨金嘉管河主簿署等；河标中军副将署在济宁设置的军事机构有运河兵备道署、运河标营署、守备署、卫署等；此外，还有朝廷派驻的巡漕使院、抚按察院、布政司行台、按察司行台、治水行台等机构。再加上省道府州县的行政机构和由其派驻的机构，元明清三代驻济宁的各级各类治运司运以及行政监察机构比比皆是，不可胜记。因而，济宁故有“七十二衙门”之说，这是除北京、天津之外的沿运各城市所无法比拟的。

总督河道衙门为朝廷在六大部外特设的一个部院级的专门治运司运机构，其充任者多为一品或从一品大员，如明代的宋礼就是由工部尚书直接来充任总河的。由此看出河道总督衙门所处的地位及其重要性。河道总督衙门坐落在济宁州衙东，占地 5 公顷，建筑面积达 1.6 万平方米，设有大堂、二堂、三堂，有匿书院、射圃、演武厅等，其规模宏大，布局严谨，气派威严。总督河道衙门的权力在史籍中多有反映。史载，嘉靖二年（1523 年），“遣都御史提督河道，山东、河南、南北直隶巡抚皆受节制。”又载，明代驻济宁的两个兵备道下设布政司、按察司，各设官一员，敕行事代管河道，所属府州县官皆受其节制。由此不难看出，不仅省里的巡抚大人要在总河的节制之下，沿河各州府县也要在总河下属的兵备道的节制之下。河道总督衙门的权力之大，超乎常人所想象。故而，沿运省份的巡抚大人无不对总河敬畏有加，上任须来济宁拜谒，谢任须来济宁辞别，至于各州府县官衙无不仿效行事，不敢怠慢。另外，在济宁市博物馆现今仍保存着一门清代的铁炮，炮筒上赫然铸有“河道总督署造”，这门铁炮也是总河权力之甚的有力证据。

元明清三朝治运司运的最高行政机关和最高军事机关设在济宁，是济宁作为运河之都的最好标志。济宁虽然在行政区划上同其他城市没有统属或主从关系，但是，运河之水把济宁同南北众多的城镇连接了起来，是运河总督衙门的驻节，才使得济宁同沿运城镇有了统属或主从关系，沿运各地无不听命于来自济宁的指令，无不受制于驻在济宁的河道总督衙门，使济宁的地位凸现；一水关南北，百里万夫吼，千帆竞发，万民汇聚，人口和城市日益扩张，商贸业的兴盛使济宁成为关键性的沿运商业大都会。据《元史·食货志》载，元文宗时，在中书省（辖今北京、天津、河北、山东、山西、内蒙古和河南的黄河以北地区，称为“腹里”）21 路和 7 个直属州中，上缴国库商税额超过 1 万锭银子的

图八　大运河畔东大寺

只有晋宁路、嘉定路、济南路、济宁路等 7 路，其中济宁路的商税额为 12403 锭 4 两 1 钱，居第 4 位。《大明会典·钞法》载："(宣德)四年，令顺天(北京)、应天(南京)、苏州、松江、镇江、淮安、常州、扬州……山东济南、济宁、德州、临清……共三十三府州县，市镇店肆门摊税加五倍，候钞法通行止。"由此，足见济宁商贸业的发达繁荣程度及其在全国城市中的位次。济宁在明清时期是运河全线的 7 个对外商埠和重要码头之一。

三 漕运经济中枢地位的形成

济宁原为济州，治于巨野。1150 年巨野水灾，遂移治于现址。元灭金后，巨野水患频繁，世祖八年（1271 年）升济州为府治，因济水南会泗、北会汶，州居其中而获济水之宁，故名"济宁府"。此时的济宁，虽为府治，但名声平平，一般城镇而已。

元代至元年间，途经济宁的京杭大运河全线贯通，为济宁的崛起带来生机，平平济宁由此而逐步走上繁荣昌盛之路。凸现出京杭运河中独一无二的中枢地位。元至元二十年（1283 年）至清咸丰四年（1855 年）的 572 年间，济宁作为京杭大运河山东沿岸最大的港城，始终是南北物资传输的水运重镇，不但是地理位置和政治上的中枢，而且是漕运经济的中枢，主要表现在两大方面：

(一)集聚货船多，装卸量大

济宁的运河码头是山东运河段最大的码头之一。早在元代，济宁就设置漕舟 3000 多艘，役夫、运军 1400 多人。当时每年由水运调往北京的"皇粮"100 万担，仅济宁一个码头就转运 30 万担，占全国北调南粮的近三分之一。明清时期，特别是在明朝罢海运和逐步放宽漕船搭载货物的限制以后，又运量大增。济宁城南门外常聚集着数百乃至上千艘货船等候启闸放行，其货船之多，往往把十里运河和越河挤得满满的；除官运漕船经此每年运送漕粮加附载货物近千万担之外，还有日趋增多的民运商船满载着大批生产资料、生活用品往来其间。据推算，每年在济宁装卸的货物多达 350 ～ 400 万担，平均每天 1.5 万担。整个济宁港，河道帆樯如林，两岸货积如山，客商、役夫往来如梭，运输、装卸不分昼夜。

在济宁装卸的货物，以农产品为大宗，手工业品、皮毛、药材、竹木器和盐也占相当分量。店铺、货栈沿河分布，但根据货物种类不同也相对集中。济宁顺河门以南是装卸和堆存苇草的市场和码头，此处离市区较远，可免火灾威胁城市；坝口上下则是粮食码头，许多粮行"一"字排开，港口业务非常繁忙；由小闸口至南门桥一直到草桥，还有越河两岸，则是日用品杂货装卸集中区；食盐则运至城西安居装卸。

图九　城区老运河

（二）集散物品多，辐射面广

济宁航运码头的吞吐量大。江南及中原地区的各种商品，通过运河运至济宁，然后向兖州、东昌、曹州、沂州及河南、河北等地输送，泰沂山区、鲁西平原、范濮冠阳、丰沛肖砀等地的土特产品，则从济宁集中装运输往江南各地。在清康乾时期，出入济宁的“车者、舟者、负者、担者，日不下二万计”。

济宁集散的农产物资，种类有：皮毛、粮食、花生、食油、豆饼、棉花、苘麻、山果、冬菜、药材、菸草、蓝靛、芦苇、席编织品、发网、土布等。其中吞吐量最大的是粮食，年达上千万至数千万公斤，旺季日上市逾千石（每石150公斤）。其次是皮毛，年加工出口二三百万张，最多时达四百万张，生皮除来自鲁西及鲁中山区外，还有张家口、东北三省等地坐庄收购的“口外货”，旺季日成交额曾达银币18000元。再次为花生、食油，年销500多万公斤，瓜子50多万公斤，山果中的红枣、柿饼、山楂亦达几十万公斤。

经济宁集散较负盛名的特产有：曹州耿饼，滕县黄姜，邹县花生、红枣，泗水小麦，曲阜花凉席、香稻米，兖州菸叶、辣椒，汶上苇席、芦花大公鸡，嘉祥土布、大蒜，金乡金谷、发网、鲁西大黄牛，微山四鼻孔鲤鱼、菱米、芡实米、松花蛋、鸭绒，鱼台的莲藕，济宁县蜡杆、柳条，平邑金银花等。转运出口者主要是经加工制做的青猾皮、羔羊皮、皮衣、金乡发网及大瓜子、红枣等。

济宁集散的工业品，除当地手工业产品外，主要是由运河水路输入的外地产品。据1927年邓际昌著《济宁县志》记载，本境及输入工业、手工业产品销售情况为：竹货数十万个，金波酒数一万斤，皮毛千余件，茶叶五十万斤，瓷器五六十万件，炭焦百余万斤，玻璃六七十万箱，烧酒五十万斤，糖三四十万斤，纸三四二担，洋线百余十万斤，洋布七八万尺，洋火千余箱，洋油五千箱，绸缎七八余万元，棉纱三万五千包，杂货二百余万元。其中竹货，金波酒、皮衣、铁货等属当地手工业生产；输入商品，除烧酒、焦炭、玻璃及少量绸缎、布匹、杂货来自滕县、枣庄、博山、济南等地外，均由江南运来；进口商品，由镇江、上海来，济宁棉纱进口始于清光绪十八年（1892年），“由镇江转运山东济宁州317000担”。

漕运经济的中枢地位，必然带动起济宁商贸业的繁荣昌盛、手工业的蓬勃兴起、城市的发展。

首先，漕运经济促进了济宁商贸业的繁荣。济宁“居运道之中”，不仅成为“水陆交汇，南北冲要之区”和“控引江淮咽喉”地带，同时又成为漕河管理中心和鲁西南政治、经济中心，出现了“官舸商舶鳞集，麻拥于济城之下”的兴旺景象。曾有诗人描述道“日中市贸群物聚，红氍碧碗堆如山。商人嗜利暮不散，酒楼歌馆相喧阗。”到明代中叶，济宁就已发展成一个“车马临四达之衢，商贾集五都之市”的繁荣商业城市。此时，城区定居之民已不下数万家，商贾之踵接而辐辏者亦不下数万家”。经明至清，济宁商业已臻鼎盛。州城内外，通衢要道，运河、越河两岸行栈店铺林立，各地商贾云集，百业兴盛，市场繁荣，年营业额高达白银亿元以上，市场辐射达周围地区近百县，成为明清时期全国著名的33座工商业大城市之一。

其次，商贸业促进了济宁城市的发展。商贸业的空前繁荣带动了相关产业的发展，使人口与消费俱增，进而促进了城市的发展。明代以前，济宁地区的人口并不多，晋代的任城国，只有1700户；北魏的任城郡，只有8050户、21789人；元代的济宁路也只有10545户、89818人。明末，济宁城区人口已达10多万人。在历经明清战乱和重大自然灾害之后，清代在工商业恢复发展和繁荣的基础上，城区人口又逐渐达到30多万人，远远超过明代规模。因此，济宁城区不断扩大。明末清初，城区街巷98条，其中，城内45条，城外53条。清道光年间，街巷增加到290条，其中城内达到107条，城外达到183条，城区街巷增长近两倍。鉴此，济宁之治也在不断地升格。元至元十六年（1279年），济宁由府升为路（元代没有省的实际建制，所说的中书省为虚称，路为基本行政建制，由朝廷直辖），辖三州十六县；明洪武元年（1368年），“改济宁路为府”，十八年，“置济宁州领三县”；清代沿用明制，乾隆四十五年（1780年），济宁由府辖州升为省辖直隶州。

第三，由于商贸业的繁荣和城市的发展，极大地促进了手工业生产和农业商品化生产的发展，使广大城乡呈现一片欣欣向荣的景象。当时，蓬勃兴起的手工业近20个行业。其中，玉堂酱园是酿造业中的佼佼者，其产品“京省驰名”“味压江南”；“兰芳斋”为誉满冀鲁豫的糕点与果品“大王”；“济宁路青猾皮”元代就已成为济宁名牌特产；还有竹木器、铜铁器、纺织、造船、红炉等各业蓬勃兴起。在农业方面，棉花、烟草、林果等成为济宁商品农业的大宗。经济作物的商品化又促进了粮食生产的商品化。清代中后期，济宁一带农业的商品化程度大大提高，不仅促进了农业自身的发展，增加了土地所有者的经济收入，同时也为以农产品为原料的加工工业、商品流通业和内河运输业的发展和繁荣奠定了比较坚实的物质基础。

济宁，正是在运河之水的孕育下，工商业兴盛繁荣，人口激增，城市崛起，在沿运城镇中凸现出无与伦比的中枢地位，不断创造出历史的辉煌，以莫辩的事实展现着运河之都的风采。

试论日本萩烧与高丽茶碗的关系

文/郭映雪　山东博物馆

内容提要

众人皆知日本的茶道世界有“一乐、二萩、三唐津”这一说法，由此可知源于17世纪的萩烧在日本的茶道文化中声誉很高。萩烧在日本的出现与朝鲜王朝的高丽茶碗之间有密切的联系，本文通过萩烧出现的历史背景、萩烧特色来解析萩烧与高丽茶碗之间的关系。

关键词

萩烧　御用窑　施釉陶器　朝鲜陶工　高丽茶碗
仿制品　原创性　茶道　“闲寂”美意识

萩烧地处日本古代山阳道长门国的阿武郡（山口县），西邻日本海。萩烧创窑源于丰臣秀吉的侵朝之令，出征朝鲜的山口藩主毛利辉元带回朝鲜陶工李勺光、李敬兄弟俩，令他们于十七世纪初在萩建御用窑。自江户时代始，萩烧的陶土基本是以混有沙砾的灰白色的大道土为主，掺入白色的金峰土、赤黑色的见岛土。釉主要使用透明釉、藁灰釉。萩烧特征是粗糙、质朴。此外，常年使用，茶水渗透至器表，茶陶色泽易发生变化，萩烧的这一特性得到了茶人的重视，并被称为“萩七变”。所以萩烧茶陶在日本茶道世界享有极高声誉。江户时代的萩烧除茶陶外，也制作了多种富有个性与跃动感的陈设品。拥有400年悠久历史、具有革新性传统的萩烧，时至今日，各式各样独特造型的作品持续不断问世。

一 毛利氏[1]的御用窑

萩烧是以辘轳成型、藁灰釉为特征的施釉陶器。这一制陶技术由朝鲜半岛传入日本。作为拥有防长两国[2]藩地的毛利氏的御用窑，萩烧首先在萩城所在地松本（萩市）建窑。这大概是日本战国时代庆长九年（1604年），享誉中国地区的毛利氏从安艺的广岛迁移到长门的萩后不久的事情。17世纪中叶，御用窑在统辖区内的深川（长门市）建了分窑。此外，松本窑场扩大，御用窑保持了旺盛的生产力，并一直维系到江户时代幕

图一　萩井户形茶碗　江户时代中期

图二　萩狮子置物　江户时代后期

图三　白萩提梁花器　三轮寿雪（11 代休雪）1965 年

藩本制的终结。

作为御用窑的萩烧，人们普遍认为它与中世（1192—1603 年）末期流行的茶道关系密切，这是因为传世的萩烧中大部分是以茶碗为中心的茶道用具，它的造型与朝鲜的高丽茶碗[3]这种施釉[4]陶器相似，极大地体现了日本茶道世界的一种朴素美。

实际上从松本和深川等御用窑出土器物来看，御用窑的产品不光是人们所说的茶碗等碗类，还能看到皿、钵、盘、壶、瓶等日常生活中所使用的各类器物。并且碗类以外的出土器物占出土文物的 70％以上。此外，考古发掘调查报告称能确定为茶道用具的器物却意外很少。

这些出土器物明确表明作为毛利氏御用窑的萩烧并不是只生产茶碗类茶道用具的特殊窑址，而是生产各种施釉陶器的窑址。在如此之多的陶器器种之中，趣味性高的茶碗这种陶器，因其符合茶道的“闲寂”朴素特征，被公认为高级茶陶。

二 御用窑的背景

当时西日本地区对陶瓷器的需求是毛利氏御用窑施釉陶器生产的背景之一。

早在战国时期的 15 世纪末期，濑户窑的施釉陶器已在东日本流通。与此相比，西日本的施釉陶器的需求却长期依赖于与中国、朝鲜、东南亚等地对外贸易中的进口陶器。

有关萩烧出现前的中世末期的外国进口陶瓷器，近 20 年来随着日本各地考古发掘调查的开展，积累了不少资料，明确了进口陶瓷器的状况。其中，朝鲜半岛产的朝鲜王朝（李朝）陶瓷器数量远不及以青花为中心的中国陶瓷器的数量，但是当时与朝鲜的贸易往来频繁，有相当数量的陶瓷制品进入日本市场，而这段时期相当于朝鲜王朝的前半期即集中在 16 世纪。这时期进口的朝鲜陶瓷器的器种，有朝鲜王朝前期的高级陶瓷器——白瓷、粉青，而 16 世纪后半期，除这些高级陶瓷外，杂釉陶这种施釉陶器增多，大约占日本遗址出土量的半数。这些灰青色、灰白色釉调的碗、皿，呈灰褐色的瓶、钵等是当地权贵者使用的日常用具。

因为陶瓷器的日常需求增多，而没有生产施釉陶器的西日本，在安土桃山时代（1573—1603 年），窑业迎来了新的发展。

首先，九州西北部的唐津建窑，之后参加文禄·庆长战争（1592—1598 年）的西国大名争相带回朝鲜陶工，纷纷在上野、高取、小代、萨摩、萩各地建窑。这些窑场的共同点是都生产朝鲜系的施釉陶器。西日本地区之所以采纳朝鲜半岛的制陶技术是因为自中世末期以来西日本对施釉陶器的广泛需求。

三 仿高丽茶碗的另一背景

施釉陶器因其趣味性高而使需求量骤增。日本人普遍认为朝鲜半岛各地民窑所生产的施釉陶器的朴素美符合 15 世纪末到 16 世纪初日本茶道世界所出现的“闲寂”的美意识。高丽茶碗正是这样的施釉陶器。

图四 萩仿三岛茶碗 天和四年（1684 年）

高丽茶碗之所以在日本仿造是因为从传入日本的朝鲜系施釉陶瓷碗中，日本茶人选出了适合他们眼光的陶瓷器用作茶碗。16 世纪后半期，三岛、狂言袴、井户这些名称在日本的出现表明朝鲜陶瓷器已渗透到日本茶人的世界。特别是千利休确立的茶道在大名武士中蔚为风潮，其后继者织部对高丽茶碗情有独钟，茶道茶碗的流行遂由唐物移至高丽茶碗，此时日本国内的乐烧、备前这些日式茶碗也成为主流茶碗。

文禄·庆长战争之后，高丽茶碗倍受宠爱，白高丽、割高台、鱼屋、五器等分类更加精细。随着人们鉴赏意识的深化，在金海、伊罗保、熊川等分类法出现的 1640 年，日本人由先前的视朝鲜杂器为茶碗这一行为转向了茶会上专门使用定购的朝鲜茶碗。17 世纪 80 年代，高丽茶碗在日本站稳脚跟，并开始了它的日本化进程，比如织部[5]喜欢的力感强的御所丸茶碗、远州[6]爱好的漂亮的伊罗保茶碗都属于朝鲜系茶碗。

随着日本人对高丽茶碗鉴赏的深化，这些器物偏离了原产地本来的用途而在日本成为另一造型物。日本人所追求高丽茶碗拥有符合茶会演出用具的造型要素，所以能否满足茶会表演的造型表现形式成为日本人追求的价值取向。这种重视鉴赏功能的价值观不仅仅体现在高丽茶碗上，近世初期的日式茶碗也同样重视这一功能。

四 仿高丽茶碗与萩烧茶碗

萩烧茶碗曾一度被评为“萩七变”，这是因为萩烧茶碗每重复一次茶事，釉面光泽会有不同的变化，同时也指出了与高丽茶碗的共性。后者指出了萩烧茶碗与高丽茶碗在造型上存在极大的相似性，正是这一相似性成为人们谈论的话题。

萩烧茶碗被认为是高丽茶碗仿制品，即说它们是原创与复制之间的关系。但是，只能说萩烧茶碗是模仿高丽茶碗的极端的例子，换言之“如果是作为仿制品来制作的话，是对高丽茶碗偏爱的曲解；如果是作为品质优良的萩烧茶碗来定义的话，就过于强调李朝陶艺的继承、高丽茶碗的系谱，就忽略了其原创性。”

图五　萩富士图割高台茶碗　江户时代后期

的确，传世的萩烧茶碗在造型上与高丽茶碗存在很多相似性。但是外表的相似并不代表本质上的一致。因为器物造型源于人类的生产生活。

总之，茶道中茶碗的造型是茶人想要展现的东西，其产地不论是朝鲜半岛还是世界上的其他地区，与掌握制陶技术的陶工们的制作活动是没有任何关系的。17世纪后半期，对马藩在釜山建委馆窑生产茶碗将其表现得淋漓尽致。虽素材、技术都是朝鲜的，接受日本来样订购，并在日本人监督下所生产的茶碗，它虽沿袭了高丽茶碗的表现形式，却表现出了独特的造型特征。

在近世初期的茶道世界，不要将高丽茶碗与萩烧茶碗混为一谈，而要将它们的造型特点严格区别开来。宽永15年（1638年），松江重赖的俳句作法书“毛吹草”里把萩烧作为长州的名产而列举出来，另外，正保4年（1647年）的茶会记——“松屋久重会记”中所载的“茶碗，萩烧啊”中可以看出：即使高丽茶碗流行的江户初期，人们也已经意识到了萩烧的存在。

当然，在原创与复制这一问题上，我们需要关注的是：高丽茶碗的造型要素如何表现在萩烧茶碗上？人们认为萩烧茶碗忠实地模仿了高丽茶碗的造型要素，实际上萩烧并不是运用了高丽茶碗的所有表现形式，而只是选取了一部分，并且这一部分表现形式也是综合了日本人自己的表现元素。所以，萩烧茶碗细微处的造型要素有一部分能从高丽茶碗的造型要素上找到源泉。比如萩烧初期，日本人意识到了当时流行的茶道，加进了“沓形”[7]这一体现织部风格的造型要素。可以说萩烧茶碗从一开始就关注时代风标，自由地调整表现要素，追求独自的造型。

五 器表的造型性

器物的特征用“作行”这一术语。这个词既包含了器物制造者的个性、嗜好，也包含了定购者的要求。

“作行”指的是器物整体的造型感觉。不仅仅指器物的形状，器物表面的纹理、微妙的造型感觉都包含在其中。

实际上茶道世界里，茶碗的鉴赏点有釉色，流釉、缩釉，贯入（裂纹釉），露胎部的胎土的质感，底足及内侧的目痕等等，日本人对陶器表面所具有的造型要素进行细致观察，使高丽茶碗的分类越来越精细。

器表的这种鉴赏上的价值观引人注目，关于它的造型特征，通过萩烧古窑出土资料，可以了解器物的质感的表现形式等。比如可以了解用与胎土不一样的与原料制成的化妆土、土灰釉、长石釉、藁灰釉等等装饰方法的组合。

器表会因胎土、釉的性质及烧成环境的不同即素材、技术不同时而出现多样的表现形式。即使同一古窑址出土的资料，相同器形的陶瓷器也极其少见。以稀少性即没有同样器形的高趣味作品为创作目标的结果会导致出土资料中存在烧成不良品。

萩烧，在制作符合茶道世界美意识的茶碗时，不仅仅采用了高丽茶碗的造型要素，而且还可以窥见其强调自身表面装饰性的特征。

在此试论了萩烧茶碗仿高丽茶碗的问题，并试着分析了萩

图六　萩伊罗保茶碗　野坂康起　2004 年

烧的特点。实际上，中日韩三国地缘相近，同位于“一带一路”沿线，同属东亚文化圈，历史渊源深厚，文脉相容，高丽茶碗的出现受中国宋代瓷器与茶文化影响很大，这成为今后研究的课题。

注：本文所用萩烧照片由日本山口县立萩美术馆·浦上纪念馆提供

注　释

[1] 毛利氏：宗祖是大江广元的四子。因祖先居住在相模国（现神奈川县）的毛利，所以称“毛利氏”。战国时代的藩主是毛利元就（1497—1571年），安土桃山时代藩主是毛利辉元（1553—1625年），幕末藩主是毛利敬亲（1819—1871年）。

[2] 防长两国：指周防和长门两个藩国。现在的山口县以前由周防和长门两个藩国组成。

[3] 高丽茶碗：朝鲜半岛进口的茶碗的总称，基本涵盖朝鲜时代（1392—1910年）初期、中期制作的陶瓷产品。

[4] 施釉：入窑烧之前在成型的器物上挂釉。

[5] 织部：古田织部（1543—1615年）。茶道织部流的祖先。大茶师千利休弟子。关原之战因追随德川方，战后重获“大名”封号，成为德川家御用茶师。

[6] 远州：小堀远州（1579—1647年）。拜古田织部为师学习茶道，茶道远州流派鼻祖。德川家光的御用茶师，同时也是著名的造园大师。

[7] 沓形：碗口多为不规则的椭圆形，上部略扁。

明清即墨黄氏著述略

文/姜保国 青岛市即墨区博物馆

内容提要

即墨黄氏家族是山左望族文化繁盛的一个典型代表。"忠厚传家，诗书继世"是即墨黄氏家族一直秉承的家族传统。明清以来，他们或以政绩昭著，或以孝义流芳，或以育人传世，或以文学达闻。以科名不断，交友甚广，代代不断，是典型的文学世家。大量的著述为后人留下了十分丰厚而珍贵的文化遗产。著述中除其奏章外，留存大量的诗词和散文，尤以诗文为巨，其家族文化研究自成体系，并对四书经义的研究甚深，对乡土文化的研究贡献巨大，是研究明清山左家族文化不可或缺的重要部分。

关键词

即墨黄氏家族　明清　著述

一 即墨黄氏家族著述收藏著录情况

即墨黄氏家族是山左望族文化繁盛的一个典型代表。"忠厚传家，诗书继世"是即墨黄氏家族一直秉承的家族传统。明清以来，他们或以政绩昭著，或以孝义流芳，或以育人传世，或以文学达闻。大量的著述为后人留下了十分丰厚而珍贵的文化遗产。清光绪年间，即墨黄氏后人收集和整理家族的各种藏书和著作，列出了《即墨黄氏书目》。该书目按经、史、子、集四部分类，将当时即墨黄氏珍藏的各种书籍和画集等资料一一罗列。其中经部类 70 部，计 262 册；史部类 19 部，计 55 册；子部类 6 部，计 40 册；从书集部类 413 部，计 880 册（轴）。共 508 部 1237 册（轴）。令人遗憾的是，这些珍贵的书籍与文物，有的毁于战火，有的焚于"四清""文革"等政治运动，历经 600 年的历史沧桑，现存于世的可谓寥寥无几。它们或存于各级档案馆、图书馆、博物馆，或匿藏于民间。譬如，在国家图书馆馆藏古籍中，有关即墨黄氏古籍版本，就有十八人著述的 18 部作品，明代的黄作孚《讱斋诗草》、黄嘉善《见山楼诗草》、黄宗昌《於斯堂诗集》、黄宗庠《镜岩楼诗集》、黄宗崇《石语亭诗草》、黄宗庠《鸿集亭诗草》、黄宗臣《澹心斋诗集》，清代的黄坦《紫雪轩诗集》、黄贞麟《快山堂诗集》、黄垍《夕霏亭诗集》、黄鸿中《华萼馆诗草》、黄贞观《永德堂诗草》、黄立世《四中阁诗钞》、黄克中《涵清馆诗草》、黄体中《来山阁诗草》、黄埛《栗里诗草》、黄壎《友晋轩诗集》、黄塽《修竹山房诗草》。

近几年，山东借助古籍普查统计为契机，由山东大学文史哲研究院负责编辑，山东大学出版社影印出版的《山东文献集成》，可谓山东省的"四库全书"。全书共分四辑，每辑 50 册，共 200 册。以国有各级档案馆、图书馆、博物馆收藏古籍为主体，选择学术价值较高而又流传不广的山东先贤著述，以及少量外省人士撰写的有关山东的重要著作，同时兼顾在历史上有重大影响的山东人的代表作，共收录影印了在中国文化史和学术史上具有重要影响的山东先贤如孔子、孟子、管子、墨子、孙子、郑玄、辛弃疾、李清照、孔尚任、王士祯、蒲松龄等文化名人的著作 1300 余种，都是价值较高的稿本、抄本、刻本，排印本和名家批校题跋本等，可谓珍本荟萃，琳琅满目，美不胜收。《山东文献集成》编委会对即墨黄氏著述给予很高的定位和评价，在《编辑说明》中对即墨黄氏是这样评价的："即墨黄氏明清以来，以科名不断，交友甚广，为山东地方望族。前辑已收入黄守平《黄氏家乘》二十本抄本。本辑收入黄守平《易象集解》十卷

（家刻本），黄垍《夕霏亭诗》二卷，黄守平辑《黄氏诗钞》六卷（稿本）。其中《黄氏诗钞》是山东省委党校图书馆新发现的孤本，内收即墨黄氏自嘉靖三十二年进士黄作孚至清中叶黄守思共七十二人的诗作三千九百九十七首，前后十代，代代不断，是典型的文学世家。该书的发现和影印出版，对研究明清家族文学，是难得的第一手资料”。

在《山东文献集成》中收录有即墨黄氏14位作者，16种著述，共计90卷，所收录有关即墨黄氏文献目录如下：

第一辑

第十七册有《黄氏家乘》二十卷（一），［清］即墨黄守平纂，山东省图书馆藏，清黄氏抄本；

第十八册有《黄氏家乘》二十卷（二），［清］即墨黄守平纂，山东省图书馆藏，清黄氏抄本；第十九册有《黄氏家乘》二十卷（三），［清］即墨黄守平纂，山东省图书馆藏，清黄氏钞本。

第二辑

第七册有《易象集解》十卷，［清］即墨黄守平撰，山东省图书馆藏，清同治十三年即墨漱芳园刻本；

第十三册有黄培文字狱案一卷，［清］不著撰者，山东省图书馆藏清抄本；

第三十册有《夕霏亭诗》二集，［清］即墨黄垍撰，山东省图书馆藏清钞本；

第四十二册有《黄氏诗钞》六卷，［清］即墨黄守平辑，中共山东省委党校图书馆藏稿本；

第三辑

第十九册有《崂山志》八卷，［明］即墨黄宗昌撰，［清］即墨黄坦续，济南市图书馆藏，民国五年排印本；

第十九册有《崂山艺文志》二十四卷，［清］即墨黄肇颚撰，山东大学图书馆藏，民国间国立山东大学图书馆抄本；

第四辑

第三十三册子目中有《黄锦衣诗》一卷［明］即墨黄培撰，有《即墨黄氏诗钞九种》九卷，［清］不著辑者，中共山东省委党校图书馆藏稿本。子目：1. 见山楼诗一卷，［明］黄嘉善撰；2. 镜岩楼诗一卷，［明］黄宗庠撰；3. 澹心斋诗集一卷，［明］黄宗臣撰；4. 石语斋诗集一卷，［清］黄宗崇撰；5. 友晋轩诗集一卷，［清］黄壎撰；6. 友晋轩诗二集一卷，［清］黄壎撰；7. 友晋轩诗三集一卷，［清］黄壎撰；8. 栗里诗草一卷，［清］黄堣撰；9. 修竹山房诗集一卷，［清］黄埉撰。

二　即墨黄氏家族作者和著述

目前，根据对即墨黄氏家族的研究以及所掌握的资料情况，进行了梳理，最早的当属明代晚期黄作孚著《讱斋诗集》，最晚截止至民国时期。现将有关作者和著述简述如下：

1. 黄作孚著《讱斋诗集》。黄作孚（1516—1586年），字汝从，号讱斋，明嘉靖三十二年（1553年）中进士，成即墨黄氏首登进士者。黄作孚为官清廉，不依附权贵，正气凛然。任兵部观政时，正值奸相严嵩当权，利用权贵，网络爪牙。黄作孚洁身自好，对这种坏风气愤恨不已。出任山西高平县知县时，严嵩亲自设宴为他送行，被他毅然拒绝。在高平任知县二年，“伦谊平居，冲寂自好。乃遇应事时，不辞焦劳，有就厥功”。《高平县志》谓其“临政宽缓，任人不疑”。后来，严嵩的党羽刘某到山西巡视，策动黄作孚属下对其诬告，终被罢免。回乡后，他乐善好施，誉满乡里。“居家与乡人讲求古礼，墨邑文物与有振起之力。”传略见载于《高平县志》《即墨县志》等。祀名宦、乡贤。

2. 黄嘉善著《抚夏奏议》《总督奏议》《大司马奏议》《见山楼诗集》等。黄嘉善（1549—1624 年），字惟尚，号梓山。即墨黄姓的主要代表人物。据出土的黄嘉善“墓志铭”记载，他生而聪敏，并且端庄伟然，读书过目能诵，试辄高等，万历四年（1576 年）中举人，万历五年成进士。初授叶县令，历任苏州府同知、大同知府、宁夏巡抚、三边（陕西、宁夏、甘肃）总督等职，后累升至兵部尚书。《抚夏奏议》《总督奏议》《大司马奏议》，是黄嘉善对朝廷的奏章汇编著述。主要记载着他的文韬武略，从中也可以看出他戍边二十年和三朝两受顾命所付出的心血，三部数十万言的文献巨著，充分反映了黄嘉善在政治、军事方面的远见卓识和文学方面的才华。其中《抚夏奏议》刊载了自明万历二十九年（1601 年）六月，黄嘉善升任都察院右佥都御史巡抚宁夏后，在连续 3 任共计 10 年的时间里，呈报皇帝的 117 个奏疏，是一部研究明代中后期政治、经济、民族关系的重要历史文献，也为我国西北边陲研究地方史提供了珍贵资料。传略见载于《明史》《明史稿》《即墨县志》等。崇祀名宦、乡贤。

3. 黄宗瑗著《慎独斋诗草》。黄宗瑗（1585—1604 年），黄嘉善次子，字我玉，号良夫。明万历三十三年（1605 年）荫官生。例授奉议大夫，修政庶尹，历任刑部主事、刑部员外郎、刑部郎中。在父母的熏陶下，养就怜爱之心，性情淳朴，处事谨慎正直，为官清廉。

4. 黄宗辅著《质木斋诗集》。黄宗辅，字靖伯，黄兼善次子。万历年间岁贡。崇祯壬午殉难。

5. 黄宗昌著《西台奏议》《按楚奏议》《疏草》《因人成事录》《於斯堂诗集》《恒山游草》《崂山志》等。黄宗昌（1588—1646 年），字长倩，号鹤岭。黄师善之子。明万历四十三年（1615 年）举人，天启二年（1622 年）中进士，后累授文林郎，直隶雄县、青苑县知县，奏为“天下循良第一”，授山西道监察御史。崇祯间湖广巡按。配孙氏累封孺人庶杨氏。葬城东小村。《疏草三卷附录一卷》是黄宗昌对朝廷疏本的汇编。疏本中透露出黄宗昌大义凛然的浩然正气，也是一部研究明末历史的珍贵史料，他的另一个贡献是编著《崂山志》。《崂山志》共八卷，详载崂山的古迹、名胜、人物、诗文等，辑存了崂山许多有价值的史料，由著名学者顾炎武等作序，是第一部关于崂山著述的地方类志书。传略见载于《明史》本传，《东林列传》《山东通志》《雄县志》《即墨县志》等。祀名宦、乡贤祠。

6. 黄宗庠著《鸿集亭诗集》。黄宗庠（1588—1653 年），字显倩，号巨海。黄锡善次子。明万历四十年（1612 年）举人。考授推官。喜欢读书，不管严冬酷暑，手不释卷，朝夕诵读，抄写编著不止。明亡后，闭门读书，修身养性，不问世事。

7. 黄宗庠著《镜岩楼诗集》。黄宗庠（1599—1653 年），字我周，号仪庭。嘉善三子。荫官生。肆力于学。明崇祯九年（1636 年）举人，崇祯十六年（1643 年）进士，通政司观政实习，明亡不仕。1644 年，清兵攻占北京后，在崂山西麓筑镜岩楼别墅，读陶诗，学颜楷，自号“镜岩居士”。淡泊名利，绝尘仕途，为人正直，庄重严肃，重然诺、有威望。远近闻名。

8. 黄宗臣著《光德堂文集》《四警编》《澹心斋诗集》。黄宗臣（1607 年—？），字我臣，号邻庭。嘉善四子。明崇祯十二年（1639 年）举人。善诗工书，与兄宗庠齐名。为人重气节，寡言笑，喜施予，有负己者亦不与较。

9. 黄宗崇著《宝砚楼时艺》《石语亭文集》《石语亭诗集》。黄宗崇，生于明末，字岳宗。继善五子。清康熙十一年（1672 年）中顺天副贡，康熙十四年（1675 年）为拔贡。工诗文书画，文章以古意作新声，琢炼铿锵，别开生面。一生以教书为生，无子嗣。

10. 黄培著《奏章》《含章馆诗集》《含章馆焚余集》《黄锦衣诗》。黄培（1603—1669 年），字孟坚，号封岳，又号卓叟。黄宗宪子。因祖父嘉善三边大捷，于明万历三十九年（1611 年）荫官世袭锦衣卫指挥佥事，授怀远将军，轻车都尉。历任南镇抚司官司事佥事，锦衣卫官卫事指挥同知，钦差提督街道，锦衣卫指挥使，都指挥同知，例授金吾将军、上户军。钦差提督九门，锦衣卫管卫事都指挥使等。

11. 黄坦著《紫雪轩诗集》《秋水居诗余》。黄坦（1608 ~ 1689 年），字朗生，号惺菴。黄宗昌子。明崇祯十二年（1639 年），为副榜拔贡。敕授文林郎，浙江浦江县知县。入清后，仍以原职任浦江县知县。黄坦为官清正，洁己爱民，在浦江任上颇有政声。受黄培诗案牵连解职归里后，他继承父亲黄宗昌的遗志，续成《崂山志》。并扩建了即墨县城里的“准提庵”，又于清顺治七年重建东崂“华严庵”。传略见载于《浦江名宦录》《即墨县志》。

12. 黄壎著《友晋轩诗集》《友晋轩诗余》。黄壎，字子友。黄宗庠长子。康熙己酉（1669 年）岁贡生。工诗善文。

13. 黄堣著《栗里诗草》。黄堣（1614—1680 年），字汤谷。黄宗庠子。康熙辛亥（1671 年）岁贡生。例授修职郎，费县教谕。传略见载于《即墨县志》。

14. 黄壞著《修竹山房诗集》。黄壞，字子明。黄宗庠次子。庠生。

15. 黄垍著《白鹤峪文集》《夕霏亭诗集》《夕霏亭时文稿》《法书辨体》《露华亭诗余》《露华亭词余》《草法集略》《拂石居谈余》《臜园暇笔》及《书法辑略》数十卷。黄垍（1629 年—？），字子厚，号澂菴。黄宗庠三子，清顺治八年（1651 年）副贡，康熙二年（1633 年）举人。恬淡不慕容利，坐卧图史中以自娱。书法出自晋唐，诗古文词，雄深雅健，下逮宋元词曲，无弗赡也。主骚文坛数十年，为同邑诗人之冠。诗作有千余首。其诗多吟咏崂山秀色，代表作如《白鹤峪悬泉歌》《登狮峰观海诗》《华严庵次韵》《书带草歌》等。

16. 黄贞观著《永德堂诗集》。黄贞观(1648—1701 年)，字大观，号尧年。黄培侄。康熙乙卯(1675 年)岁贡生，候选训导。传略见载于《即墨县志》。

17. 黄贞固著《尺亭闻见录》。黄贞固，字立蔼。黄奎子，黄贞麟从弟，宗楫之孙。岁贡。例授文林郎，历任西城、中城兵马司副指挥。

18. 黄贞麟著《快山堂诗集》《豫章游草》《燕台诗集》《碌屏轩文集》《纪年》。黄贞麟(1630—1695 年)，字方振，号振侯。黄宗晓子，黄培侄。清顺治十五年(1658 年)进士，授安徽凤阳府推官，屡决大案，使 500 余平民无罪释归，政绩卓著。康熙九年(1670 年)改任直隶盐山知县，报最举"天下循良第一"，复以卓异内迁户部主事，督京城左右粮仓，坐侵盗失察罢官。卒于家。其七子皆以才华闻名于时。传略见载于《清史稿·循吏传》《大清一统志·循良传》《国史·循良传》《山东通志》《莱州府志》《凤阳府志》《即墨县志》《盐山县志》等。

19. 黄大中著《琭屏轩诗集》。黄大中(1649—1705 年)，字元徽，号崂村。黄贞麟长子。康熙丁巳(1677 年)顺天府经元。例授文林郎，浙江武康县知县。

20. 黄美中著《竹凉亭诗集》。黄美中(1656 年—？)，字元美。黄贞麟次子。清康熙丙寅(1686 年)拔贡，康熙举人。赠文林郎，官至宁阳知县。传略见载于《即墨县志》。

21. 黄鸿中著《花萼馆文集》《花萼馆诗集》《两朝恩荣路》《登庸日钵》《燕游日记》《湖南日记》《荣堂文集》《黄太史拟笔》等。黄鸿中(1660—1727 年)，字仲宣，号海群。黄贞麟三子。清康熙四十七年(1708 年)恩贡，康熙五十年(1711 年)举人，康熙五十七年(1718 年)进士。点翰林院庶吉士，累授中宪大夫，历授通议大夫。历任翰林院编修，国子监司业，翰林院侍讲，侍读，侍讲学士，日讲起居注官，侍读学士，雍正元年(1723 年)任山西正主考，二年(1724 年)任会试同考官，提督湖南学政，都察院左副都御史。执政廉勤，治学严谨。

22. 黄理中著《来鹤亭诗集》。黄理中(1662 年—？)，字仲通，号墨山。黄贞麟四子。雍正癸卯恩科举人。诰授奉直大夫，历任直隶新城县知县，涿州知州。

23. 黄敬中著《葆光堂文集》《松园诗集》。黄敬中(1665 年—？)，字叔直，号山淙。贞麟六子。清康熙三十一年(1692 年)举人，康熙四十八年(1709 年)进士。敕授文林郎，诰授奉政大夫，例授朝议大夫。历任龙门县知县，河南禹州知州，升用南阳府知府。

24. 黄克中著《涵清馆诗集》。黄克中，字述令，号华东。黄埉孙，贞麟侄。雍正癸卯(1723 年)恩科举人。例授修职郎，任利津县教谕。传略见载于《即墨县志》。

25. 黄体中著《来山阁诗集》《山水音》。黄体中，字仁在，别号镜海。黄坪长孙。诸生。候选州同知，不仕。生而聪颖。工书法，九岁即能临十七帖。晚年，入居崂山九水，悠游终身。亦工诗，写有《徐福岛》《劳山》《鱼鳞口瀑布》《山居》等诗篇。其《徐福岛》一诗脍炙人口，《山居》共 30 首，是其隐居崂山之写照。

26. 黄致中著《北海集》。字元性，号屺思。贞泰长子。增贡生。例授奉直大夫。历任刑部主事，刑部江南清吏司员外郎。

27. 黄统中著《即墨人物考》。黄统中，贞麟侄，官万州知州。

28. 黄焘世著《蓬山文集》《籐台诗草》等。黄焘世(1691 年—？)，字云若，号蓬山。黄位中长子。清康熙五十年(1711 年)辛卯经元，康熙五十二年(1713 年)癸巳科三甲第 15 名进士。敕授承德郎，历任四川绥阳县知县，遵义府通判，大理寺右评事。文章超然不群。

29. 黄簪世著《庆远堂诗草》、汇编《黄氏诗钞》。黄簪世，字绂皆，号容庵。黄和中次子。附贡生。敕授文林郎，例授承德郎。历任浙江淳安县、海宁县知县，顺天府粮马厅通判。

编纂第一套家族文学资料《黄氏诗钞》。乾隆十九年(1754 年)，他将黄氏自六世至十一世总共 17 人的诗作编辑成册，人各一集(内有明代 6 人黄作孚，黄嘉善，黄宗昌、黄宗庠、黄宗臣；清代 11 人黄宗崇，黄坦、黄壎、黄堣、黄埉、黄垍，黄贞麟、黄贞观，黄鸿中、黄克中、黄体中)。乾隆三十一年(1766 年)盐官官署刊刻为《黄氏诗钞》(三卷共二册)。刻本《黄氏诗钞》黄氏族人尚存卷下，青岛市博物馆馆藏卷上、卷中。2008 年，黄氏后人将其影印出版。传略见载于《即墨县志》。

30. 黄济世著《一峰草堂诗稿》。黄济世，字公楫，敬中长子。廪贡生。敕授文林郎，历任乐陵县教谕、江西雩都县知县。

31. 黄靖世著《遂此居诗草》。黄靖世，字聃又。康熙癸巳(1713 年)举人。敕授文林郎，任福建宁洋县知县。

32. 黄偕世著《有容堂诗草》。

33. 黄芳世著《敦复堂诗集》《偶存集》。黄芳世，字菊秋，号若洲。黄致中长子。乾隆辛酉(1741 年)顺天举人。敕授文林郎，任湖北京山县知县。

34. 黄立世著《四中阁诗集》《桐华轩文集》《四中阁诗余》《柱山诗话》《詹詹录》《散花传奇》。黄立世(1727—1786 年)，字卓峰，号柱山。黄爽中三子。乾隆(1753 年)癸酉经元，乾隆甲戌(1754 年)明通进士。敕授文林郎，曾任广东新宁、花县、保昌、饶平、潮阳县知县，己卯(1759 年)广东乡试同考官。传略见载于《即墨县志》。

35. 黄恩世著《有此屋诗集》《南游草》。黄恩世，字因心，号南崖。黄克中子。庠生。

36. 黄宏世著《雪舫诗稿》。

37. 黄晟世著《易说》《于旹堂诗集》。黄晟世，字旭东。黄统中长子。附贡生。

38. 黄如珂著《柿叶书屋诗集》。黄如珂，字纫斯。诸生。

39. 黄如鉴著《鸡谈》。

40. 黄如钧著《庐阜诗草集》。黄如钧，字平抑，号庐阜。岁贡生。

41. 黄如琯著《劳劳亭诗草》。黄如琯，字西玉。黄经世子。乾隆庚寅(1770 年)岁贡生。例授修职郎，任招远县训导，兼署海阳县教谕。

42. 黄如淦著《学诗草》。字豫溪，号冰亭。黄芳世三子。乾隆甲寅(1794 年)恩贡生。

43. 黄如沆著《浭南草》。黄如沆，字凝度，号瀣亭。监生。

44. 黄玉瑚著《白石山房诗存》。黄玉瑚，字东序，号栗亭。黄英世长子。乾隆乙酉(1765 年)拔贡，乾隆辛卯(1771 年)举人，丙申诏试钦取四库行走。例授文林郎，署江苏荆溪、清浦、桃源县知县，戊申江苏乡试同考官。

45. 黄玉书著《一水山房诗集》《音韵贯》。黄玉书，字邻素，号芥亭。振世长子。增贡生。

46. 黄玉衡著《二水山房诗集》。黄玉衡，字音素，号墨圃。振世三子。乾隆丁酉(1771 年)拔贡生。敕赠奉直大夫，知州衔清河县知县。

47. 黄如瓛著《便可居诗集》。黄如瓛，字溪屏。黄立世侄。庠生。

48. 黄如瑀著《敦雅堂遗稿》《敦雅堂诗集》。黄如瑀，字禹玉，号练江。黄立世三子。乾隆己酉(1789 年)拔贡，嘉庆戊午(1798 年)举人。拣选知县。例授修职郎，历任青州府教授，荣城县教谕、黄县教谕。

49. 黄如璨著《北渚诗草》。字研思，号北渚。诸生。

50. 黄如玢著《也可居诗草》。黄如玢，字石屏。

51. 黄如玖著《芥圃诗草》。黄如玖，字子久，号梅南。黄立世之子。庠生。

52. 黄如珣著《山村诗草》。黄如珣，字东华，号山村。诸生。

53. 黄肅著《滤月轩诗集》。黄肅，字贡九，号维祺。黄如沆子。嘉庆庚辰(1820 年)恩贡生。候选直隶州州判，乡饮大宾。

54. 黄榛著《漪园文存》。黄榛，字硕轩，号漪园。黄如璧子。乾隆庚午（1750 年）举人。拣选知县。传略见载于《即墨县志》。

55. 黄植著《周易浅说》《学庸记疑》《论语汇说》《孟子析疑》《大湄草堂集》。黄植，字静轩，号复斋。黄如璧子。乾隆壬辰（1772 年）恩贡。传略见载于《清史稿·儒林》《即墨县志》。

56. 黄檀著《课余集》。黄檀，字亶木，号石年。增生。

57. 黄植著《周易浅说》《学庸记疑》《论语会说》《孟子析疑》《大湄草堂集》《日知录》《易经进义》《诗经参考》。黄植，字静轩，号复斋。恩贡生。

58. 黄范著《未信轩诗草》。黄范，字德舆。廪贡生。

59. 黄栻著《芸香书屋诗草》。黄栻，字辒邑。诸生。

60. 黄栋著《辽游草》。黄栋，字隆吉，号啸斋。

61. 黄桓著《课余集》。黄桓，字牧先，号西因。岁贡生。

62. 黄岩著《崂海居诗草》。黄岩，字仪廊，号鲁瞻。岁贡生。

63. 黄凤仪著《读史约编》。黄凤仪，字韶成。黄如玖子。恩荣耆宾。

64. 黄凤文著《篆叶山房诗草》。黄凤文，字今涪，号铁樵。黄如螭子。廪生。

65. 黄寿豹著《红薇馆文稿》《新种竹室诗稿》《木樨精舍法书》《翰香堂碑帖考》。黄寿豹（1807—1864 年），字蔚卿，号东泉。黄嶟子。丁酉（1837 年）拔贡，道光二十三年（1843 年）癸卯顺天举人，咸丰（1853 年）癸丑大挑一等。例授奉直大夫，署江苏安东县知县，钦加知州衔清河县知县，即补同知直隶州知州简用知府；例授朝议大夫，赏戴蓝翎，赏换花翎。

66. 黄守缃著《箱山诗草》。黄守缃（1802—1863 年），字帙邻，号箱山。清咸丰壬子（1853 年）恩贡，候选直隶州州判。工行楷。四方问字者满户，与人交和蔼温淳。

67. 黄守□著《四书全义》《禹贡会说》。

68. 黄守怡著《云槐轩诗草》。

69. 黄守憨著《朱柏庐家训注解》《二十四孝四言编》《临池管窥》《晴雪梅花轩诗草》。黄守憨，字印方。道光诸生。

70. 黄守恪著《虚斋日记》《虚斋漫吟》。黄守恪，字商民，号丸庵。黄植子。嘉庆庚辰（1820 年）恩贡生。

71. 黄守宸著《十亩园诗草》。

72. 黄守和著《周易集解》《梦华新录》《紫籐居诗草》《四书汇考》《北游草》。黄守和，字心田，号蔼村。

73. 黄守平著《易象集解》《千字鉴略》《黄氏家乘》《漱芳园诗草》《黄氏诗续钞》。黄守平(1775—1857 年)，字星阶，号莒田。黄檀子。道光十八年(1838 年)戊戌岁贡，道光二十三年(1843 年)举乡饮大宾。后因体弱多病不再参加乡试。他毕生从教，培养的子孙和其他学子多有成就。黄守平为即墨文化传承做出了重要贡献。一是他在汇编的《黄氏诗钞》基础上，又收集了 54 人的诗集，从第六世到第十五世，按辈分排序重新编辑装订成《黄氏诗续钞》。共六卷 6 册，71 人 3997 首诗。卷首保留有刻本中进士黄叔琳的序，在十一世黄体中撰的《来山阁诗草》一卷后，保留了刻本中黄簪世写的跋语。其中有 17 人的诗是誊抄和刻本剪辑夹杂，余 54 人的诗是誊抄而成。68 人附有简要的小传。二是汇编手录成《黄氏家乘》初稿。他“爰搜罗旧章，或得诸败簏之中，或取诸蠹之余，诸家所藏,无不毕集。始于丙辰，终于庚申，手录成册。”《黄氏家乘》共汇集 20 卷，洋洋洒洒 50 余万字。内容有诰敕、奏章，有褒封、恩荫资料，有科举考试中式资料，有传记、年谱、著作，有序言、题跋，有祭文、告文、行述、坊表、碑记、墓表、墓志铭，有书信等。共有 2 个手抄稿本，现存于山东省图书馆。三是编著《易象集解》，黄守平一生嗜书如命，笃好易经，除家藏外，广泛搜集，进行研究。他用了毕生的精力，“汇郑虞诸儒数十家言，以补宋儒诸说之所未备，未及梓行，往往求者踵门。”其后，又数易其稿，始名《说易凿语》，又为《易象汇抄》，最后定名《易象集解》。该书共计 10 卷，由翰林院编修、四川学政何绍基作序。黄守平去世后，其子黄念昀率其孙黄肇颚重录细校，于清同治十三年（1874 年）刊印出版，不久因争相索求，再次出版。刻印本存青岛市即墨区博物馆。传略见载于《清史稿·文苑》。

74. 黄守思著《石圃诗草》。黄守思，字对山，号石圃。诸生。

75. 黄守颖著《墨缘斋金石徵》《墨缘斋尺牍》《墨缘斋诗稿》。黄守颖，字伊邻，号稚樵。黄凤文子。奎文阁典籍，加捐同知衔。

76. 黄震孟《松石居诗稿》。

77. 黄承贋著《泉源小识》《如不及斋随笔》。黄承贋，字子丹，号幼泉。咸丰戊午（1858 年）顺天举人。光绪庚辰（1880 年）大挑二等。敕授修职郎，任泗水县训导，选授长山芸县教谕；拣选知县，议叙五品衔。

78. 黄念瀛著《平仄千文》《紫云山房稿》。

79. 黄念昀著《述草诗稿》。黄念昀，字炳华、冰华，号海门。黄守平次子。道光二十年（1840 年）庚子恩科举人，截取知县钦加知州衔，赏戴花翎。工书法，书法以唐楷为主，结构严谨，清丽飘逸。

80. 黄肇颐著《长康庐文草》《长康庐诗草》。字伟山，号孟瞻。黄念晟子。清咸丰壬子（1852 年）经元，同治壬戌（1862 年）科大挑二等。例授修职郎，委署范县训导，选授濮州学正，署济阳县教谕。议叙五品。

81. 黄念赢著《裴庄诗稿》。

82. 黄肇彤著《四字鉴略》。

83. 黄肇□著《县志稿》《吾庐吟草》。

84. 黄肇煃著《劝孝歌演说》。

85. 黄肇颚著《崂山艺文志》《崂山诗集》《待颜楼诗草》。黄肇颚，字仪山，号仲岩。黄念昀嗣子。贡生。议叙六品顶戴，候选训导。曾参与编纂清同治版《即墨县志》。崂山，旧时既是即墨的属地，也是即墨文化的重要组成部分。黄肇颚出于对家乡的热爱，从小对这座文化名山有着深厚的感情，清同治年间，即墨修县志时黄肇颚负责采访，他走遍了崂山的山山水水，也收集了大量有关崂山的诗词艺文。同治十三年（1874年），他编辑成《崂山诗乘》。之后十年间，他十次考察崂山，参照《武夷山志》的形式，将各景点的古迹、艺文、物产等“悉登者编”。晚年居住在华严庵，于清光绪九年（1884年）编成《崂山续志》十卷，后又加修订、补充编成《崂山艺文志》。全书共计24卷，40余万字。后来，《崂山艺文志》由其子黄象轼、黄象辕、黄象犨帮助整理、分类和誊抄。《崂山艺文志》抄本现存青岛市即墨区档案馆。

86. 黄象岱著《杏院诗草》。

87. 黄象郡著《诗经韵义述》《师拙丛钞》《师拙杂俎》。

88. 黄象轸著《陀罗华馆吟草》。黄象轸，字翼南。黄肇颐长子。光绪乙亥（1875年）恩科举人，光绪己丑（1889年）大挑二等。例授修职郎，选授德州学正。

89. 黄象辕《易解》《大学微旨》《中庸阐义》《即墨乡土志》《日记》《柏子菴文稿》。黄象辕（1864—1921年），字子固，号百花草堂主人。肇颚次子。廪贡生。侯选训导。配杨氏。葬土山园。

90. 黄象昪著《抱拙斋诗草》。

91. 黄象冕著《尚絅斋及北归杂咏诗草》。黄象冕，字黻庭，号纲斋。肇恒之子。例授修职郎，光绪癸卯（1903年）科优贡，甲辰（1904年）朝考选，授福山县教谕。山东政法学堂毕业，宣统庚戌（1910年）科举贡会考，分发贵州即用知县。历任思州府主计，本县高等小学校长，胶县教育局长。

92. 黄元器著（西流支）《黄氏家训拾遗集》。

93. 黄弘祚著（西流支）《北茔迁葬序》。

三 即墨黄氏家族著述的特点

即墨黄氏家族诗礼传家，世代延绵，其家族著述主要呈现以下几个特点。

1. 黄氏入仕官员奏章著述多集中在明代末期。明清之季，即墨黄氏家族先后有648名庠生，贡生74名，贡监171名，举人49名，进士12名。担任朝廷命官的295人。其中，11人载入《明史》《清史稿》，有百余人的政绩载入州、府、县志等志书。即墨黄氏奏章见载于黄氏家乘和族谱中，有黄嘉善、黄宗昌、黄培、黄鸿中对朝廷的奏章，尤以黄嘉善为多，黄宗昌次之。《抚夏奏议》《总督奏议》《大司马奏议》是黄嘉善对朝廷的奏章汇编。《疏草三卷附录一卷》则是黄宗昌对朝廷疏本原稿的汇编本。《奏章》是黄培在朝奏章的重要汇总。明亡后，由于世受明廷皇恩，归隐即墨的黄培，时时对外夷清朝不满，与莱阳宋继澄等人结为诗社，饮酒赋诗，结集刊印《含章馆诗集》，因诗集隐含有“逆诗”被诬，后慷慨赴死，从而酿为北方最大的文字狱案。受此牵连和影响，后世家族多淡于仕途，以诗礼继世传家。

2. 留存下大量的诗词和散文作品，尤以诗文为巨。清康熙初年，家族受“黄培文字狱案”的影响，为官者仕途受挫，族人多潜心兴教办学，培养子弟，著书立说，造福地方。此时即墨黄氏的诗词著作处于鼎盛时期，其中九世祖黄垍“主骚坛数十年，为同邑诗人之冠。”明清两代，即墨黄氏从明代中叶六世到清末十九世，前后十三代，诗文不断，是典型的诗书世家。黄辔世、黄守平相继编纂家族汇编诗集资料《黄氏诗钞》。黄辔世着手编纂第一套家族资料《黄氏诗钞》后刊刻出版。到了黄守平汇编的《黄氏诗续钞》诗集，诗作竟达4000余首之多。2010年，黄氏后人在此基础上，再次整理续编，出版《明清即墨黄氏诗钞》。这次续编新收录45人511首诗词，共收录即墨黄氏从六世到十九世共100人的4508首诗，并对《黄氏诗续钞》中的笔下错误进行了勘正，对诗作者简介进行了完善补充，并新增了部分作者画像。

3. 对四书经义研究甚深。黄晟世著《易说》，黄植著《周易浅说》，黄守□著《四书全义》《禹贡会说》，黄守和著《周易集解》《四书汇考》，黄守平编辑《易象集解》等。其中，又以黄守平编辑《易象集解》为著。在当时，刊刻后引起轰动，争相搜求，曾多次刊刻出版。2010 年，黄氏后人为了存史留世的需要，将《易象集解》再次影印出版。

4. 对乡土文化的研究贡献巨大。黄宗昌晚年，在崂山康成书院南的楼上村，筑"玉蕊楼"自居其中，交往接纳明亡后隐居崂山的遗臣、文士。编著《崂山志》，未竟而卒，后由其子黄坦续完。该书是迄今为止影响最大、流行最广的一个版本，在青岛地方文化史上占有重要地一席之地。民国二年（1913 年），《崂山志》被德国人翻译成德文出版，民国五年（1916 年）排印出版，之后又出版多次。继黄宗昌之后，清末时期黄肇颚汇编《崂山续志》后改编为《崂山艺文志》。鉴于该书的价值，2008 年由青岛市即墨区（原即墨市）史志办公室点校出版。

5. 家族文化研究自成体系。即墨《黄氏家乘》自黄守平开始搜集、编纂，后又经四代人的相继努力下，不断完善而成，前后历时 128 年。十五世黄守平经过五年时间的资料收集后，于清嘉庆五年（1800 年）汇编手录成《黄氏家乘》初稿。之后，《黄氏家乘》初稿内容不断充实，先是黄守平之子黄念晸、黄念昀、黄念矗协助整理抄写，继之其孙黄肇颐、黄肇颚又进一步完善补充，并重新整理、清抄。随着时间的延续，黄象辕之子黄褒显等都相继做了完善，于 1924 年最终完成。它集即墨黄氏（城里族）明清两代文史资料之大成，收录了自明永乐初年至 1924 年间五百余年的家族史料，是即墨黄氏家族的史书，也是一部研究即墨明清历史极其重要的文献。2008 年，黄氏后人将其整理校点、续编后出版，共 22 卷，57 万余字，更名为《即墨黄氏家乘》。

参考文献

[1] 黄济显：《明清即墨黄氏诗钞》（内部资料），2013年。
[2] 即墨市史志办公室：《即墨黄氏》，中国文史出版社，2017年，102-107页。
[3] [清]林溥：《即墨县志》点校本（内部资料），1986年。
[4] 即墨市文史资料专辑《即墨黄氏述略》（内部资料），2009年。
[5] 韩寓群：《山东文献集成》，山东大学出版社，2012年。

徐春壑《文姬归汉图》史话

文/衣可红　潍坊市博物馆

内容提要

本文通过对徐春壑《文姬归汉图》和“同志画社”画家赫保真、马洁泉、陈寿荣对画作跋文的解析，向读者展示了徐春壑《文姬归汉图》的劫难和重生，揭示赫保真、陈寿荣他们对艺术品不独善其美的精神和“画以艺传”“为劳人证”的艺术观。

关键词

徐春壑　文姬归汉　同志画社　赫保真　马洁泉

陈寿荣　陈育丞　王华堂　“为劳人证”

一 文姬归汉故事的来源及流传

文姬归汉故事来源于《后汉书·董祀妻传》，后来被编入小说、戏剧，得以广泛流传。诸如：元金志南的《蔡琰还汉》杂剧，明陈与郊的《文姬入塞》杂剧，清尤侗的《吊琵琶》杂剧，小说《三国演义》的有关章节，程砚秋的《文姬归汉》京剧，以及郭沫若的《蔡文姬》五幕历史剧等，均取材于此。至于援引文姬归汉的题材入画，由来已久，据画史著录，最早可远溯到唐代的阎立本，只是画迹已佚。现存较早的作品有：美国波士顿艺术博物馆藏宋人《文姬归汉图》册、台北故宫博物院藏宋陈居中《文姬归汉图》轴、吉林省博物馆藏金张瑀《文姬归汉图》等。

文姬归汉故事既有民族大一统和得胜扬眉的含义，又有着浓郁的人性、人情意蕴，加之蔡文姬还是历史上少有的著名才女，因此，文姬归汉故事就成为历代画家和戏曲作家比较喜欢创作的题材。

二 徐春壑《文姬归汉图》的艺术特色

潍坊市博物馆藏明末清初画家徐春壑所作《文姬归汉图》，绢本，裱纵 226.0、横 59.8 厘米，画心纵 89.0、横 41.6 厘米。画面故事从右下角开始向左上方依次展开，绘人物四组，构成文姬归汉旅途开始的离别场面。第一组人物为队伍前导，绘侍从四人，当为担任开路先锋和负责后勤保障的侍卫。骑马的两位侍从正调转马头朝向后方，等待身后蔡文姬的马队赶上来，并把观者的视线巧妙地引向画面的主体部分。这部分绘故事的主角蔡文姬与一双儿女作别的场面。主人公的心情是矛盾的，一方面，故土时常在梦中，归心似箭，此时得以回归，应为一喜；另一方面，回归故乡就意味着夫离子别，今生将再难相见，实为一悲。第三组人物，当是在两位侍从护卫下，身穿毛领红氅、头戴红帽的南匈奴左贤王。远远后面，一人骑马飞奔而来，似乎有更为重要的事情督促左贤王和孩子们返回。整个画面描绘出一幅夫妻分离、母子永别的悲戚场景，反映出战乱年代人们的悲苦命运。画面左下角空白处落款：“煦岩徐春壑。”后钤白文印两方：“徐□之章”、“春壑徐氏煦岩”；右下角钤白文印“平生伴侣”。

此幅《文姬归汉图》与历史上同类题材的作品相比，画面更加简洁，无任何烘托情节的背景描绘，只从飘扬的旗帜、驮物的骆驼以及瘦硬的马匹，表现出塞外气候的冷冽。在技法上，画面布局巧妙，作者截取文姬归汉故事中最能表现人情的离别场面

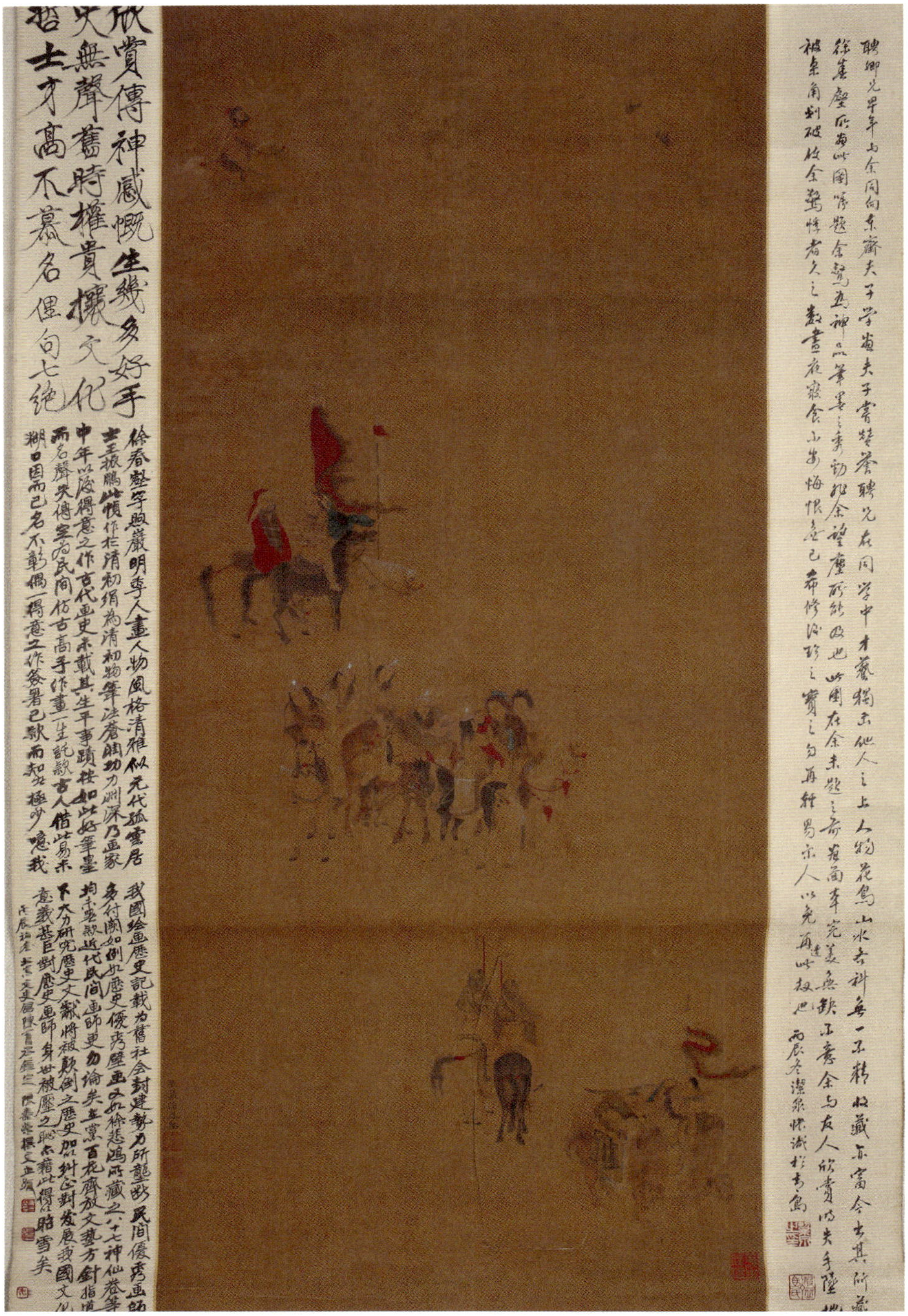

图一　徐春壑《文姬归汉图》

来加以描绘，并突出幼儿与母亲哭号撕扯的场景，让观者感同身受，更能体会主人公的悲戚之情。三段画面疏密相间，张弛有度，如一首乐曲，通过初起、高潮和尾声，将故事情节交代的清晰明白，可见作者把握整个故事情节、突出主题的能力。人物马匹比例协调准确，人物刻画符合其身份特征，“衣纹清圆细劲，设色简淡古雅”，在人物面部刻画上，突出眼睛的传神，简练干净，但也存在程式化的倾向。对于马匹的描绘，作者采用匀称、劲挺的线描和色块的晕染，来表现马匹结实强健的肌肉硬度，与北宋画家李公麟的白描名作《五马图》相比，线条更为瘦硬，马匹尚欠丰满。

关于作者徐春壑，画史未载。画幅裱绫处有陈寿荣题跋，说他字煦岩，明代人。但他又鉴定此画所用清初之绢，画作于清初。由此可知，徐春壑是明末清初人，可能主要活动于明代，此幅作品应是他晚年之作。

三 马洁泉、陈寿荣、赫保真的边跋

画幅有马洁泉、陈寿荣、赫保真三人题写的边跋，在题跋中，三位画家对徐春壑《文姬归汉图》给予了高度评价，马洁泉称其“佘惊为神品，笔墨之秀劲，非余望尘所能及也。”陈寿荣认为其水平“似元代孤云居士王振鹏”。王振鹏，字朋梅，浙江温州人，元代著名画家，擅长人物画和宫廷界画，被元仁宗赐号为“孤云处士”。赫保真甚至称赞其“衣纹清圆得龙眠神韵，设色古雅有十洲遗风”。龙眠，即北宋著名画家李公麟；十洲，即明代绘画大师仇英。

通过题跋，除三位画家对徐春壑艺术水平的评价外，还交代了这幅画作的来龙去脉，前世今生。

其一，马洁泉跋：

“聘卿兄早年与余同向东斋夫子学画，夫子尝赞誉聘兄在同学中才艺独出他人之上，人物、花鸟、山水各科无一不精，收藏亦富。今出其所藏徐春壑所画此图嘱题，余惊为神品，笔墨之秀劲，非余望尘所能及也。此图在余未题之前，画面本完美无缺，不意余与友人欣赏时，失手坠地，被桌角划破，使余惊悸者久之，数昼夜寝食不安，悔恨无已！希修后珍之宝之，勿再轻易示人，以免再遭此劫也。丙辰冬洁泉怅识于青岛。”后钤白文印“洁泉之印”、朱文印“榖丘马氏”。

马长清（1911—1982 年），字洁泉，书画常以字行，原籍河北博埮，民国时期于潍县工作并活跃于潍县画坛，为同志画社早期成员。工山水和工笔人物，兼作花鸟。后居青岛，为青岛画院首批成员。

寿荣跋：

“欣赏传神感慨生，
几多好手史无声。
旧时权贵攘文化，
哲匠才高不慕名。”

“徐春壑，字煦岩”，明季人。画人物风格清雅，似元代孤云居士王振鹏。此帧作于清初，绢为清初绢。笔法苍润，功力渊深，乃画家中年以后得意之作。古代画史未载其生平事迹，按如此好笔墨而名声失传，定为民间仿古高手，作画一生托款古人，借此易来糊口，因而己名不彰，偶一得意之作签署己款，而知者极少。噫！我国绘画历史记载为旧社会封建势力所垄断，民间优秀画师多付阙如，例如历史优秀壁画，又如徐悲鸿所藏之《八十七神仙卷》等，均未署款。近代民间画师更勿论矣。在党百花齐放文艺方针指导下，大力研究历史文献，将被颠倒之历史加以纠正，对发展我国文化，意义甚巨，对历史画师身世被压之耻，亦借此得以昭雪矣。

丙辰初冬，北京文史馆陈育丞鉴定。陈寿荣撰文并跋。”

后钤印：白文“陈寿荣印”，朱文“春甫长年”、“古北海人”。

陈寿荣（1916—2003 年），字春甫，号春翁，山东潍坊人。生前为中国美协会员，中国书协会员，西泠印社社员，潍坊渤海诗社顾问，山东万印楼印社社长，潍坊北海书画院名誉院长。16 岁以其习作《婴戏图》考入济南国画社。1935 年 2 月，考入北平北华美专。1937 年为北京故宫第一期古画研究员。1938 年初，先生回故里潍坊创办国画学校——“虑远阁画庐”。1939 年至 1979 年任潍县和青岛中学美术教师。

其三，赫保真跋。

跋文一：

“徐春壑《文姬归汉图》，衣纹清圆细劲，得龙眠神韵；设色简淡古雅，有十洲遗风。

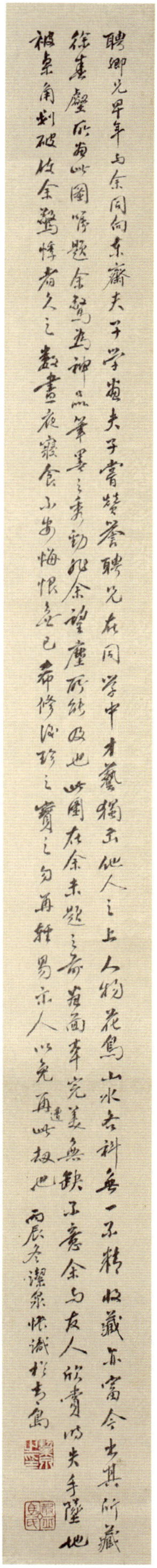

图二 马洁泉题跋

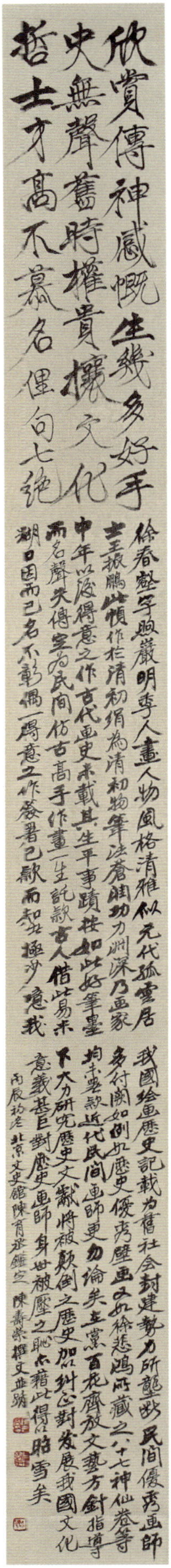

图三　陈寿荣题跋

洵佳作也，然而画史不载。丙辰冬，洁泉兄欲为题记，适有客来，展读，不慎坠地，使画面破裂。洁泉追悔莫及，歉疚无状。余慰之曰：‘物之优者必遭嫉，客之不慎，亦数也，吾兄幸勿介介。’夫史者，统治阶级掌其权，劳人不传，自古已然，不独徐君已也。余观古文物，见黑陶而惊叹数十万年前之工艺，虽今日而莫能及；周鼎商彝，作者伊谁？吾但知公侯伯子之款识耳。莱偕邑王华堂亦寒士也，遗作颇多，被他人冒名，而知王者甚少矣。甚矣，旧书籍之不足据也。今将画面补迄，记其颠末，不为猎古，但重艺能。吾为徐氏惜，亦为劳人惜。一九七八年戊午元月。保真记于青岛。”

后钤印：白文“保真之印”，朱文“唯甲辰吾以降”。

跋文二：

“此画余藏已数十年，以其能为历史证，为劳人证，故甚惜之。今奉献潍坊市博物馆，愿与邑人共参证之。一九八一年元旦又记。”

赫保真（1904—1987 年），字聘卿，山东潍坊人。生前为中国美术家协会会员、中国美术家协会山东分会理事、“民盟”山东省委顾问。1921 年与郭兰村、傅柳坪组织“益社”，研究国画，同时拜丁东斋、刘秩东为师。1922 年经丁东斋倡导，在“益社”的基础上扩大范围，吸取国画爱好者参加，成立“同志画社”。1924 年去青岛，先后在青岛一中、教师进修学院、工艺美术学校任教。擅长花卉，兼画人物、山水，所绘牡丹别具一格，人称“赫牡丹”。

四 同志画社及徐春壑《文姬归汉图》的前世今生

赫保真、陈寿荣、马洁泉同为潍县同志画社的成员。潍县同志画社成立于 1922 年，由丁叔言任社长，刘炯任副社长，丁启喆任教师，其他主要社员还有郭兰村、赫保真、葛焕斗、傅柳坪、马洁泉、徐培基、陈寿荣、郭味蕖、于希宁等 30 余名。同志画社秉承“救国救民”的时代精神，在 20 世纪上半叶风起云涌的社会变革中，构筑起整体的艺术力量，肩负起“美术救国”和文化复兴的历史使命。同志画社招生授徒、举办展览雅集、出版教材画册，对普及国画艺术、培养年轻画家、推动潍坊绘画艺术发展起到了重要作用。新中国成立后，郭味蕖、徐培基、于希宁、赫保真、陈寿荣等分别到中央美术学院、山东艺术学院和上海、青岛等高校和地方任教，为山东乃至全国的美术教育做出了不可磨灭的贡献。

此幅画作，是同志画社成员之间相互交流的见证，通过这三个人的四段跋文，我们了解了这幅作品的前世今生。清初，一个叫徐春壑的画家创作了它。这位名不见经传的画家，一生孜孜于画作，练就了一身硬功夫，他识见高雅，技法精湛，由于生活所迫，所作托名于他人，只几幅精品得意之作不忍弃之，署上自己的名字，也算是对自己一生作画生涯的交代吧。优秀的艺术品生命是长久的，此幅作品得以在真正懂它的知音手里留存了下来，几经流转，被画家赫保真慧眼识珠，收藏于家，并经北京文史馆专家同为潍坊人的陈育丞鉴定为清初真品。1978 年的初冬，一个闲暇的日子，74 岁的赫保真邀请画友马洁泉、陈寿荣来家中小聚赏画。此年，马洁泉 67 岁，陈寿荣 62 岁。三位步入老年在当时的青岛、潍坊画坛具有极大影响的画家相聚，本是个难得的美好的初冬雅集，可由于一个意想不到的事故，使之蒙上了一层永远无法挥去的阴影。在赫老出示其珍藏的徐春壑《文姬归汉图》请他们鉴赏并题跋时，因为另一个来访者的加入，画作不慎坠地而使画面撕裂。对于一件文物的损毁，马老的惊惧、懊恼、悔恨可想而知，我相信，这种悔恨，完全冲去了一个画家见到优秀画作的喜悦之情，他多么希望自己不曾见过它，不曾有此一劫！事故已出，画作主人自然心疼不已，但他了解好友马老的心情，非但没有怪罪，反而好言宽慰，以减少

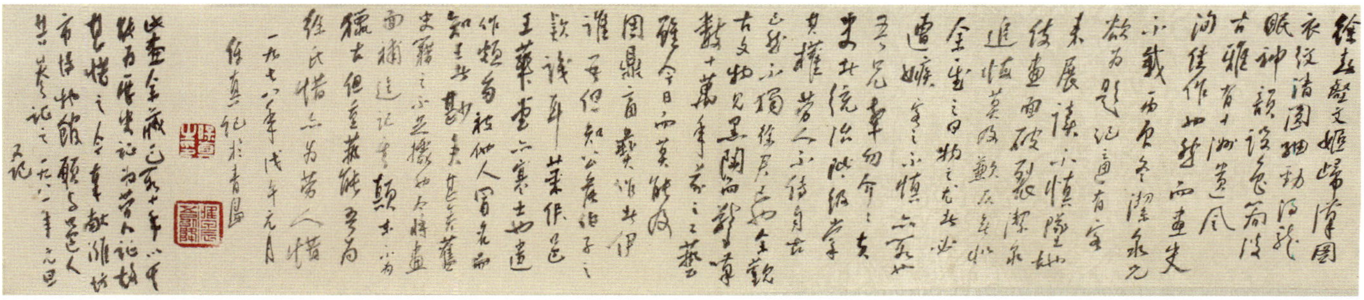

图四　赫保真题跋

马老的愧疚不安之感。画作经赫老修补后，于三年后也就是 1981 年元旦捐赠潍坊市博物馆永久珍藏。

赫保真先生不仅对青岛、潍坊画坛居功甚伟，而且为潍坊市博物馆贡献良多，他除捐献自己收藏的古画外，更是将自己平生所创作的包括人物、花鸟、山水数十幅精品绘画无偿捐赠于家乡博物馆收藏。

五 赫保真等通过《文姬归汉图》表达的艺术观、历史观

赫保真在题跋中说明其对徐春壑《文姬归汉图》珍视的原因，其一在于重艺，评价一幅画作的优劣，不以作者的名头，只论画作的水平；其二在于重人，对平凡的普通的“劳人”的怜惜。也正是如徐春壑这样其名不显的广大的“劳人”实践着我们历史文化艺术的传承，是真正撑起中华民族历史文化的脊梁。大汶口文化、龙山文化的黑陶（距今 6500-4000 年，虽然没有赫老认为的数十万年）、商周时期的青铜器，这些艺术珍品，哪一件不是出自名不见经传的劳动者之手！可见，赫保真先生无比正确的艺术观、文化观。赫老对劳苦大众的悲悯不仅表达于字里行间，还表现在日常事务中，1978 年在乍暖还寒，人们仍心有余悸的时候，他在青岛市政协会上，提出为“台西画展案”平反的提案，为他的学生仗义执言。

赫保真、马洁泉、陈寿荣的艺术观、历史观可以说也是同志画社的艺术观、历史观，这样的艺术观是在对“劳人”怜惜的情怀下，更是在新中国“百花齐放，百家争鸣”艺术方针的指引下形成的，是对“艺术为什么人服务”的最好回答。

六 关于题跋中提到的其他人物的考证

其一，王华堂，名重光，字华堂，以字行。山东掖县人（今山东省莱州市）。工画，山水、花鸟、人物俱能。尤其擅长工笔人物创作。因为家贫，光绪年间被潍县首富丁善长聘为家庭画师。王华堂去世后，丁善长又聘丁东斋继之。丁善长数种国画著作，多是王华堂和丁东斋起草而由丁善长修改定稿的，因此，赫保真先生对他寄予深切的怜惜和同情。

其二，陈育丞（1897 年—？），原名陈文郁，清代金石学家、收藏家陈介祺曾孙。善书法、作诗，喜篆印，对古铜器、古文字研究颇深。1964 年他会同大表哥陈继奎，将一批家藏的簠斋手稿捐献给国家，受到中华人民共和国文化部颁发奖状予以表扬。

《棠梓清芬》书画册稽考

文 / 谭霭岚　武夫强　潍坊市博物馆

内容提要

潍坊市博物馆藏《棠梓清芬》书画册，经清代著名金石学家陈介祺曾孙陈秉忱代购而来，是清代山东潍县陈介锡所辑书画巨册《桑梓之遗》的副册，由陈介锡题签，陈介祺所书目录及题跋，内收清代13位官宦乡贤的书法绘画作品。此画册不仅具有极高的艺术价值，同时也是探究潍县深厚历史文化的重要佐证。

关键词

《棠梓清芬》　《桑梓之遗》　陈介祺　陈介锡

《棠梓清芬》书画册，是清代山东潍县陈介锡所辑书画巨册《桑梓之遗》的副册，内收周亮工、张端亮、郑燮、王士禛、赵执信、刘以贵、高凤翰、郭廷翕、刘墉、窦光鼐10人书法，崔璞、张端亮、高凤翰3人绘画。前有陈介锡题签、陈介祺所书目录，后又有陈介祺跋尾，然后赠当时离任潍县县令的靳昱留念。现藏潍坊市博物馆，为国家珍贵文物。

一　书画册概况及相关人物

书画册作长方形推蓬式，纵33厘米，横60.3厘米，经过重新揭裱，原册题签收录在首开，共二十一开。

（一）第一开原册题签（图一）

纵25.8厘米，横8.8厘米，织锦地。其上有虫蛀现象，四周残损，已修补。右上方陈介锡题大字“棠梓清芬”，下钤“陈晋卿家秘玩书画记”朱文印。后小字题“辑邑贤侯、乡先辈书画为册，奉寅谷老父母鉴存。戊辰二月望，治下弟陈介锡鉴并题。”题下原当有印，已脱失。

陈介锡，字晋卿，号小兰，山东潍县（今潍坊）人，清代著名金石学家陈介祺从弟，贡生。不屑仕进，擅书，嗜好收藏名人书画，与陈介祺关系最为亲密，常交流切磋。晚年将创始于高凤翰的《桑梓之遗》书画册续成百册之巨，并编订《〈桑梓之遗〉目录十卷》《〈桑梓之遗〉录文十卷》《〈桑梓之遗〉人物考略一百卷》，又有《文石杂识》《文石山房诗钞》等。

寅谷，即靳昱，字寅谷，顺天大兴（今

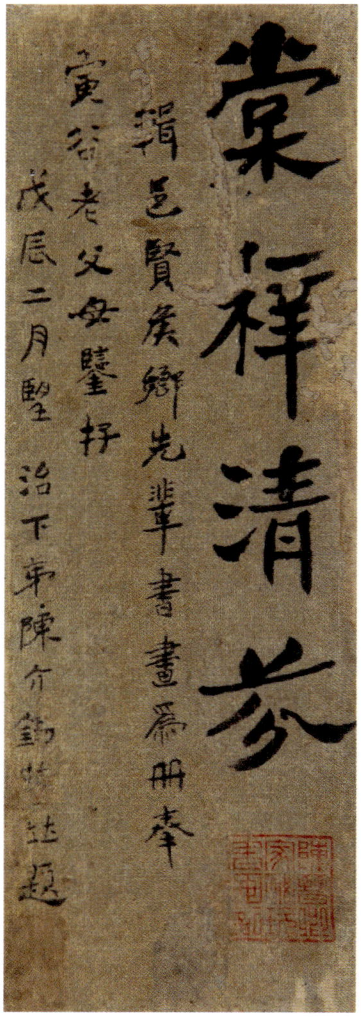

图一　陈介锡书“原册题签”

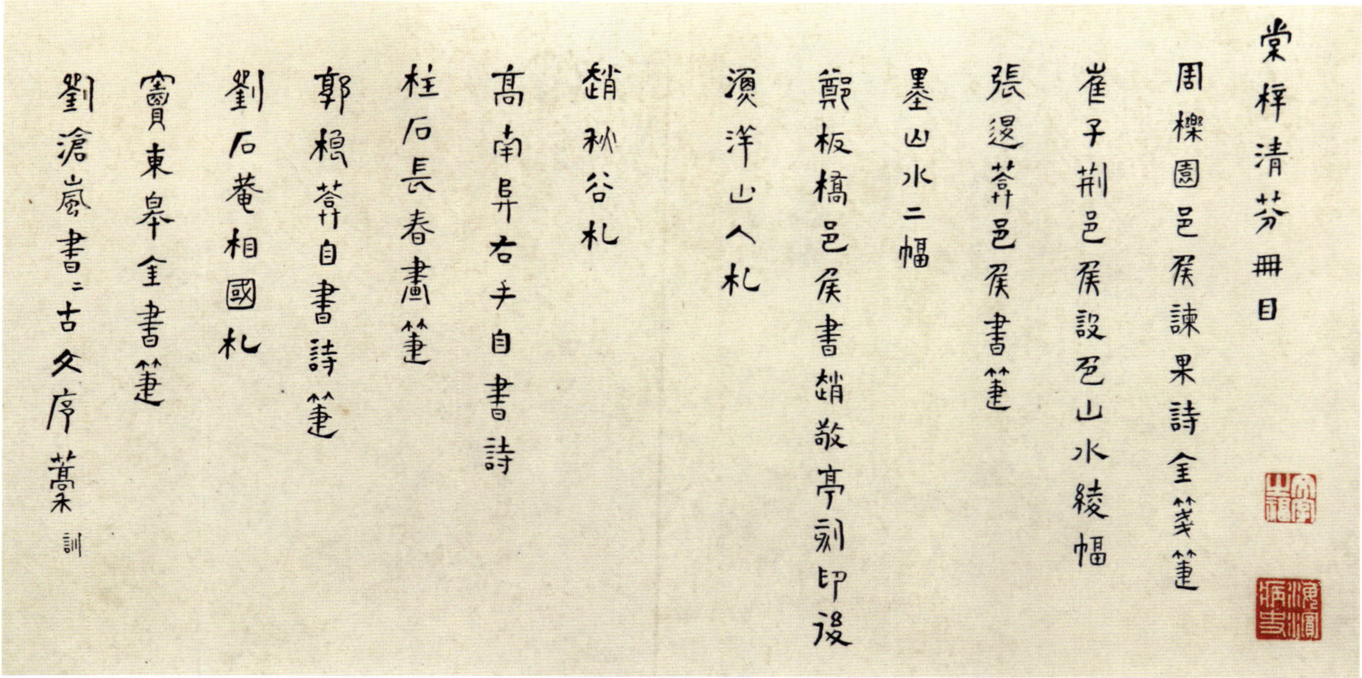

图二　陈介祺书“棠梓清芬册目”

北京）人，监生，同治二年至十二年（1863—1873 年）知潍县事。[1]

所书题签虽为小品，但章法布局精致独特，结字巧妙富有变化，彰显了陈介锡的美学修养和书法功力，可谓一幅精巧别致的佳作。

（二）第二开“棠梓清芬册目”（图二）

纵 27 厘米，横 50 厘米，纸本，完好。陈介祺以自创篆楷糅合体题写：

> 棠梓清芬册目：周栎园邑侯谏果诗金笺箑，崔子荆邑侯设色山水绫幅，张退莽邑侯书箑、墨山水二幅，郑板桥邑侯书赵敬亭刻印后，渔洋山人札，赵秋谷札，高南阜右手自书诗、柱石长春画箑，郭根莽自书诗箑，刘石菴相国札，窦东皋金书箑，刘沧岚书“书古文（训）序稿”[2]。

右下角钤“文字之福”“海滨病史”白文印。

陈介祺（1813—1884 年），字寿卿，号簠斋，山东潍县（今潍坊）人。道光二十五年（1845 年）进士，授翰林院编修。咸丰四年（1854 年）因厌倦官场辞官归里，专事金石收藏、研究，是晚清金石学领域的杰出代表。著有《十钟山房印举》《簠斋印集》《传古别录》等金石学著作五十余部。他积毕生精力进行藏古、鉴古、释古、传古，以考证研究金石文化。其书学思想亦“以崇尚‘古法’为核心，主张取法北碑，扬碑抑帖，并在晚年提出了‘取法乎上，钟鼎篆隶皆可为吾师’的观点……”其晚年书法“在楷书的基础上，兼取钟鼎大篆、汉镜铭文、隶书，形成了糅合篆、隶、楷诸体笔意而自成一家的面貌。”[3]

（三）第三开“周栎园邑侯谏果诗金笺箑”（图三）

纵 16.2 厘米，横 51.5 厘米，金笺，行书七言律诗一首，扇面折痕处字面有磨损。内容为：

> 海天亲见碧琅玕，致此同悲驿路难。不为倒餐知有蔗，应从逆口识如兰。红盐独爱南威密，白蜡遥封北地寒。自是圣朝容诤士，争驰谏果入长安。谏果似君平年社兄正之，周亮工。

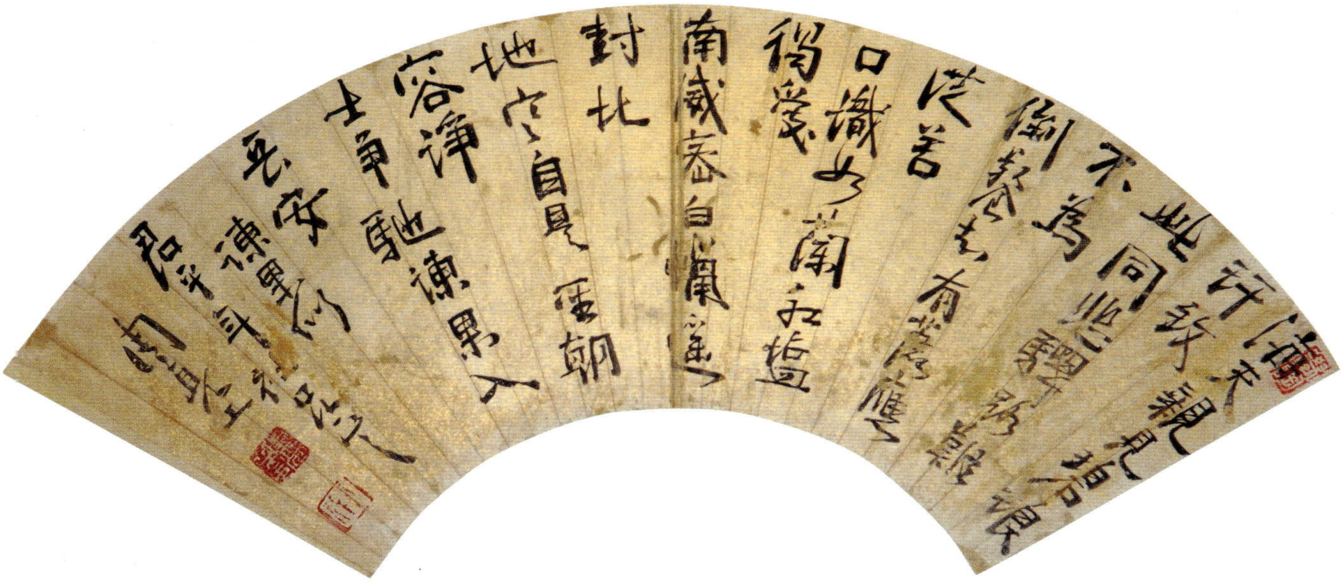

图三　周栎园邑侯谏果诗金笺箑

右上引首钤“学陶”白文印，左下角钤“周亮工印”朱白相间印、“元亮”朱文印。左下裱处钤“曾为陈介锡藏”鉴藏朱文印、“桑梓之遗”鉴藏白文印。

周亮工（1612—1672年），字元亮、陶庵，号适园、栎园等，河南祥符（今开封）人。崇祯十三年（1640年）进士，次年授山东潍县知县，在任二年。宰潍期间，体恤民情，关爱民生，深受百姓爱戴。崇祯十五年，率领全县军民拼死守城三月，击退清军进攻，使得城内民众生灵、建筑园林、文化典籍免遭兵燹之灾。在他离任后，百姓为其建生祠。降清后历任清两淮盐法道、淮扬海防兵备道等职。康熙元年（1662年）补山东青州海防道，力改宿弊，青州人为他立德政碑。其一生饱经宦海沉浮，博雅多识，熟通经史职官，工诗文，擅书画，好收藏，尤精印篆。他提出了“斯制之妙，原不一趣……惟以秦汉为师，非以秦汉为金科玉律也，师其变动不拘已耳。”[4]的印学观点，强调篆刻创作要在师法古人的基础上，体现“己意”，表达作者的性情本色。在潍县、青州任职期间，他主持召集诗文书画篆刻雅集，编订诗文集和印谱，竭力培养文学和印学人才，为明清山东地区文学和印学的兴盛奠定了基础。有《全潍纪略》《赖古堂集》《赖古堂印谱》《印人传》等十数种著述传世。该册所收其《谏果》书作兼容隶楷，结体冷峻方正，古拙质朴，个性鲜明。当代艺术大师傅抱石曾赞“栎园精于六书之学，且为中国印学史上最有关系而又最有贡献之人。”[5]

（四）第四开“崔子荆邑侯设色山水绫幅”（图四）

纵25.4厘米，横36.8厘米，绫地，设色，有对折痕。该画以乘舟访友为题材，披麻皴画法，浅绛淡着色，极为简单地勾画表现出古人崇尚自然、回归自然的人文思想。右上裱处贴一小签，楷书“崔邑侯璞”，左下裱处钤“文石山房所存”鉴藏朱文印。

崔璞，河南襄城（今许昌）人，举人，顺治元年至四年（1644—1647年）知潍县事。[6]

（五）第五开“张退菴邑侯书箑”（图五）

纵17.3厘米，横52厘米，蜡笺，左下方有残缺，行草书七言律诗一首，字面有脱墨现象。内容为：

图四　崔子荆邑侯设色山水绫幅

图五　张退萶邑侯书箑

阴阴夏木啭黄鹂，斗酒相将听未疲。啼破绿云调舌巧，织残落絮下梭迟。唤晴倍觉催诗急，砭俗真教入耳宜。遥望甘泉能避暑，好音载过上林枝。书似岘老年翁正，张端亮。

右上引首钤“落纸云烟”白文印，左下角钤“端亮”白文印、“退萶”朱文印。

张端亮，字寅揆，号退萶（亦作退菴、退庵），云南蒙化（今大理）人。康熙八年（1669 年）举人。吴三桂之乱，从父锦蕴隐匿不出，吴屡迫之，乃逃入水目山为僧，事平始返。初服，雍正二年（1724 年）知潍县事，在任二年，修己爱民，虚橐以归，又重修望海楼，邑人至今称之。善书，工诗，书学晋人，饶有气韵。晚年尤喜写松鹤，称为得神，迤西风雅之彦，实以端亮为首。卒年九十五，著有《抚松吟》。[7]

（六）第六开张端亮“墨山水二幅”（图六）

均纵 25 厘米，横 16.6 厘米，纸本，保存完好。画面为水墨简笔，率意简淡，空灵清润。题记为行书，气韵雅逸，古朴灵动。第一幅无款识，右下角钤“端亮”白文印、“退菴”朱文印。第二幅左上自题：

谢潍事后，客窗岑寂，无以自遣，拈案头纸作小品数帖，不敢言画也。奉圣翁年先生一笑。丙午冬，南中弟张端亮时年七十有七。

图六　张端亮“墨山水二幅”

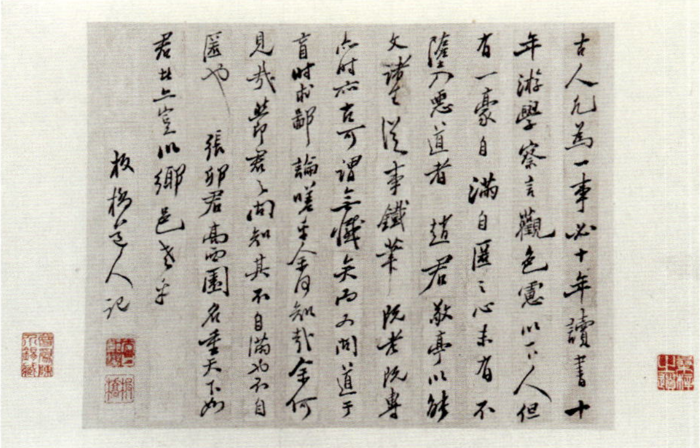
图七　郑板桥邑侯书赵敬亭刻印后

引首钤“云山”朱文印，尾钤“端亮”白文印、“退菴”朱文印。左下角裱处钤“文石山房所存”鉴藏朱文印。左侧裱处有今人康生的朱笔小楷题跋：“两画可称神品，康生看过。”

画作题记中的“丙午”，即雍正四年（1726年）。从题记中可看出，二作为张端亮卸任潍县后，旅居客舍闲寂时随手拈来的消遣之作。

（七）第七开“郑板桥邑侯书赵敬亭刻印后”（图七）

纵23.8厘米，横30.2厘米，纸本，行书，经裁剪拼接。内容为：

古人凡为一事，必十年读书，十年游学，察言观色，虑（虚）心下人。但有一豪自满自匿之心，未有不堕入恶道者。赵君敬亭以能文诸生从事铁笔，既老既专，亦时亦古，可谓无憾矣！而又问道于盲，时求鄙论。嗟乎，余何知哉？余何见哉？然即君之问知其不自满也，不自匿也。张卯君、高西园名重天下，如君者，亦岂以乡邑老乎！板桥道人记。

下钤“谷口郑燮”白文印、“板桥”朱文印。裱处右下侧钤“桑梓之遗”鉴藏白文印，左下侧钤“曾为陈介锡藏”鉴藏朱文印。

郑燮（1693—1765年），字克柔，号板桥，江苏兴化人。清代著名书画家、“扬州八怪”之一。乾隆元年（1736年）进士，授山东范县知县，继调潍县。宰潍时，正值“岁连歉，人相食，斗粟值千百。燮令大兴工役，修城凿池，招徕远近饥民赴工就食。劝邑中大户开厂煮粥轮饲之……全活甚众，潍人为建生祠……燮官东省十二年，无留牍无冤民”。[8] 他又工诗词，善书画，尤精兰竹。其大量诗文词作皆反映百姓疾苦及对民生的关注与同情；所创书体以隶、楷参半，糅合草、篆，又以兰竹画法挥洒出之，自称“六分半书”；所绘兰竹尤重写生，倡导“意在笔先”“趣在法外”，为绘画艺术创作的精微之论，世人称之为诗、书、画“三绝”。“七载春风在潍县”，他勤政清廉，政绩显著，又极力提倡文事，对潍县文风影响深远。潍县深厚的文化积淀、人文传统和风土民情也直接影响了他的艺术创作风格。他的思想与艺术，在潍县成熟并趋于完善。此亦是其人生经历的最为得意之时，创作并流传下了大量的诗、书、画艺术佳作。《清史稿》有传。

赵敬亭，山东潍县（今潍坊）人，诸生，好印篆。生平不详。

（八）第八开“渔洋山人札”（图八）

纵17.3厘米，横23.8厘米，纸本，行草书，保存完好。内容为：

乙丑一别，倏忽二载，知己之难聚而易散也，如是如是。僻壤不通廊庙之音，岁一得见缙绅，年兄同列升转甚多，则年兄之高迁指日可待矣。喜喜。家叔得与选拔，监中诸事一切未谙，惟求老年台指示，馀有未周，统求照拂。临楮依依，容面叩，不尽。弟名正顿，左肃。

引首印模糊不清，后钤“晋卿珍秘”鉴藏朱文印、“丽泉所藏”鉴藏白文印。右上裱处贴小签，楷书“王文简公士禛”。左侧裱处有康生的朱笔行草题跋：“渔洋此札写的很消洒，康生看过。”

王士禛（1634—1711年），又名士祯，字子真、贻上，号阮亭，又号渔洋山人，卒谥文简。原籍山东诸城，祖上因避乱迁居新城（今山东桓台）。顺治十五年（1658年）进士，官至刑部尚书，颇有政声。工诗词，清新蕴藉、刻画工整，论诗创神韵说，主宰清初诗坛数十年，成一代诗宗。亦精金石篆刻、书画鉴别。书法韵致清雅，纵逸俊美，颇有晋人法度。《清史稿》有传。

丽泉，即于丽泉，河南天中（今驻马店）积古斋古玩商。曾为陈介祺、陈介锡搜购古玺印及书画等。[9]

（九）第九开“赵秋谷札”（图九）

纵18.3厘米，横11.8厘米，彩笺，行草书，保存完好。内容为：

连日未晤，曾得俊老复音否？闻臬使将返棹矣，可否须早定，庶可他售耳。刻下身往陆墓看屋似有成局，则需之恐不能缓，幸留心转问，暮归或迟，来朝务得确耗，感不可罄。客山年兄至谊，信顿首。

下钤“敦父”朱文印。右上裱处贴小签，楷书“赵宫赞执信”。

赵执信（1662—1744 年），字伸符，号秋谷，晚号饴山老人、知如老人。清山东益都（清属青州，今博山）人，王士祯甥婿。康熙十八年（1679 年）进士，官至右春坊右赞善兼翰林院检讨，并任《明史》纂修官。与名士朱彝尊、陈维崧、毛奇龄订忘年交。康熙二十八年（1689 年），因“国恤”期间被邀观演《长生殿》，遭弹劾革职除名，后浪迹远游三十余年。一度入苏州织造李煦幕府。工诗文，善书。其诗作多反映社会现状，揭露时弊，关心民生疾苦，极具现实意义，在清初诗坛上独树一帜，对近代诗坛有较大影响。著有《饴山诗集》《饴山文集》《诗馀》《谈龙录》等。他不但诗文负有盛名，亦重有书名。汪由敦撰秋谷墓志云：秋谷即坐斥，性好游，所至，乞诗文法书者坌至。以知秋谷在当时重有书名，后人少有知之者，殆为其诗文之名所掩尔，观秋谷书，似取径赵吴兴，而上窥山阴者。冲和简静，如泉壑野逸，萧散自喜……其平生法书不厄于兵劫水火，得留片纸于天壤间，亦幸事也。[10]《清史稿》有传。

客山，即李果（1679—1751 年），字实夫，一字硕夫，号客山，又号在亭，晚号悔庐，江苏长洲（今苏州）人，布衣。家贫苦学，后以诗文名。曾入苏州织造李煦幕府，在赵执信投奔李煦寓居江南时与之结识，两人时常过往。著有《在亭丛稿》《咏归亭诗钞》《石间集》。《清史稿》有传。

（十）第十至十三开“刘沧岚书《书古文训序》稿”（图十）

纵 19.3 厘米，横分别为 33.6 厘米、34.4 厘米、33.4 厘米、

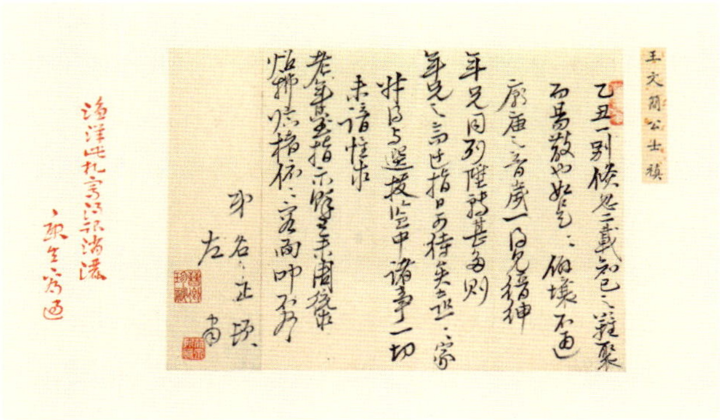

图八　渔洋山人札

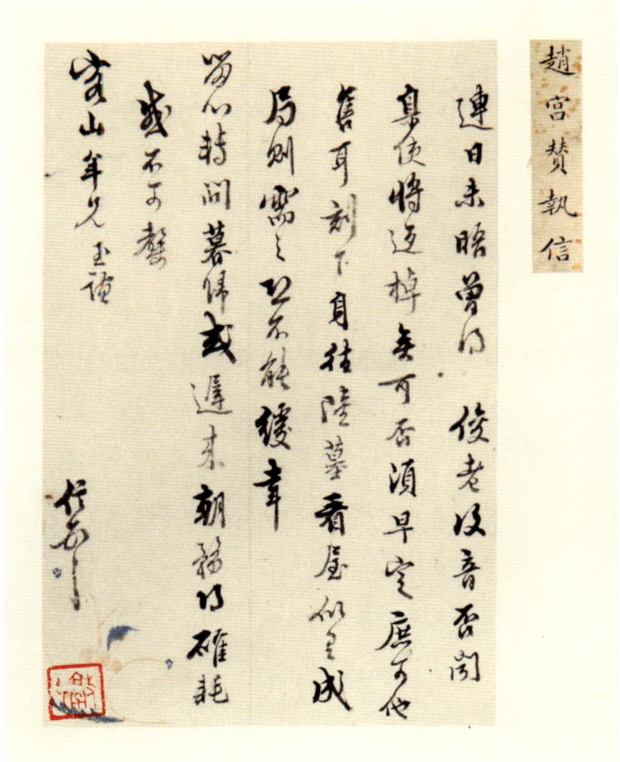

图九　赵秋谷札

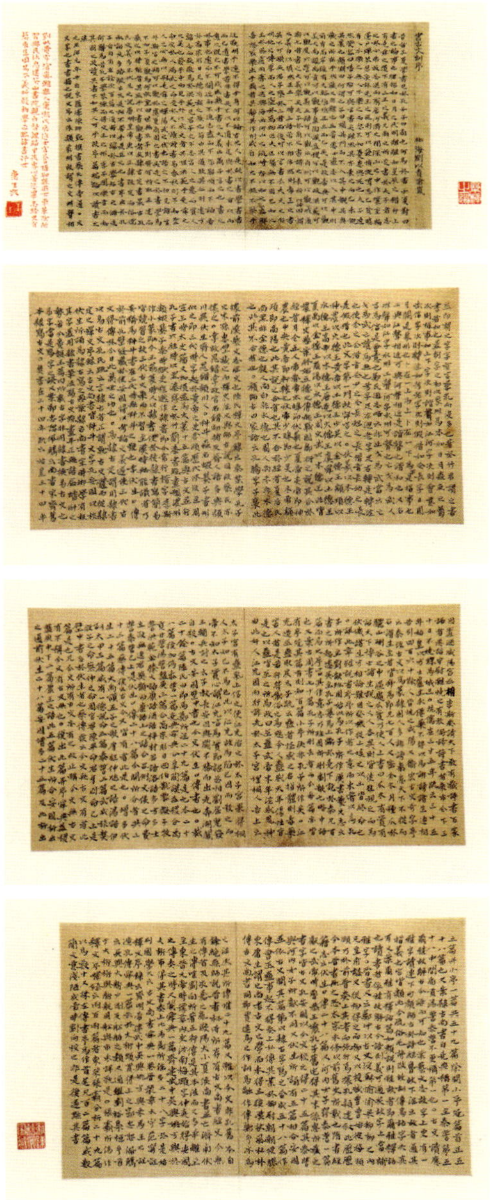

图十　刘沧岚书《书古文训序稿》1 ～ 4

29.8 厘米，赭色纸本，页面有污渍、霉斑，中间有对折痕。每页凡三十五、四十行不等，行二十一、二十二字不等，通篇小楷，内容为刘以贵手书《书古文训序》稿及刘以贵抄录元代陈师凯撰《书蔡氏传旁通》十七则两部分。刘以贵《书古文训序》内容如下：

《书古文训序》北海刘以贵沧岚

昔者子夏学《书》，见于孔子。子曰："商也，何为于《书》？"子夏对曰："《书》之论事也，昭昭如日月之代明，离离如星辰之错行，上有尧舜之道，下有三王之义。凡商之所受书于夫子者，志之于心，弗敢忘。退而穷居河济之间，深山之中，作壤室，编蓬户，弹琴瑟，歌咏先王之风，则可以发愤慨喟，忘己贫贱，有人亦乐之，无人亦乐之，而忽不知忧患与死也。"夫子造然变容曰："嘻！子殆可与言《书》矣。虽然，其亦表之而已，未睹其里也。"颜渊曰："何谓也？"子曰："窥其门而不入其中，睹其奥藏之所在乎？然藏又非难也。丘尝悉心尽志以入其中，则前有高岸，后有大溪，填填正立而已矣。是故《帝典》可以观美，《大禹谟》《禹贡》可以观事，《皋陶谟》《益稷》可以观政，《洪范》可以观度，《六誓》可以观义，《五诰》可以观仁，《甫刑》可以观戒。通斯七者，《书》之大义举矣。"夫子于商之《书》，谓之表，所以语回，谓之义，自以填然正立，一时三语，若不相侔，然则帝王之《书》，其不可识矣，君子察于三者，而后可以言《书》。今夫天之昭明，地之博厚，而人之灵于万物，匹夫、匹妇无不固已知之至，于风霆雨霁之迭兴，海岳河山之流峙，所以知之盖鲜。喜怒哀乐出乎尔者，其静其作，则或自知之不暇。不察乎近，孰明乎远？不得乎身，何以论古之人？是故以《书》学《书》而已。遗《书》学《书》，非《书》矣，不以不遗，未足与于《书》之旨，以而遗之，从之不可，或庶几乎《书》之大义云尔。子言之也："《书》之于事也，远而不阔，近而不迫，志尽而不怨，辞顺而不谄。吾于《高宗肜日》见德有报之疾也，苟由其道致其仁，则远方归志而致敬焉。于《洪范》见君子之不忍言人之恶而质人之美也，发乎中而见乎外以成文者，其唯《洪范》乎。""尧舜之命受于人，汤武之命受于天，不读《诗》《书》《易》《春秋》，则不知圣人之心，无以别尧舜之禅、汤武之伐也。"语之不切，见诸言外，斯言之辨，可以观虞、夏、商、周之书矣。走之于《书》，学焉不如子夏，观焉何敢望回？世无孔子，则将何所取正？述而藏之，以待能者，其庶乎以《书》观《书》者矣。隶古定《书》最古，孔氏文义多本伏生之说。唐明皇帝更以正隶改定，而俗儒承诏，文多踳駮，古文是训不劳乎是正之也。《书序》出于孔子旨，自有在诠次百篇之后，将以归于古学，好古之僻，走何辞焉。昔孔子学琴操而得文王之形，季子闻乐音而知其国之政，读其书不知其人，可乎？故叙篇端，论以读《书》之法。

刘以贵抄录的元代陈师凯撰《书蔡氏传旁通》十七则两部分[11]脱误较多，本文不再订正。

第十开右下裱处钤"桑梓之遗"白文印。左侧裱处有康生朱笔小楷题跋：

刘以贵，字沧岚，潍县人。康熙戊辰进士，官苍梧知县。甫下车革除陋习，与民休息，建茶山书院，亲自督课。归里后，专心著述，毕志经史，有《藜乘集》《周易本义析疑》《初学正鹄》诸书行世。康生跋。下钤"康生"白文印。

第十三开左下裱处钤"潍陈晋卿家藏"鉴藏白文印。

刘以贵是清初山东区域著名的经学家，《清史稿》有传。阎循观《刘沧岚传》云："甫能言，母氏口授以四子书，即能熟。十岁遍诵经史，为文奥博，惊其前辈。康熙丁卯（1687 年）举于乡，海内名流争向之。何屺瞻（何焯）、孙子未（孙勷）、汪武曹（汪份）尤倾服以为绝伦。时徐健庵（徐乾学）方主盟以号召后进，及门者多得推引，惟四明万季野（万斯同）、宣城梅定九（梅文鼎）及先生为司寇所欲识而皆不至。司寇因武曹通意先生，先生卒谢焉。及戊辰（1688 年）中会试，出司寇之门，然后一投刺而退，谒选得苍梧令，调武缘，署思恩府事，皆以廉著声，而在苍梧革羡耗，在武缘平八寨盗，尤至今载人口焉。年甫艾，告归，杜门著述，于十三经注疏外，旁搜一百四十余家，而考其异同，辨其得失。"[12]刘以贵仅经学著作即有《周易古本》十六卷、《周易析疑》十四卷、《春秋解》九卷、《周易探源》八卷、《古文尚书》五卷、《尚书集解》五十八卷、《春秋集解》二百四十卷、《三传公案》《三礼通解》等。阎循观称："自古说经之言，未有富先生者也。"[13]《书古文训序》系其所著《古文尚书》序言，其书今已不存。

（十一）第十四至十六开"高南阜右手自书诗"（图十一）

纵 25.7 厘米，横分别为 40.2 厘米、40.6 厘米、20.6 厘米，行草书七言绝句诗五题七首，保存完好。内容为：

忽地开帘月似银，梅疏竹瘦斗精神。耸肩立对霜花下，越是清寒越可人。

十二月十五日夜。

罨画春山隐列屏，斜阳低衬冻阴青。何人消尽闲滋味，万树梅花一草亭。

题春山看梅图。

锦笼十队插绫旗，夹道传呼贡荔支。
忽地感怀同二鸟，令人清泪落昌黎。

一果何劳贡上方，可怜闽海路空长。
谁将茶苦田家味，别遣金盘进御尝。

德州道上见贡荔支者。

抱鞍马上废吟哦，得句翻从驴背多。
料得芙蓉城里客，也应从（纵）谈驾青骡。
中途马疲易驴以行得小诗。

糊瓮床头酒作香，几回欲启转思量。
殷勤迟尔山中客，同嚼梅花好共尝。

从来便有看山癖，日日村南望大珠。
何事近来偏着眼，为他青傍故人庐。

寄山中友人。

雍正二年春正月如省道过安丘，书近稿呈柏庭先生大兄，同学愚弟高凤翰草。

尾钤“凤”“翰”朱文印，“文石山房所存”鉴藏朱文印。引首钤“康生看过”鉴赏朱文印，后钤“康生”鉴赏白文印，第十六开左侧裱处为康生朱笔行草题跋：

余所见高南阜书画颇多，而此幅力其右书精品，极为可贵。诗稿五首在《南阜山人诗集类稿》中亦未刊入。按柏庭即张在辛。钓台叟。

后钤“钓台一叟”朱文印。

高凤翰（1683—1749年），字西园，号南村，晚号南阜山人，山东胶州人。清代著名文学家、书画家、篆刻家，“扬州八怪”之一。以诸生举贤良，历任安徽歙县县丞、署绩溪县令等职。他的诗极负盛名，青年时为王士禛所赏识，许为私淑门人，平生得诗三千余首，有异妙之境；书法则隶、楷、行、草无所不精，功力深厚；绘画各科皆能，又工细、写意兼擅，所画离奇超妙，脱尽笔墨畦径；藏砚制砚成癖，著有《砚史》四册；又痴迷收藏汇集汉印五千方，编有《汉印谱》《南村印辑》等；其篆刻亦为世人所重，一生治印数千方，被誉为诗、书、画、印“四绝”。晚年因风痹，右臂病废，用左手挥洒篆刻，笔愈苍辣。58岁时，将其搜罗整理的山左诸前辈书画真迹辑成《桑梓之遗》书画册。

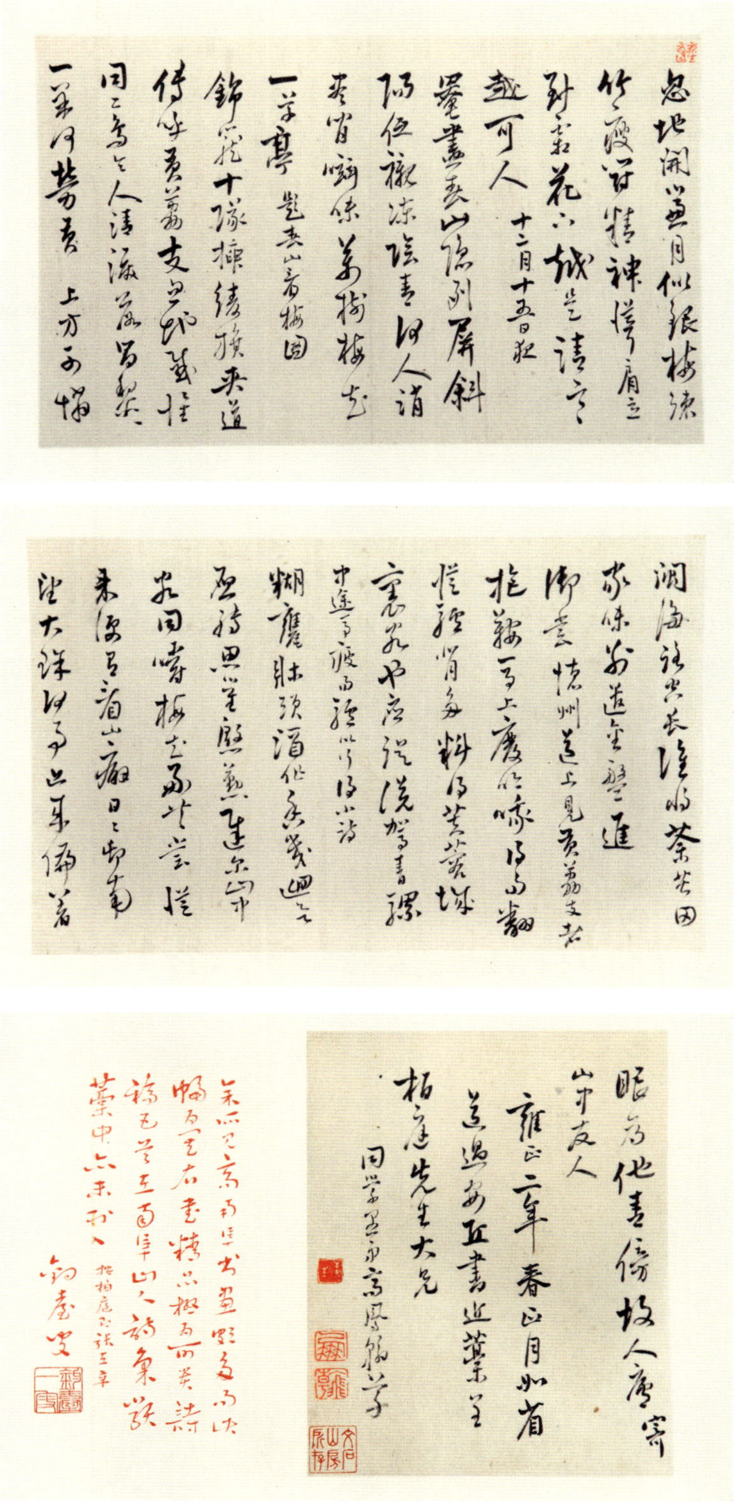

图十一　高南阜右手自书诗1～3

柏庭，即张在辛（1651—1738年），字卯君，号柏庭，山东安丘人，著名书法篆刻家张贞长子。康熙二十五年（1686年）拔贡，授观城教谕不就。工书，善画，精篆刻。书法师郑簠；篆刻始学张贞，后学周亮工，刀法追溯秦汉，尤工小印，有《相印轩印谱》《隶法琐言》《篆印心法》《隐厚堂遗诗》等传世，是齐鲁印派的代表人物。

高凤翰十九岁中秀才，二十岁时初应乡试，虽未考中，但却就此开阔眼界，结识了张贞、张在辛、朱岷等诸多书画家，对他艺术之路的发展起到很大作用，使其艺术上得到了极大提高。其后二十多年间，又曾七次[14]赴济南参加乡试，均未考中。直到45岁时才被荐应试“贤良方正科”考列一等，授徽州歙县丞，开始为官。

张贞（1636—1712年），字起元，号杞园，别号渠亭山人，山东安丘人。康熙年间拔贡，举鸿博，授翰林院孔目不就。他出身书香门第，其父辈数人曾于明末为官且皆饱学之士。他本人更是熟通经史，饱读诗书，治学严谨，著述颇丰。又精鉴别，广储文物古籍书画；工书法，善篆刻，其篆刻曾学周亮工技法，后另辟蹊径，独树一帜，创立了齐鲁印学风格。他性直豁达，疏狂不羁，喜结交天下名士，以文会友，文声载誉南北，为朝野名流尊崇，思想家黄宗羲评曰：“张贞问学四十年，俯仰无歉，成名于天下。”周亮工为官山东时将其列入“四才士”之一。

张贞家族是当时山东知名的文化家族，以学术和书画篆刻闻名，印人众多。除张贞外，他的三个儿子张在辛、张在戊、张在乙也是清初最具代表性的印人，兄弟三人中以张在辛成就最大。张在辛比高凤翰年长33岁，作为后生的高凤翰慕张家显名，曾十数次来往其家，向他们学习书法和篆刻。他拜访居住时，常至二十几日或月余，与其朝夕相处，或赋诗题作、书画唱酬，或切磋书艺、互换印画。高氏早年的书风印风即受张在辛影响较大，早期的书画用印也大多为卯君昆仲所治。[15]他们以文会友，友情极深。其忘年交的情谊，在书画史上被传为佳话。

此为雍正二年（1724年）正月，高凤翰至济南路过安丘拜望张在辛时为其所作。该作书风古朴厚重，儒雅隽美；用笔果敢，恣肆有力；布白巧妙，自由洒脱；运笔流畅，气脉贯通，实为其中年右手书法代表作。

（十二）第十七开高凤翰“柱石长春画箑”（图十二）

纵16厘米，横49.7厘米，纸本设色。画中间对折处有折痕，右下角略有残缺。画幅中用小写意笔法绘巨石横踞，用笔挺健，墨法苍润；以没骨法绘出月季掩映石后，轻盈柔美，秀逸动人。左上方的题款，古朴厚重又不乏灵动之感。画面清新雅洁，文气俱足，其以行楷书题：

图十二　高凤翰“柱石长春画箑”

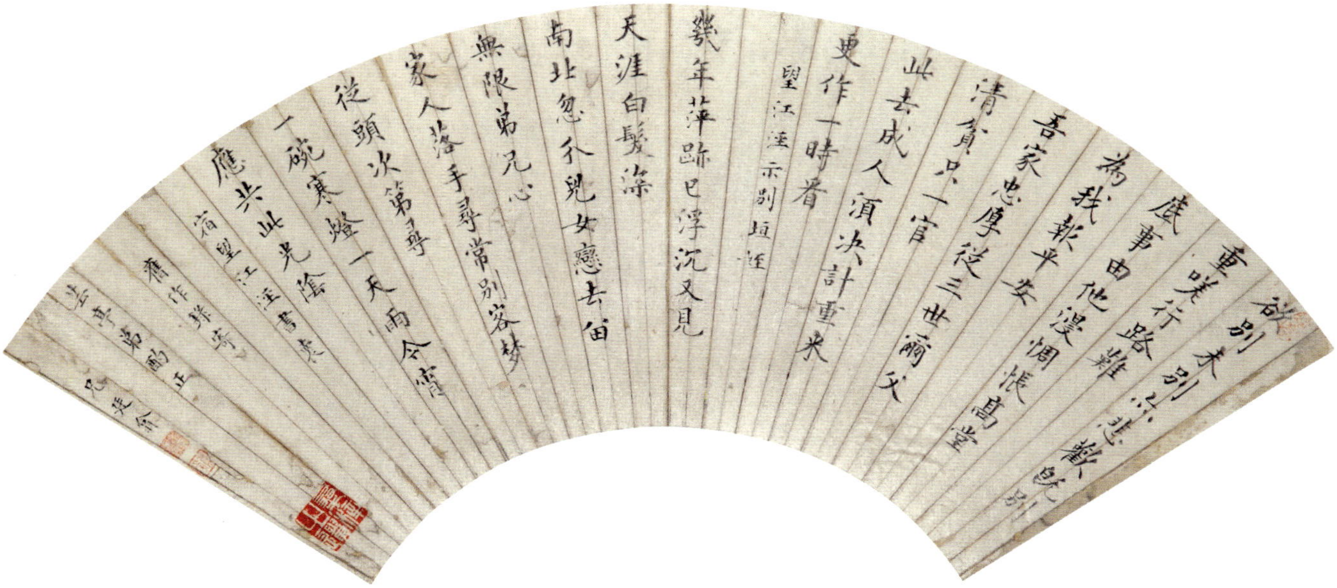

图十三　郭根莽自书诗箑

柱石长春图，岁庚子客安丘，写似仁莽尊兄，胶州弟翰。

右下角钤“画意”白文印，后钤“南”“村”白文印。左下角钤“晋卿珍秘”鉴藏朱文印，“康生”鉴赏白文印。

仁莽，即王寿长，字仁莽，号静山，山东安丘人。雍正五年（1727 年）进士，授福建邵武知县，在官时，除陋例，禁溺女，锄除恶势，政绩显著，后辞官回乡侍母。著有《白云庐诗》。[16]

“庚子”，即康熙五十九年（1720 年）。此作为高凤翰客安丘拜访张在辛兄弟[17]时为王寿长所绘。

（十三）第十八开“郭根莽自书诗箑”（图十三）

纵 16.5 厘米，横 50.0 厘米，蜡笺，左右两侧磨损稍重。以清雅工整之楷书作七言律诗二首，内容为：

欲别未别亦悲欢，既别重嗟行路难。底事由他漫惆怅，高堂为我报平安。吾家忠厚从三世，尔父清贫只一官。此去成人须决计，重来更作一时看。

望江泾示别垣侄。

几年萍迹已浮沉，又见天涯白发深。南北忽分儿女恋，去留无限弟兄心。家人落手寻常别，客梦从头次第寻。一碗寒灯一天雨，今宵应共此光阴。

宿望江泾书怀。

旧作录寄芸亭弟酌正，兄廷俞。

右上引首钤“冷亭”朱文印，后钤“郭廷翕印”白文印、“虞受”朱文印，左下角钤“桑梓之遗”鉴藏白文印。

郭廷翕（1709—1778 年），字虞受，号冷亭，又号根莽、根庵，清初名臣郭琇季子，山东潍县郭氏（郭尚忠之后）后裔，明末鼎革之际，其祖父携二子因避乱迁居山东即墨。乾隆六年（1741 年）举人，授湖北宜春知县。工诗，善书，擅篆刻，精于鉴藏书画碑帖，著有《根莽集》。其秉承胶州高凤翰之志续辑补装《桑梓之遗》达七十八册，保存了大量山左名人书画。

芸亭，即郭伟勣（1710—1791 年），一名伟绩，字熙虞，号芸亭、松筠道人等，山东潍县（今潍坊）人。乾隆五十四年（1789 年）举人，次年授翰林院检讨。他能诗，工书，又好收藏古印，亦能操刀上石，从古印中汲取真蕴，所治玺印别具神采。积三十年集为《松筠桐荫馆集印》。其与兄郭伟业（字贻昆，号质亭，长诗文、书法、篆刻。）乐结交文人名士，与郭廷翕、高凤翰、郑板桥等交往甚密。

潍县郭氏世家，为山东名门望族。明清以来，科宦相继，连绵十几代。多为官清廉，又热衷文化教育，擅长艺术，精通书画诗文者尤众，书香之风沿袭久远，对潍县政治经济、文化艺术等影响巨大。郑板桥任职潍县时，郭芸亭兄弟热心参与地方公益，大力支持赈灾助学、修城凿池等事宜，对其襄助较大，深受板桥器重。又因雅兴相投，志趣相同，板桥时常光顾郭家南园，赋诗品茗，赏竹作画，商讨文事，其为郭氏家族题名唱酬流传后世的诗篇甚多，郭芸亭也曾为其篆刻多枚印章，所集《松筠桐荫馆集印》即由板桥署签刊行，他们结下了深厚的情谊。乾隆十七年（1752 年）秋，板桥离官，搬入郭家南园借住度岁，直至第二年春天才惜别南归，临行前郭芸亭又为板桥篆刻“板桥居士”印章相赠。板桥归乡后，也念念不忘潍县郭家园，与郭氏家族仍有书信往来，诗画相赠，成为文坛佳话。

（十四）第十九开“刘石庵相国札”（图十四）

纵 21.2 厘米，横 29.5 厘米，纸本，有两处折痕，页面略有污渍、霉斑，行书，内容为：

> 奉问：秋皋妹丈安好，二妹暨阖署俱佳。县役来，得信为慰，百金称祝，至亲不辞也。带回如意一枝送妹丈，荷包、香袋一匣送舍妹，验收。石菴做生日所费颇多，妹丈可于年内送四百金来相助，还外人借项，亲戚可以不还，即还亦可稍缓，肯与不肯，裁之可耳。豆豉近来亦不给吃，是何故耶？此字所言是真是戏，我自不知，二妹以为如何？石菴家书。初七日。
>
> 连日酬应宾友无数，亦不乏困，不可以其老而忽之也。又书。

右下角钤“文石山房所存”鉴藏朱文印，右上裱处贴小签，楷书“刘文清公”，左下角钤“康生看过”鉴赏朱文印。左侧裱处为康生朱笔行草题跋：“此书甚好，钓台叟。”下钤“钓台一叟”朱文印。

刘墉（1719—1804 年），字崇如，号石菴、石庵，清山东诸城逄戈庄（今属高密）人。乾隆十六年（1751 年）进士，官至体仁阁大学士加太子太保，卒谥文清。他为官奉公守法、清正廉洁，又博通百家经史，尤其擅长书法，工于行楷。清张维屏《松轩随笔》评其书“初从松雪人，中年后乃自成一家，貌丰骨劲，味厚藏神，不受古人宠拢，超然独出。”人称“浓墨宰相”，为帖学之集大成者。此札可谓其晚年代表书作。

其父刘统勋（1700—1773 年），字延清，号尔钝，雍正二年（1724 年）进士，官至翰林院掌院学士、军机大臣等，逝后追授太傅，谥号文正。善诗文、书法，著有《刘文正集》。他为政清廉刚直，秉公无私，在吏治、军事、治河等方面均有显著政绩，称为治世能臣。

秋皋，即郭守璞（1730—1800 年），字含澂，号秋皋，山东潍县（今潍坊）人。乾隆二十四年（1759 年）举人，大挑一等，官至贵州石阡知府，为官倡文教，重民生，慈惠宜民，著有《中山纪事》《秋皋制艺》。二妹，即刘统勋六弟、户部福建司员外郎刘组焕次女，郭守璞继室。

诸城刘氏家族是山东著名的仕宦望族和文化家族，自清初至道光末年，科甲蝉联，硕宦名儒辈出，人文蔚起。潍县郭氏家族亦是延续明清两代的仕宦文化大家。两家皆有丰厚的文化底蕴，家学渊源，家风相近。其地域相邻，家族联姻，得以加强文化交流，促进家学传承，家业相继，家风贯彻，使其家族成就辉煌，传统文化得以弘扬传播。

（十五）第二十开“窦东皋金书箑”（图十五）

纵 15.6 厘米，横 51.4 厘米，墨笺，泥金行书，选录米芾《十纸说》，完好。内容为：

> 越陶竹万杵，在油拳上。余年五十始作此纸，谓之金版也。六合纸，自晋已用，蔡侯渔网遗制也。网，麻也。人因而用木皮。廿年前未使灰，透明有古（骨），骨（古）纸捣细者，不在唐澄心之下。唐人硾浆六合慢（幔）麻纸，书经明透，岁久入水不濡。又有黄皮纸，天性如染，薄紧可爱，亦宜背古书耳。十纸说。东武窦光鼐。

下钤“光”、“鼐”白文印。扇面右侧钤“丽泉”鉴藏朱文印、“真赏”鉴藏白文印，左下侧钤“康生”鉴赏白文印。

窦光鼐（1720—1795 年），字元调，号东皋，山东安丘临涪（原属诸城）人。自幼好学，颖悟过人，童试、乡试皆列榜首，有“神童”之誉。乾隆七年（1742 年）进士，官至都察院左都御史、上书房总师傅。他为官清廉，忠于职守，又熟通经史，学问精湛，文词清古，素有“才子”之称，深受乾隆帝雅重，与纪昀、朱圭、翁方纲等在朝主持文坛 30 年，对清代文化的发展影响颇深。著有《省吾斋诗稿》《省吾斋文集》等。[18]“书法亦精，他的擘窠书，点划端正

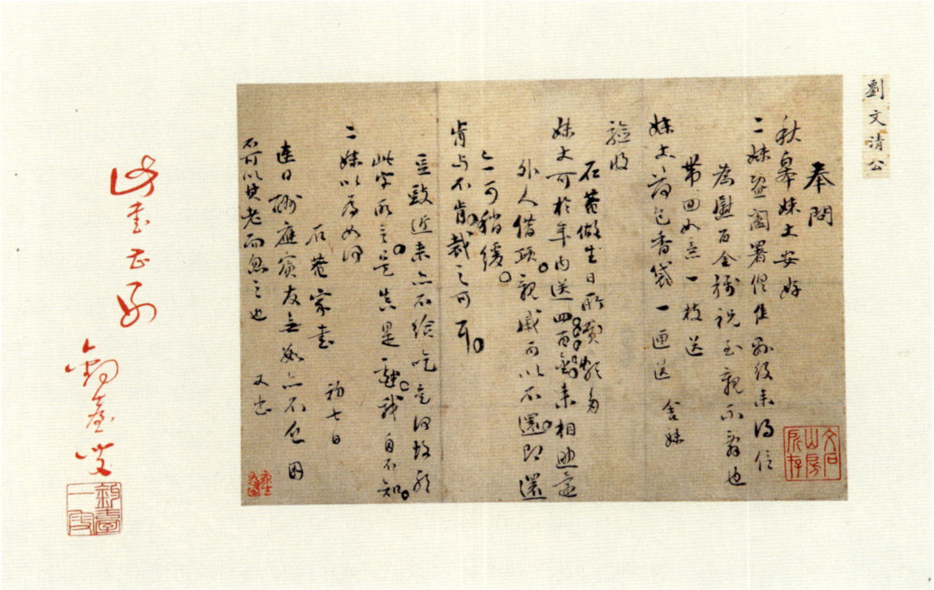

图十四　刘石庵相国札

图十五　窦东皋金书笺

秀丽，而风骨挺劲，状貌严整，有苏轼、米芾之风韵。”[19] 该书作结体肥厚，字势恣肆，在墨笺上以泥金书写更显气韵华贵，可谓精致之作。

（十六）末开陈介祺题跋（图十六）

纵 28 厘米，横 26.8 厘米，纸本，以篆楷糅合体书写，完好。内容为：

> 高西园集乡先辈书画为册，题曰：随意拾瑶草，即墨郭根苍续之至数十册，从弟晋卿又踵之逾百册，精富过前人矣。以其所副为册，应寅谷邑父母之属，将之掖任，为识册末。同治甲戌九月廿三日壬戌陈介祺书。

下钤“海滨病史”白文印、“十钟主人”朱文印。

跋文记述了该画册的来源及流传经过。题签中的“戊辰”为同治七年（1868 年），正是靳昱宰潍之时。跋文中的“甲戌”为同治十三年（1874 年），乃靳昱离潍掖任之时。从陈介锡的题签、画册中之所钤鉴藏印及陈介祺的跋文可知该册为陈介锡所集《桑梓之遗》的副册，此应靳昱之嘱，在其离任后相赠留念。

在此简略记述《桑梓之遗》书画册。乾隆四年（1739 年）始，山东胶州著名文学家、书画家、篆刻家高凤翰将自己平日搜集整理的山东籍或寓居山东的先辈书画家的真迹装裱成册，命名为《桑梓之遗》并题写“随意拾瑶草”，在其去世前转送予即墨好友郭廷翕。得到该册后，郭氏即开始广泛搜求自宋元以来山左书画名家之作，欲增为百册。至乾隆四十二年（1777 年），百册未竟，仅增至七十八册，已蔚为大观。郭廷翕去世后，其后人为偿还旧债出售该册。嘉庆元年（1796 年），画册转归莱阳南岚富户左家。道光十六年（1836 年），胶东一带遭受重灾，左氏又将此书画册售予潍县陈子懿。

陈子懿，字季则，山东潍县（今潍坊）人，道光二十年（1840 年）举人，陈介锡族叔，曾任江西广昌知县，酷爱书画。陈子懿倾囊购得此书画册后，曾携至广昌任所，异常珍爱，不为上司侵夺，亦不为利诱，为此他屡遭迫害，但仍然不弃珍藏并携回潍县。

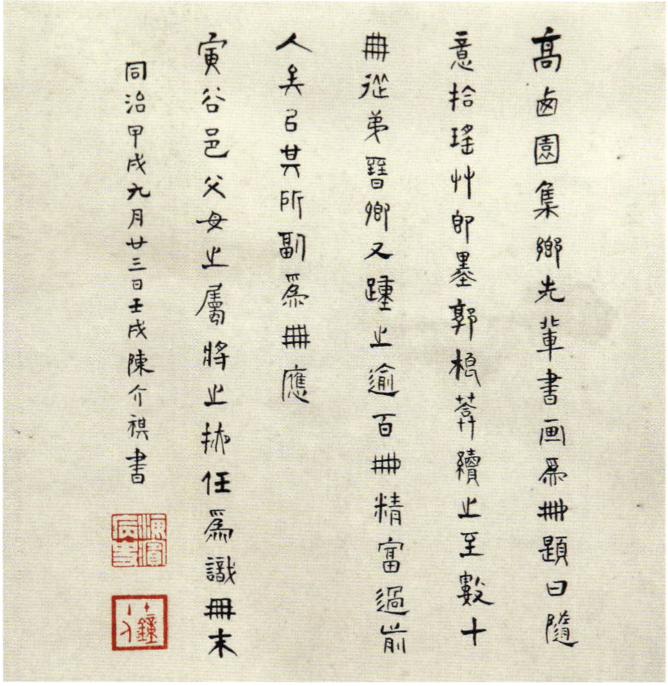

图十六　陈介祺题跋

陈子懿去世后，其后人因生活困顿，于咸丰九年（1859 年）将画册转售予陈介锡。

陈介锡得到后即摒弃一切，锐意访求，刻意续辑。至同治九年（1870 年）告竣，前后耗费十二年心血，终在晚年凑足百册。该巨册历时一百三十余年，共辑得八百余人的书画作品，其中仅山东籍就达六百余人，其他则涉及今江苏、浙江、河北、安徽、江西、辽宁等十几个省市地区。所收录的书画家自宋元至明清，书画作品“统计所收册页、卷轴、尺牍、便面、诗文不下千余种……”[20] 而所收书画作者身份，上起庙堂，下至山林，既有忠臣孝子、名公巨卿、骚人墨客，也有僧道闺秀、流寓名宦，但凡与桑梓有关者皆收列其中。其续编完成的《桑梓之遗》确为一部富藏宏巨、空前绝后的书画大集锦。后陈介锡家道衰落，其子孙将其陆续出售，此巨册遂遭散亡。

二 《棠梓清芬》的征集经过及康生题跋的由来

据潍坊市博物馆文物征集档案知，《棠梓清芬》经由陈秉忱代购而来。

陈秉忱（1903—1986 年），原名文璘，字邠丞、邠臣，山东潍县（今潍坊）人，陈介祺曾孙。1939 年到延安。1941 年加入中国共产党。先后任职中央军委作战部、办公厅，北京军调处，济南市政府等。中华人民共和国成立后，曾担任中央军委办公厅秘书处长，中央办公厅秘书室副主任，中央办公厅信访局、研究室顾问，毛泽东图书管理小组负责人。陈秉忱秉承家学，在历史学、古文字学、古典文学等方面均有较深造诣，并擅长书法、绘画。1948 年潍县解放初期，他曾作为山东省政府代表至潍，会同潍坊特别市政府，发动本市民间知名收藏家捐献文物和古籍，组织参与成立了“潍坊特别市古代文物管理委员会”“潍坊特别市市立图书馆”并任委员[21]，又带头并动员陈氏后代将家中所藏珍贵文物捐献给国家。

现存《棠梓清芬》书画册，是由陈秉忱于 1963 年 6 月 19 日购于北京宝古斋。起初，陈秉忱得遇该册，遂致函询问当时的潍坊市图书馆可否收集入藏，得到肯定后，自己先行垫付 240 元现款，并请画店开具发票，随同画册托请友人带至济南市博物馆，后转交潍坊市图书馆，1964 年移交给新成立的潍坊市博物馆。

至于该册中为何有多处康生的朱笔题跋？康生出生于山东诸城书香家族，自幼受家庭熏陶，精通传统文化，工诗词篆刻、擅书画、精鉴定，尤擅章草。中华人民共和国成立后，陈秉忱长期在中央机关和中央领导身边工作，广泛接触中共高层领导。陈康二人因为有着同乡之谊和共同爱好经常就各种文物、书画鉴赏与艺事活动探讨交流，陈秉忱收得该册后，请康生评赏自在情理之中。

三 结 语

《棠梓清芬》书画册汇集清代山东区域 13 位乡贤、官宦的书画作品而成，虽均为小幅，但大多笔墨精妙，具有极高的艺术欣赏价值。而相关诗文钤印，不仅可以窥探诸位作者的独特人生经历与社会交往的蛛丝马迹，也是进行山东区域文化研究的重要文献佐证。此外，该册由清陈介锡辑著名大型书画册《桑梓之遗》的余作而成，在现今已知《桑梓之遗》所存册数无多的情况下，尤具重要意义。

注 释

[1] [民国]常之英修，刘祖幹纂：《潍县志稿》卷十九《秩官·职官》，铅印本，潍县县志局，1941年。
[2] 原文为"刘沧岚书书古文序稿训"，"训"字小于前文，为书写者后添加的漏字。
[3] 陆明君：《簠斋研究》，荣宝斋出版社，2005年，108—109页，118页。
[4] 周亮工：《书黄济叔印谱前》，见朱天曙编校整理：《周亮工全集》第五册，《印人传》卷二，凤凰出版社，2008 年。
[5] 傅抱石：《傅抱石美术文集》，江苏文艺出版社，1986年，337页。
[6] [民国]常之英修，刘祖幹纂：《潍县志稿》卷十九《秩官·职官》，民国三十年（1941）。
[7] [民国]常之英修，刘祖幹纂：《潍县志稿》卷二十《秩官·职官列传》，民国三十年（1941）。
[8] [民国]常之英修，刘祖幹纂：《潍县志稿》卷二十《秩官·职官列传》，民国三十年（1941）。
[9] 陆明君：《陈介祺年谱》，西泠印社出版社，2015年，086页。
[10] 台静农：《赵执信行书诗翰》题识，食笱斋珍藏中国书法LOT 834拍品，中国嘉德秋拍，2006年。
[11]《文渊阁四库全书》，《书蔡氏传旁通》，台湾商务印书馆，1986年，62—215至62—220页。
[12] [民国]常之英修，刘祖幹纂：《潍县志稿》卷二十九《人物·儒林·阎循观:〈刘沧岚传〉》，铅印本，潍县县志局，1941年。
[13] [民国]常之英修，刘祖幹纂：《潍县志稿》卷二十九《人物·儒林·阎循观:〈刘沧岚传〉》，铅印本，潍县县志局，1941年。
[14] 王克捷、郑文光、蔡铁原：《高凤翰编年录》，青岛出版社，1991，17—35页。
[15] 王克捷、郑文光、蔡铁原：《高凤翰编年录》，青岛出版社，1991，20—34页。
[16] 李连科、周庆武：《安丘百名进士录》，香港天马出版社，2002年，155页。
[17] 王克捷、郑文光、蔡铁原：《高凤翰编年录》，青岛出版社，1991年，26页。
[18] 李连科、周庆武：《安丘百名进士录》，香港天马出版社，2002年，171页。
[19] 张崇玖：《诸城明清进士传略》，西泠印社出版社，2007年，141页。
[20] [清]陈介锡：《〈桑梓之遗〉书画册序》，《桑梓之遗〈录文十卷〉》（山东博物馆藏清钞本），《山东文献集成》，山东大学出版社，2007年，1-40-01。
[21] 栗祥忠，《潍坊市图书馆志》，文物出版社，2008年，3页。

参考文献

[1] [清]高凤翰：《南阜山人诗集类稿》。
[2] 刘才栋：《高凤翰研究》第二集，国际文化出版公司，2004。
[3] 陈祖光、邓华：《潍城陈氏世家简史》，香港天马图书有限公司，2004年。
[4] 陆明君：《簠斋研究》，荣宝斋出版社，2005年。
[5] 王振民：《潍坊文化三百年》，文化艺术出版社，2006年。
[6] [清]陈介锡：《〈桑梓之遗〉书画册序》，《桑梓之遗〈录文十卷〉》（山东博物馆藏清钞本），《山东文献集成》，山东大学出版社，2007年，1-40-01。
[7] 单海平：《清代布衣诗人李果研究》，浙江工业大学硕士学位论文，2011年。
[8] 潍坊（潍县）郭氏文化历史研究会，《郭氏族谱》，2011年。
[9] 赵兴涛、孙敬明：《潍坊文化通览》，山东人民出版社，2012年。

馆藏王献唐碑帖题跋精粹五种辑释

文/张祖伟　山东博物馆

内容提要

王献唐，山东近现代图书及文博事业的奠基者，精于文字、考古、金石、目录版本之学，被誉为山东省近几百年来罕见的学者。其著述等身，身后留下大量手书题跋，为后世提供了探究其学术成果的重要资料。目前，古籍题跋整理方面进度非常大，已出版了收录非常全面的《双行精舍书跋辑存》两编，而碑帖题跋方面则尚未结集，本文辑释其中5种善本题跋。

关键词

王献唐　碑帖　题跋

王献唐（1896—1960年），号双行精舍主人等，精于版本、金石、音韵、考古诸学，一生勤于著述，逾千万言，被誉为山东近几百年来罕见学者。历任山东省图书馆（以下简称省图）馆长、山东省古代文物保管委员会副主任、山东省博物馆（以下简称我馆）筹备处副主任等。主持馆务期间，锐意搜集乡邦文献，广罗金石古物，海源阁、陈介祺、许翰、李佐贤、吴式芬、上陶室等诸家故物，一时如江河入海，使省图成为北方图书文物重镇。先生最让人钦佩的壮举，是抗日战争期间，在济南沦陷前夕，在韩复榘政府弃之如敝屣的困境下，舍家弃业，将文物精华转移至大后方，并在断薪绝酬的艰辛情况下，客居守护10年，为山东守住一缕文脉。可以说，他是山东近现代图书及文博事业的奠基者。

先生著述在学者的整理下，已多有出版，如齐鲁书社《王献唐遗书三十种》《山东文献集成》收录43种等。古籍书跋也有《双行精舍书跋辑存》两编出版，而碑帖题跋尚未结集，成为王献唐研究中的一大遗憾。由于历史渊源关系，我馆是先生校勘手跋碑帖及金石拓本册的重要收藏单位。本文即辑考其中5种名品而成。

一　跋刘喜海监制藏器全形拓

1. 跋师奎父鼎

（1）跋铭文墨蜕：上装拓文释为“析子孙㚔父辛彝”，系㚔卣盖文，[1]见《捃古录》。㚔即扶字，析子孙三字时见金文著录。《说文》，析，破木也。破木为爿为片，故字作[illegible]，引申其义为分。析子孙言以此器分与子孙，金文又有八子孙、北子孙，八、北亦分义，可参证也。是日灯下再释。（钤“三禅室主人丁卯年后所得”）

十八年八月得于济上，但装拓文多与器形不合，因并集之。（钤“献唐”）。

（2）鼎。此师奎父鼎。奎字，不见字书，吴荷屋释宝，张香涛释皇。吴窓斋曰，鼎文第三行奎字中画近上，是王非玉。从大得义，从王得声，当即太师皇父之器。案二行奎字大下似不作王，吴说待订。

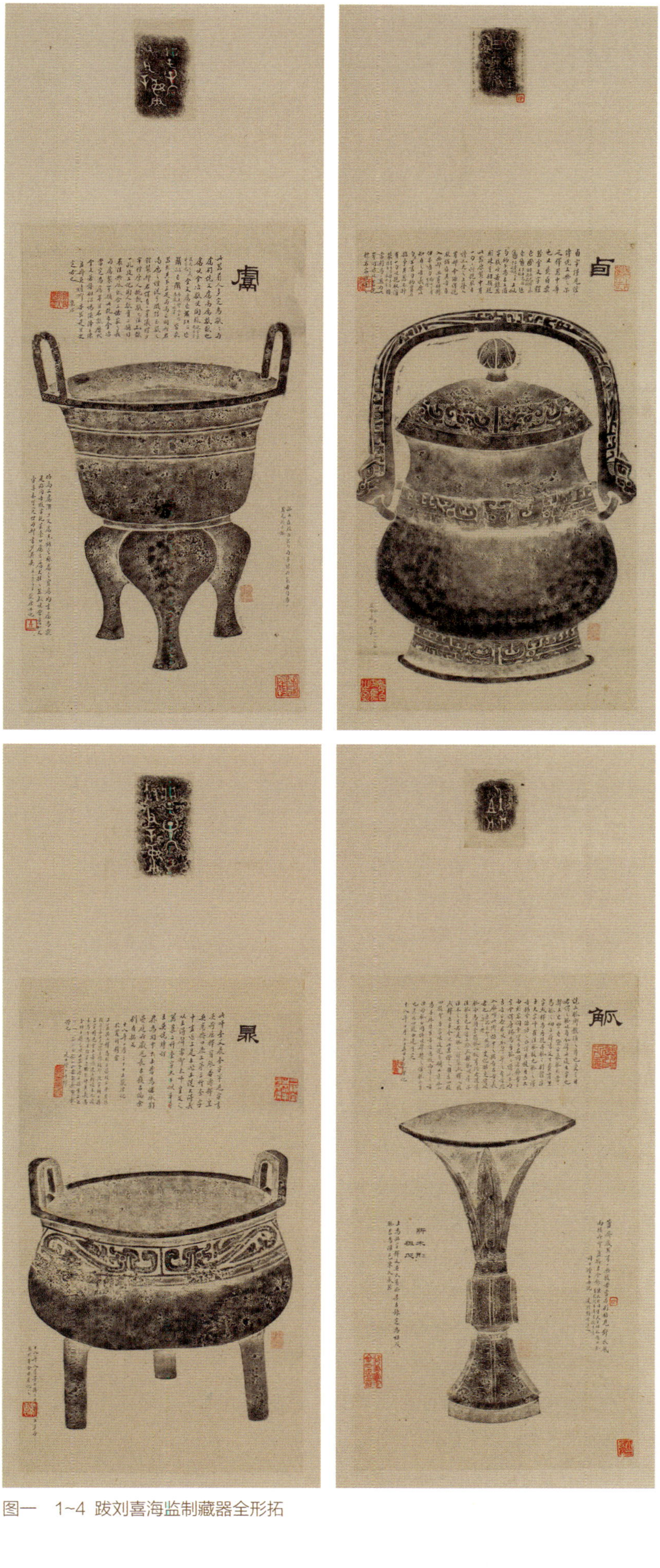

图一　1~4 跋刘喜海监制藏器全形拓

鼎为关中出土，旧为诸城刘燕庭所藏，见《长古获古编》。余别有拓文。十八年十月三十日王献唐记于双行精舍。

2. 跋㔷叔父辛卣

（1）跋铭文：此为□弗生鬳拓本。释为“□弗生作旅甗”。与下卣非一器。献唐。

上拓文□字，吴子苾释西，甗即鬳之假字。（钤“知白守墨之室”）

（2）卣字仅见经传,《说文》无之,《尔雅·释器》中尊也，又彝卣罍，器。金文字体作□亚卣，见《积古斋钟鼎款识》，作□亚卣，见《攈古录》，作□亚彝，见《从古堂款识》，上似勺柄，下为古文酒字。核与著录，器形殊不相类，疑此器原制中有一勺。勺，训挹取，古读如夭之上声，入宵部。今俗谓挹取，犹存其音。卣入幽部，幽、宵相转，约亦通勺约从勺声，可证，知卣之音义原从勺出。上书勺柄实为指事，其器必插有一勺，以挹取酒浆金文字体亦可为卣之象形字。固当别为一器，与此不同。姑从旧说标名，容再详之。（钤“王献唐”、“举古为徒”）

3. 跋□弗生甗

（1）拓文在枝卣器内，与另条所装者同为一器，见《攈古录》。（钤“献唐长物”）

（2）鬳。此器前人多定为甗，甗与鬳别。《说文》，鬳，鬲属。甗，甑也。鬳以金冶，甗以陶旊。阮芸台说，本字从瓦之义，亦可见。金文鬳作□井侯盉，作□盂鼎，作□齐侯鏄，以上均为甗之假字，皆象器形其下三足，与鬲正同。鄦君鬲属之谊从，可征信。至甗之体制，鄦君谓有一穿。《仪礼·少牢礼》“廪人概甑甗匕”，注如甑，一孔。《考工记·陶人》“甗，实二鬴”，司农注，无底甑。合上诸家之义与鬳制不类。此既为金冶，当定为鬳，不宜名甗。历代金文著录相绍讹误，降至陈簠斋、吴清卿亦然，是宜更定者也。献唐。（钤“献唐诗文书画”）

（3）伯高父鬳、[illegible]父鬳，其称“作旅鬳”“作宝鬳”，均书鬳为獻，是，殆同音假字。阮云台曰，鬳为荐犬牲之器。或以会意加犬旁，亦未可定，但与郙书少异矣。父上遗筍字。献唐再记。（钤“王”）

4. 跋且戊觚

（1）跋铭文：斨木形祖戊。上为拓字释文。吴氏《愙斋集古录》定为祖戊觚，旧为潍县陈氏藏器。（钤“献唐审定金石书画”）

（2）觚。《说文》，觚，乡饮酒之爵也。受三升者，谓之觚，从角瓜声。此后出字也。契文作[illegible]、作[illegible]，正象觚形，当为觚之初文。薛书父丁彝有[illegible]字，或释为角，疑亦觚之别体。《庄子・大宗师》崔注觚，棱也。觚之得音犹今俗语之凸，谓其棱角凸出，由形容词而变为名词者。齐鲁方言今谓廉隅为角觚。觚读如古，与古音正合，若以瓜声准之，今音应入麻韵。此乡语中之独存古音义者也。廉隅亦即棱隅一声之转。《史记·酷吏传》“破觚而为圜”。《索引》觚，八棱有隅者。《汉书》注觚，方也。《文选・文赋》“或操觚以率尔”，注“木之方者，是觚之体制，或释八棱，或释为方。”今以此器证之，固为四棱。四棱即方，当以后说为确。又匡床亦为方床，匡、方音近通假，而匡之音约与觚正同。绳以声转之谊，觚亦方也。其为四棱，是可定。十八年十月二十五日。王献唐记。（钤“王献唐”“尊生所藏”）

（3）簠斋藏器有一无棱者，当为别格，见邓氏风雨楼所印《簠斋吉金录》。陈氏于同书天子班觚题曰，觚有棱则古矣，可识其意。同日灯下再记。双行精舍主人。（钤“琯”“小三昧室”）

㠱叔父辛卣，殷器，出土、收藏状况不明，现存国家博物馆。[2] [illegible]弗生甗，曾名西弗生甗等，西周早期器，道光时陕西咸阳出土，姜爱珊、潘祖荫、端方递藏。且戊觚，殷器，陈介祺、刘体智递藏。师奎父鼎，又名宝父鼎，西周中期器，关中出土，刘喜海、吴大澂、费念慈、徐乃昌递藏，现藏上海博物馆。

拓本上铭下形，俯视构图，比例协调，唯独圆形器口的椭圆透视图两端出现尖角，是早期全形拓的通病之一。用墨以淡色为基础，注意阴阳区分，墨色自然，淡雅古朴，立体感强，特别是结构复杂的觚、甗属上品。只是装裱时，铭文、图形匹配出现错乱，[illegible]弗生鬳、父辛卣铭文颠倒，又父辛卣铭文误配于师奎父鼎。是组拓本均钤印“燕庭收藏钟鼎文字”，而师奎父鼎见载于刘氏《长安获古编》，故四器必同为刘氏藏器，但以往并无刘氏收藏其他三器的记录。又且戊觚、[illegible]弗生甗未见传世，且仅有铭文而无图形资料传世。故此组刘氏监拓本对增补其藏品、保存器物图形信息等，具有较高文献价值。

1929 年 8 月初，先生北上执掌省图及金石保存所，[3] 故此组拓本可谓是其来济后搜集山左名家文献的开门之作。两月间数次鉴赏，考释四器，提出自己的独特观点。如：不同意吴大澂将师奎父鼎第二行[illegible]字也解释为奎，因为它与第一行[illegible]字有差异，未必同字；质疑父辛卣的类属命名，据《积古斋钟鼎款识》《捃古录》《从古堂款识》所载金文，象形解析，认为卣器有一勺，而此器与之相异。同时，也对[illegible]弗生甗的类属命名提出异议，他根据《说文解字》《仪礼》等，认为应当是鬳而非甗。因为鬳是金属器，甗是陶器，且甗有一孔。又从音韵的角度，考释觚四棱的体制，并引用簠斋天子班觚跋语，佐证自己。

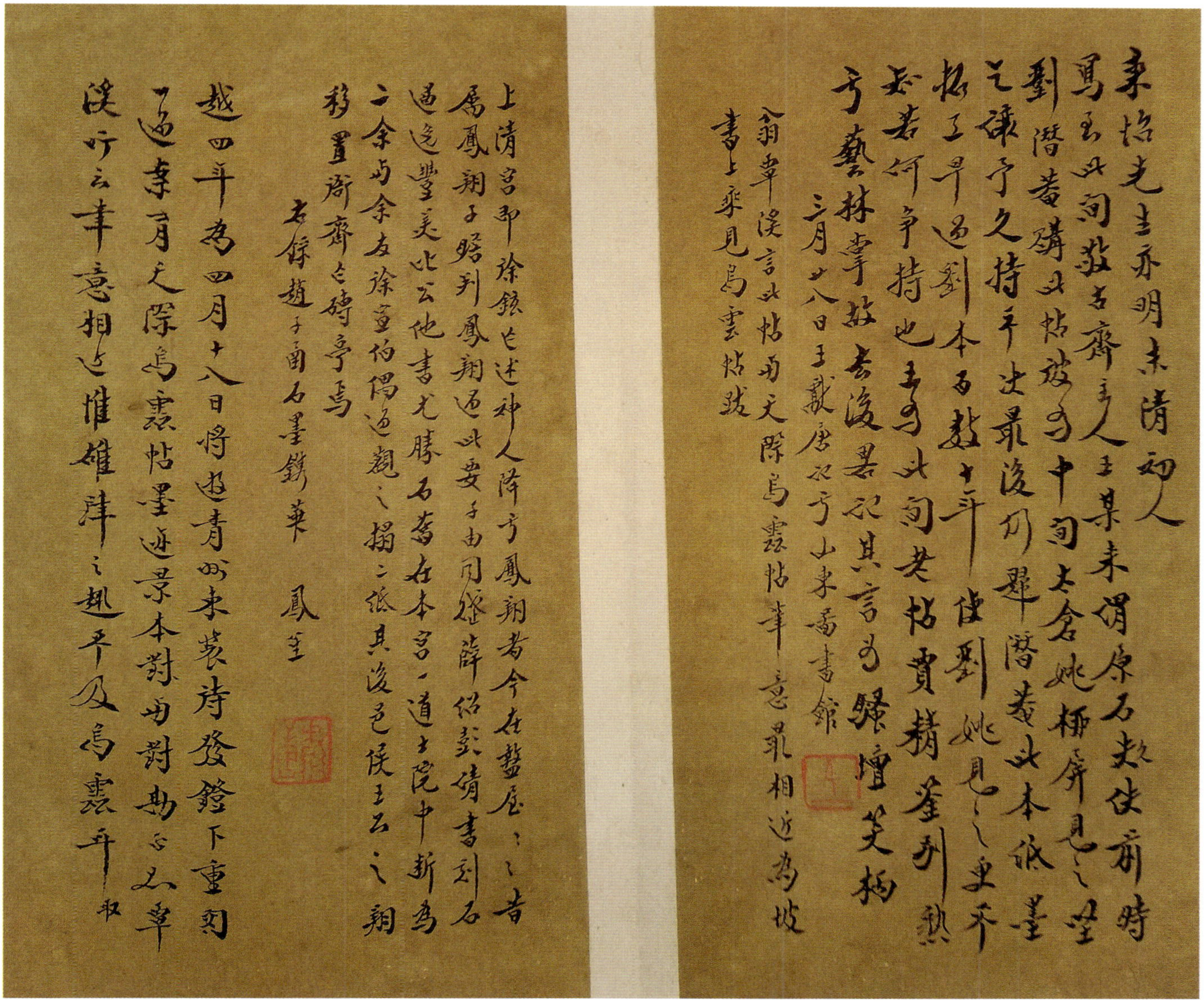

图二　跋明拓苏轼上清词碑

二　跋明拓苏轼上清词碑

1. 上清宫，即徐铉作述神人降于凤翔者，今在盩厔。盩厔昔属凤翔，子瞻判凤翔，过此邀子由同赋，薛绍彭请书刻石，道逸丰美，比公他书尤胜。石旧在本宫一道士院中，断为二，余与余友徐宣伯偶过观之，拓二纸。其后邑侯王公之翔移置衙斋，作砖亭焉。右录赵子函《石墨镌华》。凤笙。（钤“献唐”）

翁覃溪言此帖与《天际乌云帖》笔意最近，为坡书上乘。见《乌云帖跋》。

2. 帖为聊城邓氏旧藏，有邓秉恒、邓基哲、邓钟岳、邓汝功诸印。秉恒生元变，山西山阴知县。子二，基哲、基圣。哲字骞之，号峄亭，笃于内行，教子尤重小学。尝曰，此，许鲁斋信之，如神明敬之，如父母者终身行之，可也。长子钟岳，字东长，号悔庐，康熙二十六年进士，以一甲第一人入翰林，任江苏、广东浙江学政，迁内阁学士兼礼部侍郎，充《一统志》总裁，于书无所不读，尤邃于易学，著有《寒香阁诗文集》。汝功后改名汝勤，字兼持，为悔庐长子，乾隆三十五年举人。就上邓氏家世证之，此帖是经邓氏五代递藏者矣。

悔庐又著《知非录》，均见《山东通志》。次晨再书。

3. 庚午（1930 年）九月五日夜十一时，依明活字本《栾城集》校补。凤笙。

4. 二十年二月十七日依明椠本《东坡全集》校补，时旧历元旦。献唐记。

5. 苏书上清词刻于元祐二年六月，此其原石拓本。顷检明活字本《栾城集》颍滨和词："斗魁"魁字，《集》讹作鬼；"获罪"下脱虽字，"潢汙"上曾字讹会，皆可据校拓本校正。又"神君之不可以知"句，《集》无以字；陨星下妖字，《集》作殃，殃亦非是。"曾潢汙蕨薇之不为弃"句，《集》无为，当是衍文，细审拓本字旁镌有白点，殆指此矣。二十年三月廿七日剪烛书。

6. 前见湖南刘潜盦藏明拓本残蚀模糊，与此不啻天壤，后有万历年间刻跋，此本无之。略以墨笔记其三十余处，彼时原石已泐损。如此证之，是本当在明中叶以前矣。此帖收藏者邓秉怡先生亦明末清初人。

写至此间，敬古斋主人王某来谓，原石久佚。前时刘潜盦购此帖，彼为中间，太仓姚柳屏见之，坚乞让予，久持不决，最后仍归潜盦。此本纸墨拓工早过刘本百数十年，使刘、姚见之，更不知若何争持也。王为此间老帖贾，精鉴别，熟于艺林掌故，去后略记其言，为骚坛笑柄。三月廿八日王献唐记于山东图书馆。（钤"王"）

7. 越四年为四月十八日，将游青州，束装待发，灯下重阅一过。案有《天际乌云帖》墨迹景本，取与对勘，正如覃溪所云笔意相近，惟雄肆之趣不及《乌云》耳。

上清太平宫，陕西凤翔盩厔（今西安周至县）太平兴国观通明殿之题名。该观系宋太宗因神人降盩厔而敕建的高等级皇家道观，每三元圣节，太宗命使投醮，岁以为常，地位超然。嘉祐六年（1061 年）登科后第一次授官的苏轼签判凤翔府，因盩厔古迹众多，先后多次独自或与朋友游览，创作了许多诗作。其中嘉祐八年（1063 年）拜谒该观时，敬撰《上清词》，并邀远居京师的苏辙同赋。元祐二年(1087 年)，监管是观的书法家薛绍彭嘱苏轼追书二词并镌刻立石。入明，道观衰败，金石学家赵崡与友人实地查看时，词碑已断。万历四十二年（1614 年），县令王之栩移置府衙，建亭保护并增刻题记。据传世拓本，清时又损伤，裂为五段，碑文尚完整未缺。民国初，再碎为七块，第一层全失，二、三层呈"V"形，失大半。1992 年，在县人大院内发现残石。

是拓钤"邓秉恒印"、"东郡邓基哲骞之氏号峄亭图书""邓钟岳印""邓汝功"等印，聊城望族邓氏五世递藏。邓秉恒，字元固，顺治六年（1649 年）进士，历任江西、福建巡海道道员等。子允燮，知山西山阴县。三世孙基哲（先生误为子辈），官邹县教谕等。四世长孙钟岳，康熙六十年（先生误为二十六年）状元，累迁内阁学士兼礼部侍郎等。五世孙女功，后改名汝勤。邓氏一族，因明朝开国有功而受封，子孙世袭指挥，八世任东昌卫指挥。有清一代，又登科举第，文武兼备，累世为官，更因邓钟岳而至顶峰。

因卷入新旧党之争，苏轼生前三次受贬，身后亦难逃厄运。崇宁二年、三年及宣和六年，徽宗三次下诏，将苏氏文集及苏书碑碣榜额等一律除毁。故苏书石刻等在当时就损毁严重，上青词碑是为数不多的幸存石刻之一。先生得此拓后，除考述原石由来及拓本流传外，又先后3次版本校勘。如 1930 年 9 月，以明活字本苏辙《栾城集》相校，得跋中所述 6 处异文，补题拓本中的 13 处磨勒碑文。翌年 2 月 17 日，因 3 日前以新得嘉靖本《东坡全集》零本《文集》与旧日所得同版零本《诗集》拼成完璧，[4] 又乘兴与拓本校勘，作异文校勘记 8 条：上青词词名行"《集》本词均作辞，题下有以宫名名篇五字，双行小注"；"君胡为乎上是七字，明本《东坡全集》不载，疑为先生自删去，非刻本脱佚，以无此数语起，势盖觉飘忽也"；朝发，"《集》本发下有轸字，以次句延节证之，有轸为是"；旗晻霭，"《集》本掩作晻"；退戢栗，"《集》本栗作慄"；时节狩，"狩下似乎字，《集》本作于"；轶荡荡，"荡荡为重言，其下当作二点，拓本墨重不可见”；九垓，“《集》本垓作陔”。次日，再将旧日借校刘潜盦藏明末拓本所得的 34 条校勘记移录。刘氏明末拓本有万历题记，其残泐较是本明显，如“南山之幽云冥冥兮”冥下两点、“来不可得而知兮”来字全无踪影。一般情况下，这种自然磨勒非短期内造成，且此本无万历题记，故断为明中期拓大致无妨。

1935 年 4 月先生将游青州之际，又与《天际乌云帖》共赏而题记是拓。其系为购藏故友孙文澜所遗金石而出行。孙氏（？ —1935 年），字观亭，与其兄孙文楷皆嗜收藏，与先生来往密切，先生多经其手充实馆藏。其逝世前遗嘱，藏品优先归省图。

据馆藏查询目录及公开的图录，国博、国图、故宫、上图四大收藏机构均未见上清词碑精善拓本，唯张彦生《善本碑帖录》载有一部明末清初完整无缺拓本。从王之栩移置有具体时间及是碑后又断为五段来推测，张氏所见明末清初“完整无缺本”当与刘潜盦藏本时代大致相当，为移置后拓本。馆藏是拓较其年代更早，甚至可能是目前已知时代最早的拓本，又可提供明末清初拓本的具体残损信息，且为齐鲁先贤累世收藏之物，无比珍贵。几年间，累累题跋，足显先生爱意。1960 年，先生病故，家属遵其遗嘱，将古籍、碑帖、金石等私藏分三批捐献给我馆，此在其列。

三 跋明末拓汉曹全碑

此碑明万历间始出土，在汉石刻中最为完整，清初如朱竹垞、傅青主、及吾东、朱青雷、张卯君等皆学之，谷口郑氏尤为世称道，一时朝野乡风犹行楷之宗华亭也。乾嘉以还，邓完白、翁覃溪、阮芸台诸家辈出，其风始变。碑字清逸秀整，学之似易而实极其难。东京石刻与此同体，绝不经见。近日豫洛出土残石，间或近似，终非此碑法乳，惟熹平六年楗为国上计王翔奉铜器刻字结体笔划乃如出一手，殊不可解。

鞠盦五兄旧岁得此于曲水古肆，珍爱甚至。日前借置案几，与覃溪翁氏藏本对校。晨起无事，略书数行归赵，藉识墨缘。至楮墨之精古，已详云山道人诸跋，不赘及矣。凤生王献唐。（钤印“献”“唐”）

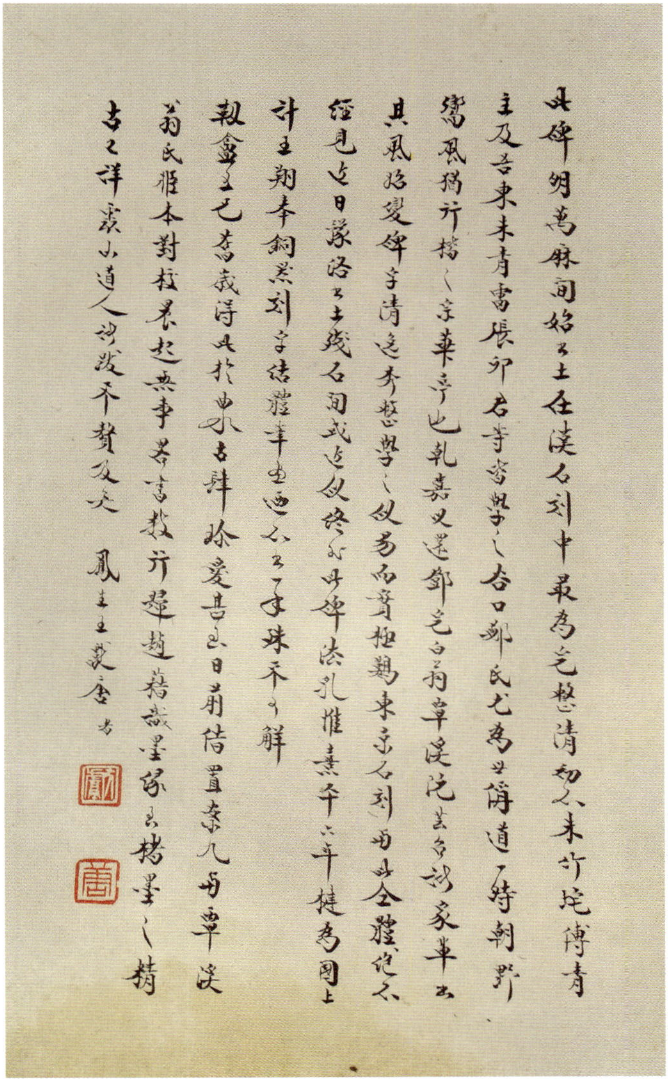

图三　跋明末拓汉曹全碑

汉郃阳令曹全碑，隶书，东汉中平二年（185 年）立。明万历初年，陕西合阳出土，后存合阳孔庙，现藏西安碑林博物馆。碑主失载，碑文记其平疏勒之事，“拜西域戊部司马。时疏勒国王和德，弑父篡位，不供职贡，君兴师征讨……攻城野战，谋若涌泉，威牟诸贲，和德面缚归死”。这与《后汉书》载征讨疏勒事有重叠，但出入颇大。如《后汉书》载，和得系杀侄自立，汉朝征讨失败，征讨者中的戊司马名曹宽而非曹全。故是碑为史家重视，而其最为人称道的是汉隶中独树一帜的超逸舒展书风，为书家所重。

初出土时，已失额，除阳面首行末字“因”下半损外，阴阳两面皆完整，是出土汉碑中文字保存最完整者。明末，碑阳出现断痕，几乎每行都伤一字，但“悉以薄官”悉字未损，“咸曰”曰字未作白。康熙间，“秉乾之机”乾字左部日未穿，“庶使学者”学字钩笔完好。此拓有断痕，但“咸曰”“悉以薄官”未损，系明末拓本。又有“云山道人”旧跋，亦持此论。是碑出土早期拓本非常罕见，传世的仅有王山史旧藏本（故宫藏）等数本。明末拓本，已是难得之物。

拓本钤“马官敬印”“曾归因斋主人”等印，为马氏旧物。其字丹铭，号因斋主人、鞠盦，山东日照人，与兄马官和俱为山东著名企业家，均喜典籍碑帖。为先生姑家表兄，1918 年先生初来济南，即任职其担任社长的《山东日报》。二人时常居家聚会，或话家常或鉴赏金石。据《长编》，1935 年 5 月 25 日，马氏出乾字未穿本曹全碑、淳化阁帖等嘱先生题跋。延至 9 月

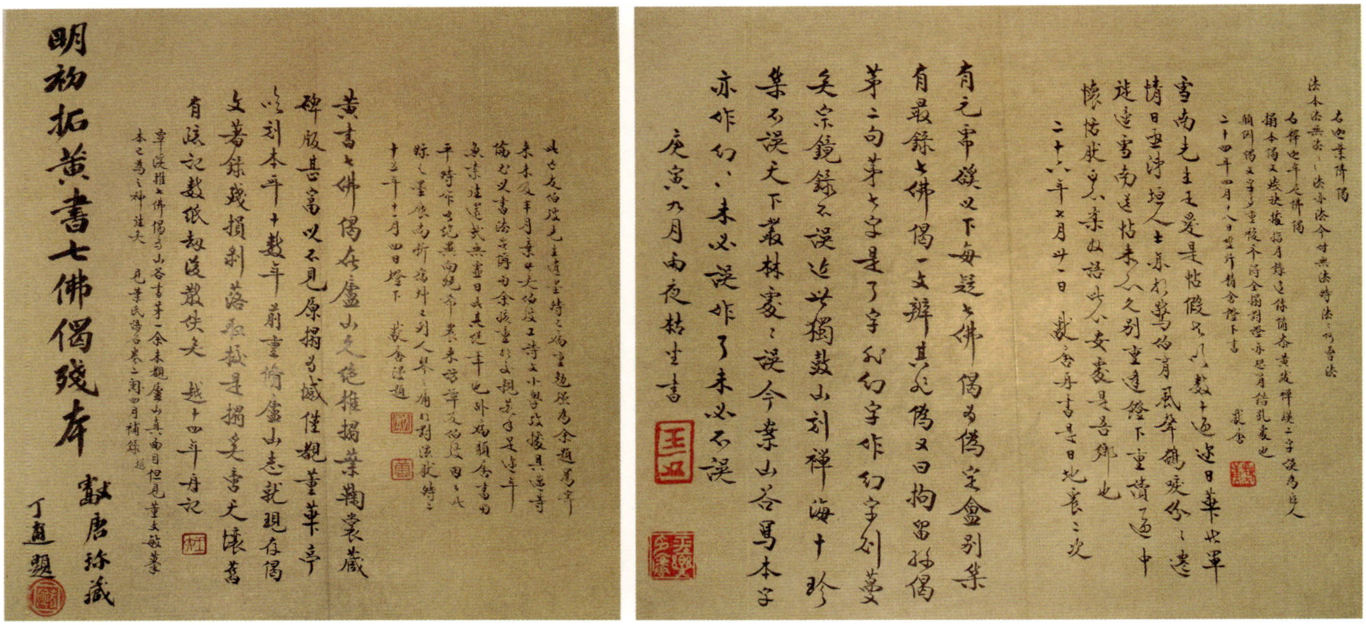

图四　跋明拓苏黄书髓

12 日，始草成。[5] 所言曹全碑即是此拓。先生跋叙是碑书风稀有性及对中国书坛的巨大影响，并取另一著名拓本——翁方纲藏玥拓本对勘。翁氏藏本，迭经朱彝尊、翁氏、梁启超等递藏，现藏于国图。从悉字等处的残泐程度来看，它要稍早于马氏藏本。马氏身后，此本辗转入藏我馆。马氏嘱先生题跋期间，或许看出先生对是拓的喜爱，欲赠送，但先生不敢夺人之美。[6] 遥想当年，若先生受赠此册，其必也在捐献之列。如此，可谓殊途同归。

四 跋明拓苏黄书髓

1. 题签：苏黄书髓。凤笙藏。（钤印“献”“唐”）

2. 跋苏轼罗池庙迎享送神诗碑

（1）东坡大楷以罗池庙碑为第一，所见如表忠观碑及丰乐亭醉翁亭诸记皆不及之。旧藏明初拓黄书七佛偈，思得此碑相俪，为苏黄二妙。家中素蓄一册，久已赠人。近年续收整幅本，为道光间拓，时次过晚。慎五夫子见而爱之，[7] 又以持赠。继于尊古斋觏此残本，楮墨古厚，骨神完足，堪与黄偈相配。肆主故高其值，延至今岁春间议价始谐，即取七佛偈合装一册，使数千年下二公墨妙如延津双剑并罗棐几，亦快事也。二十四年四月廿五日灯下书。献唐。（钤“凤”）

（2）日前偶得“苏斋”玉印，戏钤于此。覃溪以苏名斋，有宋椠施注《苏诗》及《天际乌云帖》手迹等之实。今只苏碑残拓，机缘适合，借用其印寒斋，安得署苏名耶。癸巳（1953 年）三月栗峰书。（钤“苏斋”）

3. 跋黄庭坚七佛偈

（1）拓本偈文残缺，据《指月录》迻录备参。黄跋“禅瑛”二字误为匠人颠倒，偈文字多重复，不得全拓对证，亦恐有错乱处也。二十四年四月十八日，双行精舍灯下书。献唐。（钤“献唐”）

（2）跋丁逋书引首：此亡友伯弢先生遗墨，时已病重，勉强为余题写寄来，未及半月，弃世矣。伯弢工诗文，小学考据具迈等伦，尤以书法著称。与余孩童相交，亲若手足。迩年鱼素往还几无虚日，此其绝笔也。卧病颓唐，书与平时作者绝异。向晚希农来访，谈及伯弢，因出眎之。墨痕尚新，宿草已列，人琴之痛，相对泫然。时二十五年十一月十日灯下，献唐漫题。（钤“献”“唐”）

（3）雪南先生雅爱是帖，假去临数十过。迩日华北军情日极，济垣人土亦相惊伯，有风声鹤唳，纷纷迁徙。适雪南送帖来，如久别重逢，灯下重读一过，中怀恬然，正如柔奴语“此心安处是吾乡也”。二十六年七月三十一日，献唐再书，是日地震二次。

（4）黄书七佛偈在庐山，久绝椎拓。叶鞠裳藏碑版甚富，以不见原拓为憾，仅觏董叶亭临刻本耳。十数年前重修《庐山志》，就现存偈文著录。残损剥落，取校是拓，奚啻天壤。旧有疏记数纸，劫后散佚矣。越十四年再记。（钤“王大”）

（5）覃溪推七佛偈为山谷书第一，余未觏庐山真面目，但见董文敏摹本，已为之神往矣。见叶氏《语石》卷二，越四月补录。

（6）有元虎䗲以下，每疑七佛偈为伪。《定盦别集》有《最录七佛偈》一文辨其非伪，又曰“拘留孙偈”第二句第七字是了字，非幻字，作幻字则蔓矣。《宗镜录》不误，近世独鼓山刻《禅海十珍集》不误，天下丛林处处误。今案山谷写本字亦作“幻”，“幻”未必误，作“了”未必不误。庚寅（1950 年）九月雨夜枯坐书。（钤“平乐印庐”）

苏黄书髓，并非一书，而是先生对既残拓苏轼迎享送神诗碑、黄庭坚七佛偈合订本的拟名。

罗池庙，位于广西柳州罗池畔，乡民为祭祀病逝于柳州刺史任上的柳宗元而修建的庙宇。庙成，柳氏属官专程请柳氏好友、同为散文大家的韩愈撰写祭文，后由沈传师书丹上石，世称罗池庙碑。至宋，碑石亡佚。嘉定十年（1217 年），赴任柳州的关庚途经长沙拜访湖广安抚使安丙。安氏出所藏苏轼手书碑文篇末《迎享送神诗》，嘱其镌刻庙内，世人多延续旧称，亦称荔子丹碑。明洪武时，词碑惨遭劫难，为士兵折断筑城，后因坍塌而寻回缀合。今存柳州柳侯祠，王世贞赞其遒劲古雅，苏书第一。此明本残存 69 字，“不嚬”不字、“桂树”树字、“白石”白字、“吟兮秋与”兮字秋字皆未见裂纹，明拓无疑。楮墨古厚，骨神完足，难得精品。

七佛偈，庐山著名摩崖石刻之一，元祐六年（1091 年）黄庭坚应广鉴瑛禅师之请而作，评者多推为山谷书第一。只是山野之中，不便椎拓，又久历风霜，损泐严重，原拓少见，传世多为翻刻本，如董其昌临刻本、陈氏玉烟堂帖翻刻本、翁方纲双钩本等。馆藏为原石拓本，残存 51 字，偈文残缺几乎不存，黄氏尾题居多。重文“七”被调整至当句末，“禅瑛”二字倒置。“盖囗坡仙”囗字残损严重无法辨认，但传世各本此处皆无字。先生于 1931 年日记中记述其明拓依据，[8] 去夏五月得此明初拓残本，家中尚有苏书韩文公庙碑诗康熙拓本，欲取来合装为“苏黄双璧”。书已为戚友取去，久借不归。近虽得拓本，尚不足媲此。乃先重付装池，从纸背揭明刊书页甚多，一为《双异集》，一为《岐阜樵歌》，各家目录多不著载。前后亲襻皆用白棉纸，是证为明代旧装。

从以上诸跋可以看出，先生合册之路颇费周折。1930 年得黄书残本后，先欲与康熙拓韩文公庙碑合册，但因后者不能媲美而犹豫。又欲改配《迎享送神诗》碑拓本，可惜几年间也难有勘期待者。终有所遇时，又差一点因索价过高而失之交臂。故夙愿达成之际，直呼快事，跋述 5 年间的苦寻，并嘱好友向迪琮、丁通分别为二残本题写引首。[9] 丁氏（1888—1935 年），字伯弢等，晚号遁天，山东日照人。与先生孩童相交，友谊深厚。学识渊博，善书法，先生推之才气直逼翁覃溪，时常嘱其为馆藏题签。书此册时，其已经重疾缠身，不久病故。次年 11 月 10 日晚，同乡好友丁希农来访。丁氏（1891-1978 年），善书法，尤精篆刻，先生多枚印章出自其手。二人共话新亡人，同阅遗墨，先生思绪万千，提笔悼念。

1937 年 7 月 7 日，日军悍然发动全面侵华战争，沿津浦铁路南下。月底，北平沦陷，天津也遭到进犯。济南局势开始动荡，人心惶惶。先生未雨绸缪，着手整理馆藏，筹划文物迁移事宜。好友陈名豫归还此拓，正在此特殊时期。陈氏（1883—1966 年），字雪南，山东滕县人，历任山东省政府委员兼民政厅长、工商局长等，喜金石，擅书法，与先生相交。先生灯下展阅久别之物，有重逢之喜，于动荡时局中获得一份慰藉，不禁书跋述怀。不过所谓“此心安处是吾乡”，固然是一种豁达，但背后却透着无奈与民族的悲哀。

1947 年抗战胜利后，先生结束客居他乡的文物守护之旅。返济之前，取道北平，手术治疗脑重疾，身体受到极大创伤。此后 3 年一直居家调养，期间依然校读古籍碑帖，笔耕不辍，视作珍品的苏黄合册自然为案头常设之物。1950 年，先生连续三跋七佛偈残拓，追忆十几年前曾以吴宗慈新修《庐山志》校勘，但校勘记却在劫乱中丢失的憾事；论述龚自珍辩七佛偈真伪及幻、了二字讹误之事等。1953 年，先生偶得“苏斋”玉印。翁方纲曾因仰慕苏轼且藏有《天际乌云帖》手迹等珍贵藏品而以此自名。故先生戏钤于苏书《迎享送神诗》残拓，并自嘲与翁氏藏品相形见绌，贻笑大方。是拓亦身后捐献入馆。

五 跋清出水初拓本瘗鹤铭

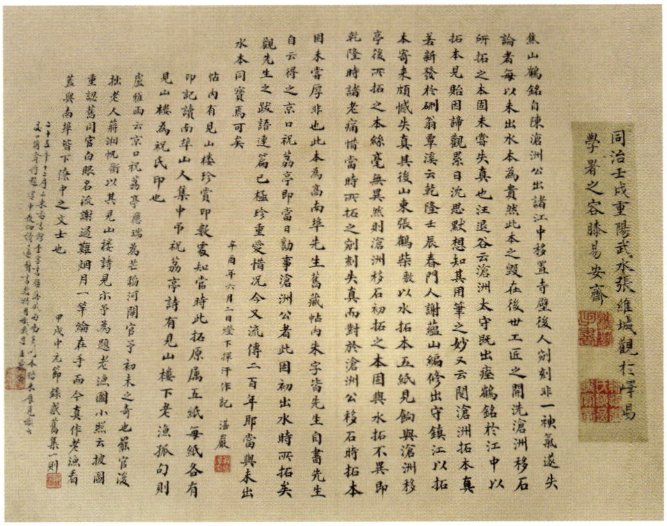

图五　跋清出水初拓本瘗鹤铭

二十五年十二月，山东图书馆奎虚书藏落成，与南阜临本借来展览识此，交口称赞。将归还，中夜细读一过，赘语用识岁月。王献唐。（钤“献唐审定”）

瘗鹤铭，原镌刻于江苏镇江焦山断崖，是一篇埋葬家鹤的祭文。是中国书法从隶书向楷书转变的产物，兼具隶书、楷书之美，在书法史上具有重要地位。因其不叙朝代，又以虚名"华阳真逸撰，上皇山樵正书"落款，故镌刻时间、撰者、书丹者皆不可考。中唐始见于著录，后遭雷击而支离破碎，崩落入江。宋人已开始打捞，如熙宁十六年（1189年）丹杨郡文学马子严游焦山，访此刻石，请州将张子彦发卒挽之，得二石。最著名的当属康熙五十一年（1712年），谪居镇江的陈鹏年趁秋冬水落之际，打捞残石五块90余字，置于焦山宝墨轩而传于今。

以陈氏打捞为界，拓本分水前拓、出水拓。趁枯水时节，残石露出水面时所拓的水前拓，为世所重，但数量稀少，传世有宋元间、早明、晚明等数本。最常见的是出水拓本，其又以初拓本最佳。是拓即出水初拓本，系高凤翰旧物。高氏（1683-1749年），号南阜等，山东胶州人，嗜砚工诗善画。中年以诸生荐官，知歙县、绩溪县等。乾隆二年（1737年）右手突发风痹症后，改用左手书，风格大变。同年，受两淮盐运使卢见曾案牵连，获罪去官，侨居扬州五年，与扬州画派诸君如郑板桥、金农等相投契，诗词唱和，联袂绘画。此拓正是乾隆四年（1739年）其游历江南时，曾协助陈氏打捞残石的祝应瑞所赠。高氏欣然提笔连题三跋，考辨瘗鹤铭，述赠拓之情。祝氏，字荔亭，江苏镇江人，任芒稻河闸官等末吏。高氏与之交好，并为其治印"雪鸿亭长"。

此拓流传有序，乾隆五十五年（1790年），顾文鉷鉴赏于济宁官署。嘉庆十六年（1811年），熊之垣续跋。同治元年（1862年），武水张维城于峄易学署题观款。另有何绍业、孔繁淇、张礼、聊城张海岳诸人印信。后辗转归日照庄恩泽（1884-1948年），其字湛岩，曾任职山东政法学院、教育厅等，喜收藏，与先生交好。1936年12月13日，省图新藏书楼奎虚书藏竣工。为庆祝这一盛事，先生精心筹备了临时展览——金石书画展。除倾馆藏外，又向庄氏在内的诸人借展。庄氏以周错金燕节、曹公子戈、新莽十布及此瘗鹤铭出水初拓本等襄助。事毕，先生书跋纪念。1951年，在先生的牵线下，其夫人丁德萱将所藏捐献省古文管会，是册在捐献之列。

初步统计，馆藏先生校勘手跋碑帖64种，金石拓本册26余种。拓本册中又有手辑《金契石友小谱》《寒金冷石文字》等多种，收录其多年搜集的金石墨蜕零种，随手考释者不下百余种。以上诸跋文字总数预估不下四万。这与收录近400种古籍题跋的《书跋辑存》两编相差不远，盖碑帖版本时常远比古籍版本复杂。据《王献唐金石学编著与题跋一览表》及《书跋辑存》两编，[10] 先生所跋90种拓本约占目前已知数量的7成，且自辑拓本册均在我馆。考虑到其他碑帖题跋仅有题写记录，但拓本不知归处，甚至亡佚的可能性，馆藏此宗文献尤显重要。纵观此批题跋，反映了先生对公藏的苦心经营，抗日战争中舍身守护的大义，辛勤严谨的治学态度，广泛的学术交游及以拓工优劣而非机械的以时代早晚定碑帖优劣的善本思想等，是其金石学研究中不可或缺的重要资料。本文所辑不过碧玉一角。

注 释

[1] 拓本㠱弗生甗、父辛卣、师奎父鼎铭文墨蜕装配错乱。

[2] 本文殷周器命名、现收藏单位均依据中国社科院考古研究编《殷周金文集成》，中华书局，2006年。

[3] 张书学、李勇慧：《王献唐年谱长编》，华东师范大学出版社，2017年，82页。

[4][5][6][8][9] 《长编》，145、541、552、153、514-516页。

[7] 慎五，即李慎五，名有典，山东青州人，善藏书。兄惜五、弟明五有同好，并称"益都李氏三兄弟"，皆与先生交好。

[10] 李勇慧：山东大学博士论文《王献唐研究》，2011年，437页。

木版中的情感表达与技艺传承

——以中国木版年画和浮世绘版画的比较为例

文/孙 芳[1] 山东博物馆

内容提要

制作过程相似的中国木版年画与日本浮世绘版画在今天都被看作是极具民族特色的艺术。两者的产生和发展在造纸术和雕版技术的成熟普及、社会新阶层的出现、创作主体、欣赏主体和消费主体的“草根性”等方面具有相似性。情感表达和技艺传承是两者不同之处的突出表现：中国木版年画溢于画面的喜悦和日本浮世绘无时不有的物哀在情感表达上对比鲜明；中国木版年画的生产和创造是以一种家庭式“写意”的风格来满足市场的数量需求，日本浮世绘版画的制作则展现出具有团队化“工笔”风格的严谨细致。

关键词

情感表达　技艺传承　木版年画　浮世绘　比较研究

中国木版年画和日本浮世绘这两种制作过程相似且极具民族特色的艺术，在各自的发展过程中都曾出现“墙里开花墙外香”的现象，即两种艺术的文化价值都是在得到本国以外人士的关注、研究和收藏后方才引起本国人士的重视。

每逢中国农历新年，中国人的庭院居室装饰着一张张形式多样、色彩鲜艳、形象生动的年画，营造出热闹喜庆的节日氛围，寄寓着民众祈福求祥的新年愿望，表达着民众质朴淳厚的审美情趣，成为新春的一道亮丽风景。中国地大物博，自然地貌多样，文化资质有别，各地风俗特点相异，木版年画产地作品的题材、体裁、构图、用色、风格和制作方式也因此而各有不同，呈现出绚丽多姿的面貌和鲜明的地域文化特色。比如，地近京畿之地的天津杨柳青，年画彩绘精妙，华贵富丽，格调不输都市文人绘画；江苏苏州桃花坞的年画细腻柔媚的特色鲜明；山东杨家埠、高密的年画乡土气息强烈。木版年画中最早出现的一个类别是门神，中国人的门神观念可以追溯到周代《礼记》记载的五祀，周人已经开始用“君释菜，礼门神”的方式祭祀门神。门户是一个区分我与他的界限。先民们在天人合一的观念影响下，想象出有门神在守卫自己的家宅平安。最初门神的形象是画在门上的，后来人们在门上悬挂写有门神名字的桃木板，以示趋吉避邪。王安石《元日》一诗中“总把新桃换旧符”依据中的“桃符”就是指这种写有门神名字的桃木板。中国木版年画始于唐宋，发展于明清，清代中后期达到鼎盛。在中国古代四大发明中，造纸术、印刷术和年画的发展关系最为密切。造纸术在汉代经蔡伦进行改进后，于隋唐时期开始在民间广泛使用。唐代，四川的雕版印刷水平就已经非常高超。雕版印刷术作为当时出现的一种新技术，价廉物美，最初主要用于“术数、字书、小学”等启蒙教材和平民所用书籍的刻印，后来被道士和佛教教徒大量用以刻印佛经和道教科仪书籍。宋代，坊市合一、宵禁取消和商业活动的日益兴起促使以都城东京汴梁的城市开始形成，市井阶层[2]壮大，在新年和节令的民俗活动中越来越有使用装饰性美术作品的需求和能力。此时，造纸术、雕版印刷术的成熟发展为这种新需求提供了技术支持。在雕版印刷技术的基础上发展起来的木版套印技术发展成熟后，木版年画开始进入千家万户，成为市井阶层生活中喜闻乐见的美术作品，打破了以往艺术为王官和文人阶层独享的局面，并且蓬勃发展，逐步向广阔的农村地区拓展，成为中国漫长农耕时代的一个文化符号。从这个意义上说，年画是一种传承千年的“文化遗产”。创作主体、欣赏主体和消费主体的“草根性”是贯穿木版年画发展过程的一个突出特点。中国木版年画的出现早于日本江户时代才开始发展起来的浮世绘版画。

浮世绘版画生动反映了日本江户时代（1603-1867年）德川幕府统治下的平民阶层的日常生活，尤其是新兴社会阶层——町人的生活常态和情感精神。浮世绘产生的物质基础是江户时代出版行业和手工业的快速发展。在浮世绘版画出现前，日本传统绘画和浮世绘“肉笔绘”（手绘浮世绘）的创作者都是受过专业训练的画家，使用的是绢、纸等在当时造价昂贵的材料，只有贵族和富人群体才能享用这种艺术。采用木刻版画方式制作后的浮世绘简便迅速，生产效率迅速提高，生产成本大大降低，平民阶层都能够进行消费，浮世绘成为第一种能被大众所共享的绘画种类。新兴的町人阶层不但是版画的创作者，而且还是版画的欣赏者和消费者，町人的生活常态和情感精神自然成为浮世绘版画的主要题材来源。作为一种草根艺术，浮世绘版画所具有的现实意识和生命关怀在历经时间考验之后展现出了独特的文化意义和美学价值，具有独特而持久的生命活力，并最终成为东方艺术的代表形式之一。

通过比较中国木版年画与浮世绘版画的产生和发展，可以发现两者相似性很多。首先，从生产技术来看，两者产生的前提都是雕版技术的成熟。明末清初，中国的雕版印刷术成熟之后，木版年画开始大量出现在普通民众的日常生活中；中国的雕版印刷术传入日本后日益被广泛运用，江户时代出版行业和造纸、雕版等手工业的迅速发展为浮世绘的产生提供了技术基础。其次，从社会背景来看，创作主体、欣赏主体和消费主体的“草根性”是贯穿木版年画发展过程的一个突出特点。中国木版年画在清代中期这一比较太平的时期发展达到鼎盛，而日本浮世绘诞生于历时200多年的幕府统治下的江户时代。政权及社会的稳定对这两种艺术的发展能产生极大的推动作用。再次，两者都是为满足新兴社会阶层需要应运而生，具有突出的“草根性”，农耕时代的年画艺人来自民间，熟悉农事生产，善于通过农民熟悉的形象画面，去表现他们对幸福美好生活的内心憧憬，既表达了他们对现实生活的观察、体会和期望，叙述着农民生活的场景和朴实的观念，也传承着民间生活和文化的传统；而在日本，浮世绘版画出现前，艺术创造和欣赏为上流贵族和武士所独享，浮世绘出现后艺术的服务对象才开始扩展到相对地位低下的市井町人，使町人——这一新型的市民阶层也有了欣赏艺术的机会。[3]

通过比较，还可以发现中国木版年画与浮世绘版画的不同，在情感表达和技艺传承两个方面表现突出：中国木版年画溢于画面的喜悦和日本浮世绘无时不有的物哀在情感表达上对比鲜明；中国木版年画的生产和创造是以一种家庭式“写意”的风格来满足市场的数量需求，日本浮世绘版画的制作则展现出具有团队化“工笔”风格的严谨细致。

一 情感表达：喜悦与物哀

中国木版年画与浮世绘版画所表达的情感基调一喜一哀，对比鲜明。

年画是中国年俗文化的一个标志性符号，它画出了普通百姓心目中的欢乐中国年，表达一种美好、祥和、平安的情感和愿望，在这样一种节日氛围下使用的中国木版年画表达的自然也是喜悦的情感。而日本的浮世绘作品，常常隐含着对现世的不满和无奈，因此其中多含有悲的情感，二者情感表达对比鲜明。

农耕时代，岁末年初的乡村年集上、城市街巷里，忙着采购年货的人们总会记得采买很多自家合心意的年画。贩卖年画的商贩，有的把画样全都铺摆在地上的苇席上，有的拉起一根麻绳后把画样逐一挂起，还有的用席子搭起个临时画棚，让人们细细挑选。即便年画种类如此多样，购买者挑选到满意的年画还是一件颇费心思的事情。财神、灶王、天地全神这些神像年画家家必买；老人特别喜爱《麻姑献寿》《金玉满堂》这类有个好彩头的画样；年轻夫妇偏爱《莲生贵子》《麒麟送子》一类的画样；家里孩子少或孩子体弱多病，一定会在不被人注意的屋门后面贴一幅《张仙射狗》，期望传说中得道的张仙能用弓箭把天上吃孩子的黑狗全部射死，以此保护自家孩子健康平安长大；场神、车马神、牛马王一类的年画贴在场院、车棚、牛棚马圈等处。民间贴年画的顺序也很讲究，一定要从外面靠街的大门往家里贴，俗信这样能使钱财往家门里流而不是往外流，所以首先要把威风凛凛的“武门神”贴在临街大门上，正菱形的“福字灯”贴在进门后的影壁墙中央，然后把“文门神”贴在院里的屋门上，“财神”挂在堂屋，“榴开百子”、“金玉满堂”贴在老人的房门上，“麒麟送子”等贴在年轻夫妇的房门上，“天女散花”等贴在未出嫁的姑娘房门上，“打猪鬼”贴在猪圈门上，武将“独座”门神贴在偏房单扇门上，“场神”贴在场院门上，“牛马平安”贴在牲口棚等等。热烈喜庆的年画美化了庭院、装饰了房间，同时也把家家户户的新年愿景、精神祈求直观地展示出来，营造出春节所独有的热烈、喜庆氛围，鼓舞着人们新年新生活的干劲。在辞旧迎新的特殊时刻，木版年画能充分地展示人们的生命理想与生活情感，画面中普通大众理想生活画面的亲切感和感染力就会油然而生，令看画人既能感染欢庆喜悦之情，又能得到一种精神慰藉，从而实现人与自然、人与社会、人与人在精神上的和谐共处。可以说，这种精神情感价值是中国木版年画最富有魅力的人文价值和内在传承动力。

日本的浮世绘的题材以表达现实生活为主，因此其创作的手法也具有突出的写实风格而且非常注重细节的真实表达，因此成为江户时代的代表性文化符号。江户时代结束后，社会的阶级组成改变，随着此时已传入日本的照相技术的流传，浮世绘写实的表现力受到照相技术的极大冲击，发展趋势急剧式微。

本居宣长是一位江户时代的学者。他把源自日本古代文学中“哀”的审美趣味归纳为“物哀”，一种由外物引发人的内心产生优美、哀愁的情感体验，是由自然和人生百态触发而引申的一种低沉悲愁的情绪。[4]“物哀”是一种日本独特的文化审美情趣，客观对象（物）与主观情感（哀）在主体对客体的审美感受中一致，外在客观的“物”与内在感情的“哀”相契合后油然而生的一种情感。“物哀”的美学精神对日本人的文化观和人生观都产生深刻影响，浮世绘的很多作品都传递着这种美学精神。著名的浮世绘画师歌川广重以风景画题材的浮世绘版画创作闻名。他擅长描绘以日本人的视角看到的日本式风景，经常把平凡的生活用诗化的意境进行渲染，准确突出地表达了对自然、气候以及色彩的细腻感受，唤起人们对故乡深深的乡愁和对传统生活的怀念，细致而又生动地反映出这一日本人独有的美学精神，因此得到“乡愁广重”的美誉。

二 技艺传承：家庭式“写意”与团队化“工笔”

木版年画艺人主要是生活在乡村的农民，因此他们的年画作品之中自然会把美好的理想愿望、丰富多彩的生活面貌以及对艺术的欣赏趣味用他们的理解和方式进行表达和展示。杨家埠的年画上往往会印有作坊的店号名。杨家埠历史上有名的画店有“公茂”“公泰”“公义”“恒足”“永和”“太和”“和兴德”“同顺堂”诸家。清末，仅一个永盛画店的作坊就能连成一片，因此有“永盛胡同”的旧称，可以想见杨家埠当年这种家庭式年画生产欣欣向荣的盛景。在杨家埠的带动下，附近的仓上村出现了二十多家年画店，周围一多个村庄也兴起了年画店，同样是采用这种家庭式经营的模式。入冬后，杨家埠村全村劳力几乎全部投入年画生产，来自附近十多个村庄 300 多个冬闲劳力来到杨家埠当印画工人以弥补人手不足。临近年关，杨家埠临街房屋被高密县及附近十多个村庄的画店争相租赁当铺面卖画。每年秋冬两季，杨家埠吸引着各地画商、小贩蜂拥而至，最多时一冬来往的商贩达 5000 人左右。另外，杨家埠人还到徐州、滕县、高密、鱼台等地开设画店、画庄（“东大顺”就是杨家埠人在东北设立的画庄），在当地组织生产和销售，促进了各地年画业的发展。杨家埠年画年产量鼎盛时高达 5000 万份，不仅在本省销售，还远销到东北、河北、山西、河南、江苏、安徽等地，发展成为全国闻名的主要年画产地。他们的年画产品种类极其丰富，销售辐射范围极广，每年的产销量惊人。

木版套色印刷年画是中国木版年画中最常用的一种印制方法，主要有绘稿、刻版、印刷等几道工艺。木版年画艺人用柳枝木炭条、香灰勾描年画草样，名为“朽稿”，在此基础上不断修改、调整后完成正式线稿，将线稿反贴在梨木板上进行雕刻，分别完成线版和色版的雕刻后进行手工印刷。年画采用木版套印完成后，艺人有时会在人物面部等处手工简单补点上各种颜色，使年画中的人物更加自然生动。有经验的艺人刻出的年画线版线条深度恰到好处，既耐用又清晰。一张年画设计了几种颜色便做几块相应的色版。线版和色版刻好后，一套完整的年画版便可以进行批量印制生产了。木版年画的印刷有一套独特的工具和操作方法。印年画用是一种类似桌子、中间有槽口、槽口一边有夹杆的长方型工作台，叫“案子”；蘸颜色用的圆头棕刷叫“把子”；将纸压平以便使纸与画版更好地贴合的棕制平板擦叫“趟子”。印年画时先将厚厚的一摞纸（200 张左右）固定在案子上的夹杆里，用把子将一种颜色均匀地涂在版上，揭起一张纸平铺在版上，用趟子趟实，就这样先印线版，再印色版，晾干后便可上市销售了。综上可知，绘、刻、印等木版年画制作过程中的每一道工序都是在家庭式作坊里完成的，印制年画的工具主要是就地取材、价格便宜的鬃蘸、鬃刷等，印刷过程中色版的对齐完全依赖平日积累的目测、摸版、对版经验和逐张试验，往往是一摞纸固定好后依次先印线版、后逐一套印色版，生产效率极高，一名熟练的印画工人一天 8 小时能印 400 张小画或 200 张大画[5]，有时难免见到错版印刷的情况[6]。每年春节前，各地采买年画的商贩云集杨家埠村，看样订货，并住在艺人家中，待所定年画生产完毕并达到他们的要求后才满意而去；并且，第二年，往往还到同一家艺人家中采买，双方发展成长期的合作关系。为了应对这种时间紧、数量大的生产需求，在木版年画的生产中，家庭式“写意”的技艺传承特点是显而易见的。

日本浮世绘的生产则是在出版商（版元）[7]的资助下，由绘师、雕刻师、印刷师组成团队，分工明确、各尽所能、通力合作而完成的。在今天能看到的很多浮世绘作品上只有绘师的姓名，看不到雕刻师和印刷师的姓名，但他们的作用也是不可或缺的。我们在一件优秀的浮世绘作品中看到的精细线条的头发、睫毛等细节和丰富的纹样图案，显示了雕刻师精湛的技艺；多变而丰富的肌理处理显示了印刷师追求的精益求精的工作精神；版元的出资和销售让浮世绘作品进入市场，进入千家万户。可以说，浮世绘作品成功走向市场，并为世界所认识离不开整个浮世绘创作团队的通力合作。

版元根据市场需要制定绘制要求，并根据熟悉的绘师的造型能力、线条的表现、颜色的搭配挑选经过专门艺术训练、创作风格与绘制要求相符的绘师进行绘制。绘师完成绘稿后，还要根据版元的要求进行多次修改，直至版元满意才能交给雕刻师。雕刻师将画稿反向贴在木板表面后，按照画稿的线条和用笔进行雕刻，有时也会根据自己的经验增加雕刻细节。印制过程中印刷师的娴熟技术对浮世绘作品的完美程度同样至关重要。工欲善其事必先利其器，印刷师使用的蘸色、刷色、印色的工具各不相同：蘸色用小笔，刷色用大棕刷，印色用马莲；与中国木版年画一块版印几百张画的印制过程不同，浮世绘版画的印制过程是一张纸印整套几块甚至十几块画版、每一张都需要单独对版印刷的，版面边上的见当[8]能帮助印刷师更准确地找好位置，加上日本手艺人一贯秉持的“工匠精神”，印刷中绝不允许出现中国木版年画中的错版情况。而且，只有经过当时政府检验合格后的浮世绘版画才能进入市场，印错位的年画无法通过这项严格检查。浮世绘的绘师队伍分别属于风格迥异的不同流派，比较出名的有歌川派、鸟居派、怀月堂派、宫川派等等。绘师的每一个流派内部和雕刻师、印刷师都是通过师徒关系传承和发展自己掌握的技艺，展现出具有团队化“工笔”风格的严谨细致。

整体来看，家庭式“写意”与团队化“工笔”两种完全不同的技艺传承特点使两种艺术形式呈现出不同的风格：中国的木版年画风格朴实粗放，日本的浮世绘工整精细，两种民族艺术形式的表现和技艺传承特点有许多可以相互借鉴之处，可以相互学习，相互促进，共同发展。

总之，通过对中国的木版年画与日本的浮世绘版画进行比较，有助于找到对两种民族艺术形式保护开发更有效的方法。而且，两种艺术形式的比较属于跨文化、跨民族、跨国域的文化比较，有助于加强两个国家民间文化的交流与发展。

参考文献和注释

[1] 孙芳（1975,5-），女，现供职山东博物馆书画部、馆员、民俗学专业硕士，主要研究方向为民俗文物的研究。

[2] 主要指生活在城镇里的中下层普通民众，他们大多是商人和手工业者，即士、农、工、商“四民”中的“工”和“商”。

[3] 德川时代社会实行士、农、工、商的身份等级制度。其中，武士约占全国总人口的 6.6%，拥有很多特权，可以担任官职、受领俸禄，属于统治阶层；农民占全国人口的 80%以上，必须向领主缴纳地租，是社会的基本经济单位；町人是工商业阶层，占总人口的比例大约是 5%-6%，集中居住于城下町，专门从事工商业活动，位于四民之末，是专为领主阶层服务的附庸。

[4] 参阅潘力：《静寂哀婉的“乡愁”——论浮世绘风景画师歌川广重》，《美术》，2010年9月，126页。

[5] 据杨家埠万盛画店传承人王美玲介绍所知。她还介绍说：小画宽约34厘米，高约46厘米；大画宽约46厘米，高约68厘米。

[6] 印刷时色版的位置没有完全对齐会形成一定的错位，出现间色，有时反倒增加了画面的色彩种类，起到了丰富画面的作用。

[7] 例如，茑屋重三郎是日本江户时代中后期的著名出版商，喜多川歌磨、东洲斋写乐、葛饰北斋等有名的画师都与他合作并创作出大量浮世绘精品。

[8] 浮世绘作品上用刻刀刻出的印刷时固定画稿的标记叫“见当”。

我国古代对海市蜃楼的认识与探索

文/刘勇 焦猛 刘立群 周浩然 山东博物馆

内容提要

海市蜃楼是一种大气光学现象，自古以来，常在我国各地出现。古人曾多方面记录了这一神秘的自然景象，并努力探索其奥秘，作出了具有一定科学价值的解释。本文较全面地搜集、整理了我国历史文献中有关海市蜃楼的史料，在早期记录、详细描述、初步总结和成因探讨等几个方面做了介绍，并运用现代气象学原理，对古人所记载的蜃景和见解进行了评述。

关键词

海市蜃楼　古代史料　成因探索

海市蜃楼，简称海市，对其成因科学界早已做出科学的解释。当光线穿过密度不同的大气层而发生折射、甚至全反射时，远处的景物就在空中或地面形成虚像，从而造成奇异幻景。如具大气条件也满足声音的折射或全反射时，还能听到声响。这种现象常发生在海边或沙漠地带。发生在海边的为上现蜃景，即在空中形成正立的幻景；发生在沙漠地带为下现蜃景，即在地面形成倒立的幻景。高空微风气流，时刻改变大气层疏密程度，造成蜃景漂浮不定、变幻莫测，或立即消失[1]。

一　苏轼亲眼见到海市蜃楼了吗

我国古代描写海市蜃楼的文学作品，最著名的当属苏轼的《登州海市》：

东方云海空复空，群仙出没空明中。
荡摇浮世生万象，岂有贝阙藏珠宫。
心知所见皆幻影，敢以耳目烦神工。
岁寒水冷天地闭，为我起蛰鞭鱼龙。
重楼翠阜出霜晓，异事惊倒百岁翁。
人间所得容力取，世外无物谁为雄。
率然有请不我拒，信我人厄非天穷。
潮阳太守南迁归，喜见石廪堆祝融。
自言正直动山鬼，岂知造物哀龙钟。
伸眉一笑岂易得，神之报汝亦已丰。
斜阳万里孤鸟没，但见碧海磨青铜。
新诗绮语亦安用，相与变灭随东风。

诗前有一段序文：“予闻登州海市旧矣。父老云：‘常见于春夏，今岁晚不复见矣。’予到官五日而去，以不见为恨，祷于海神广德王之庙，明日见焉，乃作此诗。”宋元丰八年（1085 年）六月，苏轼赴登州任职，十月十五日到达。十月二十日，朝廷召苏轼还京。苏轼任职时，海市出现的时令已过，为了看到海市，他专程去龙王庙祈祷。不料，第二天果真看到海市，深信是神迹，“异事惊倒百岁翁”。

此诗一出，争议即起。有人怀疑苏轼并未见到海市蜃楼，诗作仅是出于自己的想象，甚至讽之为信笔画鬼。

大文豪苏轼真的说谎了吗？我们暂缓议论，不妨先梳理一下我国古代对海市蜃楼认识探索的历程。

二 早期记录

在我国历史上关于海市蜃楼的记载屡见不鲜。大概从先秦至明清时期西方科学传入中国之前，其观察记录持续了几千年。

海市蜃楼在中国古代有不少名称，最常见的是海市、蜃气、蜃市。唐徐坚称之为“蜃楼”（《初学记》卷六）；晋木华称之为“蛟室”（《海赋》：天琛水怪，鲛人之室）；明方以智称之为“山市”（《物理小识》卷二·海市山市：泰山之市因雾而成，或月一见，尝于雾中见城阙旌旗，弦吹之声，最为奇。）；清钱泳称之为“湖市”（《履园丛话》：高邮州西门外尝有湖市）等。

最早明确记述海市蜃楼的古代文献通常认为是《史记·天官书》，上面记载：“海旁蜃气象楼台，广野气成宫阙然。”比《史记》成书更早的《周礼·春官》记载了名为“眡祲”的官职，“眡祲掌十煇之法，以观妖祥，辨吉凶。一曰祲、二曰象、三曰鑴、四曰监、五曰闇、六曰瞢、七曰弥、八曰叙、九曰隮、十曰想。”东汉郑司农注：“煇，谓日光气也”。“想，杂气有似可形想。”唐贾公彦疏：“想者，以其云气杂，有所象似，故可形想。”李约瑟在《中国科学技术史》中将“想”解释为“想象中的云的形状。”

王鹏飞先生于1978年将“想”解释为“由于大气折射或电离复合作用而能导致浮想联翩的光象”，并指出这种光象包括海市蜃楼[2]。如果这种说法符合书中原意的话，那么我国古代关于海市蜃楼现象的记载可以追溯到西周时期，并且那时已有官员负责对海市蜃楼等大气光象进行观察和记载了。

另外，《山海经·海内北经》记载“大人之市在海中”；《山海经·大荒东经》记载“东海之外，大荒之中，有山名曰大言，日月所出。有波谷山者，有大人之国。有大人之市，名曰大人之堂。”明杨慎和清郝懿行为《山海经》做注，均将之解释为登州海市。

三 详细描述

海市蜃楼朦胧绮丽美如仙境，极大地吸引着古人对它赞美和描绘。这种描绘有时不免和古代传说的三神山中的蓬莱仙山附会在一起，但不管怎样却是十分生动、形象地记述了海市蜃楼的形态及其变化。

《唐国史补》是李肇所著的一部史书，记载了唐开元至长庆年间（公元713-824年）的史事，上有记载“海上居人，时见飞楼如缔构之状甚壮丽者。太原以北，晨行则烟霭之中，睹城阙状如女墙雉堞者，皆《天官书》所谓蜃也。”

北宋沈括在《梦溪笔谈》中也有相关记载：“登州海中时有云气、如宫室、台观、城墙、人物、车马、冠盖，历历可见。”唐、宋时登州，其辖境相当今山东蓬莱、龙口、栖霞、海阳以东之地，治所即蓬莱。“登州海中”指蓬莱以北庙岛群岛海域，即今烟台市长岛县海域。蓬莱市自古以来为观赏海市蜃楼之地。蓬莱原为山名，古代方士传说为仙人所居住的三座神山之一。（《史记·秦始皇本纪》：海中有三神山，名曰蓬莱、方丈、瀛洲，仙人居之。）相传，汉武帝于今蓬莱之地，望海中蓬莱山，因而筑城以为名。由此可见，古代蓬莱仙境的传说与登州海域时而显现的海市蜃楼有密切的关系。《履园丛话》中记载了清王仲瞿对此的看法：“始皇使徐福入海求神仙，终无有验。而汉武帝亦蹈前辙，真不可解。此二君者，皆聪明绝世之人，胡乃为此捕风捉影，疑鬼疑神之事耶？后游于山东蓬莱，见海市，始恍然曰：秦皇、汉武俱为所惑者，乃此耳。”

南宋末期著名爱国诗人林景熙的《蜃说》，对海市蜃楼的全过程进行了生动的描述，全文如下：

> 尝读《汉·天文志》，载“海旁蜃气象楼台”，初未之信。
>
> 庚寅季春，予避寇海滨。一日饭午，家僮走报怪事，曰：“海中忽涌数山，皆昔未尝有。父老观以为甚异。”予骇而出。会颍川主人走使邀予。既至，相携登聚远楼东望。第见沧溟浩渺中，矗如奇峰，联如叠巘，列如崪岫，隐见不常。移时，城郭台榭，骤变欻起，如众大之区，数十万家，鱼鳞相比，中有浮图老子之宫，三门嵯峨，钟鼓楼翼其左右，檐牙历历，极公输巧不能过。又移时，或立如人，或散若兽，或列若旌旗之饰，瓮盎之器，诡异万千。日近晡，冉冉漫灭。向之有者安在？而海自若也。《笔谈》记登州“海市”事，往往类此，予因是始信。
>
> 噫嘻！秦之阿房，楚之章华，魏之铜雀，陈之临春、结绮，突兀凌云者何限，远去代迁，荡为焦土，化为浮埃，是亦一蜃也。何暇蜃之异哉！

《蜃说》主要记叙作者在某日中午至黄昏意外所见的海市蜃楼，从“海中忽涌数山”到一切幻景“冉冉漫灭”的全过程，着意其生灭无常、荣枯莫测的情境。海市时而像奇峰重峦，连绵不断；时而又化作鳞次栉比的城郭楼台和寺庙飞搪，时而又变为人物走兽、旌旗、器皿之状。最后，全部归于烟消云散，大海依然如故。文末笔锋一转，作者从海市的壮观和幻灭，联想到曾经烜赫一时的“阿房”“章华”“铜雀”“临春”“结绮”等宫殿楼台以及它们主人的历史悲剧，无限的感慨油然而生。所有这一切终究还是逃脱不了化为焦土尘埃的结局。它们好景不长的结局与海市蜃楼其实没有什么两样。作者看似在述异，实际上却是借此抒发忠贞爱国之士在国家破亡之后悲愤交集的复杂感情。

明末方以智在《物理小识》中转载了别人所见的海市蜃楼，也是十分形象生动的。

“每春秋之际，天色微阴，则见顷刻变幻。鹿征亲见之，岛下先涌白气，状如奔潮，河亭水榭应目而具，可百余间。文窗雕阑无相类者。又一次则中岛化为莲座，左岛立竿悬幡，右岛化为平台。稍焉，三岛连为城堞而幡为赤炽。睢阳袁可立为抚军时，饮楼上，忽艨艟数十扬幡来，各立介士，甲光曜目，朱旆蔽天，相顾错愕。急罢酒，料理城守，而船将抵岸，忽然不见，乃知是海市。”

文中记载了明袁可立错将海市蜃楼当成敌兵来犯，匆忙迎敌的乌龙事件。不过，袁可立这位明末的抗金名将确实在登州见到海市蜃楼，遂诗兴大发，写下了名篇《观海市》。

四 初步总结

随着登州海市日益出名，古时人们为了能如愿以偿观赏到海市，对海市发生的时间、地点和条件进行了一定的总结。

《本草纲目》卷四十六介部车螯条中引载唐中药学家陈藏器，指出“车螯生海中，是大蛤，即蜃也。能吐气为楼台。春夏依约岛溆，常有此气。”虽然他将海市蜃楼理解为大蛤吐出的蜃气幻化而成，但是也明确指出其常出现的季节为春夏两季。另，鳞部蜃条中指出海市“将雨即见”。

元杨瑀在《观海市记》中对海市蜃楼做了一次非常详细的描述，不仅确切地叙述登州海市出现的季节，而且叙述了其出现的气象条件，并提出海市蜃楼与风速的关系。文中对蜃景变幻情境描写生动，虽然并未对海市成因进行探讨，但仍然是我国古代有关海市蜃楼现象及其变化的最详细生动的记载。原文较长，仅节选首段如下：

> 丁亥孟夏二十二日，余钦奉上命，始至蓬莱。越二日侵晨，谒文庙毕，与都阃袁公同登蓬莱阁。召守阁之士，问其海市，则曰：“春夏见，秋冬少见；大雾之后天晴见，天阴不见；微风见，无风不见，大风不见。风微急，其见也速而巧；风微缓，其见也迟而拙。”余谓海市有时，难以必见，遂纵观海港，将启行焉。

清康熙《登州府志》则明确指出海市发生于“春夏之交”。清初文学家王士祯《香祖笔记》中指出登州海市“见于四五月”。

在海市季节看到海市也是不容易的，也要有一定的气象条件。清康熙《登州府志》指出：“海市常以春夏晴和之时，杲日初升，东风微作，云脚齐敷于海岛之上，海市必现。”

五 成因探讨

海市蜃楼在我国古代主要在海中见到，并且海市前，首先见到海绵雾气上涌，云脚齐敷海上，所以古代普遍称海市蜃楼为蜃气，即海中动物——蜃吐出的气幻化而成。蜃在古代有两种解释。大多数认为是大蛤。《礼记·月令》：“雉入大水为蜃”注：“大蛤曰蜃。”《国语·晋语》也有类似说法：“雉入于淮为蜃”，注：“小曰蛤，大曰蜃。皆介物，蚌类”，这就明确指出蜃是蚌类。宋罗愿《尔雅翼》也采用上述古老的说法。也有人认为蜃是海底蛟龙。《梦溪笔谈》记载，当时有人认为登州海市是“蛟蜃之气所为”。《本草纲目》载：“蜃，蛟之属。其状亦似蛇而大，有角如龙状，红鬣腰以下鳞尽逆，食燕子。能吁气成楼台、城郭之状，将雨即见，名蜃楼，亦曰海市。”

古代关于海市蜃楼是蛟蜃之气所为的说法显然是不对的。但认为海市蜃楼成因与水汽有关，却是符合本质的认识。虽然古代很长时期认为海市蜃楼为大蛤或蛟所吐之气形成，但却清楚地指出海市蜃楼并非真实的“亍”和“楼”，只是形状相似而已。前面提到的《史记·天官书》和《汉书·天文志》均提到：“海旁蜃气象楼台”，用了“象”字。《梦溪笔谈》中：“登州海中时有云气、如宫室、台观……”，用了“如”字。《本草纲目》：“蜃，蛟之属……能吁气成楼台、城郭之状”，用了“状”字。这里的“象”、“如”和“状”字用得很正确，说明古人很清楚海市蜃楼仅是一种光象、一种幻景而已。因此，古代就有以海市蜃楼来比喻虚幻不足恃的事情。如《隋唐遗事》：“张昌仪恃宠，请托如市。李湛曰：此海市蜃楼比耳，岂长久耶？”苏东坡《登州海市》诗中“岂有贝阙藏珠宫”“心知所见皆幻影”等句，这也公开表示自己对海市蜃楼真实性的怀疑，更具体指出海市蜃楼是一种幻景而已。同时代的沈括又比苏东坡的看法更进一步，他不仅认为海市蜃楼是幻景，而且进一步指出：登州海市“谓之海市，或曰蛟蜃之气所为，疑不然也。”沈括、苏东坡大胆的怀疑在改变对海市的认识上起到了重要作用。他们突破了传统的神秘观点，开始引导人们用大气本身的变化及其引起的光象来解释海市蜃楼的成因。

明陆荣提出“气映”说，他在《菽园杂记》中指出“古名登州海市，谓之神物幻化，岂亦山川灵淑之气致然邪？观此，则所谓楼台，所谓海市，大抵山川之气掩映日光而成。固非蜃气，亦非神物，东坡之祷，盖偶然耳。”陆荣否认蜃景为蜃气和神物，认为是日光照射，将他处的景物呈现在观测者眼中。值得注意的是，如果将“山川之气”理解为空气，那么陆荣道出了海市蜃楼形成的两个必要条件：空气和阳光，并且他进一步猜测空气和阳光之间的作用是“掩映”。如果将“掩映”理解为“遮掩”和“反射”日光的话，陆荣实际上已经走在了科学解释的正确道路上。

明郎瑛对海市蜃楼也进行了解释。他在《七类修稿》中记载，“登州海市，世以为怪，不知有可格之理。第人碍于闻见之不广，故于理有难穷。观其所见之地有常，而所见之物亦有常，又独见于春夏之时，是可知也。”明确说出海市蜃楼是一种常发生于春夏之际的现实现象，并无神秘之处。“春夏之时，地气发生，则于水下积久之物而不散者，薰蒸以呈其象也。故秋冬寂然，无烟无雾之时，又不然矣。观今所图海市之形，不过城郭山林而已，岂有怪异也耶？”接下来又介绍了陕西、淞江、广西三处的海市蜃楼情况。“陕西郊野，忽日起烟雾，渐有人物车骑之形。又闻淞江春雾时，亦忽有树木屋舍之形。广西象州山中，雨后遍有象状。岂三方所见，亦鬼怪也耶？”郎瑛对此作了解释。“盖陕乃古今战场，人马所丧，不知其几；象州山中乃山象之地，死象亦不知其几。或久积骸于地，或新结气空中，遇天地絪缊，则随气以见。又安知淞江非古山林屋舍之所耶？若战场中夜时有磷、有声，亦积气之所至耳，何足为怪！”

郎瑛不仅从海市蜃楼产生的季节、地点、蜃景内容来说明海市蜃楼并非鬼怪所为，并且说明海市成因并非不可知，而是有其规律性，可以探索明白的。郎瑛提出天地之间，地气不散，上下不同的气互相交汇形成蜃景，这是正确的。现在一般也认为由于有下冷上热的空气逆温层存在，下层空气较密较稳定，使光线折射，造成海市蜃楼。

之后不久，陈霆对海市蜃楼又有进一步的科学解释。在《两山墨谈》中介绍了安丰塘的海市蜃楼，指出“然城郭人马之状疑塘水浩漫时，为阳焰与地气蒸郁，偶而变幻。而见者，寡知识遂妄云已耳！”陈霆的解释与郎瑛相似，但更强调了上下是不同的空气层，上层是大面积湖水的蒸汽（即阳焰），下层是潮湿的地气。彼此互相作用变幻，才形成蜃景。郎瑛和陈霆均提出大气层垂直方向上的不均匀性。陈霆相较郎瑛，更进一步提出太阳光的作用。尽管二人均没有谈及更具体的形成机理，但在科学解释海市蜃楼的历程上前进了一大步。

明末清初著名思想家、科学家方以智在《物理小识》中强调“海市或以为蜃气，非也。”其明确认为海市蜃楼既非仙山琼阁，也非蜃气所致。书中又载：“燕、赵、齐、鲁之郊，春夏间，野望旷远处，如江河，白水荡漾，近之则不复见。土人称为阳炎。盖真火之气，望日上腾，而为湿润之水土所郁留，摇飏重蒸，故远见其动。莽苍之色得气而凝厚，故又见其一片浩然，如江河之流也。……晋苻坚载记曰，建元十七年，长安有水影，远观若水，视地则见，人至则止，亦谓之地镜。陆友仁曰，宋宝祐六年四月，常州晋陵之黄泥岸亦有此异相，传呼为旱浪。愚者曰，日中野马飞星烨然者，阳炎之端也，奇者为水影、旱浪。”

根据方以智记载，人们曾将海市蜃楼或称之为“水影”、“地镜”“旱浪”，这都是内陆见到的下现蜃景；或称之为“山市”、“海市”，这是上现蜃景。方以智对此解释道：“实则凡光生炎，炎自属阳。凡光似镜，镜能吸影，光与光吸，常他处之影于此处。云分衢路，日射回薄，其气平者为阳炎、旱浪，其气厚者为山市、海市矣。”

在方以智看来，光本身就像镜一样，能照物成影。加之“云分衢路”，而太阳光在这些类似街道的通路来回照射，于是，某处大地阁楼之影或成于空中，或成于远处地面，从而造成海市蜃楼。

由此可见，方以智不仅进一步发展了郎瑛、陈霆的上下气层不同和太阳光的作用原理，而且又进一步指出海市蜃楼和较常见的阳炎、水影、旱浪有着相同的成因，只是大气层厚薄有所不同而已。

明末清初军事理论家、天文学家，方以智的学生揭暄进一步阐明了方以智的观点。揭暄注《物理小识》时，指出：“气映物而见。雾气自涌，即水气上升者，水能照物。故其气清明上升者，亦能照物。气变幻则所照之形亦变幻，……地上人物，空中无时不有，特气聚则显耳，故不论山海都地悉得见之。”

1853 年，英国传教士艾约瑟（Joseph Edkins）和张福禧合译《光论》一书，系统地向中国介绍了近代西方光学知识，大气折射的科学道理和蜃景的科学成因方为中国人所知骁。

六 苏轼真的见到了海市蜃楼

梳理完我国古代对海市蜃楼现象的认识和探索，那么，我们前文提到的苏轼真的在冬季看到海市蜃楼了吗？

我们认为，一代文豪苏轼并没有说谎，而是真真切切地亲眼看到了海市蜃楼。

我国渤海湾、黄海和东海，冬季有寒流经过，到了春夏之交，陆地已较炎热，而海水仍然寒凉，所以只要有暖空气流到蓬莱北方的海面上时，接近海面的地层空气受冷水面的影响，温度就比上层空气低，出现了逆温现象。下层空气密度大于上层，加上地层无风或风力微弱的气象条件，于是蓬莱北方海面上就容易出现海市蜃楼现象。

虽然冬季渤海湾天气寒冷，海水凉寒，不利于海市蜃楼现象的出现。但是，冬季遇有暖湿空气平流到渤海湾和庙岛群岛一带时，大气层变成下冷上暖，也会有利于出现海市蜃楼现象。

今人王鹏飞先生为此做了深入地研究，通过对苏轼诗作、后人在冬季见到海市蜃楼的事例以及美国探险队在北极观测到海市蜃楼事例的分析，并运用现代大气光学原理深入地解析了登州秋冬可见海市的机理，从而彻底澄清了一些认为东坡秋冬间在登州见海市是东坡向壁虚构聊以自慰的不实之词[3-4]。

参考文献

[1] 戴念祖：《中国科学技术史》物理学卷，科学出版社，2016年，258页。
[2] 王鹏飞：《中国古代气象上的主要成就》，《南京气象学院学报》，1978年1期，141-151页。
[3] 王鹏飞：《水寒地冻不会出现海市吗？——东坡〈登州海市〉诗误解的澄清（Ⅰ）》，《山东气象》，2001年1期，5-7页。
[4] 王鹏飞：《水寒地冻不会出现海市吗？——东坡〈登州海市〉诗误解的澄清（Ⅱ）》，《山东气象》，2001年2期，1-3页。

济南战役两三事

——济南市博物馆馆藏革命文物介绍

文／李寅初　济南市博物馆

内容提要

济南市博物馆收藏济南战役革命文物2000余件，本文介绍了其中5件红色文物及其背后的故事，分别是登城第三名英雄滕元兴战前写的“决心书”，支前民工唐和恩手刻小竹竿，军用黄挎包，“打进济南府 活捉王耀武”的红旗，吴化文一级解放勋章。

关键词

红色文物　济南战役　革命故事　不忘历史

济南——这片充满红色记忆的大地，位于津浦、胶济两交会点，北依黄河、南倚泰山，地势险要、易守难攻，是蒋介石赖以支撑华北战局的战略咽喉，战略地位至关重要。1948 年，在解放战争进入第三年之际，国共双方力量发生了巨大转变，人民解放军由 127 万增至 280 万人，而国民党军力则由 430 万缩减至 365 万人，能够一线作战的兵力仅 174 万人，决战一触即发。按照中央军委“攻济打援”的作战部署，华东野战军以 14 万人组成攻城集团，18 万人组成阻援打援集团，于 9 月 16 日经历八天八夜的艰苦奋战，济南战役取得决定性胜利。

一　滕元兴手书“请战书”

这张“决心书”，长 12.5 厘米，宽 11.5 厘米，白纸已陈旧变黄，但仍保存完好，上面的血指印也变得乌黑了，但字迹却清清楚楚。内容为：“连长、指导员：我要求完成最艰苦的任务，轻伤不下火线，重伤不哭叫，打下济南为山东人民报仇，争取立功。战士滕元兴 民国三十七年九月四日”。

攻打济南内城东南角激战开始后，担任主攻的“常胜连”9 纵 73 团三营七连三次突击受阻。连长肖锡谦和指导员彭超接到兵团继续攻城命令后，决定不等炮火延伸就运动到城墙根并架好云梯，炮火一延伸，立即登城。1948 年 9 月 24 日凌晨 1 时 33 分，第四次突击开始。二班长李永江率领全班首先进行突击，他第一个爬上 10 米高的云梯顶端，发现云梯不够长，离城头还有半人多高。他毫不迟疑地把冲锋枪往脖子上一挂，两腿用力一蹬跃上城墙，成为登上济南内城城墙的第一人。这时，攻城部队的炮火向前延伸，守城的国民党兵号叫着冲过来，妄图夺回突破口，李永江一梭子子弹打过去，敌人倒下一片，其余的都退了回去。李永江趁机闪到气象台东北角的一段矮墙后，左右开弓，打退了想炸云梯的国民党兵。

这时，战士于洪铎、滕元兴和机枪兵王会先后登上城头。李永江就指挥于洪铎和滕元兴向西打，命令王会守住正面，自己向北打去。国民党兵凭借高居城角的制高点，企图顽抗。于洪铎机警地用四川口音问：哪个部分的？对方答：“15 旅的”。于洪铎弄清敌情后，机智地占领了气象台，十几个国民党兵乖乖做了俘虏。就在这个当口，一个国民党兵从门里端着轻机枪冲了出来，于洪铎红了眼，飞步跃上去抓住了机枪，两个人争夺了起来，炽热的机枪筒烫得手都失去了知觉，准星划破了于洪铎的手心，但他毫不在乎，腾元兴从后面一枪托砸死了这个敌人。

接着，后续部队上来，击退了敌人多次反扑，把写着“打下济南府 活捉王耀武”

的大旗插上了城头制高点——气象台。据悉，17 岁的滕元兴在之前的动员会上就火线入党，咬破手指写下血书，要求完成最艰苦的任务，打下济南。不幸的是，在入城巷战中，滕元兴壮烈牺牲，后被追立一等功。

73 团三营七连发扬高度的革命英雄主义精神，为攻城部队打开了前进道路，对整个攻城战斗起了决定作用，因战功卓越，纵队授予七连“济南英雄连”称号。全连涌现了著名战斗英雄刘奎基、辛殿良、李永江、于洪铎等 12 名英雄模范。他们所在的 9 纵 73 团经中央军委批准，被命名为“济南第一团”。

二 唐和恩刻字竹竿

1978 年山东莱阳西陡山大队前支部书记唐和恩给济南市博物馆捐赠了几件他自己参加济南战役支前民工所用的物件，其中包括，60 年代唐和恩亲手复刻的一根“小竹竿”，长 116.5 厘米，通径 3 厘米。 唐和恩 (1911—1992 年) 山东莱阳人。1947 年 2 月加入中国共产党。随军转战山东、河南、江苏、安徽 4 省 75 个城镇乡村，行程 4000 多公里，先后参与了济南战役、徐州战役和淮海战役支前工作。他和队员们为完成部队物资的运送任务，战胜种种艰难险阻，千方百计地节省粮食，自己吃红高粱、红萝卜、红辣椒，省下小米、白面给子弟兵。风餐露宿，昼夜兼程。遇上阴雨天气，就把自己的蓑衣、棉衣脱下来，盖在车上，宁愿自己受淋挨冻，也不让军需物资受半点损失。为躲避敌机空袭，想方设法隐蔽粮车，带头下河破冰涉水，及时把粮食、弹药送到战士身边。唐和恩从家乡启程时，随身携带了一根 1 米多长的小竹竿，以备路上休息支车和夜间行走使用，为了将支前行动留作纪念，他利用中途休息间隙，把走过的乡镇村地名，用小刀密密麻麻地刻到小竹竿上，打算以后把他传给自己的儿孙，让后代牢记老一辈艰辛的革命历程。

淮海战役胜利后，唐和恩立特等功，被授予“华东支前英雄”称号。他带领的运输队也人人立功，被评为“华东支前模范队”，同时荣获“华东支前先锋”锦旗一面。

三 黄挎包的故事

13 纵某部三营七连经过浴血奋战，打到了趵突泉东南城外。上级命令他们就地隐蔽休息，准备晚上总攻内城。在战斗空隙，战士们是多么想吸口烟，解除一下疲劳啊。可是，大家摸摸衣袋，一点烟叶也没有了。这时，刚刚补充到连里的新解放战士小赵悄悄走开了。不一会儿，只见他兜着一些东西跑了回来，笑呵呵地说：“副班长，有烟吸了。”说着丢给每个人一包烟，还有一些糖果、饼干。大家一看就知道他违反纪律了，就不约而同地把香烟等物品还给他。

副班长郝春耀沉思了一下，就从这个黄挎包里拿出了《约法七章》，对小赵说：“咱们是人民解放军，要严守三大纪律八项注意，不能拿人民的任何东西。你这是违反了《约法七章》，快把东西还给人家。”说着，郝春耀把这些香烟、饼干、糖果全部都装进了黄挎包，和小赵一起走进街上一家商场。店主人一看拿东西的那个兵又来了，以为刚才拿得不够，又领人来拿，赶忙点头作揖，说：“老总，要什么尽管拿。”郝春耀和蔼地对他说：“掌柜的，我们是人民解放军。赵同志刚从国民党军队解放过来，还不懂我们的政策、纪律。我们把东西都送回来了，向您道歉。”说着，把黄挎包里的东西拿了出来，放在柜台上。

店主人一见，十分激动地说：“过去，我光听说共产党、毛主席领导的队伍好，可是从来没见过。今天我亲眼见到了。解放军就是好，秋毫无犯，名不虚传！”

这件黄挎包，今天看来它只不过是件普通的生活用品，但它是人民解放军自觉遵守群众纪律、模范执行城市政策的有力见证，并将传播后代，永远成为革命传统教育的鲜活教材。

四 “打进济南府 活捉王耀武”的红旗

1948 年 5 月，9 纵在潍县战役结束之后，就进行了多次以济南战役为目标的演习，提出了“打进济南府 活捉王耀武”的口号。9 月 24 日，这面写着“打进济南府 活捉王耀武”的红旗被插到了济南城的制高点—气象台。

王耀武（1904—1968 年）字佐民，汉族，山东泰安人。黄埔三期生，国民革命军陆军中将，是国民革命军在八年抗战中最能打的虎将之一。

济南获得全城解放，国民党省府大小官员乱作一团，参议员们都将胡须剃光，企图化装潜逃，王耀武还故作镇静地呵斥他们：“你们要割须弃袍呀？”可是他自己却带四名卫士仓皇逃窜，王耀武化名乔堃，与其中一名化名乔玉龙的卫士伪称叔侄，着便衣从济南北门流水沟爬出城。他们雇了一辆大车，又买了简单的铺盖。王耀武头裹白毛巾，路遇解放军和民兵站岗放哨，就称自己是济南商埠开小饭馆的，因腿受伤急去青岛投亲就医。他们一行逃到寿光县的一个村庄时，我军公安战士刘玉民、刘金光和张宗学同志正在站岗，看到躺在车上装病的王耀武前额有一圈上白下黑的痕迹，顿时产生了怀疑，因为这是常戴军帽而留下的印迹。之后王耀武忽然要解手，就跑到了一个桥下。随行的卫士想也没想，就把手纸递给了王耀武——手纸是从美国进口的白色软纸，这在当时只有国民党要员才能用得上，这又更加印证了战士的怀疑。王耀武一行被拦住后，经过反复多次的盘问与审讯，发现诸多可疑点和言语前后矛盾的情况。最后在正式审讯中王耀武承认了自己的身份，同时还承认为了转移我军的目标和注意力，在逃跑时，布置一个秘书和副官，在被俘虏时都假冒自己，以假乱真。

王耀武被俘后刚到功德林，听说蒋介石在听到电台里他被俘虏后的广播时，当场气得就把收音机砸了，大骂其伪君子、软骨头。身为堂堂军人，最可耻的就是软骨头；来自孔子故里，最肮脏的就是软骨头，王耀武羞愧地晕过去了。

五 一级解放勋章

这枚金质勋章，长 2.4 厘米，宽 0.9 厘米，结构保存完整。是授予直接领导国民党军队一个整军以上起义的有功之臣，同时证明了我军在隐蔽战线上功不可没。

吴化文，字绍周，山东掖县人，是王耀武麾下的九十六军军长兼八十四师师长。吴化文起义不是偶然的，早在 1947 年秋，中共济南市委根据华东局的指示，通过已经打入国民党内部的黄志平、辛光、李昌言 3 人，针对吴化文的特点，积极开展工作。吴化文的夫人林世英和她的几个弟弟都做地下革命工作，在吴首鼠两端、犹豫不定的时候，家庭统一战线的影响力就显现出来了，协助掩护我地下工作人员寄居立足，往来信息的传递，均发挥巨大作用。

王耀武把吴化文部队放在了济南城外的西郊机场，王耀武压根就没指望吴部能派多大用处。这种不受重视的安排，让吴化文心里很不舒服。同时，我内部工作人员多次对其进行说服教育，要他认清局势，切莫错失良机。阐述只要弃暗投明，不但既往不咎，而且还能立功受奖，但直到 9 月 18 日吴化文还是在观望。

深夜 11 点，西线总指挥宋时轮指挥集合在飞机部附近的各部队向吴部前沿发起进攻。解放军集中优势兵力对 96 军在簸箕山的一个营进行“围歼”，只用了 12 分钟，96 军一部全部被歼灭。吴顿时翻脸，遂令其所有榴弹炮向我军阵地射击，同时我内部工作人员全部被监视起来，三位同志紧密团结，临危不惧，他们义正词严地对吴化文指出：“如果吴军长按计划撤退，也不会引起误会。倘若撕破面皮，解放军必集中兵力，势必歼灭而后止，请军长再三考虑，并应速作计划。”在我内部同志的据理斗争和军事打击下，9 月 19 日晚，吴化文在孔庄营房召集团以上和军直处长军官会议，布置战场起义，同时与解放军联系，率 96 军将士撤出所守阵地，解放军兵不血刃便占领济南飞机场。吴化文起义后，毛主席和朱总司令向吴化文发来贺电，祝贺他弃暗投明，并高度称赞他的起义。国家授予他一枚一级解放勋章。

济南战役遗留下来的一件件珍贵文物，都能让我们与先辈、先烈对话，叩问初心。每一件文物都承载着一个红色故事，记录着一段光辉的历史。作为一名文博工作者，探寻厚植在济南这片红色沃土中的红色基因，弘扬传统文化是我们的职责，讲好这些文物背后的故事，才能不忘历史，砥砺前行。

新中国初期山东文艺发展述论（1949—1957）

——基于山东博物馆新普查文艺资料的整理[1]

文/李 娉 山东博物馆

内容提要

中国现代文艺变革发展的历史进程中，新民主主义文艺深刻影响了新中国成立后文艺发展主流。山东广大文艺工作者以文艺服务于新时代任务，以丰富的创作实践、优秀的文艺作品反映新民主主义革命伟大胜利和社会主义建设筚路蓝缕的奋斗历程。"社会主义现实主义"作为文艺指导思想被逐步确定为创作和批评的最高准则。山东文化艺术事业发生显著变化，从积极挽救扶持和改革古老剧种、组织省级文艺汇演、文艺观摩以及探索农村文艺活动经验等各个方面改造和发展民间传统文艺。山东坚持继承和发展马克思主义文艺理论和文艺思想，坚持意识形态统一整合大众思想。然而，文艺创作思想中对于革命化、政治性、样板化和实用性的过分强调，也在某种程度上限制了艺术自由创作和创新发展。文艺工作者在时代潮流裹挟中主动或被动地改造磨合思想，然而并没有完全泯灭她们自身作为文艺创作和批评主体所具有的自由创新和批判意识。不仅在深入群众实践中锻炼了对艺术鲜活的认知，山东的文艺思想发展还在深入理解"社会主义现实主义"方面有了更新的认识。这完全得益于文艺工作者们深入基层生活的长久沉淀和对文艺创作思想的反思体察，以及敢于对某些不良的创作倾向进行分析批判的勇气。迈入新时期，山东文艺的发展以传承中华民族几千年来积累的知识智慧和理性思辨，紧跟时代发展要求，促进文艺观念和文艺实践的深刻变革。

关键词

新民主主义文艺　"社会主义现实主义"　民间传统文艺　马克思主义文艺观　文艺与政治

文艺的精神性价值是自身最为内在的、基本的价值所在，是人类的精神体验。中国现代文艺变革发展的历史进程中，新民主主义文艺深刻影响了新中国成立后的文艺发展主流。在山东，1949—1957 年文艺事业的发展，是文艺思想健康发展的历史时段，同时也是政治与文艺在保持张力和短暂"解冻"之间跌宕起伏的历史时期。笔者试图从山东地域特点出发，描画在全国文艺变革浪潮下山东文艺发展的历史面貌和发展特性。

一 继承与丰富：以《讲话》精神贯彻于文艺创作、服务于时代任务

新中国成立后，中国共产党始终坚持将文艺运动纳入到新民主主义革命的最终胜利和社会主义建设的时代任务中，文艺元素对于鼓舞民心、建设社会主义起到很大作用。山东文艺事业继承和延续 1942 年毛泽东同志《在延安文艺座谈会上的讲话》（以下简称《讲话》）精神，坚持"面向工农兵、为工农兵服务；普及第一，在普及的基础上提高；批判地接受并发扬民族文化艺术传统；有步骤有重点地发展新文化艺术事业"[2]。广大文艺工作者积极响应中央号召，以丰富的创作实践发展文艺事业，以优秀作品反映新民主主义革命伟大胜利和创造建设新生活的壮志豪情，各种文艺杂志和戏剧舞台上开始呈现大批鲜活的社会主义新人物形象。

1950 年《山东文艺》创刊，作为山东文艺的宣传阵地，该刊描绘新农村、新人物、新生活，主要刊登文艺社论、文艺理论、经典剧目、民间传统文艺、群众性文艺活动

图一　1955 年建成的山东剧院，为济南的地标性建筑之一

图二　新中国成立初期某文艺团体在济南大明湖公园内的游园演出

组织报道等。各种通俗的文艺形式如戏剧（歌舞剧、话剧、快板剧、地方戏）、相声、武老二、快板、大鼓、歌曲、小调等，多结合当时中心任务改编内容，丰富多样，生动活泼。1954 年 1 月号的《山东文艺》开篇社论提出“文艺要为当前的过渡时期总路线的宣传服务”，鼓励“一切新旧形式都要利用，像地方戏、歌舞、快板，杂耍，幻灯，洋片，高跷、旱船、图片展览，街头小报等等，都是宣传总路线的好方法”[3]。省内各地文艺团体深入基层群众一线，到农村、部队、工厂等各地进行宣传和文艺演出。《白毛女》《刘连仁》《李二嫂改嫁》《王贵和李香香》等经典剧目在城乡广泛巡回演出，深受群众欢迎。

文艺服务于时代任务，必定接受特定时代的文艺理论引导。新中国成立之初，来自苏俄的“社会主义现实主义”作为文艺指导思想在国内被逐步确定为创作和批评的最高准则。1934 年，苏联第一次作家代表大会对“社会主义现实主义”作了确切表述：“社会主义现实主义，作为苏联文学与苏联文学批评的基本方法，要求艺术家真实地、历史具体地描写革命发展中的现实；同时，艺术描写的真实性和历史具体性必须与社会主义精神从思想上改造和教育劳动人民的任务结合起来”[5]。一时文艺界学习苏俄蔚然成风，1952 年时任中宣部副部长的周扬在苏联《旗帜》杂志上发表文章提出“文艺工作者则应当更努力地学习苏联作家的创作经验和艺术技巧，特别是深刻地去研究他们作为创作基础的社会主义现实主义”[6]。

在坚持社会主义现实主义为指导思想之下，山东文艺创作呈现两大类主题：一是反映百年中国可歌可泣的革命历史，反映中国人民争取民族解放的光辉历程，颂扬抗美援朝战争中的英勇事迹。1950 年，山东省文联召集文艺工作者动员大会，成立了山东省文艺工作者爱国捐献宣传委员会、创作慰问委员会、义卖义展义演委员会等，山东文艺界以实际行动支援战争，为保

图三　济南曲艺团在第一届全国曲艺会演中载誉归来后，河南坠子演员郭文秋下基层表演

图四　山东省京剧团演出《白毛女》剧照

图五　青岛茂腔光明剧团到工厂演出现场

家卫国做出了应有的贡献。歌颂革命战争题材的文艺作品层出不穷。新中国成立前十年内，山东文艺作品总计出版发行 1400 余万册。其中长篇小说《铁道游击队》《战斗在沂蒙山区》《侦察兵》等都是比较优秀的作品。1954 年，当代著名作家刘知侠著长篇小说《铁道游击队》出版后闻名全国，广受读者喜爱。新中国成立后小说被相继译成英、俄、德、法、越、朝等近 10 种文字，发行量 400 余万册。1956 年《铁道游击队》在上海电影制片厂拍成同名电影，影响广泛。

第二大类创作主题是对“新时代”的歌颂，对社会主义建设和人民新生活的描述。作品创作中纪实通讯、报告、特写、小说占据了绝对分量。传统戏曲在内容和舞台形象上都经过了初步改革，并创作出一些新的优秀剧目。电影方面，国产影片、苏联及其他社会主义国家的影片广受群众喜爱。至 1959 年，山东的作家、美术家和文艺工作者在国内共出版了长篇小说 7 部，中、短篇、报告文学和通俗文艺读物 149 种，诗集 20 个，发表话剧

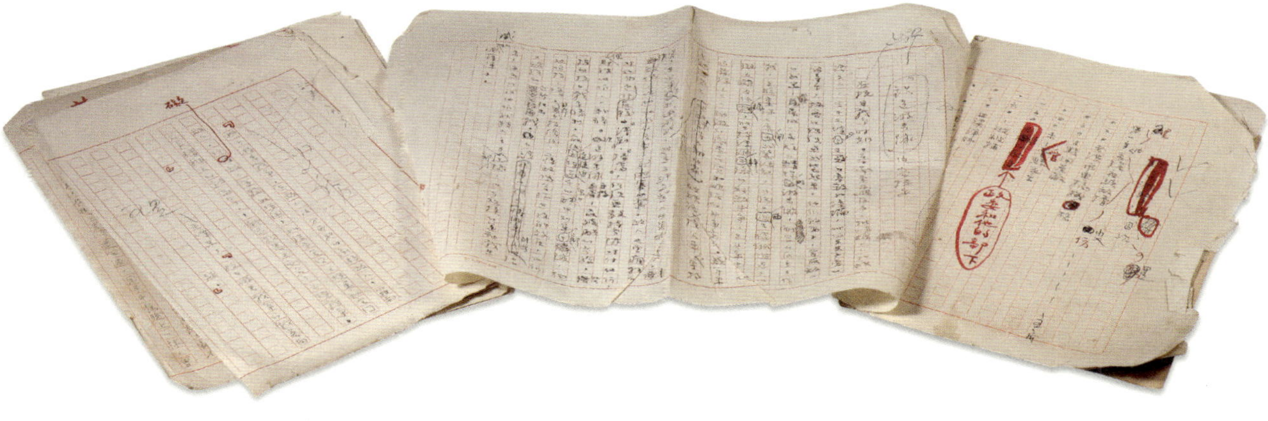

图六　刘知侠作《铁道游击队》手稿（部分）

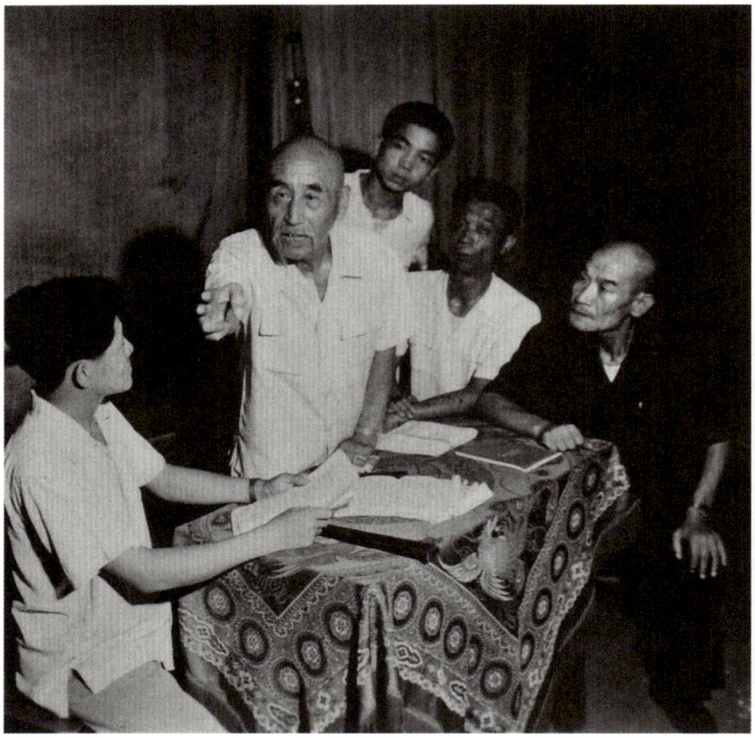

图七　山东评书泰斗傅泰臣和评书演员研究如何说好新书《铁道游击队》

图八　1951 年山东省文学艺术工作者代表大会会址外景

剧本 1000 余个，编辑出版民歌 70 本，民间乐器 94 首，整理新曲艺 502 个等。这些改革的文艺形式试图在努力展现新中国工农兵的新面貌和新形象，通过各种形式在人民群众中广泛传播。

新的社会生活赋予文艺以新的内容与形式，更培养了生命力充沛的新文艺队伍。1951 年山东省文学艺术工作者代表大会召开。作为全省作家和文学工作者组成的专业性人民团体，是“党和政府联系文学艺术工作者的桥梁和纽带”[9]。同年 11 月，为提高各地文化

图九　新中国初期山东济南光明电影院下乡放映

馆干部政治思想和业务组织水平，并通过当年春节文娱活动大力向群众宣传过渡时期总路线总任务，山东专门开办文化馆干部训练班，提高学文艺干部学员的政治理论水平和业务辅导能力，对开展全省群众文娱活动起了有力的示范和辅导作用。

随着全省文艺政策的贯彻落实和文艺队伍的壮大和发展，山东的文化艺术事业发生了显著变化。至1956年5月，全省已建成电影院35座，放映队155队，文化馆（站）417个，职业剧团170个，剧场195处，业余剧团8683个，其中农村8493个。综合性俱乐部703个，其中农村505个。群众图书室3797个，其中农村3644个[10]。文艺工作者们跋山涉水，不辞奔波劳苦将电影、戏曲、歌舞剧等丰富多样的文艺活动送到了工厂、矿山和农村，使山区、平原、海岛上的广大群众都能欣赏到文艺，感受文艺传播的精神，成为广大群众业余生活中的重要组成部分。

二 除旧和布新：重视、挽救、改造并发展民间传统文艺

（一）抢救性发掘和扶持古老剧种

中华人民共和国成立前，受封建等级观念影响，从艺人员的社会地位和经济处境相对低下，加之常年战乱，山东省内柳子戏、大弦子戏、莱芜梆子、东路梆子等古老地方剧种的艺人，多被迫流散在农村中，谋生无计、贫困不堪，各种曲艺的发展极度受限。新中国成立后，国家重视民间传统文艺的挽救和扶持工作，注重对传统艺术进行鉴别拣选，除旧布新，“在传统文化艺术形式中填充新民主主义的文化内容，积极宣扬爱国主义、社会主义和共产主义、革命、正义、精神等核心价值”[12]。1952年12月，文化部在《关于整顿和加强全国剧团工作的指示》中指出“国营剧团是人民戏剧事业的主要力量，应在剧目的思想内容、表演艺术和剧团的经营管理上，力求改进和提高，使戏剧艺术更密切地配合国家建设、丰富人民的精神生活”[13]。随后全国各地频繁举行话剧汇演和观摩演出。各地文艺机构对传统戏剧、电影格外重视，不断完善创作、演出的指导规范。

为积极响应党和国家对传统文艺的扶持和改革，山东积极对古老剧种进行抢救性挖掘和扶持发展，对即将埋没的古老剧种“柳子戏”“大弦子戏”“罗子戏”“莱芜梆子”“东路梆子”“一勾勾”等进行了抢救。至1956年，全省挖掘整理传统剧目近2000个，职业戏曲班、戏曲社达到100余个，剧场100多座。自1956年中央文化部通令减免演出税两年，中央和山东省一并拨款对戏曲艺人进行救济安排，改善了艺人生活和演出条件。山东又对曲艺、杂技、木偶、皮影等艺术队伍进行了整顿，登记在册曲艺艺人3000多人。艺人们把政府的减免税收、对戏曲艺人的登记和救济安排称为戏曲界历史上三大喜事。翻身后的戏曲艺人们也积极参加各类政治运动，将戏曲与生产、工农兵服务的方向保持一致，他们在土地改革、抗美援朝、救灾义演、工农兵慰问演出方面积极贡献了自己的才艺力量。

（二）组织省级文艺汇演和文艺观摩

1953年3月，山东举行了全省春节群众文娱活动联合公演，演出内容重视地方戏曲的选择。观众普遍也对公演中许多地方戏曲如吕戏、蹦蹦、柳腔、洋琴、二夹弦、八角鼓、弦子戏、郑国戏、河北梆子、莱芜梆子、“鸳鸯嫁老雕”等都特别感兴趣，尤其喜欢改编后的表现人民新生活的地方戏。如莱阳专区掖南县剧团自编的蹦蹦戏《两对好夫妻》、德州市演出的侣戏《惠芳担水》都得到较高评价。1954年华东地区举办了隆重的戏曲观摩演出大会，山东省代表团参赛曲目众多，充分展示了老一辈艺术家的深厚功底和精神风貌。

1956年山东省文化局先后举办了两次群众性戏曲观摩汇演，演出单位和人员来源十分广泛，不仅有专业剧团、业余剧团，还包括社会上各行各业中的文艺爱好者。演出剧种繁多，较为充分地发掘了省内流传已久的各类戏剧。山东省京剧团演出著名京剧《迎春曲》《古城会》和《昭君出塞》等；济南市代表团演出吕剧[14]《空棺计》；青岛市代表团演出茂腔《罗衫记》、柳腔《割袍》[15]；淄博代表团演出五音戏[16]《夏收之夜》；菏泽专区演出山东梆子[17]《万紫千红》，柳子戏[18]《白兔记》、大弦子戏《两架山》[19]、二夹弦[20]《离婚》、四平调《牧童与黄娥》；济宁专区演出河南梆子《穆桂英挂帅》；聊城专区演出河北梆子《打御街》、评剧《归来》；泰安专区演出莱芜梆子[21]《临潼山》；临沂专区演出柳琴戏[22]《张郎与丁香》；惠民专区演出东路梆子[23]《白虎账》、周姑子《两个姑子》、哈哈腔[24]《花亭相会》、一勾勾[25]《西秦》和昌潍专区的八仙戏《两个苦子》等等。演出节目题材广泛，多是反映生产竞赛、学习文化、民间故事、群众生活以及镇压反革命分子运动等。

在省级的群众文娱演出中，地方戏普遍受到重视的原因主要有几个，一是排演地方戏群众比较熟悉，比排演新歌舞剧要省事的多；二是群众能够掌握地方戏形式的特点，排演起来能够很好地发挥他们的创造性，排演得活泼生动。他们也常将新歌舞剧或话剧改编成地方戏的形式来上演，这种形式在当时也是十分提倡的。掖南县路旺区原家村剧团演出的蹦蹦戏《两对好夫妻》起到很好的示范作用，在1954年第4期《山东文艺》杂志中，署名唐聚庆编写的《两对好夫妻》和山东快书《淑敏结婚》都是表现《婚姻法》颁布之后的普法宣传故事，反对包办婚姻，推动婚姻自由。剧本描写人物特点突出，人物语言和心情刻画入情入理，妥帖自然[26]，文艺创作方式受到政府鼓励。

（三）农村文化艺术活动的经验

山东广袤的农村地域中传承着悠久的艺术创作，口头文学、

流传民歌浩如繁星。黄河两岸的人民在战天斗地、建设家园的奋斗中创造了许多船歌、硪歌、夯歌。沿海人民在长期渔猎劳作中也创作了许多渔民歌曲，如邓州号子、莱州号子和益州号子。此外，广大农民在农业劳动中也有他们的浇园号子、打场号子和拔葱号子等，此外还有结合民间舞蹈的胶东和聊城等地的秧歌，以山东琴书、山东大鼓、聊城八角鼓、临清丝调、鲁中渔鼓、胶东大鼓等为代表的说唱音乐等，这些民间文艺形式淋漓尽致地表现了劳动人民生活的悲欢喜乐，是源自人民中的宝贵艺术财富。随着山东地区农业合作化的进展，广大农民群众在集体生活中也要求表现集体的艺术、表现他们新的生活，喜欢用民歌和民间乐器展现新的生活面貌。文登地区的《报喜队》就是根据胶东秧歌改编的，由农民参加农业高级社后向政府报喜的故事稍微加工而成，是当时广泛深入开展的合作化运动的缩影。

1956 年农业合作化高潮到来，人民生活逐渐有了改变和提高，催生了农村文艺团体——农村俱乐部，宣传时事政策、普及文教卫生。农村俱乐部经常开展读报、收听广播、图书图片展览，组织各种报告讲座学习，组织看电影、唱歌、跳舞、演戏、演幻灯等活动。俱乐部在几年间发展中形成了网络分布，社社都有俱乐部。俱乐部相互之间经常交流经验，交流节目，并且组织了一些演出点，请到全国、省里的优秀演员，到演出点里去指导文艺和进行文艺演出。山东各地涌现出了很多文艺活动示范村，丰富广大农民的文化生活。山东惠民县九区的孔家农村剧团就是群众性业余文娱组织的代表。多年工作中，他们总结出关于农村剧团活动常年化、农村剧团活动经常化、剧团组织制度化等宝贵的工作经验，对农村文艺运动普及有积极的推广意义[28]。

但同时，群众文娱工作也走了一些弯路。如有的地方对上级号召没有深入执行，对地方戏不够重视，甚至禁止演出地方戏，认为地方戏"不排场""不正派"。对此《山东文艺》杂志专门刊文批评了这种观念，指出"地方戏是地方上长久流行的戏剧，是广大劳动人民创造出来的民间艺术。对待地方戏，应该把各种形式的地方戏曲都加以领导、发掘出来，很好地加以研究，慎重的适当的而不是粗率的不正确的来进行一些必要的改革。把一些糟

图十　肥城县文化馆指导城关公社文工团排演的《群英水库》获省汇演大会优秀奖

粕去掉，把许多精华保留下来并加以发挥和运用。尤其提倡鼓励农民将新生活以地方戏的形式编成剧本演出，当然不排斥一般的新歌舞剧或话剧演出”[29]；另一方面，有的地方对农村文娱则非常重视，甚至出现一些过火现象。在1954年4月的《山东文艺》上署名张思明发表《关于农村剧团的一点意见》，指出一些经过调查后发现的问题。地方上有的农村剧团为提高工作水平，请外地区人教戏，竟以此向群众摊派收取钱财，尤其点名指出邹县五区田家三村剧团为请滕县地区的老师教戏，居然许下壹佰万元的请教费，甚至有的剧团因欠债很多，竟然发展到让群众按地亩拿钱摊派，已被当地明令禁止。文艺演出是为群众的生产生活服务，打着为群众服务的旗号而做损害群众利益的行为，必然得不到群众的支持和拥护。

为了推动群众业余艺术活动，发掘优秀的艺术节目和表演人才，山东省文化局在1956年春节期间举办了专门针对农村群众的业余音乐舞蹈会演。各地选送了新创作和改编的各种民间舞蹈（花灯、旱船、秧歌、手鼓、云灯、小车、鱼蟹、蚌蛤、落子、斗狮、斗牛、斗虎、大头、扑蝶、扑鱼等）；音乐方面有山歌、小调、民歌、牧歌、小曲、新歌演唱、民间说唱、管乐、弦乐和弹拨器乐等。这些新作品如昌潍地区的《打井舞》、青岛的《果园丰收舞》等充分体现了农民群众之中蕴含的优秀艺术。王统照在这次会演闭幕式上指出“重视继承、加工整理的工作，是很有意义的，否则，我们新的创作就没有根，没有基础”[30]。

三 政治与文艺：马克思主义文艺观为指导的意识形态统一

革命是剧烈的社会改革和惯性强大的社会运动，激进的社会历史主潮流要求迅速统一塑造民众的思想意识。新中国成立后，毛泽东文艺思想奠定了文艺理论的主要框架，成为文艺创作实践的出发点和基本原则。山东在总结新中国成立初期文艺发展成就时，着力强调了政治对于文艺的统领作用，指出做好文化工作决定性的关键在于“坚决依靠党的领导，这是办好一切事业的根本保证，在文化艺术工作上更加如此。”[31]文艺的影响力为政府所重视，很大因素也在于“文艺作品作为被规范的载体常常是最经济有效的——文艺作品的影响力无疑带动着规范的影响力”[32]。这既是“中国共产党在当时的历史际遇下对新中国的文艺事业所提出的期待和要求，也是广大的文艺工作者自觉或者不自觉的根本信念”[33]。

1952年开始，山东文艺界开展了政治修养和艺术修养“双修养”的马克思主义理论学习“补课”，教育广大文艺工作者为社会主义革命和建设服务的创造方法。文艺界遵从以意识形态做为基本标准，以此来判定作品是否符合社会主义现实主义。这样的革新和改造，在新中国初期取得了好的成绩。但囿于时代原因，也伴随着重政治、轻艺术的倾向，对于革命化、政治性和实用性的过分强调，加上创作上不可避免的形式主义，客观上也在某种程度上限制了艺术的真正自由创作和发展。山东坚持继承和发展马克思主义的文艺理论和文艺思想，响应了自上而下“建立一种新的意识形态——无产阶级意识形态和社会主义新文化的要求”[34]，但另一方面也在自觉不自觉地跟随着全国范围内愈演愈烈的文艺意识形态化和文化批判运动，很大程度上背离了马克思主义文艺观的本义。这是山东文艺事业在20世纪50年代后期到“文革”前从平顺发展逐渐走向坎坷跌宕的一条弯路。

列宁在《党的组织和党的出版物》中写道：“无可争论，写作事业最不能机械划一，强求一律，少数服从多数。无可争论，绝对必须保证有个人创作性和个人爱好的广阔天地，有思想和幻想、形式和内容的广阔天地。……无产阶级的党的事业中写作事业这一部分，不能同无产阶级的党的事业的其他部分刻板的等同起来”[35]。毛泽东同志在抗战时期所作的《讲话》肩负了对新民主主义现实文学创作的指导功能，但在对待列宁关于政治性和艺术性方面做的辩证分析时，历史性地选择了突出政治性的思想统一。广大文艺工作者主动或被动地改造自己的思想，磨合了文艺者应有的自由创新精神和文艺批判意识。这种思维下产出的文艺作品必然也带着同质化、模式化倾向。

然而，在面向工农兵，深入群众生活体验的文艺实践中，山东文艺工作者在这种“磨合”过程中也以深厚的实践锻炼了对真理的探求和认知。在山东出版的文艺期刊中，不乏努力脱离同质化倾向，格调鲜活淳朴、充满生活气息的文艺作品，丰满浓烈地表现了劳动人民的心意、性格和情调。作品的鲜活得益于艺术工作者们能沉下心、俯下身深入到工农群众中做文化工作；另一方面，劳动人民在生产劳动中也乐于进行文艺创作和文艺活动，自写自编、自唱自演。文艺与群众结合，促进知识分子工农化、工农群众知识化。作品淳朴而细腻，展现了民间文艺旺盛的生命力。工农作家王安友、苗得雨等都是深入群众的优秀文艺工作者的代表。1953年的《山东文艺》中署名筛远的作者撰文指出：“写作是一种艰巨的复杂的劳动，凡是有成绩的作家，没有不是以百倍的努力，积极钻研，克服种种困难并以顽强的精神来深入生活、来积极劳动着的”[36]，同时以山东作家王友安举例，他在新中国成立后担任了好几年的济南历城分区委书记，群众工作实践丰富，做工作的同时，更是努力学习、锻炼写作，仍不断深入群众基层工作中体验生活，最终写成了《李二嫂改嫁》的经典时代作品，其手稿至今收藏在山东博物馆。习近平总书记指出：“文艺创作方法有一百条、一千条，但最根本的方法是扎根人民”，把人民群众作为文艺创作的主题，把人民群众视为文艺鉴赏和评判主体，“社会主义的文艺，从本质上讲，就是人民的文艺。人民需要文艺，文艺需要人民，文艺要热爱人民。一切优秀文艺工作者的艺术生命都源于人民，一切优秀文艺创作都为了人民。”[37] 山东文艺仍需继承中华人民共和国成立之初文艺思想为民创作的初心，不能在文艺为什么人的问题上坚守正确立场，文艺就没有永久鲜活的生命力。

除了在深入群众实践中葆有鲜活的认知，山东文艺思想的发展还在深入理解“社会主义现实主义”层面有了更新的认识。中华人民共和国成立前由于战时文艺宣传过分强调大众化的民族形式，对几千年的文学遗产没有积极利用和深入论说，新民主主义文艺作品就相对缺乏苏联大文豪笔下展现的深厚积淀和反思体察；加之在文艺建设的过程中出现的种种新问题不断对《讲话》的某些已定观点形成冲击，故在 1953 年《讲话》修订本中用“社会主义的现实主义”取代了原来的“无产阶级现实主义”，以契合当时时期文化建设思想。1953 年的《山东文艺》出于对文艺深远发展的建设性的考虑，更提出对传统优秀文化遗产重视继承和深入发展的要求，“对于中国和外国过去时代所遗留下来的丰富的文学艺术遗产和优良的文学艺术传统，是要继承的，但是目的仍然是为了人民大众”[38]，更谨慎地传承历史，描绘现实，着眼未来。这在文艺层面上也体现出了马克思主义不仅仅是革命和批判的理论，同样更是随着时代前进而不断发展的理论，更是建设的哲学和建设的文明，文艺思想也随着时代变迁和社会变革不断会有更新的内涵。

四 小 结

历经十年“文革”内乱、拨乱反正之后，文艺界也迎来崭新的发展。1979 年 10 月，邓小平在全国第四次文代会上指出，“不继续提文艺从属于政治这样的口号……这个口号容易成为对文艺横加干涉的理论依据，长期的实践证明它对文艺的发展利少害多”。他同时还指出“文艺是不可能脱离政治的。任何进步的、革命的文艺工作者都不能不考虑作品的社会影响，不能不考虑人民的利益、国家的利益、党的利益”[39]。

文艺是时代前进的号角，最能引领一个时代的风气。进入新时期，山东文艺事业的发展认真把握“弘扬主旋律与发展多样化之间的关系问题”，以史为鉴，尊重和遵循文艺规律，只有处理好这两者的关系，才能体现出“建设社会主义核心价值体系中蕴含的以人为本、尊重差异、包容多样、寻求共识的基本理念”[40]。文艺发展更需要一方面大力弘扬社会主义文艺创作主旋律，另一方面“尊重文艺工作者的创作个性和创造性劳动，政治上充分信任，创作上热情支持，营造有利于文艺创作的良好环境”[41]。山东文艺工作者们还要努力培养具有生命质感的研究激情以及善于反思的理论眼光，以传承中华民族几千年来积累的知识智慧和理性思辨，紧跟时代发展要求，促进文艺观念和文艺实践的深刻变革，坚持以人民为中心的文艺创作导向，创作出更优秀的无愧于伟大时代的优秀作品，为“中国智慧”贡献“山东力量”[42]。只有这样，中国的马克思主义文艺观才能够真正走出内化自成、不偏离马克思主义文艺思想本义的发展之路。

参考文献

[1] 本文研究资料来源于山东博物馆在全国“一普”工作中最新整理的、新中国成立初期山东各地文艺资料。内容涉及历史跨度（1949-1957年）基本属于新中国成立后新民主主义革命彻底胜利时期（习近平同志《在庆祝中国共产党成立95周年大会上的讲话》解决了新民主主义革命一词的下限的问题，即应该截止到1956年社会主义改造基本完成，标志着新民主主义革命的完全胜利。故本文研究的新中国初期的文艺思想仍属于新民主主义文艺范畴），本文属于2017-2018年度山东省艺术科学重点课题项目《新中国初期山东文艺思想发展研究（1949-1957）》阶段性成果。

[2] 肖进:《讲话的修改于新中国初期的文艺实践》，《文艺争鸣》，2012年5期，32页。

[3]《抓紧春节时机，大张旗鼓宣传总路线》，《山东文艺》一月号，1954年1月10日出版，2页。山东博物馆藏。

[4] 山东博物馆藏山东文艺历史影像资料：图一1955年建成的山东剧院，二为济南的地标性建筑之一；图二新中国成立初期某文艺团体在济南大明湖公园内的游园演出；图三济南曲艺团在第一届全国曲艺会演中载誉归来后，河南坠子演员郭文秋下基层表演；图四山东省京剧团演出《白毛女》剧照；图五青岛茂腔光明剧团到工厂演出现场。

[5] 张德祥：《现实主义当代流变史》，社会科学文献出版社，1997年版，52页。

[6] 陈南先：《苏联文艺政策与中国的“社会主义现实主义”》，《韶关学院学报（社会科学版）》，2007年10月第28卷10期。

[7] 山东博物馆藏山东文艺历史影像文物图四：刘知侠作《铁道游击队》手稿（部分）。

[8] 山东博物馆藏山东文艺历史影像文物资料图八：1951年山东省文学艺术工作者代表大会会址外景。

[9]《文艺消息》，《山东文艺》一月号，1954年1月10日出版，21页。山东博物馆藏。

[10]《山东省文化情况汇报总结》，1956年3月，山东博物馆藏。

[11] 山东博物馆馆藏山东文艺历史影像文物资料图九新中国初期山东济南光明电影院下乡放映工作。

[12] 陈聪、梁宏志：《新中国初期文艺工作的革新与改造》，2013年22期，151页。

[13] 郑惠、张静如、梁志祥主编：《中国共产党通志》，中央文献出版社，1997年，960页。

[14] 吕剧从说唱形式的“坐腔洋琴”演变而来，“洋琴”有百年以上的历史，是老黄河流域下游的产物，流传于河南、江苏、安徽、河北南部、山东等省。“洋琴”成为戏剧形式后，流传范围扩大，为广大群众热爱，在农村，尤其深受妇女群众的欢迎。山东省吕剧团以研究吕剧为主。吕剧传统剧目有80余个，1954年参加华东区戏曲观摩演出大会，演出《李二嫂改嫁》，获得一等剧本奖，优秀演出奖、音乐改革奖、导演奖、演员奖等。1955年省吕剧团赴京汇报演出，得到国家领导和专家们的鼓励和支持，同年又接受了赴朝慰问的光荣任务。至1956年，除了山东省吕剧团、济南市吕剧团外，惠民、济宁、莱阳、昌潍、泰安等地先后成立了吕剧团，流行范围，遍及全省。

[15]“茂腔”和“柳腔”本处于一个源流，20世纪初期才分为两支，除音乐不同，剧目及表演基本相近，以表演民间故事题材的为最多，在民众口中称为“周姑子”，和流行在山东地区内的五音戏和柳琴戏等剧种都有一定的渊源。茂腔流行于诸城、高密、胶县、日照、莒县等地，职业剧团曾到烟台、龙口，以及东北的大连、奉天、牡丹江等地。柳腔范围较小，只限于即墨、平度、青岛一带。

[16] 五音戏又叫周姑子、秧歌腔、五人戏或五人班，是流行在我省中部的一种民间戏曲，来源于民间秧歌和花鼓，有150多年历史，剧目以民间故事题材为主，新中国初期经常上演的有100多出。语言生动丰富，较为精炼。唱腔使用真腔，咬字清楚，在表演上还有不少从生活中提炼出来的舞蹈。五音戏经常活跃在章丘、历城、淄博、济阳、惠民、齐河、张店、周村一带，职业班社曾到过青岛、济南、北京、天津等地演唱。

[17] 山东梆子，流行在山东西南部，河南省东部，江苏省北部的一个较大的剧种，或称“高调”、“高梆”。据说最早从西部经过河南传入，在山东地区流传近200年历史。在新中国初期基本剧目有300余出。普遍用板胡、二胡演奏，唱腔与表演独特。从发展历史和流行区域上看，山东梆子与河北梆子、河南梆子、莱芜梆子等彼此间都有影响，在山东西南部曾经占有重要地位。在新中国之初就有常香玉、陈素贞等名演员涌现。

[18] 柳子戏，是流行于山东地区的比较古老的剧种之一，根据元明以来的“弦索”的系统演变而来，在北方是以词句形式发展起来的。曲调优美动听，与大弦子戏一样，以三弦为伴奏乐器。流行范围跨山东、河南、江苏三省交界的30多个县，新中国初期存留剧目170余个。保留了明末清初以来具有相当历史价值和艺术价值的剧目及表演，是山东地区优秀艺术遗产的代表之一。

[19] 大弦子戏，流行于豫北、鲁西南一带的古老剧种，和柳子戏出于一个源流，最早在明末清初已经形成。以三弦、大笛等为主要伴奏乐器。演唱曲牌有二百多个，新中国前受长期战争影响，专业艺人和职业剧团锐减，曲牌失传许多，现仅存五六十个。剧目在新中国初期也仅存有162个。大弦子戏保留了丰富的艺术遗产，音乐、舞蹈、表演、唱腔等都有特殊的艺术风格。

[20] 二夹弦，流行于山东西南部及河南东部的一种民间小戏，使用四弦胡琴伴奏，自形成正规演出至今已有近百年历史。新中国初期剧目已将近100个，主要是民间传说、家庭故事与反映农民生活的小闹戏。曲调流畅优美、咬字清楚，广受群众尤其是妇女群众的欢迎。

[21] 莱芜梆子，流行在泰安专区，以莱芜为中心辐射周边地区。由梆子腔和徽戏两大部分组成，来源可能是早期的徽班。新中国之初就已有400多名演员。剧目300多出，号称“江湖十八本”。

抗战后职业剧团无法活动，演员分散在各地农村，1954年才又重新组织剧团，几年来又培养了大批新生力量，在泰安、莱芜一带，颇受群众欢迎。
[22] 柳琴戏，又叫拉魂腔、周姑子等，伴奏乐器最特殊的是柳叶琴，由此得名。柳琴戏最早出现在山东临沂一带，后分成三路向外发展到五河、滕县、砀山、徐州等地。剧目多为民间流传故事，因它与广大农民群众保持密切联系，演出适合农村风味，深受群众欢迎。新中国初期山东有临沂和滕县两个柳琴戏剧团，并将演出地区已扩大至鲁、苏、豫、皖四省。
[23] 东路梆子，又称章丘梆子，山东较为古老的剧种之一。流行于山东章丘、惠民、昌潍专区西部和聊城专区东部。至今已有两百余年历史。新中国之初东路梆子有剧目155出，但总体趋于没落，由老艺人刘长庚、左兴明等聚集老艺人组成剧团，流动演出。
[24] 哈哈腔，或称喝喝腔，流行于河北省东南部和山东省西北部。产生于河北省民间的一种地方小戏，由河北省盐山县传入山东，其发展过程中受梆子戏影响，历史悠久，迄今已有近四百年的历史。早在清代乾隆年间“百本张”戏曲抄印出版物抄印的牌子曲中，就有喝喝腔这种俗曲。新中国初期有剧目124出，表演朴实，保持了浓厚的民间色彩，舞蹈虽然简单，也独具风格。但在历经多年战乱后，呈现萎靡状态，中华人民共和国成立后河北省有个别职业剧团、山东省乐陵、无棣等地农村业余剧团有深厚群众基础，老演员培养出大批青年男女演员，多在农闲和春节时演唱。
[25] 一勾勾，流行在山东聊城、惠民地区的“四根弦”剧种，又名“河西柳”。因腔调尾音翻高，向上勾起，因而称为“一勾勾”。最早源自于山东高唐地区，与二夹弦关系密切。新中国初期剧目有70余出。临邑、齐河、禹城一带，仍有不少业余剧团，在农闲时经常演唱。
[26] 山东省文学艺术界联合会、山东文艺社编：《山东文艺》，1953年4月号、1953年4月10日出版，2页。山东博物馆藏。
[27] 山东博物馆馆藏山东文艺历史影像文物资料图十：肥城县文化馆指导城关公社文工团排演的《群英水库》，曾获山东省文艺汇演大会优秀奖。
[28] 惠民县文化馆杨子玉：《孔家农村剧团常年活动的经验介绍》，《山东文艺》一月号，1954年1月10日出版，28页。山东博物馆藏。
[29] 山东省文学艺术界联合会、山东文艺社编：《山东文艺》，1953年4月号、1953年4月10日出版，3页。山东博物馆藏。
[30] 山东省文化局编：《山东省农民音乐舞蹈会演专刊》，1956年，3页。山东博物馆藏。
[31] 山东省人民委员会外事办公室编印：《山东省十年来各项建设事业的成就》，1959年9月，11页。山东博物馆藏。
[32] 余岱宗：《审美趣味与文学观念的重新建构》，《集美大学学报》（哲学社会科学版），2004年3月第7卷1期，101页。
[33] 金宜鸿：《新中国文艺政策与中国当代电影发展》，中国出版集团，2014年，73页。
[34] 旷新年：《中国现代思想史上的胡适》，《读书》，2002年9期，17页。
[35] 列宁：《党的组织和党的出版物》，中国作家协会，中央编译局编：《马克思恩格斯列宁斯大林论文艺》，作家出版社，2010年，180-181页。
[36] 筘远：《多学习、多体验、积极劳动》，《山东文艺》，1953年4月号2期，17页。山东博物馆藏。
[37] 中共中央宣传部：《习近平新时代中国特色社会主义思想学习纲要》，学习出版社，2019年，149页。
[38] 肖进：《讲话的修改与新中国初期的文艺实践》，《文艺争鸣》，2012年5期，33页。
[39] 中共中央宣传部文艺界局编：《邓小平论文艺》，人民出版社，1989年，108页。
[40] 刘晓哲著：《马克思主义文艺育德思想研究》，人民出版社，2016年，297页。
[41] 《习近平主持召开文艺工作座谈会强调：坚持以人民为中心的创作导向，创作更多无愧于时代的优秀作品》，《人民日报》，2014年10月16日。
[42] 中共山东省委书记刘家义：《坚定文化自信，担当文化使命》，《光明日报》，2018年11月26日。

地衣可培养内生细菌的分离及多样性分析

文/石飞翔 山东博物馆
文/赵遵田 山东师范大学
文/司红丽 山东师范大学
文/刘 勇 山东博物馆

内容提要

自新疆 11 个不同地点采集 21 份地衣样品，所采地衣分别属于 12 个属，优势属为 *Umbilicaria*、*Peltigera*、*Dermatocarpon* 等属。采用 PDA 培养基，利用稀释平板法自地衣样品分离地衣内生细菌，共得到细菌菌株 89 株。16S rRNA 基因序列分析发现其中 64 株属于变形菌门（Proteobacteria），20 株属于放线菌门（Actinobacteria），4 株属于厚壁菌门（Firmicutes），1 株属于拟杆菌门（Bacteroidetes）。在获得的变形菌门地衣内生细菌中，属于 α－变形菌纲（Alphaproteobacteria）的细菌菌株所占比例最高，其中鞘氨醇单胞菌属（*Sphingomonas*）为优势属。

关键词

地衣　内生细菌　可培养菌株　多样性分析

地衣是由其共生真菌（mycobiont）和共生藻类（photobiont）经过漫长的进化与演化，与其生活环境互相适应，从而生成的一类具有高度遗传稳定性的共生复合体[1]。目前存在于世界上的地衣大约有 30000 余种[2]，地衣中存在大量的内生微生物，主要包括内生真菌和内生细菌。已报道过的地衣内生真菌大约是 13500 种，但是同地衣内生真菌参与共生的光合共生体大约只有 100 多种[3]。在地衣体内部还存在着一个更为复杂数量很大的微生物群落，在这个微生物群落里面分布着大量的地衣相关细菌（Lichen-associated bacteria），这些细菌被认为是地衣体的主要组成部分之一，所以又被人们称为共生细菌（bacteriobiont）[4]。

Massimiliano Cardinale 等人在 2005 年运用加富培养的方法分离采集自不同地点的 11 份地衣样品（归属于 8 个种类）的细菌分布情况，总共分离得到 34 株细菌，16S rRNA 序列分析显示这些细菌分别属于变形菌门（Proteobacteria），放线菌门（Actinobacteria）和厚壁菌门（Firmicutes）[5]。Martin Grube 在 2009 年通过 FISH-CLAM 技术发现 *Cladonia arbuscula* 地衣体的上皮层中存在大量的细菌，并且在地衣体里面真菌菌丝上也着生有大量的细菌，其中 α－变形菌纲（Alphaproteobacteria）占了很大比例，并且说明了地衣细菌的作用可能是固氮作用，给地衣体提供氮源，从而阐述了地衣细菌在地衣中的重要地位[6]。Selbmann 等在 2010 年对采集自南极的地衣样品进行分离培养获得了未被分类的细菌新物种，所分离的菌株主要属于放线菌门（Actinobacteria）、变形菌门（Proteobacteria）等[7]。Thomas Schneider 在 2011 年对于 *Lobaria pulmonaria* 的内生细菌进行了研究并对其多样性进行了分析，发现其中 α－变形菌纲（Alphaproteobacteria）细菌为优势种群，并发现细菌主要分布在地衣体的上下皮层当中[8]。

2012 年 Cardinale 等研究证明了光照在细菌群落的组成上具有一定的影响，在背光地衣体中，β－变形菌纲（Betaproteobacteria）的细菌数量会显著增多，而 α－变形菌纲（Alphaproteobacteria）并没有很大改变[9]。

Printzen 等人在 2011 年对冰岛衣属的地衣 *Cetraria aculeata* 中 α－变形菌纲（Alphaproteobacteria）细菌群落组成进行了研究，结果表明分布南北极的 *Cetraria aculeata* 中 Alphaproteobacteria 群落组成很相似，但同其他地区 *Cetraria aculeata* 中的 Alphaproteobacteria 群落组成有比较大的差别[10]；Hodkinson 等

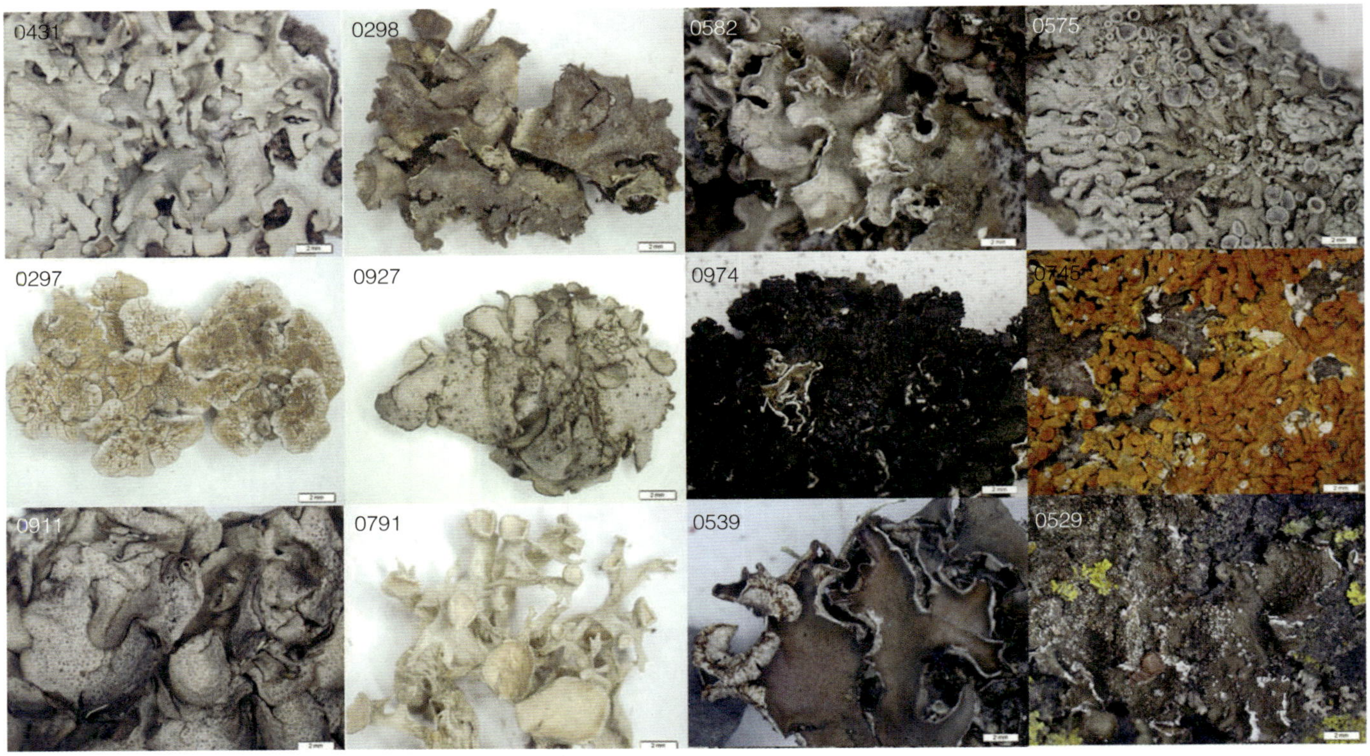

图一　部分地衣标本照片

人研究发现根瘤菌目（*Rhizobiales*）细菌在地衣 α－变形菌纲（Alphaproteobacteria）细菌中占比最高[11]；Gabriele Berg 等人运用 FLSH-CLAM 技术发现肺衣属的共生细菌主要分布在上下皮层，并通过宏基因组学技术证明 α－变形菌纲（Alphaproteobacteria）细菌为肺衣属地衣共生细菌主要的组成部分[12]。

一　材料与方法

1.1 样品的采集和处理

用于分离培养内生细菌的地衣标本采集自新疆天山国家级自然保护区，在采集时，用采集刀小心地将地衣从其附着的基质表面剥离，保证标本完整不被破坏，之后放在无菌袋内保存并标记好采集信息，带回实验室后在 4℃恒温箱中保存。本实验所用到的 21 份地衣标本（图一）均保存于山东师范大学生命科学学院植物标本室（SDNU）。

1.2 培养基、主要试剂及仪器

PDA 培养基：新鲜马铃薯 200g，葡萄糖 20g，琼脂 15-20g，去离子水 1000mL。

DNA 提取试剂：Tris-HCl 缓冲液（1 M），2×CTAB（pH 8.0，0.5 M），EDTA 缓冲液（0.5 M），TE 缓冲液，酚仿。

仪器：2720 Thermal Cycler PCR 热循环仪，EPS300 电泳仪，Eppendorf 5417R 离心机，WD-9403F 紫外分析仪。

1.3 地衣内生细菌的分离

取 10mg 已经在解剖镜下去除杂质的地衣体（裂片边缘以及地衣体中部各 5mg），灭菌蒸馏水冲洗 5 分钟，用无菌纸擦拭干净，超净工作台中紫外照射灭菌 15 分钟，之后转移到 1.5mL 无菌 EP 管内，无菌水洗涤 10 次。将处理好的地衣体置于 1.5mL 无菌 EP 管内，在工作台内用无菌研磨棒将地衣体充分研碎，向 EP 管中加入 1mL 无菌水，掌式振荡器震荡 1 分钟，掌式离心机离心 30s，重复 3 次。依次制备稀释为 1 千倍及 1 万倍的菌悬液。取 200uL 菌悬液涂布 PDA 平板并用封口膜封口，20℃倒置培养。

1.4 DNA 提取和 16S rRNA 基因序列的扩增与测定

CTAB 法提取细菌基因组 DNA，采用细菌 16S rRNA 基因序列的引物 27F (5’-AGAGTTTGATCCTGGCTCAG-3’）和 1492R (5’-ACGGCTACCTTGTTACGACTT-3’）进行 16S rRNA 基因序列扩增。PCR 反应体系 (50 μL) 组成：10×PCR Buffer 5 μL，dNTP(2.5 mM) 4 μL，引物 F27/R1492 (10 μmol·L^{-1}) 各 0.5 μL，模板 DNA 2.5 μL，Taq 酶 (5U·μL^{-1}) 0.75 μL，双蒸水 36.75 μL。PCR 扩增程序：95℃预变性 5 min；94℃变性 30s，55℃退火 30s，72℃延伸 90 s，30 个循环；最后 72℃延伸 10min。PCR 所得到的产物经过 EB 溶液（10 mg·mL^{-1}）

染色后，在紫外分析仪中观察 DNA 显示的条带。PCR 产物送至上海生工有限公司进行纯化测序分析。将 16S rRNA 基因测序得到的序列经过剪切之后，通过 Blast（http://www.ncbi.nlm.nib.gov/blast/blast.cgi）在 Genbank 中进行相似序列搜索，根据最相似序列确定其分类地位。

二 结果与分析

2.1 内生细菌的分离

经过 20 ℃恒温培养一段时间，21 份地衣样品中共分离得到地衣细菌 89 株，*Peltigera sp.*（I、J、L、P、Q）标本共 5 份并且分离得到的细菌数最多，共计 35 株，*Dermatocarpon sp.*（G、M、R、S）标本共 4 份，分离得到 14 株菌，*Umbilicaria sp.*（B、F）标本共 2 份，分离得到 9 株菌，*Xanthoparmelia sp.*（C、E）标本共 2 份，分离得到 2 株菌，标本 *Ramalina sp.*（O），*Melanelia sp.*（H），*Parmelia sp.*（K），*Xanthoria sp.*（N），*Usnea sp.*（A），*Phaeophyscia sp.*（D），*Caloplaca sp.*（T），*Leptogium sp.*（U）各 1 份，分别分离得到 8、5、4、4、2、3、2、1 株菌。

2.2 地衣内生细菌多样性分析

经过克隆测序获得了全部 89 株内生细菌的 16S rRNA 序列，通过 GenBank 的 BLAST 程序对 89 株内生细菌的 16S rRNA 测序结果进行网上序列处理与比对，构建 16S rRNA 系统发育树分析表明 89 株菌属于 4 个门，分别是变形菌门（Proteobacteria），放线菌门（Actinobacteria），厚壁菌门（Firmicutes）和拟杆菌门（Bacteroidetes）。其中 α－变形菌纲（Alphaproteobacteria）所占比例最大，其次是放线菌门（Actinobacteria），γ－变形菌纲（Gammaproteobacteria），β－变形菌纲（Betaproteobacteria），厚壁菌门（Firmicutes）和拟杆菌门（Bacteroidetes）。α－变形菌纲（Alphaproteobacteria）中鞘氨醇单胞菌属（*Sphingomonas*）所占的比例最大，放线菌门（Actinobacteria）所含种属最多（表一）。

表一 地衣内生细菌的种类及分布

Table1 The species and distribution of lichen endophytic bacteria

种类		菌株数目	序列相似性（%）	地衣标本代码
门纲	属种			
Alphaproteobacteria	*Sphingomonas hankookensis*	1	96	A
	Sphingomonas yabuuchiae	2	96	A、S
	Sphingomonas aquatilis	2	96-98	D
	Sphingomonas aerolata	7	96-99	I、J、L、M、P、Q
	Sphingomonas faeni	11	97-99	F、G、J、K、L、M、N
	Sphingomonas glacialis	2	98	R
	Sphingomonas yunnanensis	5	96-99	F、R
	Sphingobium xenophagum	1	98	B
	Sphingobium yanoikuyae	1	99	B
	Aquamicrobium lusatiense	1	95	K
	Rhizobium alamii	1	98	L
	Ensifer adhaerens	1	99	H
	Methylobacterium adhaesivu	1	97	N
	Methylobacterium mesophilicum	1	92	C
	Methylobacterium tardum	1	98	E
	Methylobacterium cerastii	1	98	L
	Methylobacterium fujisawaense	1	98	L
	Methylobacterium longum	1	99	E
	Methylobacterium brachiatum	1	99	F
Betaproteobacteria	*Burkholderia sordidicola*	1	96	D
	Variovorax boronicumulans	3	99	P、Q
Gammaproteobacteria	*Acinetobacter johnsonii*	9	95-99	B、O
	Enterobacter sp.	6	96-99	H、R
	Pseudomonas mandelii	1	99	Q
	Enterobacter cancerogenus	1	99	K
	Geodermatophilus terrae	1	98	J

Firmicutes	*Lysinibacillus fusiformis*	1	98	I
	Bacillus thuringiensis	1	97	S
	Bacillus aerius	1	99	B
	Bacillus cereus	1	99	S
Actinobacteria	*Frigoribacterium faeni*	2	96–97	J
	Agreia pratensis	1	93	K
	Knoellia locipacati	1	96	J
	Rhodococcus cercidiphylli	1	97	J
	Mycobacterium murale	2	95–97	J、L
	Clavibacter michiganensis	1	97	N
	Humicoccus flavidus	1	99	J
	Arthrobacter humicola	1	96	J
	Curtobacterium flaccumfaciens	2	99	O、U
	Rhodococcus fascians	1	99	J
	Curtobacterium oceanosedimentum	1	91	L
	Amnibacterium kyonggiense	2	99	K、R
	Kocuria palustris	2	97–98	T
	Arthrobacter aurescens	1	98	G
	Rhodococcus jialingiae	1	99	L
Bacteroidetes	*Chryseobacterium ginsenosidimutans*	1	92	B

三 讨 论

本研究对采集自新疆的地卷属、皮果衣属等 21 份不同地衣样品进行内生细菌分离实验，共得到 89 株内生细菌，其中 α－变形菌纲（Alphaproteobacteria）所占比例居多，鞘氨醇单胞菌属（*Sphingomonas*）是地衣可培养内生细菌中的优势种群，占到 15.7%。*Dermatocarpon sp.*（R）共分离得到 8 株菌，有 5 株菌属于 *Sphingomonas* 属，*Dermatocarpon sp.*（M）共分离得到 2 株菌，*Usnea sp.*（A）共分离得到 2 株菌，都属于 *Sphingomonas* 属，*Peltigera sp.*（L）共分离得到 10 株菌，5 株属于 *Sphingomonas* 属。

Peltigera sp.（J）共分离得到 12 株菌，其中放线菌门（Actinobacteria）有 7 株，*Melanelia sp.*（H）共分离得到 5 株菌，4 株属于 Gammaproteobacteria 中的 *Enterobacter* 属，*Dermatocarpon sp.*（S）共分离得到 3 株菌，2 株属于 Firmicutes 中的 *Bacillus* 属，这表明不同细菌具有宿主专一性，同一地衣样品中分离得到的细菌具有物种相似性，其亲缘关系也比较近。

Scott 在 1956 年检测到了地衣体中的固氮菌，从而推测地衣体中部分氮源的固定是由共生细菌来完成的[13]。Henckel 和 Plotnikova 在 1973 年报道了地衣细菌 *Bacillus* 和 *Pseudomonas*[14]，Panosyan 和 Nikogosyan 在 1966 年报道了 *Beijerinckia*[15]，Grube 等人在 2009 年检测到细菌的固氮基因（nifH），表明内生细菌在地衣体共生系统中起到了潜在的固氮作用[16]。在这些报道中，共生细菌被认为具有为地衣体提供氮源的作用，从而推测共生细菌具有固氮的功能。地衣样品 Xanthoparmelia sp.（C）、*Xanthoparmelia sp.*（E）、*Melanelia sp.*（H）、*Parmelia sp.*（K）、*Peltigera sp.*（L）和 *Xanthoria sp.*（N）中共分离出 9 株菌属于根瘤菌目，*Umbilicaria sp.*（B）和 *Dermatocarpon sp.*（S）分离出 3 株菌属于芽孢杆菌属，这些细菌的分离培养都能进一步说明共生细菌具有固氮功能并为地衣体提供氮素来源。自 *Umbilicaria sp.*（B）、*Parmelia sp.*（K）、*Peltigera sp.*（L）和 *Xanthoparmelia sp.*（C）地衣样品分离出的细菌中分别有一株疑似新种，这说明地衣蕴含有丰富的新型细菌物种资源。

四 结 论

本研究采用分离培养的方法，对不同地衣细菌多样性进行研究，丰富了人们对地衣细菌多样性的认识，对进一步研究细菌在地衣共生体系中的地位和作用，以及地衣细菌资源和活性产物的开发利用具有积极的意义。

参考文献

[1] Hawksworth, D. L, Hill, D. J.:《The Lichen-Forming Fungi》, Chapman and Hill, 1984.

[2] Thomas H. Nash III .:《Lichen biology Ⅱ Ed》, Cambridge University Press, 2008: 1-486.

[3] DEPRIEST, P .T.:《Early molecular investigations of lichen-forming symbionts》,《Annual Review of Microbiology》, 2004, 58(1): 273-301.

[4] MARTIN, G., MASSIMILIANO, C., JOVO, V., et al. :《Species-specific structural and functional diversity of bacterial communities in lichen symbioses》,《The ISME Journal》, 2009, 3(9) : 1105-1115.

[5] MASSIMILIANO, C., ANNA, M. P., MARTIN, G. :《Molecular analysis of lichen-associated bacterial communities》, 《FEMS Microbiology Ecology》, 2006, 57(3) : 484 - 495.

[6] MARTIN, G., GABRIELE, B.:《Microbial consortia of bacteria and fungi with focus on the lichen symbiosis》, 《Fungal Biology Reviews》, 2009, 23(3) : 72-85.

[7] SELBMANN, L., ZUCCONI, L., RUISI, S., et al.:《Culturable bacteria associated with antarctic lichens: affiliation and psychrotolerance》,《Polar Biology》, 2010, 33(1): 71-83.

[8] THOMAS, S., EMANUEL, S., JOVO, V., et al.:《Structure and function of the symbiosis partners of the lung lichen (*lobaria pulmonaria* L. Hoffm.) analyzed by metaproteomics》,《Proteomics》, 2011, 11(13): 2752 - 2756.

[9] MASSIMILIANO, C., JANA, S., JOHANNES, R., et al.:《Age, sun and substrate: triggers of bacterial communities in lichens》,《Environmental Microbiology Reports》, 2012, 4(1): 23 - 28.

[10] CHRISTIAN, P., FERNANDO, F. M., LUCIA, M., et al.:《Alphaproteobacterial communities in geographically distant populations of the lichen *cetraria aculeata*》, 《FEMS Microbiology Ecology》, 2012, 82(2): 316 - 325.

[11] HODKINSON, B. P., GOTTEL, N. R., SCHADT, C. W., et al.:《Photoautotrophic symbiont and geography are major factors affecting highly structured and diverse bacterial communities in the lichen microbiome》,《Environmental Microbiology》,2012, 14(1): 147 - 161.

[12] MARTIN, G., TOMISLAV, C., JUNG, S., et al.:《Exploring functional contexts of symbiotic sustain within lichen-associated bacteria by comparative omics》,《The ISME Journal》, 2015, 9(2):412-424.

[13] SCOTT, G. D.:《Further investigations of some lichens for fixation of nitrogen》,《New Phytologist》, 1956, 55(1): 111-116.

[14] HENCKEL, P. A., PLOTNIKOVA, T. T.:《Nitrogen-fixing bacteria in lichens》,《Izv Akad Nauk SSR, Ser Biol》, 1973: 807 - 813.

[15] Panosyan, A .K., Nikogosyan, V. G. :《The presence of Azotobacter in lichens》,《Akad Nauk Armian SSR, Biol Zhurn Armen》,1966: 3-11.

[16] MARTIN, G., GABRIELE, B.:《Microbial consortia of bacteria and fungi with focus on the lichen symbiosis》, 《Fungal Biology Reviews》, 2009, 23(3): 72-85.

中国古代对动植物的描述与分类

文/贾强 刘勇 刘明昊 刘立群 山东博物馆

内容提要

中华民族作为世界上最古老最智慧的民族之一，对动植物的认识、辨别、描述与分类的研究起步较早，发展成就突出。本文通过对中国古代动植物描述与分类成就的梳理，总结其发展历程，提出了观点：中国古代的动植物描述和分类的研究成就斐然，但多偏向于实用，对于学术性不够重视，未能形成真正的系统性分类体系。

关键词

动植物分类　动植物描述　中国生物史　本草学

人类自从诞生之日起，就同自然界中的生物发生着千丝万缕的联系。远古时期，人们的食物主要来源于渔猎和采集，因此，为了更好地利用周边的生物资源，更好地生存下去，先民们便有了对生物进行认识和辨别的需求。于是产生了生物分类学的雏形。随着生产力水平的不断发展，人们逐渐开始种植植物、驯养动物，对某些特定生物也有了更加深入的了解和认识。人们进而认识到，某些形态结构相似的生物，它们的生理特点也很相似，并且可以稳定的遗传给它们的后代。这就产生了物种的概念。随着文字的发明，开始记录物种的名称，以及各个物种对应的形态、结构、生理、遗传、生态等生物学知识，这便是早期的生物分类学。

一　中国古代对动植物描述与分类的起源

中华民族作为世界上最古老最智慧的民族之一，很早便开始了对周围生物的认识和辨别。传说中伏羲“始制人伦鸟兽之名”；神农“始制土石草木之名”，反映了先民们很早就开始对生物进行认识、辨别和命名。相传神农尝百草，把一些可食用的植物用于农业，一些有治疗或保健作用的就被当作药物。这些传说其实反映的是中华民族远古时期植物分类的概况和成就。这也说明，在那时人们对植物分类的研究，就已经较为深入。这也为中国古代的农耕文明奠定了坚实的基础。

甲骨文的出现使当时的人们能够更好地描述和记录有关动植物的信息。其象形文字的特点，也能使今天的我们能在一定程度上了解祖先们在生物分类方面的认知。

图一　鸟类相关的汉字与甲骨文

甲骨文的“鸟”字是典型的象形文字，图一中可看出，祖先们将鸟的形象抽象为文字，亦即给鸟类下了一个“定义”：双足，双翅，有较长尾部，有尖喙，眼在头部两侧的动物。同时将具有上述特点的动物都以带“鸟”字部首的字命名。“隹”字古意为短尾鸟，从图一可以看出，甲骨文中“隹”字和“鸟”字大同小异，仅表示尾部和翅膀的部分有所区别。

当时人们已经开始依据动植物的形态特征进行分类命名。这种分类也许是不自觉的，但这种不自觉分类也建立在一定的生物分类知识基础上，是随着人们对于生物认识的逐渐加深而逐步形成的。

到了春秋时期，人们已经认识并命名了很多生物，由孔子修订的《诗》中就提到了不少动植物的名称，如脍炙人口的“关关雎鸠，在河之洲”；“蒹葭苍苍，白露为霜”；“桃之夭夭，灼灼其华”……在《诗》中，这些动植物多以“比”和“兴”的作用出现，即以动植物的形态、习性等来类比人或其他事物，以动植物的行为等引发人们的联想，进而引出想要描写的对象或想要抒发的感情。这说明，当时人们对常见的动植物已经不仅仅局限在认识和命名，对其形态、习性等也有了一定的了解，认识的动植物种类也较为丰富。孔子也说过读《诗》以“多识于鸟兽草木之名”，即提倡读书人应当更多的认识动植物。由于儒家学说在后来占据统治地位，成为“博物君子”也成了古代读书人的追求目标。而这里的“鸟兽草木”中蕴含的分类学思想，也渐有生物分类学的雏形。

《大戴礼记》约东汉时期成书，为儒学著作。其中《易本命》中有云：“有羽之虫三百六十，而凤凰为之长；有毛之虫三百六十，而麒麟为之长；有甲之虫三百六十，而神龟为之长；有鳞之虫三百六十，而蛟龙为之长；倮之虫三百六十，而圣人为之长，此乾坤之美类，禽兽万物之数也。”由此可以看出，当时人们把所有动物分为“倮（也作‘蠃’）鳞毛羽甲（也作‘介’）”五类，合称“五虫”：禽类称为“羽虫”，兽类称为“毛虫”，带有甲壳的虫类和软体动物等称为“甲虫”（也作介虫），鱼类及蜥蜴、蛇等具鳞的动物，还包括有翅的昆虫等被称为“鳞虫”，人类、蚯蚓、青蛙、无外壳的软体动物等裸露无毛无鳞的生物被称为“蠃虫”或‘倮虫”。此种分类仅以动物体表的特征为依据的，现在看来并不科学。但是，这对后世动物分类的影响和启发却有着深远的意义。

真正详列动植物名目，并将其按类编纂的著作是《尔雅》。《尔雅》是中国第一部辞书，成书时间大约在战国到秦汉之间。全书收录了500多种动植物的名称，并将他们分门别类，纳入《释草》《释木》《释虫》《释鱼》《释鸟》《释兽》和《释畜》等7篇。从这7篇的篇名可以看出，《尔雅》中将植物分为草和木本，将动物分为“虫”（包括大部分无脊椎动物）、“鱼”（大体为鱼纲、两栖纲和爬行纲动物，还包括贝类、虾、蟹、鲸等）、“鸟”（为鸟纲）、“兽”（为哺乳纲）。不仅如此，《尔雅》还进一步将木本分为乔木、檄木和灌木，且有明确的分类依据：“小枝上缭为乔。无枝为檄（相当于椰子和棕榈等不分枝的单子叶木本植物）。木族生为灌。”对于动物，《尔雅》明确提出了：“二足而羽谓之禽，四足而毛谓之兽”。这种“鸟”“兽”的分类依据沿用至今。与18世纪近代分类学奠基人林奈所著的《自然系统》中提出的动物界分类相比，《尔雅》中“虫”“鱼”“鸟”“兽”的分类方法只少了两栖和蠕虫两类，却比他早了1800多年。因此，《尔雅》可以说是最早的生物分类学方面的著作，开创了我国乃至世界生物分类学的先河。

三国陆机所著的《毛诗草木鸟兽虫鱼疏》，按照《尔雅》的“草木鸟兽虫鱼”的类别，记述了各种植物动物174种。书中对许多动植物的分类描述与现代分类颇有相似之处。例如其在“唐棣之华”条目中，记载了唐棣：“唐棣，奥李［即郁李 *Cerasus japonica* (Thunb.) Lois.］也。一名爵梅，亦曰车下李，所在山皆有。其花或赤或白，高不过四尺。子六月中熟，大如李，可食，正赤，有甜有酸。率多涩少有美味者，复似一类名有不同，或当家园山泽所生小异耳。”陆机不仅指出其各种古今别名，还详尽描述了其分布、花的颜色、植株高度、果实性状等，与现代分类学中对物种的描述方式有诸多相似之处。另外还特别指出一种野生种类。陆机对动植物的描述，真实准确，颇得后人赞扬，为后世研究和描述动植物，有很大的启发。[1]

东晋郭璞对《尔雅》的研究也十分深入，他将《尔雅》看作研究动、植物的必读书。他在为《尔雅》作的序言中指出：“若乃可以博物不惑，多识于鸟兽草木之名，莫近于《尔雅》。”郭璞为《尔雅》作了注释，同时还作了《尔雅音图》。郭璞的成果主要有三个：用今名注解古名，丰富了动植物分类描述，创建了动植物的分类图鉴。[2] 陆机和郭璞的研究成果为后人学习动植物分类知识提供了重要的材料，也带动了后世动植物分类书籍的编写，使得《尔雅》中所包含的分类思想得以继承和流传。

二 中国古代对动植物描述与分类的发展

中国幅员辽阔，南北方气候环境差异较大，因此南方有许多异于北方的物产。又因为中国古代政治文化中心多位于北方，当时南方许多奇花异果并不为人所知。进入汉代，中国进入了历史上第一个强盛时期，社会稳定，经济发展，人们对动植物有了更多了解。南方的物产也越来越受到重视，出现了很多“异物志”。这些“异物志”实际上就是对南方动植物资源调查的研究成果。《南州异物志》记载了几十种动植物，作者万震对它们的描述相当细致。比如作者对甘蕉的描述：“甘蕉，乃草类也。望之如树株，大者一围余。叶长丈许，广尺余至二尺。其茎虚软如芋，皆重皮相裹。根如芋魁，青色，大者如车毂。花着茎末，大如酒杯，形色如莲花。子各为房，实随花长，每花一阖，各有六子，先后相次，子不俱生，花不俱落也。蕉子凡三种，未熟时皆苦涩，熟时皆甜而脆，味如葡萄，可以疗饥。一种子大如拇指，长六七寸，锐似羊角，两两相抱者，名羊角蕉，剥其皮黄白色，味最甘美。一种子大如鸡卵，有类牛乳者，名牛乳蕉，味微减。一种子大如藕，长四五寸，形正方者，名‘方蕉’，少甘，味最弱也。”万震准确地将甘蔗归为“草类”，说明当时人们已经能更好地区分草本植物和木本植物。万震还根据果实形状和味道将甘蔗类分为了三种，说明当时人们对植物的分类已经较为细致。

随着人们对南方“异物”逐渐熟悉，“异物”便成了“普物”，“异物志”也逐渐被普通的志所取代。《南方草木状》为晋代嵇含所著，是一部专门记述南方植物的著作。该书在《尔雅》草、木两类的基础上，扩充了果、竹两类，并且把植物的气味、花香等特点作为分类的依据，很有科学性和创造性。[3]

在这些物志的基础之上，专门研究某种动植物的专著——专谱出现了。专谱专攻一术，仅对某一动植物进行性状、生理、习性、驯化、养殖、繁育、经济效益甚至生态方面进行详尽的描述。比较有名的有《相马经》《竹谱》等。这些专谱中对动植物的分类有了更加明确而科学的依据。比如《相马经》中就有根据马的解剖生理学知识对马的分类；《竹谱》中对不同种竹的叶的描述比较详尽，如“叶大如履”、“叶薄而广”、“长爽细叶”等。

这些“志”“状”“经”“谱”等学术资料表明，汉代以后，人们对动植物的认识逐渐加深，对它们的描述也逐渐具有了科学性和规范性，分类也更加细致。《诗》和《尔雅》中的各种动植物名称大约相当于现在的“科”或“属”的概念，而到这一时期，人们已将部分动植物细分到了“种”的阶元。这些科学性的描述和更加精细的分类，都是我国古代动植物分类水平提升的标志，也为后世的进一步发展指明了方向。

三 中国古代本草学对动植物描述与分类的推动

本草学是中国古代动植物分类和描述的一个重要部分。虽然本草学主要是为了辨识药物，但其主要描述对象还是动植物，尤其是植物。本草学也有力地推动着动植物描述和分类的发展。我国现存最早最完整的本草著作是《神农本草经》，书中记载了250多种植物，60多种动物。与《尔雅》不同的是，《神农本草经》当中把这些动植物分成上、中、下三品。在其序录中，列出了分类的依据：“上药一百二十种为君，主养命以应天，无毒，多服久服不伤人。欲轻身益气不老延年者，本《上经》。中药一百二十种为臣，主养性以应人，无毒，有毒，斟酌其宜，欲遏病补虚羸者，本《中经》。下药一百二十五种为佐使，主治病以应地，多毒，不可久服，欲除寒热邪气、破积聚、愈疾者，本《下经》。”《神农本草经》中的“三品分类法”是基于实用定立的，对比《尔雅》的“草木虫鱼鸟兽”分类体系，不能不说其科学性是一个倒退。随着对药用动植物种类认识的不断扩大，三品分类法必定要被替代。南北朝时期陶弘景根据《神农本草经》编著的《本草经集注》便突破了传统的三品分类法，将药物先按照“玉石、草木、虫兽、果菜、米食、有名、未用”分类，再按照功效分为上、中、下三品。这种分类方法较三品分类法更加科学化、系统化，也利于收录大量药品。同时，《本草经集注》对药用动植物的性状及鉴别的描述也较为细致。例如“燕有两种，有胡、越。紫胸轻小者是越燕，不入药用。胸斑黑，声大者，是胡燕。”

《唐本草》是世界上最早的一部由国家编订并颁布的药学专著，被认为是世界上最早出现的药典。分为三部分：正文、药图和图经。《正文》即通称《新修本草》凡20卷，目录1卷；药图25卷，目录1卷；图经（即图释）7卷。收录药物800余种。动植物药的分类沿袭了《本草经集注》，并将草木、虫兽二部再细为草部、木部、兽禽部、虫鱼部四部。分类上有所创新。而在对动植物的描述上，《唐本草》的图及图释堪称一大成就。药图25卷均是按照征集的实物标本绘制，详尽准确，还配有翔实的说明文字，即图经7卷。开创了图文并茂的动植物描述方式，不仅便于人们对药物的采集和鉴别，更是一部大型的动植物图谱，实乃中国古代动植物描述研究的一大里程碑。

宋代苏颂所作的《本草图经》继承了《唐本草》图文并茂之风，而且，在对生物描述的语言上更加科学。比如对于葎草（*Humulus scandens*），书中是这样描述的：“叶如蓖麻而小薄，蔓生有细刺，花黄白，子亦类麻子”。这样的描述方式不仅准确，而且还是按照植物各器官的顺序来描述的，描述方式已接近现代。又如牛膝（*Achyranthes bidentata*）：“……叶尖圆如匙，两两相对；于节上生花作穗……”，用语基本可与现在的“椭圆披针形叶”“对生叶”“腋生穗状花序”等术语对应。该书对动植物的描述均非常注重科学性和规范性，开创了科学化、规范化、术语化描述动植物的先河，是中国古代动植物形态学描述的又一大成就。

《经史证类备急本草》是北宋时期又一部本草学著作，其中提出了一个新的分类方式，即先按照药物的自然属性分为“草、木、果、谷、菜、兽、禽、鱼、虫”，再将每一类分为上、中、下三品。此种分类方式结合了科学与实用，可算是“折衷”的分类标准。[4]

到了明代，李时珍所著《本草纲目》是我国古代本草学著作的高峰。书中打破了自《神农本草经》以来的三品分类，根据“不分三品，惟逐各部；物以类从，目随纲举”的原则，将1892种药物分为水、火、土、金石、草、谷、菜、果、木、服器、虫、鳞、介、禽、兽、人16纲，60目。如草部又分山草、芳草、隰草、毒草、蔓草、水草、石草等11目。析族区类，振纲分目，这种分类方法，即在前人“倮（也作‘羸’）鳞毛羽甲（也作‘介’）”、“草木虫鱼鸟兽”等传统的自然分类思想基础上，过渡到了符合自然演化规律系统分类思想。从无机到有机，从简单到复杂，从低级到高级，分类详明科学，是当时最完备的分类系统，不少方面与近代分类方式有所契合，对后世分类学影响颇大。

四 中国古代对动植物描述与分类的巅峰

本草学的繁荣发展强有力地推动着中国古代植物描述和分类的发展。《救荒本草》就是一个很好的例子。明初《救荒本草》是记载野生植物的专著，是从本草学中演化出来的，属于现在应用植物学范畴。该书作者朱橚，可以说是一位专业的科研工作者。他专门设置了一块“实验田”，将各种植物“植于一圃”，“躬自阅视”仔细观察，取得第一手资料。这为书中图文的准确性打下坚实的基础。美国植物学家李德（A.S.Lead）在《植物学简史》（1972 年）中赞誉《救荒本草》绘图精细，超过当时欧洲的水平。其严谨科学的工作方法，开创了中国实验生物学的先河。

《救荒本草》中，还使用了一套植物学术语。这些术语的使用，保证了准确性和确定性，有些沿用至今。如茎“延蔓”“丛生”“四楞”；叶“对生”“攒生”（丛生）“层生”（轮生）“播茎”（抱茎）；花“小铃样”（钟形花）“伞盖”（伞形）“千叶”（重瓣）；果实“长角”“短角”“蓇葖”“蒴”“荚”等。这些规范术语的运用，是该书的一大成就，对植物描述的统一性和植物学术语的形成有深远的意义。

明清时期，不仅有各种实用的本草学、应用植物学著作，更是出现了许多类似动物志和植物志这样一般性的生物学著作。如《闽中海错疏》《谭子雕虫》《植物名实图考》等。它们摆脱了实用主义，开始注重学术价值。

《闽中海错疏》作者屠本畯，记载了我国南方特别是福建地区的水生生物。分为“鳞部”（包括鱼类、虾类、不带外壳的软体动物以及青蛙等两栖类）和“介部”（包括龟类、蟹类和贝壳类软体动物）。区别于以往书籍的是，此书记载严谨，仅记述作者熟悉的内容，而不记传文或无从考证的书籍，其科学的态度值得称赞。

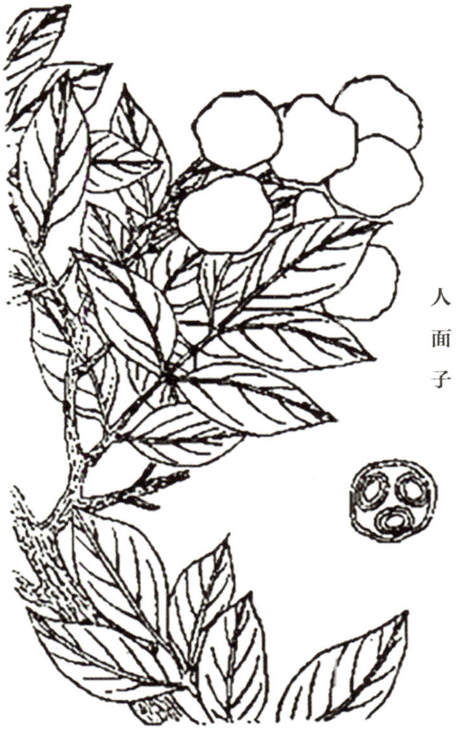

图二 《植物名实图考》绘制人面子（*Dracontomelon duperreanum* Pierre）

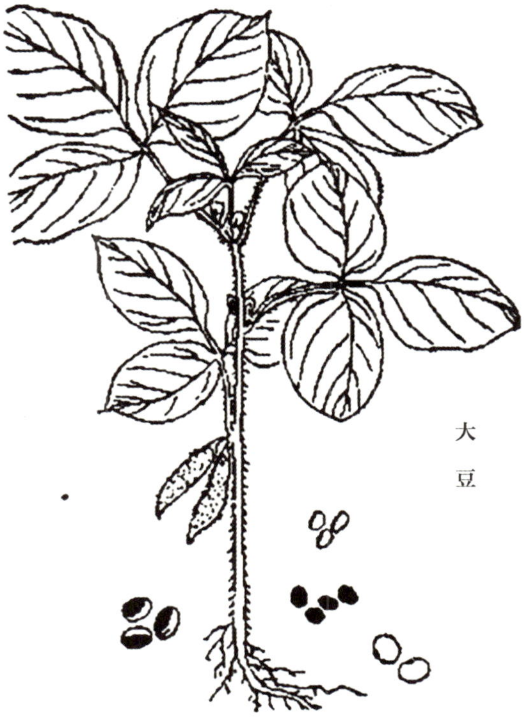

图三 《植物名实图考》绘制大豆（*Glycine max* (Linn.) Merr.）

《植物名实图考》则可以称得上是一部纯学术性专著。此书是中国古代记载植物数量最多的著作，植物种类涵盖从孢子植物到种子植物各种类群，地理分布也十分广泛。全面记载了每种植物的文献渊源，以及它们的别名、产地、形状、习性、用途等，书中插图真实准确，很多插图堪比现代植物志书，科学性极高。堪称中国古代植物描述与分类的巅峰之作。

由于该书的科学价值极高，广受近代国内外植物学者的好评。1919 年商务印书馆刊印该书时，西方学者竞相购买。日本植物学家牧野富太郎编著《日本植物图鉴》时，也把此书作为重要的参考资料。我国植物学家钟观光、斐鉴、吴征镒等，都把《植物名实图考》作为手边的工具书。直至今日，该书仍然是我国植物学者重要的参考书。

五 结 语

先人们从神农尝百草开始认识周围的动植物，进而用文字命名它们，用语言描述它们，并将他们分类记录。随着描述越来越详尽，越来越趋于规范和科学，并给它们配图，终于成就了《植物名实图考》的高峰。但是，从总体来看，我国古代的动植物描述和分类的研究多偏向于实用，对于学术性不够重视，这与我国古代统治阶级选官用人的目的和标准有关，重道而轻术。因此，虽然中国古代的动植物描述和分类成绩斐然，但却未能形成真正的系统性分类体系。

参考文献

[1-3] 罗桂环、汪子春等：《中国科学技术史·生物学卷》，科学出版社，2016年。
[4] 苟萃华、汪子春、许维枢等：《中国古代生物学史》，科学出版社，1989年。

中国古代农业的成就

文／徐旺生　北京中国农业博物馆
文／陈　辉　中央农业广播电视学校
文／黄卫国　全国畜牧总站

内容提要

中国古代在农业方面有许多发明与创造。中国是世界的栽培植物与驯化动物起源中心之一，对水稻、大豆、蚕桑与茶叶的利用被视为中国农业的四大发明。农具方面，曲辕犁的精巧令人赞叹；水利工程举世瞩目；对土地利用的形式更是充满了智慧，特别是梯田的利用。种植制度方面，复种与间作套种堪称一绝，特别是谷豆轮作，具有用地养地的功能。在生态农业方面，发明了稻鱼共生系统与桑基鱼塘系统，循环利用，没有废弃物。在种子利用方面，人们总结了一整套的种子生产技术，包括单收、单种、单藏的方法，利用穗选法，培育出了许多独特的优良品种。在植物繁殖技术方面，运用嫁接技术，方法众多，成就显著。在动物生产方面，古代中国人积累了丰富的饲养技术，并在远缘杂交方面有很多有益的尝试，在外形鉴定方面，形成了独特相畜技术体系。中兽医技术更是新颖独特，主要体现在辨证论治方面。中国古代农学思想更是博大精深，浸润了天人合一、因时因地制宜、循环利用、可持续发展的理念，这些在今天仍然具有重要的现实意义。

关键词

农业起源中心、农业四大发明、循环利用、天人合一、可持续发展

中国农业大体上经历了原始农业、传统农业和现代农业三个阶段。在现代农业以前的时期，中国在很多方面取得了领先于世界的辉煌，创造了非常多的世界第一，为文明的进步做出了重要贡献。

一　中国是世界栽培植物与驯化动物起源中心之一

从世界范围看，农业起源有三大中心和若干个小的起源地：其中三大起源中心分别是西亚、中南美洲和中国。西亚以种植小麦、大麦为主，饲养绵羊和山羊；中南美洲主要种植马铃薯、红薯、南瓜和玉米，饲养羊驼；中国作为三大起源中心之一，是许多农物种起源地。其中粮食作物有水稻、大豆、小米，茶果类有茶、桃、杏、梨、枣、桑等，蔬菜类有瓠、韭、葵、蔓菁、荷、芹、薇等；动物中的猪、水牛、狗、蚕、蜂、白蜡虫等也是在中国大地上率先驯化的。形成北方以小米，南方以水稻为主的种植业格局，并且是世界上最早并且很长一阶段时间内唯一的养蚕、栽桑并缫丝织绸，利用茶叶的国家。中国人对水稻、大豆、茶叶、桑蚕的利用，被视为农业的四大发明。

原产于中国的稻米对人类的贡献很大。现今世界上有一半以上的人口以稻米为主食。仅在亚洲，就有 20 亿人以大米及大米产品为主食。

茶最早出现于西南部地区，是中华民族的国饮，已成为风靡世界的三大饮料之一。

大豆最早起源于中国，已有 4000 年的驯化栽培的历史。在所有植物性食物中，只有大豆蛋白可以和肉、鱼等动物性食物中的蛋白质相媲美，被称为“优质蛋白”。

桑蚕的利用，很早就形成了以玉帛开道的丝绸之路，将东方的和平理性带入西欧。

二　中国古代在农具方面有众多的发明

中国古代在工具方面也有众多的发明与创造，其中犁的发明及应用是传统农业阶段的一个重要成就。新石器时代已经出现了耒，再到耒耜、石犁，再到青铜犁、铁犁、

直辕犁、曲辕犁，完成了一个连续的发展过程。春秋时期开始利用牛来拉犁，大大提高了劳动效率。在唐代，为了适应南方水田耕作的需要，犁辕作了改进，由长变短，由直变曲，当时称之为曲辕犁。在犁的形制方面，中国走在世界的前列。据研究，全世界共有六种犁：地中海勾辕犁、日耳曼方型犁、俄罗斯对犁、印度犁、马来犁及中国框形犁。中国框形犁与其他五种类型相比，有两个突出的特点：一是至迟到了公元一世纪前后的汉代就已采用了铁制的曲面犁壁，有了犁壁不仅能够更好的碎土，还可作垡起垄，进行条播，有利于田间操作及管理。二是富于摆动性，即操作时犁身可以摆动，曲辕犁不仅机动性强，便于调节耕深、耕幅，而且也轻巧柔便，利于回旋周转，适合于在细小的地块上耕作。

汉代赵过发明了播种机械——耧犁，也叫耧车。具体使用方法是一人一牛操作三条腿的耧，开沟播种，可日播一百亩地。耧犁就是现代播种机的雏形。

在灌溉工具方面，东汉的毕岚发明了手摇翻车，初时用来提水浇洒道路，三国时马钧又加以改进，在农业上用于灌溉，这就是目前的翻车。

风扇车也是中国人在汉代的发明，它是一种能产生风的机械，也叫飏扇、扬谷器、扇车或扬车。风扇车由人力驱动，用于除去粮食中所含有的沙土、杂质以及不饱满谷粒。

三 伟大的水利工程

水利是农业的命脉。大约自秦汉开始，农业形成了以种植业为主的格局，水利工程成为国家的重要事务，历代政府十分重视水利建设。历史上著名的水利工程众多，其中春秋时期有期思陂和芍陂。战国时期的漳水十二渠，是以漳水为源的大型引水灌溉渠系，使大片土地成为旱涝保收的良田。关中地区则修建了著名的郑国渠灌溉工程,使该地区成为“沃野”之地。郑国渠是公元前 246 年由韩国水工郑国主持兴建的。由于这条水渠的修建，使得八百里秦川一跃变成了良田沃土，灌溉条件改善以后，关中地区的粮食，主要是小麦的产量大幅度增加，为兼并东六国提供了物质基础。战国后期的都江堰水利工程，是将岷江水流分成两条，其中一条水流引入成都平原，这样既可以分洪减灾，又可以引水灌田、变害为利。主体工程包括鱼嘴分水堤、飞沙堰溢洪道和宝瓶口进水口。从此成都一带号称天府之国。

西汉时兴修的农田灌溉工程主要分布在关中地区，其次为西北地区。唐和宋朝，随着社会生产的进步，农田水利也有较大的发展。据《新唐书·地理志》等记载，唐代修建的农田水利工程达 1130 多项，多是小规模水利工程。唐代水利工程，中唐以前主要位于北方。安史之乱以后，水利工程向南方转移，南方地区逐渐占多数，主要集中在长江下游一带，主要体现在围田的开发利用。宋代以后，南方占优的情况更突出。据近人统计，全国水利工程有 1046 项，其中江苏、浙江与福建共占 853 项，几乎是其大部。明清时期的水利工程延续宋代传统，仍然以小型为主，重要内容是东南沿海的海塘修建，北京周围的漕运维护，新疆地区的坎儿井利用，华北地区的井灌利用等。

四 多样的土地利用方式

对于从事农业生产来说，最好的土地是平原地区，但是当人口增长以后，容易利用的平原土地开发完毕后，促使人们发明了其他土地利用形式，如在湖滨河滩地区出现了围田、垛田、垸田，在湖区水面上出现了架田，葑田，在山地与丘陵分别出现了梯田与冲田。

其中围田是人们利用濒河滩地、湖泊淤地而发展起来的一种农田。“围田”通过筑堤挡水护田的利用方式，能够旱涝保收，促成了江南的开发与繁荣，使得在唐代以后成为经济中心。梯田在唐代云南一带已经出现，是在山坡地上沿等高线筑成台阶，田面基本平坦，在坡地边缘用土和石垒成梯状田埂的农田。梯田可改变地形坡度，拦蓄雨水，防治水土流失，可达到保水、保土、保肥的目的。由于梯田顶部有植物涵养水分，提供给所种水稻的需求，所以能够利用水稻比旱作作物产量高的特点，大大提升了山地的利用价值。

五 精耕细作的技术体系

精耕细作是中国古代北方农业经过长期探索，创造出来的一种合理的生产模式。具体是指在一定面积的土地上，投入较多的生产资料、劳动和技术，进行细致的土地耕作，最大限度提高单位面积产量。其内容在北方包括耕耙耱配套技术，代田法，种子处理技术，中耕除草保墒技术，肥料积制技术，间作套种技术等。这些技术的综合作用，解决了北方地区春天风沙大，土壤墒情差，种子发芽率不高的问题，具有抗旱保墒作用，使得土地有着较高的收成。隋唐以后，随着南方水田农业的发展，形成了以耕耙耖配套为特征的水田精耕细作技术体系。

六 多元立体的种植制度

轮作就是在一块土地上，轮流种植两种或以上作物的种植方式，以期达到充分利用土地，同时又不影响收成的生产模式。秦汉时期的轮作复种制有了初步发展，东汉郑玄在《周礼》注中说的“芟刈其禾，于下种麦”；“芟夷其麦，以其下种禾豆”，说明东汉时期黄河中下游地区，麦豆谷之间轮作复种的两年三熟制已经占有一定的比重。

贾思勰的《齐民要术》对各种作物轮作组合做了比较，得出豆类作物是谷类作物前作的结论，即上策是先种豆，然后种粮食作物，从而为当时合理轮作确立了豆谷轮作的格局。

除了轮作复种外，人们还发明了“间作”“套种”的方式，其中“间作”就是两种作物间隔种植，《齐民要术》中总结了间作套作的经验，认为在桑间种植小豆绿豆，有“二豆良美，润泽益桑”的功效。“套种”是指生长期不同的作物，前一种还没有收获完毕，在田间播种后一种作物，以节约时间，且相互之间不干扰的耕作方式。套种发展到后来多是麦子田里种花生与棉花，以不误农时。

七 循环利用的生态农业

古代人们善于利用各种动物与植物之间存在的独特关系，创造了循环利用的生态农业模式。一是利用水稻，在南方构筑了大的种养结合生态循环利用系统，这个系统由牛、猪和水稻构成，牛耕地，猪积肥，然后人吃稻穗顶端的大米，猪吃稻米的副产品米糠，牛平时吃野外杂草，冬天吃稻草茎，因为它能够利用稻草里的纤维素，稻根也能肥田。水稻全身是宝，所有的物质都能够被利用，利用后的废弃物——粪便，包括人与畜的，都能够回到田里，形成了一个循环利用的生态系统，没有废弃物。

其次是水稻与鱼、鸭等动物构成小的生态循环利用系统，被称作稻鱼等共生系统。明清时期，人们发现在稻田养鱼是一种很好的解决耕地面积有限，生存空间狭小，动物蛋白质不足问题的方式。这种生产系统的代表，浙江青田稻鱼共生系统在 2005 年被联合国粮农组织评定为首批全球重要农业文化遗产。

桑基鱼塘是明清时期人们发明的种桑养蚕与池塘养鱼相结合的又一生态种植方式。具体是在池埂上或池塘附近种植桑树，以桑叶养蚕，以蚕沙、蚕蛹等作鱼饵料，以塘泥作为桑树肥料，形成池埂种桑，桑叶养蚕，蚕蛹喂鱼，塘泥肥桑的生产结构或生产链条，达到鱼蚕兼取的效果。清代在广东一带，又将桑基鱼塘扩展为菜基鱼塘，蔗基鱼塘，果基鱼塘。

此外，一项特别的生态模式也被古人发明利用，即水旱轮作，主要是水稻与麦子之间的轮作，具有良好的生态价值。其具体意义是：其一有利于土壤养分的良性循环；其二改善土壤的理化性状，长期种稻的土壤容易板结，如果与棉花轮作，可使土壤疏松；三是减轻病虫危害和农田污染作物病害；四是能够消除杂草；五是有利于充分利用土壤中各层次养分。

八 独特的种子利用与植物繁殖技术

中国古代在作物种子技术与果树繁殖技术上也有重要贡献。人们总结了一整套的种子生产技术，包括单收、单种、单藏的方法。在育种上，利用穗选法，培育出了独特的品种。

清代康熙皇帝是少有的对农业感兴趣，并亲自培育了一个新水稻品种——“御稻”的皇帝。具体是皇家园林丰泽园中有水田几块，种上了稻谷，一般至九月始收获。有一年的六月下旬，谷穗刚刚开花。康熙忽然发现一棵稻穗高出众稻之上，已经结实。因此收藏其种，待来年检验其是否还是早熟。到了第二年六月时，此种果然还是先熟。从此年年种植。后来逐渐培育出一个新的稻作品种“御稻”。

果树类嫁接技术也是古代的重要发明。嫁接技术在中国至迟到战国后期就已经出现。到了魏晋南北朝时期，《齐民要术》对有关嫁接的原理、方法，都有比较详备的记载。《齐民要术》在《种梨第三十七》里指出：嫁接的梨树结果比实生苗快，方法是用棠梨或杜梨做砧木，最好是在梨树幼叶刚刚露出的时候。

九 独特的动物养殖技术

（一）在马饲养方面有许多宝贵的经验

北魏时《齐民要术》指出“食有三刍，饮有三时”，意思是说饲料的品质不可太单一，饲饮要有定时。“凡草宜择新草，细锉筛簸石土”，意思是说饲马的草要新鲜，不可用发霉腐败的草，而且要铡碎簸去石土，因为马的消化器官最容易犯病，吃了发霉不洁的草，很容易发生疝痛而置马于死地。清代《三农纪》中说“每日清晨毕宜出厩，系高桩，梳刷毛鬣，候抵午，入厩复饲，饲毕又移拴厩外，临晚饮水毕牵游一二百步，入厩缓饲。”这种每日注意刷试、行日光浴和做轻便运动的合理办法，直到现在仍在运用。

（二）科学的猪饲养管理方法

在仔猪培育方面，早在公元六世纪以前就有了仔猪的补料方法，并采用补饲栏，以营养丰富的饲料喂饲幼猪。《齐民要术》记载说:“供食豚，乳下者佳，简取别饲之。愁其不肥，共母同圈，粟豆难足，宜埋车轮为食场，散粟豆于内。小豚足食，出入自由，则肥速。”在这样的培育条件下，充分利用了猪的早熟和易肥的优良性能。对冬天分娩产下的初生仔猪护理技术，早在公元六世纪，我们的祖先就已经掌握，这样就大大减少了初生仔猪的死亡率。

（三）家禽人工孵化法、填鸭技术、强制换羽法的发明

家禽人工孵化法究竟什么时候发明，已难于稽考。先秦时期人们已经知道家禽能够自孵，代孵也已经出现。汉代出现了鸡代鸭孵化的记载。至迟在宋代文献记载出现了人工孵化现象。罗愿的《尔雅翼》一书中说：“共鸭生子多者不暇伏，则心牛矢沤而出者”，意思就是用人工的方法来孵化鸭蛋。

北京鸭味美可口，早在明代已为人们所熟知。这是由于发明了填鸭肥育技术，改善了鸭的肉质的缘故。北京鸭一般在孵出后六七十日就开始填肥。

人们在掌握了鸭的生长发育规律前提下，发明了人工止卵和强制换羽技术，延长了鸭的产卵期，自然产蛋量相应增加。

（四）古代相畜学说

相畜学说在中国是一门古老的科学，起源于没有文字记载的以前。人们根据家畜的外形，来判断家畜的生理机能特点和生产性能，以此作为识别牲畜品质好坏和选留种畜的依据，形成了相畜术。

春秋战国时期出现了很多著名的相畜名家，相牛方面最著名的要数春秋时期卫国的宁戚了。他著有《相牛经》，这部书虽早已散失，但它的宝贵经验一直在民间流传，对后世牛种的改良，起过很大作用。相马的理论和技术，成就更大，有过很多相马学家。历史上最著名是春秋时期的伯乐，他总结了过去以及当时相马名家的经验，加上他自己在实践中的体会，写成《相马经》，奠定了在相畜学上的崇高地位。战国时期的《吕氏春秋·观表篇》提到当时的相马技术已经细分到部位，每一个部位都有善于判断的能手，具体是寒风相口齿，麻朝相脸颊，子女厉相眼睛，卫忌相髭须，投伐褐相胸胁，陈悲相股脚，秦牙相畜体前部，赞君相畜体后部，说明当时相马技术已经十分发达。汉代已有完整的《相六畜》书和铜质的良马模型。到了盛唐时候，更有进一步的发展。相畜学说对于后世家畜品质的提高，起过很大的作用。

（五）动物杂交优势利用

1. 马驴杂交

在杂交利用方面，最早是对马驴杂交利用。东汉时就认识到了马驴杂交的好处。《齐民要术》指出杂交时要父强母壮，才能生产出优良的骡或驴骡来。此外，《齐民要术》中还有远缘杂交可使生物产生变异和杂种优势的记述，并已揭示了远缘杂交的后代杂种不育的事实。

2. 犏牛利用。犏牛是牦牛和黄牛杂交产生的，其性格之驯顺、产乳量之高、肉味之美、毛之软长、耐役能力之强及对气候变化的适应性，均远胜于牦牛。它的培育成功，是藏族先民对动物远缘杂交优势利用方面的一大创造，可与马驴杂交的骡比美。据藏文文献记载，约在公元六世纪雅隆部落第三代首领达布聂塞定居清哇达孜官堡时，雅隆居民已养骡子、犏牛等杂交畜种。

3. 家禽远缘杂交育种。家禽的远缘杂交育种这时亦已见于记载。清嘉庆《札朴》说，即云南傣族地区有野鸡与家鸡交，后代体大而声清。清代《鸽经》中记有一种名叫“夜游”的家鸽，是用家鸽和鸠杂交而成的。清末《闽产录异》记载的半番鸭，是雄番鸭与雌菜鸭杂交所产生的后代。

4. 家蚕的杂交

关于蚕的杂交利用，出现在明代。宋应星《天工开物·乃服》记载用一化性的雄蛾与二化性的雌蛾杂交，通过人工选择培育出新的良种。该书还记载：“若将白雄配黄雌，则其嗣变成褐茧。”在养蚕方面对杂交优势的发现和利用，是中国古代蚕业科学中的重要成就。

（六）辩证的中兽医技术

中国最早记有“兽医”二字的文献是战国时期的《周礼》，讲到兽医的职掌是治疗内外科疾病。治疗内科病，采用口服汤药，缓和病势，节制它的行动，观察它的表现和症状，妥善调养。治外科病，也是服药，并且用手术割治，把脓血恶液排除，然后再用药治，使它休养，并注意调养。说明当时兽医技术已经比较科学合理，不仅已经有了内外科的区分，而且制订了诊疗程序，

并且重视护理。

中国兽医学有自己独特的体系，其基本理论原则最早源于公元前三世纪的《内经》。汉代的《神农本草经》是最早的一部人畜通用的药学专著，书中特别提到“牛扁疗牛病”“桐叶治猪疮”以及雄黄治疥癣等。北魏《齐民要术》有畜牧兽医专卷，记有家畜疾病治疗技术方法四十多种。隋代兽医学的分科已经比较完善，关于病症的诊治、药方和针灸都有专著。此后，唐、宋、元、明、清各代，都有不少专门的兽医著作出现。其中唐代李石编著的《司牧安骥集》，是现存比较完整的一部中兽医古典著作，对于中兽医理论和技术都有比较全面的论述，它也是中国最早的一部兽医教科书。明代喻本元、喻本亨编著了著名的《元亨疗马集》，内容丰富，也是在国内外流传较广的一部中兽医古典著作。

针灸治疗家畜疾病，距今三千多年前已有文字记载。西汉刘向著《列仙传》中，记有马师皇（相传是黄帝时的兽医，善医马，被后世尊为兽医鼻祖）用针“针其唇下及口中和甘草汤治愈”的记载。说明中兽医“方不离针，针不离方”的传统由来已久。中兽医针灸疗法到公元 5 世纪流传到国外，它在今天的世界兽医学中仍然是一种独特的、非常有价值的医疗技术。

（七）对昆虫的利用

中国古代对昆虫的利用三要表现在蚕、蜂及白蜡虫、五倍子的利用上。

前文已经提到，中国是最早利用蚕的吐丝性能并且在相当长的时间内是唯一利用蚕的国家。考古工作者在河北正定南阳庄发掘了一处仰韶文化遗址，遗址中出土了两件陶蚕蛹。在距今 5000 多年前山西夏县西阴村新石器时代遗址中发现了一个似蚕的茧壳。在浙江吴兴钱山漾新石器遗址中发现了一批丝织品，有绢片、丝带和丝线。这些都表明利用蚕并织丝已经出现。

春秋战国时期蚕桑生产继续发展，成为当时农业生产中主要部门之一。当时蚕业的重心在黄河流域，泰山南北的齐鲁是当时最重要的蚕桑产区之一。当时蚕业技术的进步，主要反映在以下几方面：

一是桑树栽植出现了多种剪定型式，已从自然生态的乔木生长形式，过渡到人为利用的各种栽培形式。

二是对蚕的生理特性进行了初步观察，战国时代大思想家——荀况的《蚕赋》，全文只有 169 字，把蚕的一生作了栩栩如生的高度概括。

三是在养蚕技术方面积累了不少经验。根据《礼记》的记载，其养蚕技术要点如下：宫廷养蚕已有讲究的专用蚕室；母蛾产卵后，有了成套的蚕具设施。有了浴种消毒的措施；重视蚕病防治；提出了忌喂湿叶的要求，强调要注意保温，大蚕切忌受闷，即太密闭了。

魏晋南北朝史籍中所反映的蚕桑技术，较之秦汉时期有显著的进步。这一时期的人们还发明了“永嘉八辈蚕”养殖法。正常年份一年只能养二辈蚕，叫二化蚕，但是在浙江永嘉地区，一年却能够养八辈蚕。当时的人们通过低温的方式处理蚕种，能够养八辈，殊为独特，特别是桑叶丰盛的时期使用，可以大大增加了蚕茧的产量。

在缫丝方面，继“盐腌缫丝法”后新发明的方法，具体是在蚕结茧时用炭火烤，叫出口干；还有一种方法是煮蚕茧的锅内缫出的生丝，使之迅速干燥，叫出水干。两种方法都能够使得蚕丝柔韧有力，白净晶莹。当时还出现了著名的丝织品牌，如浙江湖州南浔的辑里丝，闻名天下。

除了养蚕，蜂的利用历史也是十分悠久。中国的养蜂建立在对蜜蜂的生活习性的了解之上。早在西晋时期，郭璞在注《蜜蜂赋》中细致地描述了蜜蜂的生活习性。蜜蜂的养殖开始于招养阶段，就是将野生的蜜蜂从野外招至家中进行驯养。西晋张华《博物志》记载了用木桶收集野蜂的方法。宋元时期是中国蜂的家养阶段，养蜂业及其技术已达到了较高的水平。元代《农桑辑要》记述的养蜂技术非常详细。明代的家庭养蜂相当普遍，从官府到百姓人家，养蜂取蜜已形成风尚。在南方还出现养数十群蜂的专业户和专业蜂场。

白蜡虫饲养主要是用来采收白蜡。文献中关于白蜡虫的记载最早见于唐代的《元和郡县志》，当时白蜡虫已被作为贡品。宋代白蜡虫的饲养扩展到了江南地区，且形成了成熟的饲养技术。

关于五倍子的饲养，主要目的是用于作药物和染料。宋代是五倍子利用的大发展时期，重点产区是在四川。

十 独特的农业思想体系

人们在漫长的生产过程中，积累了丰富的生产经验，同时也开始总结规律，形成了一系列的农学思想与哲学体系，用于指导生产过程，以便获得更多的农产品。其体系主要表现在以下六个方面：

（一）协调统一的“三才”观

“三才”理论是中国传统农业的指导思想。“三才”最初出现在战国时代的《易传》中，它专指天、地、人，或天道、地道、人道的关系。“三才”理论是从农业实践经验中孕育出来的，形成一种理论后推广应用到社会的政治、经济、思想、文化等各个领域。《吕氏春秋·审时》中说道：“夫稼，为之者人也，生之者地也，养之者天也。”在“三才”理论体系中，“人”既不是大自然（“天”与“地”）的奴隶，也不是大自然的主宰，而是参与者和调控者。人和自然不是对抗的关系，而是协调和谐的关系。

（二）顺天应季的农时观

中国传统农业有着很强的农时观念。《尚书·尧典》提出“食哉唯时”，把掌握农时当作解决民食的关键。先秦诸子虽然政见不同，但都主张“不违农时”。遵循这一原则，古代人发明了二十四节气的概念，将一年中太阳运行的时间分为二十四个时段，根据每个时段的气候特点、雨水状况，然后安排农事，指导生产，其中心思想是要把握农时。联合国教科文组织在2016年底将中国的二十四节气列为人类非物质文化遗产名录，肯定了其重要价值。

（三）肥瘠可变的地力观

土地是农作物和畜禽生长的载体，土地种庄稼是要消耗地力的，若地力不能获得补充和恢复，收成就不好。所以古代非常注重地力恢复的问题，主要通过用地与养地相结合的办法，通过施肥的方式培肥地力，改良土壤。这样，战国时代已能够从休闲制过渡到连种制，比西方各国早约1000年。人们在不断提高土地利用率和生产率的同时，地力并没有衰竭，反而还越种越肥。宋代农学家陈旉提出的“地力常新壮”论，其观点源自战国时期《吕氏春秋》“任地”篇“地可使肥,又可使棘”的观点。陈旉《农书》认为如能经常在耕地上增添肥沃的新土，并多施用肥料，就可以培肥地力，使土壤变得肥美，地力保持新壮。

（四）因势利导的物性观

农作物各有不同的特点，需要依据播种时间、土壤类型等采取不同的栽培技术、管理措施。人们把这概括为“物宜”“时宜”和“地宜”，合称“三宜”。早在先秦时代，人们就认识到“橘逾淮北而为枳”，这就是风土观念。但是，作物的风土适应性是可以人为改变的。生物与环境的关系也是可变的，只要我们处理得当，就会向着有利于人类的方向发展与演变。正是在这种物性可变论的指引下，中国古代先民们一直在本土培育新品种和从域外引进新物种，源源不断地为农业持续发展增添新的元素。

（五）废弃物资源化利用的循环观

在中国传统农业中，施肥是废弃物资源化利用和实现农业生产系统内部物质良性循环的关键一环。《说文解字》解释“粪”本义是“弃除”或“弃除物”。后来，“粪”就逐渐变为施肥和肥料的专称，称为用粪肥田。自战国以来，人们不断开辟肥料来源用于生产。清代农学家杨屾的《知本提纲》列出十大类肥料，包括人粪、牲畜粪、草粪（天然绿肥）、火粪（包括草木灰、熏土、炕土、墙土等）、泥粪（河塘淤泥）、骨蛤灰粪、苗粪（人工绿肥）、渣粪（饼肥）、黑豆粪、皮毛粪等，细分约一百三十多种，差不多包括了城乡生产和生活中的所有废弃物，以及大自然中部分能够用作肥料的物质。而循环利用的典型代表就是前述的生态农业模式。

（六）可持续的利用观

早在先秦时代已经有了一套相当成熟的对林业资源、渔业资源、野生动物资源的合理利用措施，目的是能够持续利用。这些措施可以用“以时禁发”来概括，也就是只允许在一定时期内和一定程度上猎获采集这些动植物，禁止在它们萌发、孕育和幼小的时候采集或者捕猎,更不允许焚林而蒐,竭泽而渔。提倡“以时禁发”，其中“禁”就是保护，“发”就是利用，也就是在保护基础上有限制地利用。“斧斤以时入山林，材木不可胜用也”。今天伏季休渔政策出台可以远溯至这一思想。这一思想又从技术层面延伸至经济层面，不能“寅吃卯粮”，如《墨子》一方面强调农夫“耕稼树艺，多聚菽粟”，另一方面提倡“节用”，书中有专论“节用”的上中下三篇。“节用”就是节制消费，认识到作物的生长是有限度的，如果用之不节制，则所得就会枯竭。前者是对自然的有序利用，后者则是对收获物要有合理的规划，要节制消费。最后进入到政治层面，要求政府对百姓要取之有度。

十一 结 语

中国古代农业的发展，支撑着文明的发展，也博得世界的称赞。德国农业化学创始人李比希（J. Liebig）认为中国对有机肥的利用是无与伦比的创造，他将中国农业视为“合理农业的典范”。

为应对严重土壤退化问题，20世纪初，美国国家土壤局局长富兰克林·金（Franklin King）专程来中国考察农业。他感到惊奇的是中国的土地连续耕种了几千年不仅没有出现土壤退化的现象，反而越种越肥沃。他撰成《四千年农夫》一书，总结了中国农业以豆科作物为核心的合理轮作和使用有机肥的八种方法，希望西方农业学习和借鉴。

中国的农业以循环与生态为特征，精耕细作，用占世界7%的耕地，供养着占20%以上的人口。

今天，随着近代工业革命推向世界，工业化要素如农药与化肥大量使用，人类对土地的利用越来越偏离合理利用的轨道，环境问题日趋严重，土壤酸化、中毒、板结，重金属超标，微生物减少，水污染严重，废弃物质大量集聚，农业的不可持续问题突出，如何在现代农业发展与环境之间寻求一个合理的支撑点，是我们今天迫切需要认真思考及解决的问题。而从中国古代农业思想体系和丰富实践的结晶中，也许能够获得化解的药方。

参考文献

[1] 梁家勉主编：《中国农业科学技术史稿》，农业出版社，1989年。
[2]《中国农业百科全书·农业历史卷》，农业出版社，1995年。
[3] 王思明、沈志忠：《中国农业发明创造对世界的影响——在2011年“农业考古与农业现代化”论坛上的演讲》，《农业考古》，2012年1期。

山东古代建筑与建筑构造发展简述

文/刘晶 山东科技大学

内容提要

木构架建筑是中国传统建筑形式，山东地区古代建筑为典型的北方抬梁式建筑结构。建筑是社会发展的缩影，自新石器时代开始，山东的原始先民就已开始了建筑的匠心营造，建筑发展史也承接着区域的文明史和科技史。山东保存至今的早期木结构建筑数量较少，但其中不乏精巧的构造，极为独特。

关键词

山东　木结构建筑　构造　斗拱

山东地理位置优越，属海岱文化圈，是我国文明萌发最早的地区之一[1]，自古是文化与经济繁荣区域。山东古代建筑属我国北方木结构抬梁式发展体系，且建筑体系形成较早，虽然由于各种原因遗留至今的早期古建筑数量整体较少，但我们从史料、建筑遗址、壁画、墓葬等资料中，还是能够比较全面地了解山东的建筑历史和建筑结构发展概况。

一　灿烂文明下早期建筑营造意识的萌发

从四五十万年前的“沂源人”开始一直到二三万年前的旧石器时代，泰沂山区、沂沭河流域、汶泗河流域的山洞、丘陵与平原，首先成为原始先民居住生活的场所[2]。从基于人类本能的居址选择标准发展到有氏族制度和聚落可能的初期营造意识的萌发，人类经历了漫长的荒蛮时期，逐渐蹒跚学步走向文明。

大汶口文化和龙山文化时期，山东区域已步入文明发达阶段，聚落、城市、邦国产生，房屋建筑由半地穴、浅地穴发展为地面建筑，并开始出现夯土台基建筑[3]，简单地以梁柱承重的框架式建筑体系已初步形成，房屋构造由茅茨土阶向木骨泥墙发展（见图一）[4]。

图一　大汶口文化遗址 F6 房址

图二　齐都临淄西墙排水道口

图三　聊城高唐县固河村出土的东汉绿釉陶楼，脊端起翘明显

鲁都曲阜和齐都临淄两大都城的营造，是奴隶社会时期齐鲁最重要的建设工程。从都城遗址可见，城市功能已确立，城门设门阙[5]，皇城、宫殿区、居住区、作坊区、墓葬区分区明确，防御、交通、排水功能完善（见图二）[6]。房屋建筑构件包括出檐、挑斡结构、梁、柱、檩、柱础、四面坡屋顶、夯土墙、廊道、砖、瓦等均已产生。同时以《周礼·考工记》"匠人"篇为代表的中国文化背景下的城市营造理论已形成，"匠人营国，方九里，旁三门。国中九经九纬，经涂九轨，左祖右社，面朝后市，市朝一夫"的方国体系发展为古代中国上至国都下至宫宇的营造规制，这一时期也确立了中国木构架建筑与建筑环境营造的"天人合一"的精神文化基础。《史记·封禅书》所载泰山北麓的周明堂，是泰山区域最早见于记载的建筑。

二 高潮迭起的山东封建时代建筑

在国家博物馆古代中国馆中，有一件山东聊城高唐县固河村出土的东汉绿釉陶楼非常醒目，这件建筑明器共四层，高达 1.4 米（见图三）[7]。建筑明器在两汉时期特别是东汉时期的墓葬中极为流行，从初始的陶仓、陶井、陶圈、陶屋到后期精美的多层施釉陶楼，展示了两汉建筑发展以及建筑构件演化的过程。这件陶楼不仅是汉代山东建筑发展的一个缩影，也是我国建筑明器的上乘之作。两汉时期，基于儒家孝道以及"事死如事生"和"尸解羽化成仙"的道家思想，两汉厚葬之风盛行，齐鲁经济富庶便更是如此。现在全国范围内虽无两汉时期地面木结构建筑留存，但通过史料、画像石、壁画、汉阙、建筑明器、墓葬建筑、石祠享堂等相关资料，我们能够对两汉时期建筑有相对明确的了解[8]。

两汉至魏晋时期是木构架建筑结构与构件重要的形成与发展期，楼阁式建筑、阙式建筑、庭院成为画像石、画像砖、壁画的重要表现内容，屋宇、亭、台、楼、阁、廊以及飞阁、门阙、桥梁、华表等建筑形式以散点透视的形式被细致刻画，华丽规整的墓室也被以仿木建筑的形式加以营建。屋宇为四坡顶（四阿顶）或两坡顶，一科二升栱、一科三升栱、转角斗栱、补间斗栱、曲臂栱、华栱、齐心科、替木、蜀柱、脊饰等重要的建筑构件形成并逐渐成熟，出跳、收分卷杀、侧角、枓欹内凹等构造业已形成，对大屋顶、出檐的支承和稳定体系建立，济南长清孝里镇东汉时期的郭氏石祠是我国目前遗存最早的地面建筑。魏晋时期，佛教流布于山东并普及于民间，竺僧朗最早营造了泰山北麓的朗公寺（隋改为神通寺）。山东地区魏晋时期建筑遗迹留存至今的为数不多，但通过魏晋石窟和佛造像窖藏[9]，可推想当时寺院之宏大，建筑的发展不会逊于其他省份。

唐宋时期，高度的经济、文化发展也充分显现于建筑之中，宗教建筑发展尤为突出，济南长清灵岩寺、神通寺，泰安岱庙、汶上宝相寺、淄博颜文姜祠等都曾是唐宋时期较大规模的建筑群。山东目前保存较为完好的早期木构架单体建筑有广饶关帝庙正殿（南宋建炎二年）[10]、博山颜文姜祠正殿（宋元）[11]、曲阜孔庙碑亭（金元）[12]、宁阳颜庙（元）等（见图四）建筑[13]。另山东保留有一定数量的唐宋时期砖石建筑，如隋、唐宋时期的砖石塔、经幢、墓塔等，亦有少部分早期木石结构构件残存于明清建筑之上。

山东区域目前地上木构架建筑留存最多的为明清时期建筑，主要为宗教建筑、市政建筑、园林建筑、民居等，如泰山明清古建筑群、曲阜三孔明清古建筑群等，各地市另有文庙、寺庙道观等为明清建筑。明清建筑特别是清代建筑与宋代之前建筑已有较大差异，主要表现在：由于木材的资源短缺和砖石材料的优势，砖石被普遍用于木构架建筑之上，砖木、砖石建筑增多，移筑造、减柱造更为普遍，“如鸟斯革，如翚斯飞”的大出檐并柔和曲线的大屋顶逐渐消失，重要承重构件硕大的斗栱被更具装饰性的花朵瓣斗栱所替代，侧脚消失而变为墙体垂直，柱径与柱高比值拉大使柱体更为纤细，由此建筑的技术构造美、构件简约美演化为更加注重装饰和建筑组合。

图四　宁阳颜庙元代屋架结构

三 主要建筑结构与建筑构件的形成与演化

通过考古资料可以看出，山东地区新石器时代的原始先民就已有意识地进行居住建筑和环境的营造。

至少在距今 8300—7500 年之间的后李文化时期，氏族群落居址便已开挖了具有防御功能的环壕体系，半地穴房址已开始使用木柱对房屋进行支撑以增加稳定性，木柱使用位置相对规律，但柱距不等距，房屋拐角处加有木柱。在后李文化时期的小荆山遗址中已发现了柱础的使用，房址活动面依据采光与通风方向设置门道，室内具有炊饮、居住、加工、储藏等功能分区，睡眠区多经过烧灼或加以烧土为垫层，这标示着人类生活质量的提高[14]。大汶口及北辛文化时期的房舍已设中心柱、台阶式门道、沟槽埋柱式墙基，柱洞多为斜壁内收，房屋推测为两面坡建筑[15]。文字也具有了产生的可能[16]。

在藤县前掌大商代墓葬遗址上，建筑台基已被使用，地上房屋开始使用墙体，真正意义上的木骨泥墙建筑诞生，屋顶、屋柱、台基作为中国古建筑三个主要部分业已形成。柱洞排列有序，等距柱距成为发展趋势[17]，屋顶由柱、墙、梁、檩条等承托，且屋顶形制初步判断为“四阿顶”[18]。

春秋战国时期木构架建筑已确立了相对完整的构造格局。通过对鲁都曲阜、齐都临淄的考古挖掘我们可以确定这两座周代诸侯王都城，从城市规划、城市基础设施的建设到单体建筑的营造均达到了较高的水平，传统木构架建筑的构造特征和基本构件形成。临淄郎家庄一号东周殉人墓中发掘出一件绘有屋宇的漆器残片，清晰地描绘了那一时期建筑的形态“（圆形漆器）外层绘房宇四座，两相对称。房宇皆平顶，有短柱承托，柱头有栱，面各三间……在房宇与内外圆之间的空隙，用四鸟、十二只鸡和四株花草填补。鸟勾喙修尾，由此一屋顶跨向另一屋顶；鸡每面三只，呈追逐奔鸣状。”[19] 这一时期的房屋建筑已开始利用蜀柱（短柱），能够清晰看到曲臂栱，但并未见栌枓，四柱三开间，以柱分开间的意识明确，明间与次间已有功能区分。同时屋脊、垂脊平直无举折，无脊饰（见图五）[20]。虽然山东并未发现汉代之前的栌枓，但在战国中山国灵寿故城中曾出土了陶栌枓和交互枓[21]，另在中山王厝墓出土的错金银四龙四凤铜方案座上出现了以一枓二升栱承托案框的结构，说明战国时期我国已产生了栌枓[22]。

两汉至魏晋南北朝时期，中国木构架建筑的构造体系得到进一步发展完善，目前两汉木质建筑无存，我们

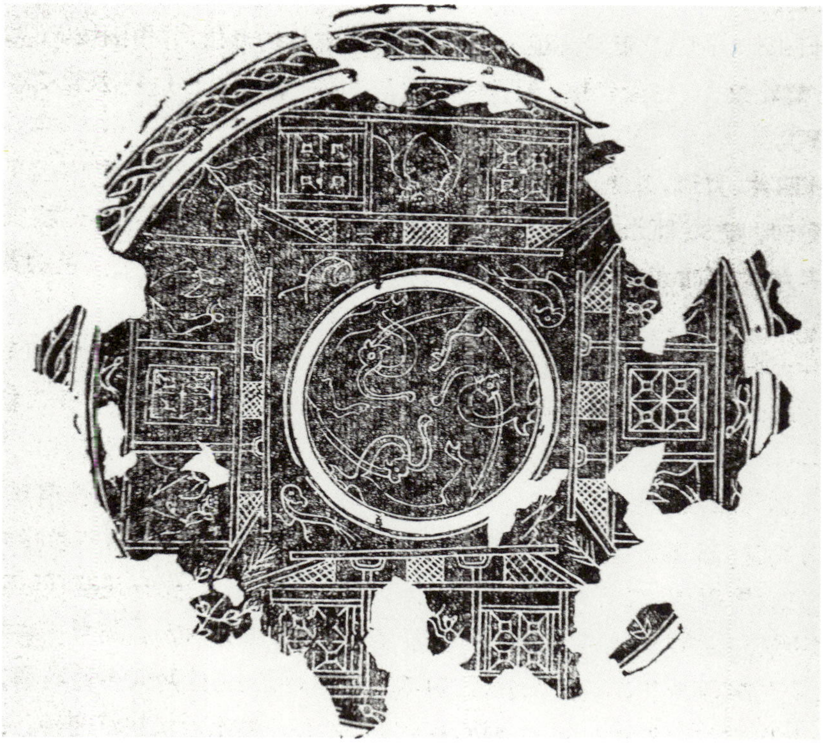

图五　临淄郎家庄一号东周殉人墓漆器残片上所绘建筑

图六　嘉祥武梁祠汉阙（147 年）

只能依据石质汉阙、墓葬、享堂、壁画以及画像石的建筑形态进行建筑分析。山东是汉代石质建筑遗存极为丰富的地区，其中汉阙、石祠享堂和画像石墓的数量与质量均远胜于其他省份（见图六）[23]。从汉代石质建筑构件上可以看到各种屋架支撑体系和稳定体系的形成与演变过程，在山东禹城双槐冢墓葬出土的建筑明器“东汉绿釉陶楼”上，清晰地出现了转角挑斡结构，虽然它只是由一根斜挑出的方头枅木上承接一节短木然后支承转角屋檐，但还是非常难得地展现出了汉代人是如何解决转角挑檐的支撑问题，这一转角支撑结构在全国已发现的陶楼结构中并不多见（见图七）。这一横挑方木便是华栱的雏形，在后期建

图七　禹城双槐冢墓葬出土的东汉绿釉陶楼上的转角挑斡结构，图片由孙洋拍摄。

图八　应县木塔上的方头华栱

图九　庞家寺汉墓中釉陶阙、釉陶楼中的鸟形脊饰和双层斗栱

筑中此种结构我们还可见，如建于辽清宁二年的应县木塔上还可散见方头华栱，虽无法确定为原构件还是后代修缮所改，但显而易见方头华栱在使用和制作上更为简便（见图八）。

1978年在宁津县庞家寺汉墓中出土的釉陶楼和釉陶阙的正脊两端中，清晰地出现了鸟形脊饰（见图九）[24]，这是极其重要的发现。在我国出土的汉代建筑文物中，比较明确的脊饰较少，多以正脊、斜脊端部微微起翘（起翘的外立面有圆形瓦当纹）为主要表征，临淄山王庄汉墓兵陶屋脊饰便是如此。又如聊城高唐县固河村出土的东汉绿釉陶楼上，正脊与斜脊端部均有大幅度起翘（只是端部屋脊起翘，并非是屋架举折），虽然已具有了脊饰的功能，但未见有独立脊饰形态出现。这种屋脊端部起翘的建筑形式成为东汉建筑常见形式，画像石建筑中多有刻画，但很明确东汉已产生脊饰。

在庞家寺汉墓中的釉陶阙和釉陶楼中，采用了双层累加挑乾结构来承托平座和挑檐。此结构由两层结构组成，一是横挑出的曲臂栱上截面加一小短柱（方木），短柱上承接三根（或两根）垂直叠加两层由短到长的枅木（后发展为替木），上层枅木上设两节方木（短柱、侏儒柱或蜀柱）；二是由小方木承接上部重复结构的枅木，最终以方木（短柱）承接屋檐（见图九）[25]，这一结构也同样出现在两城山和临淄汉墓画像石建筑的悬挑结构中。在东汉后期的北寨汉墓中，我们已可清晰地看到枅演化而成的替木。由此可见在山东区域，从无枓到出现短横木枅以及增加高度的方木，到演化为替木和散枓，至少经历了两汉时期，而同时短木柱一直在建筑中使用，正定隆兴寺唐代钟楼屋架上我们还可以见到小短柱的使用。

山东省内现存最早的地面木构架建筑为建于南宋建炎二年（1128年）的广饶关帝庙正殿，虽曾在明清和中华人民共和国成立后进行过多次修缮，但仍是目前山东省内发现的保存最为完整、年代最久的木结构建筑。此建筑为单檐歇山顶殿堂式建筑，四柱三开间三进深，台基高1.2米，侧脚、梭柱、蜀柱、人字叉手、丁华抹颏栱等早期建筑特征明显。宁阳颜庙是保存完整的元代木构架建筑，三开间，四椽袱，建筑侧脚明显，采用自然弯梁，六架平梁由承接在大梁上四架顺梁承托，即“大梁不在二梁上”，扩大了明间空间，同时脊槫下蜀柱由上下枓连接，上枓连接脊槫和叉手，下部枓形合沓内装异形栱支承蜀柱，这两种构架形式在全国木结构建筑中均极为罕见。

从以上可以看出，山东木构架建筑有如下特点，首先，山东地区的古建筑发展保持了较为领先的状态，与中原地区基本保持同步。其次，山东区域留存的早期木构架建筑数量少，但存在较高的研究价值。同时，山东地区两汉时期石质仿木建筑遗存丰富，为研究山东乃至全国前秦、两汉、魏晋时期建筑的发展提供了丰富资料。最后，基于山东地区现存多为明清时期建筑群，因此应多开展对建筑环境文化、明清壁画的研究及保护工作。

参考文献

[1] 高广仁与邵望平先生首先于1984年在《中华文明发祥地之一——海岱历史文化区》一文中提出了海岱历史文化圈的概念，此文化圈的提出，是以考古发现资料为依托，以文明的萌发为主题。详见：高广仁，邵望平：《中华文明发祥地之一——海岱历史文化区》，《史前研究》，1984年01期，8页。

[2] 《山东沂源县发现猿人化石》，《人民日报》，1982年5月7日版。

[3] 山东省博物馆等：《一九七五年东海峪遗址的发掘》，《考古》，1976年6期，382页。

[4] 图片来自：山东省文物考古研究所：《泰安市大汶口遗址2012-2013年发掘简报》，《文物》，2015年10期，12页。

[5] 韩辉、徐倩倩：《山东曲阜鲁国故城考古工作取得重要成果》，《中国文物报》，2017年3月10日5版。

[6] 山东省文物考古研究所、山东省博物馆、济宁地区文物组、曲阜县文管会编：《曲阜鲁国故城》，齐鲁书社，1982年。山东省文物管理处：《山东临淄齐故城试掘简报》，《考古》，1961年6期；群力：《临淄齐国故城勘探纪要》，《文物》，1972年5期。

[7] 山东省文物考古研究所等：《高唐县沙王庄汉代墓葬》，《海岱考古》第四辑，240页。

[8] 东汉王延寿所作《鲁灵光殿赋》，详细描述了西汉景帝之子鲁恭王刘余在鲁都曲阜所建造的灵光殿，从一个侧面较写实地反映出西汉宫殿建筑的情形。

[9] 中华人民共和国成立后发现的魏晋佛造像窖藏主要有青州龙兴寺、博兴龙华寺、临朐明道寺等北魏、东魏、北齐时期佛教造像窖藏，以及东平司里山、济南黄石崖等北齐、北魏、东魏造像窟等。

[10] 颜华：《山东广饶关帝庙正殿》，《文物》，1995年1期，59页。

[11] 肖旻、庄雪芳：《试析山东两座古代建筑的尺度规律》，《广东工业大学学报》，2003年4期，105页。

[12] 梁思成：《曲阜孔庙之建筑及其修建计划》，《梁思成文集（二）》，中国建筑工业出版社，1984年，69页。

[13] 详见“山东省第五批全国重点保护单位名录”，国务院2001年6月25日公布。

[14] 山东省文物考古研究所、章丘市博物馆：《山东章丘市小荆山遗址调查发掘报告》，《华夏考古》，1996年2期，22页。

[15] 详见山东省文物考古研究所：《山东泰安市大汶口遗址2012-2013年发掘简报》，《考古》，2015年10期；山东省文物考古研究所：《大汶口续集：大汶口遗址第二、三次发掘报告》，科学出版社，1997年。

[16] 详见山东大学历史系考古专业：《山东邹平丁公遗址第四、第五次发掘简报》，《考古》，1993年4期，295-299页。

[17] 中国社会科学院考古研究所：《滕州前掌大墓地》，文物出版社，2005年，122页。

[18] 胡秉华：《滕州前掌大商代墓葬地面建筑浅析》，《考古》，1994年02期，149页。

[19] 山东省博物馆：《临淄郎家庄一号东周殉人墓》，《考古学报》，1977年1期，81页。

[20] 图片来自：山东省博物馆：《临淄郎家庄一号东周殉人墓》，《考古学报》，1977年1期，82页。

[21] 现藏于河北省博物馆。

[22] 河北省文物管理所：《河北省平山县战国时期中山国墓葬发掘报告》，《文物》，1979年1期，8页。

[23] 山东省现有汉阙：武氏祠双阙（147年）、功曹阙（87年）、皇圣卿阙（86年）、孙氏阙（86年）、师旷墓无铭阙（东汉）、曲阜鲁贤村无名阙（东汉）、孔林无名阙（东汉）、孔彪阙（东汉）、孙熹阙（178年）等，石祠享堂：武梁祠、郭氏祠、朱鲔石室、宋山小祠堂等，仿木结构汉墓：吴白庄汉墓、北寨汉墓、萧王庄汉墓、白杨村汉墓、肥城汉墓、大汶口火车站画像石墓、平阴孟庄画像石墓等。

[24] 德州地区文物组、宁津县文化局：《山东宁津县庞家寺汉墓》，《文物资料丛刊》第四辑，文物出版社，1981年，126页。

[25] 图片来自：德州地区文物组，宁津县文化局：《山东宁津县庞家寺汉墓》，《文物资料丛刊》第4辑，文物出版社，1981年，图版10页。

石上经纬
——山东汉代石刻图像中的纺织元素

文/庄英博 山东博物馆

内容提要

古代山东由于优越的地理位置和气候特征，纺织业非常发达。北辛文化、大汶口文化、龙山文化遗址都曾经出土纺织工具——纺轮和骨针，据《禹贡》记载：兖州，厥贡漆丝，厥篚织文；青州，厥贡盐絺，厥篚檿丝……春秋战国时期，“齐纨鲁缟”誉满天下，齐国“衣履管带天下”，西汉在齐郡临淄设置的“三服官”，是专为皇室制作织物与服饰的官方机构……但是由于自然环境等因素，早期尤其是汉代以前关于纺织机具、纺织品等方面的实物资料非常少。至汉代，我们得以通过石刻图像中的有关资料，推断出当时山东地区纺织业的普遍性、纺织机具的先进性，从而佐证考古发掘和史料中记载的当时先进的纺织技术。

关键词

山东汉代　石刻图像　纺织技术　先进性

古代山东地区地理位置优越，气候温和，适宜出产葛、麻等纺织原料，是我国桑蚕丝绸生产的发源地之一。早在新石器时代，山东的先民们就开始植桑养蚕。考古资料表明，在距今7000多年前的滕州北辛文化遗址中发现多枚骨针、骨锥以及器物上的编织纹印痕，在距今6000多年的大汶口文化遗址中，出土大量纺捻纱线的纺轮、骨针等纺织工具。

葛和麻是中国古代重要的纺织原料，我国上古中原地区没有棉花，所用的织物纤维主要是葛和麻。《韩非子·五蠹》记载尧帝“冬日麑（ji）裘、夏日葛衣”，在距今6000前的新石器时代遗址江苏吴县草鞋山曾出土葛织物。《尚书·禹贡》中记载，青州“厥贡盐、絺（chi）”，絺即细葛布，可知4000年前后葛是当时山东的名优特产。山东也是古代大麻重要产区，《史记》曾记述了“齐鲁千亩桑麻”的种植盛况。山东临淄齐故城阚家寨遗址曾经发现秦汉时期的素麻织物[1]。

春秋战国时期，山东以齐、鲁两个诸侯国为主，纺织业非常发达，在全国占首要地位，“齐纨鲁缟”誉满天下。齐国“织作冰纨绮绣纯丽之物，号为冠带衣履天下”[2]，临淄成为当时最大的纺织中心，齐国丝织品美名远播，流通全国。鲁国生产的缟，也是名闻全国。《韩非子·说林上》称“鲁人身善织屦，妻善织缟”；缟，“曲阜之地俗善作之，尤为轻细”，可知鲁缟以轻薄取胜。

《考工记》是记载齐国手工业技术的官方书籍，负责画绘染织工艺的“设色之工”，分工非常精细，包括画、缋、钟、㡛、筐人等5个工种，详细记载了当时高超的练染技术。

1971—1972年发掘的战国早期的齐国临淄郎家庄一号东周殉人墓出土了不少丝麻织物残片。1977年4月《考古学报》发表的《临淄郎家庄一号东周殉人墓》，介绍了该墓出土的丝织品和丝编物品，主要有平纹组织的绢，锦标本是经二重组织，据考证是一件两色织锦残片，在织造工艺上已臻于成熟。墓中还发现刺绣残片，是在绢地上以丝缕用锁绣（又称辫子股）针法刺绣，以二至三道并成块面花纹，此外，还有手工缝制而成的丝编织物，兼具了实用性和美观的效果。2010年发掘的沂源东里东台地一号墓丝织品战国墓中也出土了大量的丝织品包括服装和鞋子[3]。齐国临淄大夫观出土大量纺织品。山东博物馆内收藏了一批源于临淄地区战国晚期的纺织品，不仅种类丰富，色彩艳丽，制作工艺也非常的高超。这些资料反映了当时齐国高超的纺织技术。

两汉时期，山东纺织业在春秋战国齐鲁纺织业发达的基础上，继续保持领先地位，已经形成完备的技术体系，织品品种和花色更加丰富。临淄、定陶、亢父（济宁）是汉代三大纺织中心。西汉在齐郡临淄设有“三服官”，是专为皇室制作织物与服饰的官方机构，其中织做的冰纨、方空縠、吹絮纶是汉代最精美的丝织品。《汉书·元帝纪》：“齐国旧有三服之官，春献冠帻縰为首服，纨素为冬服，轻绡为夏服”。汉元帝时御史大夫琅琊人贡禹曾上奏：“故时齐三服官，输物不过十笥，方今齐三服官作工各数千人，一岁费数巨万……三工官官费五千万，东西织室亦然。”[4] 可见纺织规模在不断扩大。《汉书·地理志》：“言天下之人冠带衣履皆仰齐地”，说明齐地的丝织品在当时引领潮流，并源源不断地流通到各地。

帛画，是指以丝帛为材料的绘画。殷商时期，帛已经成为书写材料，由于丝帛贵重，很少使用。战国时期出现以帛画陪葬的现象。考古资料表明，帛画陪葬以西汉时期为多，画中内容丰富，反映了汉代灵魂不灭、死后重生的丧葬观。

山东临沂金雀山汉墓群出土十余幅帛画，是继长沙马王堆汉墓出土帛画之后在长江以北首次发现，但大多都破损严重，只有九号墓中的帛画比较完整，对于研究西汉时期北方人民的生产生活等方面提供了重要的实物资料[5]。

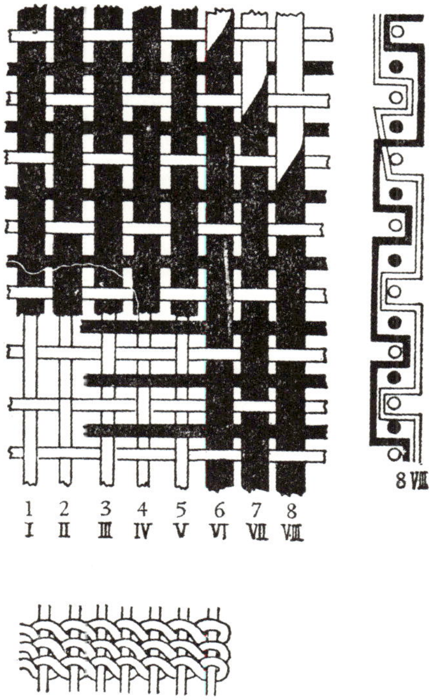

图一　临淄郎家庄一号东周殉人墓出土的纺织品结构示意图

金雀山帛画为长条形，全长 200 厘米，宽 42 厘米，出土时平铺于棺盖麻布之上，分为天上、人间、地下三部分，天上部分有日、月，日中有金乌，月中有蟾蜍，日月下面是传说中的蓬莱、瀛洲、方丈三座仙山，山前的建筑物，富丽堂皇，应是墓主人所向往成仙后居住的“琼楼玉阁”；第二部分是人间，有人物活动的场面，分为五组，表现了墓主人生前起居、歌舞、会客、纺织、问医、游戏等生活场景；最下面一部分绘有双龙等神兽。

帛画中的纺织内容：三人相对而立，一女正在操作一辆纺车，右手似在摇动纺车，左手上扬抽纱……画中纺车的结构比较简单，一根带有底座的车柱，上部有一个轮轴，轴上固定六根轮辐，轮辐组成椭圆式，有学者指出，这是中国早期手拨式单锭纺车。

从临沂金雀山汉墓出土的彩绘帛画，不仅让我们了解了西汉时期纺车的基本形式，也反映了当时山东地区在丝织、染色、印花等技术方面的先进与发达。

2002 年春，山东省文物考古研究所对日照汉代海曲墓地进行抢救发掘，出土文物 1200 余件，包括山东地区保存最好

图二　临淄大夫观出土战国丝织品

图三　临淄战国丝织品

图四　山东临沂金雀山汉墓帛画线描图

图五　日照海曲汉墓出土的丝织品

图六　日照海曲汉墓出土丝织品花纹

的一批刺绣丝织品。其中覆盖于死者身上的一件丝织品长2.6米、宽0.96米，在丝织品一侧刺绣有精致的花草和云气纹，图案制作非常精美。这批丝织品在中国北方非常罕见，是研究汉代纺织业不可多得的实物资料[6]。2010年10月，在定陶汉墓中考古人员发现一件丝质长袍，保存基本完好，呈酱紫色，其上有红色花纹，工艺非常精湛[7]。

从文献记载和出土的考古资料可以看出，古代山东地区纺织业非常发达，但是由于自然环境等因素，有关纺织机具、纺织品等方面的实物资料非常少，尤其是汉代之前。至汉代，由于汉画像石的存在，我们可以在这些石刻上面的图像中探寻反映当时纺织技术生产力水平和生产工具的直观信息，从一个侧面感受古代山东纺织技术的先进与发达。

山东具有织衽元素的汉画像石，包括桑树图、纺织群像图，织机、纺车等纺织机具图，以及与纺织相关的故事图像等。

汉画像石是汉代在墓室、祠堂、墓阙等建筑物上雕刻出图像的石头构件，是汉代最具特色的艺术作品，其内容丰富，几乎涵盖了汉代生活的各个方面。山东是汉画像石分布最为集中的地区之一，为我们研究汉代山东地区人民的生产生活、科学技术等方面提供直观而又形象的资料。两汉时期，山东地区纺织业非常发达，石刻画像上关于纺织的内容，成为当时纺织业发达的图像证据。

一 桑树图

丝织业的发展与采桑养蚕关系密切，其中最重要的是桑树栽培技术的发展。在汉画像石上，就刻画有桑树的图像。

桑树是一种适应能力强、栽培地域广的植物。古代山东地区优良的地理位置和气候环境非常适宜桑麻的生长，《禹贡》：“济河惟兖州。……桑土既蚕……”《史记·货殖列传》：“齐带山海，膏壤千里，宜桑麻，人民多文采布帛渔盐。”《汉书·货殖传》：“齐鲁千里桑麻”。颜师古注《汉书·地理志》载：“邹鲁滨洙泗……颇有桑麻之业”。

当时的统治阶级为了发展强国，非常重视纺织业的发展，鼓励民众植桑养蚕，注重桑树的栽培。《管子·立政》：“桑麻植于野，五谷宜其地，国之富也”。《孟子·梁惠王上》：“五亩之宅，树之以桑，五十者可以衣帛矣……”

山东在周代就有人工栽培的桑树，且有高干桑和低干桑之分。据《左转·僖公二十三年》记载：春秋时期，晋国公子重耳曾经避难齐国，齐桓公赏赐其财物，并将一位姜姓女子嫁给他，重耳心满意足，乐不思晋，但随从的谋臣希望他重回晋国，争取权益，为此有“将行，谋于桑下。蚕妾在其上，以告姜氏”的典故。

图七 《金石索》木板摹刻：桑树图像

姜氏支持重耳回国，并与他的谋臣一起推动重耳返晋复国，开创霸业。此处的蚕妇藏于树上而未被发现，可知应该是比较高的桑树。

在长期的劳动实践中，人们总结经验，培植出更加优良的低干桑品种——鲁桑。鲁桑也称为地桑，枝条粗长，叶卵圆形，肉厚而富光泽，营养丰富。《氾胜之书》记载："每亩以黍、椹子各三升合种之。黍、桑当俱生，锄之，桑令稀疏调适，黍熟获之。桑生正与黍高平，因以利镰摩地割之"，这样一来桑树就不会长得太高，而方便采摘，"鲁桑"是古代桑树中最优秀的品种。北魏 贾思勰《齐民要术·种桑柘》："谚曰：'鲁桑百，丰锦帛。'言其桑好，功省用多。"这些优质的桑树品种为古代山东丝织业的发达提供了必要条件。

山东嘉祥武氏祠上的列女故事"秋胡洁妇"中刻画了当时鲁桑的影像。"秋胡洁妇"的故事出自汉代刘向《列女传》，早在两千五百余年的春秋时期已在民间流传，讲述了鲁国人秋胡与妻子成婚五日后，去陈国做官，妻子在家"采桑力作，纺绩织纴，以供衣食，奉二亲，养夫子"。五年后秋胡仕途得意回家省亲，途中看到一美妇采桑，便上前调戏。回到家中发现所调戏者竟是自己的妻子，秋胡妻子痛斥其无孝无义的行为，愤然投河。画面上一个背着包袱的男性在同右侧的女性交谈，一株桑树，枝叶繁茂，女性位于树旁，一手执钩，勾住树叶，正在采桑叶。该图榜题有两处，分别是"鲁秋胡"和"秋胡妻"，桑树的高矮和人差不多，应为人工栽培的鲁桑。此原石已经模糊不清，清代冯云鹏、冯云鹓编著《金石索》收录了这一图像的木版摹刻。

二 纺织图

从原始腰机到踏板织机，又到后来的提花机，织机的发展经过一个漫长的过程。踏

图八 滕州造纸厂祠堂画像石：织布、纺线、多人纺织群像，其中有纺车、织机、篗子的图像

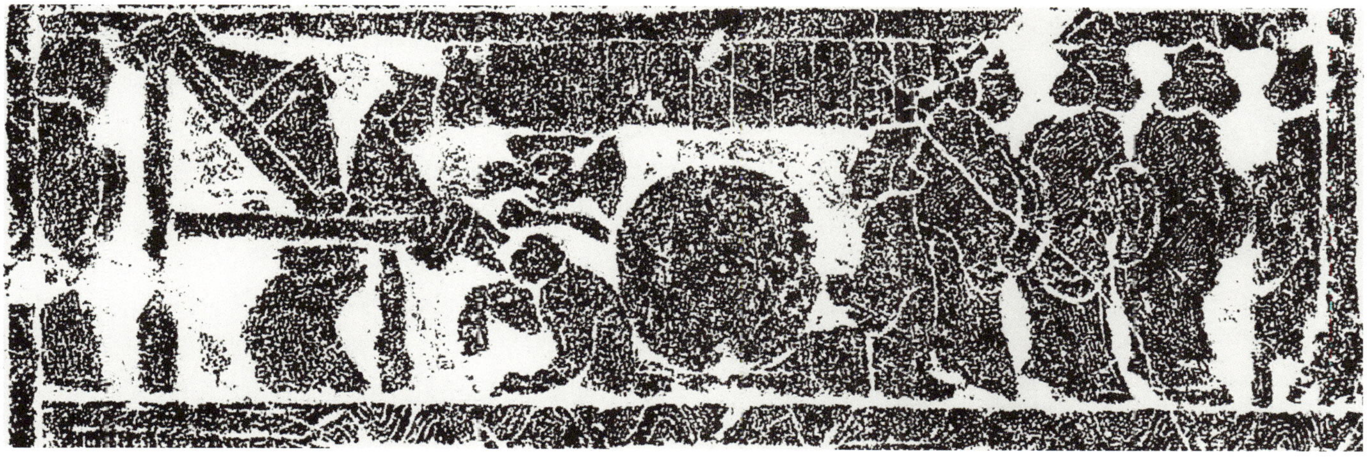
图九 枣庄山亭区桑村镇西户口村祠堂画像石：画面上的内容为"孟母教子"，从中可以看出织机的图像

板织机大约出现在战国时期，至汉代，黄河流域和长江流域的广大地区已普遍使用。汉以后，经隋唐几代的改进和提高，踏板织机得到了进一步完善，宋元时期已经定型，其形制基本上和近代农村使用的布机相同。在山东发现十几块刻有纺织内容的画像石，这些纺织群像图内容丰富，包括络丝、摇纬、织布等多个环节，其中滕县龙阳店、滕州宏道院、嘉祥武氏祠、长清孝堂山郭巨祠等地发现的画像石上有纺车和织机的具体形式，是现在我们能看到的纺织机具最早的图像资料，为我们研究古代纺织机具提供了准确而直观的信息。

图十　山东嘉祥武梁祠画像：曾母投杼

图十一　山东地区汉画像石上的织机图像，分别为：滕州宏道院出土、滕州龙阳店出土、嘉祥武氏祠出土、长清孝堂山出土（王晓晨描摹）

三 燃蒸图

在汉画像石上，还有一种图像的内容与纺织材料有关，即麻。麻是中国最早使用的纺织原料之一。我国原产的麻分为三种：大麻、苎麻、苘麻。

苘麻质地比较硬，春秋时期一般作为丧服和贫民的衣料。秦汉以后，一般用于做牛衣、雨衣，船上的缆索、渔网等。元代农学家王祯《农书·农器图谱》记：“（苘麻）可织为毯被及作汲绠牛索，或作牛衣、雨衣、草履等具，农家岁岁不可无者。”

图十二　山东沂南汉墓画像石灯的图像

苎麻是我国的特产，欧洲人称其为“中国草”。苎麻织物称为“纻”，洁白清爽，清凉舒适，至今仍被用于夏衣的制作。因为苎麻畏寒，产地主要在南部地区，魏晋以前，黄河流域曾经种植，后来由于气候原因，唐宋以后，北方苎麻渐渐消失。王祯《农书》中说：“南人不解刈麻（大麻），北人不解治苎”，可知当时苎麻已是南方特产。

大麻也称为“汉麻”，山东古代最为普遍种植的就是大麻，《史记·货殖列传》：“齐鲁千亩桑麻……皆与千户侯等”。

春秋战国时期，个体农民的家庭手工业主要是纺织业，“男耕女织”是普遍现象。《墨子·非乐》记载：“妇人夙兴夜寐，纺绩织纴，多治麻丝葛绪，綑布，此其分事也”。可见，麻丝葛都是当时的纺织材料。

大麻的织物叫布（平纹丝织物叫帛），是平民百姓的主要衣料，因此百姓古代也被称为“布衣”。齐故城阚家寨遗址出土了两件纺织品，年代大约是战国秦汉时期，其中一件为素麻布，即为大麻织物。

聪明的古代先民，非常懂得物尽其用的道理，他们把大麻的外皮用于织物制作，而其里面的芯，也有重要作用。大麻的芯，故称“菆”，《说文》：“菆”，“麻蒸也”，类似于高粱秆里的瓤，是用作油灯灯芯的材料。《注》：“菆井，即麻蒸之市”。武氏祠画像石“颜淑”榜题“燃蒸自烛”。[8]

汉画像石上，除了直观反映纺织场面的图像内容，还有一些隐喻地体现纺织业重要性的图像，例如蓬发戴胜的西王母、辛勤劳作的织女图等。

图十三　山东沂南汉墓画像石西王母戴胜图像

四 戴胜图

西王母也被称为“王母娘娘”，是中国古代神话中地位最高的女神。据《山海经》记载：“西王母其状如人，豹尾，虎齿，而善啸，蓬发，戴胜。”“戴胜”是西王母鲜明的形象之一。在现存汉代画像石、画像砖中，有大量描绘西王母戴“胜”图像。

关于“胜”的含义解释，注云：“胜，玉縢也。”《说文》：“縢，机持经者”；《淮南子 氾论》：“机杼胜复”；《唐韵》：“织机縢也”。可知，縢在古时指经轴或绕经辊，是古代织机上卷放经纱的工具。西王母“戴胜”一说，一直以来研究者有不同的观点，其中沈从文先生认为，此“胜”具有织衽元素。在《中国古代服饰研究》中沈从文先生对此作了阐述，在提到河姆渡遗址的原始织机部件刻纹纺轮时，沈先生认为：“上面的花纹图像作十字形，中间圆圈表示穿孔，它是织机上具代表性部件——卷经轴的端面形象。经轴在古代和现在民间（如安阳），都叫做‘胜’或‘縢’，十字形木片是经轴上两端的挡板和搬手，叫做‘縢花’或‘羊角’。搬动它可将经线卷紧或放松。把这种图像刻饰于纺轮之上并非偶然即兴之作……它已是典型的标记纹样，成为纺织的象征，并可能从此前后就演化成妇女的首饰，意寓男耕女织的分工。”[9]

西王母作为至高无上的女神，其头戴象征织衽之发人饰，可见织衽之事在当时的重要意义。山东济宁金山村出土的西王母画像石、沂南汉墓画像、嘉祥画像石都有西王母戴胜的具体形象，其“縢”与北齐孝子棺线刻孝子董永故事中织女手中所持之縢样式一致。

图十四　邹城汉画像石西王母戴胜图像

五 织女图

织女，《史记·天官书》："织女，天女孙也"，主"经纬布帛……制衣裳成文秀"。牛郎织女的神话故事千古流传，织女也成为中国古代纺织的一个象征符号。山东济南长清孝堂山石室的三角隔梁底部刻有天象图，图中日月相对，金乌与蟾蜍相对，一名女子坐在织机旁边，应为织女[10]，织女头上刻有三颗星相连，中间一颗较大的是织女星，其中织机的形象非常清晰。图中织女坐在织机旁，左手上抬，正在织布，刻画了一个动感十足的劳作场景，同时反映了汉代妇女在社会生活中的地位和作用。

经过千百年时间的洗礼，那些古老的纺织场景、曾经织造出精美织物的纺织机具很难留存下来，但是通过这些刻在石头上的织衽图像，我们仍然可以复原那些在当时世界上处于领先地位的纺织机具，可以还原那些当时忙碌的纺织场景。从山东各地出土的画像石上所保留的织衽图像中，我们推断出当时山东地区纺织业的普遍性、纺织机具的先进性，可以佐证考古发掘和史料中记载的当时先进的纺织技术。

图十五　北齐孝子棺线刻图织女图像

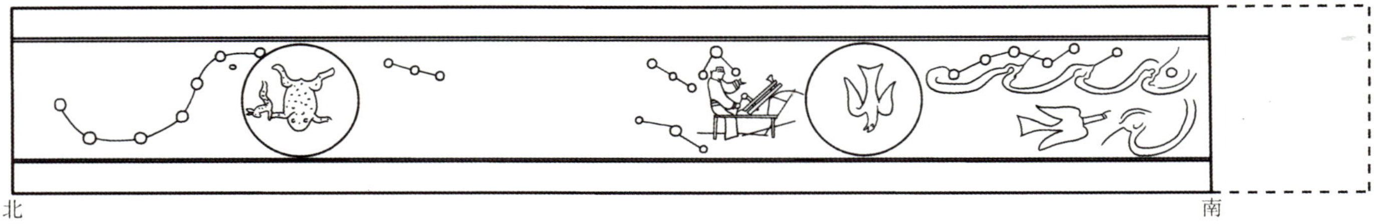

图十六—1　山东长清孝堂山隔梁下织女纺织图摹本

图十六—2　织女纺织图局部

参考资料

[1] 周旸：《丹漆纱和素麻——临淄齐故城出土纺织品的一些认识》，《丝绸》，2015年08期。
[2]《汉书·地理志》卷129。
[3] 任相宏等：《沂源东里东台地一号战国墓及相关问题的思考》，《管子学刊》，2016年01期。
[4]《汉书·贡禹传》。
[5] 临沂金雀山汉墓发掘组：《山东临沂金雀山九号汉墓发掘简报》，《文物》，1977年11期。
[6] 山东省考古研究所：《山东日照海曲西汉墓（M106）发掘简报》，《文物》，2010年01期。
[7] 郑同修等：《山东定陶大型汉墓发掘》，《中国文物报》，2011年9月16日。
[8] 孙机：《中国古代物质文化》，中华书局，2014年。
[9] 沈从文：《中国古代服饰研究》，商务印书馆，2011年。
[10] 蒋英炬等：《孝堂山石祠》，文物出版社，2017年。

星象之学——山东地区考古文物遗存中的天文元素分析

文／郭云菁　朱仲华　山东博物馆

内容提要

天文学是中国历史上举足轻重的一大研究领域，对中华文明的形成和发展产生了重要的作用。山东先民自史前时期已经开始记录天文自然现象，甲骨文中有占星以问天意的记录，秦汉时期山东大地设有八主祠，山东汉代画像石上保存了丰富的星象图画资料，汉代竹简中有星占和历法节气的记录。中国古代天文学到汉代已经形成了自己的体系，天文观念渗透到了文明的各个组成部分之中，中华文明独特的宇宙观逐步确立起来。

关键词

古代天文学　日月星辰图　星象图　星占学

星辰信仰是世界范围内普遍存在的原始自然信仰，中国是世界上天文学发展最早的国家之一，在“天人合一”的思想下，天文学在中国历史上可以说是举足轻重的一大研究领域，与农学、医学和算学并列为我国古代的四大支柱科学，对中华文明的形成和发展产生了十分重要的作用。

本文主要从天象、星占和历法三个重要方面去分析山东地区的考古文物遗存所反映出的天文元素，主要选取了最具代表性的富有山东地区文化特色的文物遗存。需要说明的是，由于汉代大一统之后，我国古代天文学发展到了集大成的阶段，形成了全国统一的体系，山东地区的古代天文学发展汇流入了全国的体系之中，因此，本文主要选取了汉代以前（包括汉代）的具有代表性的考古文物遗存，以期对该时期的古代天文元素进行梳理分析。

一 天　象

“天圆地方”是古人对宇宙最基本的认识，并用宗教和艺术的形式记录下与天文相关的图象。史前时期，山东先民已经有意识地记录天文自然现象，山东大汶口文化陶尊上刻划的陶纹图像，是目前所发现的最早记录天象的实物资料。早期文献中有许多关于天象的记载，《诗经・大东》作者是西周时期山东谭国人，诗中提及织女、牵牛、启明、北斗、毕、箕等众多星星的名称和方位。东周时期已经有了恒星和日食的记录。公元前 613 年 7 月鲁国人观测到一颗彗星扫过北斗，这是世界上最早关于哈雷彗星的记录。秦汉时期对天象的认识更为广泛，山东大地设有日、月、天地、四时等八主祠，既是国家宗教祭祀的场所，也是观测天象的地方。山东汉代画像石上保存了丰富的星象图画资料，汉代墓葬建筑模拟宇宙空间来设计，顶部象征天空，常常绘制日月星辰等图像。

（一）山东发现历代日月星辰图

1. 大汶口文化陶纹图像：4600 多年前，山东地区的东夷族先民，已经开始观测并记录天象，山东莒县陵阳河遗址出土的陶尊上发现有太阳陶纹（图一），学术界提出了不同的诠释：古文字学家于省吾先生将由“日”“云气”“山”符号组成的图像

图一　莒县大口尊及陶纹图像一

图二　莒县大口尊及陶纹图像二

图三　大汶口文化八角星纹彩陶豆

文字释为“旦”字，认为是早晨山上云气承托着出山的太阳的旦明景象。天文考古学者陆思贤认为该图像是由“日”“火”“山”符号组成，表现秋分之日太阳落山的夕照景象；认为由“日”“火”符号组成的图像文字（图二）表现的是春分日太阳初升的景象[1]。另有说法认为，图一和图二的符号是莒人为祭祀太阳神创作的祭文[2]。新石器时代大汶口文化陶器上的刻划陶纹的出现，代表着远古先民天文学知识的萌芽。

2. 大汶口文化八角星纹（图三）：学术界对于新石器时代泰安大汶口遗址出土的彩陶豆上的八角星纹的含义有不同的解读，一种看法认为是表现光芒四射的太阳；另一看法认为四射的八角寓意着无际的天空，中间的方形象征着大地，取天圆地方之意；也有看法认为是大地的象征。天文考古研究者陆思贤提出，八角星纹的四方八角，体现了四时八节的太阳方位和星空方位，是万位天文学的萌芽[3]。

3. 八主祠：

八主即八神，是齐地古老的宗教信仰。八主祭祀出现于战国晚期，创立者应为齐国稷下学宫中崇尚阴阳自然思想的黄老学派，在地点上是沿用齐地原有的神祠，并依阴阳思想确定了方位[4]。八主分别为天主、地主、兵主、阴主、阳主、月主、日主、四时主。

据《史记·封禅书》记载，秦始皇封泰山之后，“遂东游海上，行礼祠名山大川及八神，求仙人羡门之属。八神将自古而有之，或曰太公以来作之。齐所以为齐，以天齐也。”[5]并进一步指出八神的具体方位：天主，祠天齐，位于临淄南郊山下；地主，祠泰山梁父；兵主，祠蚩尤，位于东平陆监乡；阴主祠三山；阳主祠之罘；月主祠之莱山；日主祠成山；四时主祠琅邪[6]。

八主祭祀具有浓厚的民间性和地域性，秦汉时期将其纳入国家祭祀，秦始皇、汉武帝、汉宣帝曾祭祀过八主，西汉晚期后不再祭祀[7]。目前在烟台芝罘（图四）、荣成成山（图五）、胶州琅琊台等地发现祭祀和建筑遗存。八主祠兼具宗教和天象观测的功能，琅琊台等建筑遗存被视为现存中国最早的古观象台。八主祭祀所体现的宇宙观和宗教思想，为国家祭祀体制的形成产生了积极的影响[8]。

图四　烟台芝罘阳主祭祀玉璧、玉圭和玉觿

图五　荣成成山日主祭祀玉璧和玉圭

4. 日月图：汉代"事死如事生"的思想盛行，该思想在丧葬体系中得到充分的体现，墓葬建筑大多模拟宇宙空间来进行建造，其中顶部象征天空，常常绘制日月星辰等图像，山东地区汉代壁画墓和画像石上保存了丰富的资料。

图六　枣庄日、月画像石

日月图像一般位于建筑顶部中央，象征宇宙部分的天空。以圆轮表示日、月，其内刻画三足乌的圆轮，象征太阳；其内刻画蟾蜍或玉兔的圆轮，象征月亮（图六）。山东东平后屯汉代壁画墓金乌云气图（图七），出自于M1的墓顶，绘有金乌和云气纹，象征宇宙部分的天空。滕州出土的日、月、星象画像石（图八）题材丰富，画面上有日轮和月轮，月内有蟾蜍和玉兔，月轮外缠绕有一条龙；日轮内刻有一只三足乌，一只大鸟背负着整个日轮，大鸟被人身蛇尾的伏羲和女娲所饲喂；画面四周布满云气、群星和神鸟[9]。这一组画像布局有序，构图精美，充分体现了汉代人对日月纶转及宇宙空间的理解。

图七　泰安东平后屯汉代壁画墓金乌云气图

图八　滕州日、月、星象画像石

图九　山东嘉祥武氏祠北斗星君图

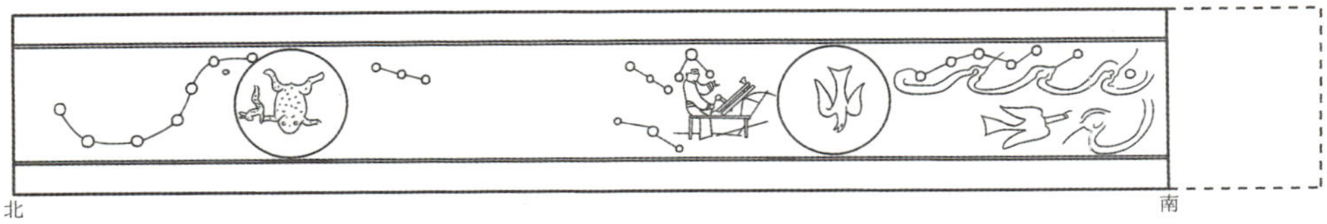

图十　山东长清孝堂山东汉郭氏墓石祠门梁

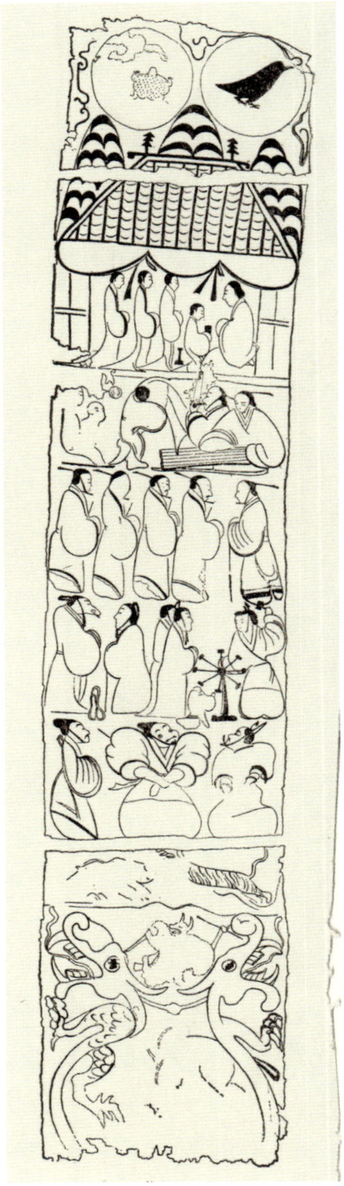

图十一　临沂金雀山汉墓天地人间帛画

5. 星象图：北斗信仰的历史源远流长，在中国古代天文学起源中，也占有十分重要的地位。目前在内蒙古已发现距今万年的北斗星岩画，我国现存最早的农事历书《夏小正》即依据北斗星方位来确定月份。《诗经》《尚书》等先秦文献也多次提及北斗星，说明当时人们已初步掌握了北斗七星的运行规律。到汉代，将北斗星与帝王德政联系起来，赋予更丰富的人文含义，北斗七星也成为墓葬壁画中最常见的天文方面的艺术题材。与此同时，牛郎织女星也是古人喜闻乐见的星象题材。

山东嘉祥武氏祠北斗星君图（图九）将《史记·天官书》中“斗为帝车，运于中央，临制四乡”的表述形象生动地体现了出来：“斗为帝车”指北斗星君以北斗七星为“帝车”，以斗魁为车厢，以斗杓为车辕，驾车出行；“运于中央”是指北斗七星运转在中央天区；“临制四乡”是“斗杓提携着整个星空旋转”，并分出了四方天区[10]。这幅图也是汉代画像石中关于北斗七星的代表作品。

山东长清孝堂山东汉郭氏墓石祠门梁的画像石（图十）构图巧妙，是山东地区日月星辰画像石中的典型作品。图中左右两端分别刻画了日月，日中有三足鸟，月中刻有蟾蜍和玉兔。日月两端刻南斗与北斗，北斗七星位于月的外侧；南斗六星在日的外侧，其中五星相连，另有一星位于五星旁边。在日的内侧有一女坐于织机旁，头上有三星相连，为织女星，该女应是织女。南斗之下刻卷云纹，其下有一只大雁南飞[11]。该图题材丰富，将日、月、北斗星、南斗星和织女星融入一张图中，极富代表性。

图十二　济南长清孝里镇四神画像石

图十三　长沙马王堆汉墓天文气象杂占图

（二）宇宙与四方

“上下四方曰宇，往古来今曰宙”，宇宙代表的是空间和时间的概念，有时也指“天地”。《周髀算经》提到的“方属地，圆属天，天圆地方”在史前社会就已经产生，距今六千多年的河南濮阳西水坡蚌塑龙虎图墓葬，正是天圆地方这种古老宇宙观的体现。秦汉以来，人们形象地将“宇宙”移植到墓葬当中，《史记》描述秦始皇陵内部提到“上具天文，下具地理”，陵墓内天文星宿、山川河流、人物历史等一应俱全。这一现象在考古发掘出的墓葬中已经得到了证明，墓葬顶部象征天界或仙界，中间为人间世界，下部刻画地下或冥界；四方分别由青龙、白虎、朱雀、玄武四神守护。

临沂金雀山汉墓出土的帛画（图十一），描绘了天上、人间和地下的景象，是汉代宇宙四方观点的直观体现。此外，山东汉代画像石上刻画了很多“瑞祥”的四神图案（图十二），代表了四方四隅，是方位天文学的代表，也是天人感应和星占观念的一种艺术表现形式。

二 星 占

古人观测天象一是为了编制历法，用于安排生产和生活，二是为了占测天意，用来获知和评价政治和其他社会活动。甲骨文中已有占星以问天意的文字记录，春秋《左传》《国语》中也有多达 40 余条占星记录，汉代常常将灾异自然现象与星象变化联系起来，发表政论，影响朝政。此后历代朝廷都很重视占星术，甚至设立专门机构进行管理。占星术虽有糟粕的一面，但也为后人留下了极为丰富的天象观测的记录资料，客观上为古代科技的发展作出了十分有价值的贡献，在功用上也与西方的占星排盘有异曲同工之处，可以相互借鉴。

湖南长沙马王堆汉墓出土的天文气象杂占图（图十三），观测并记录了公元前 246 年至公元前 177 年间木星、土星、

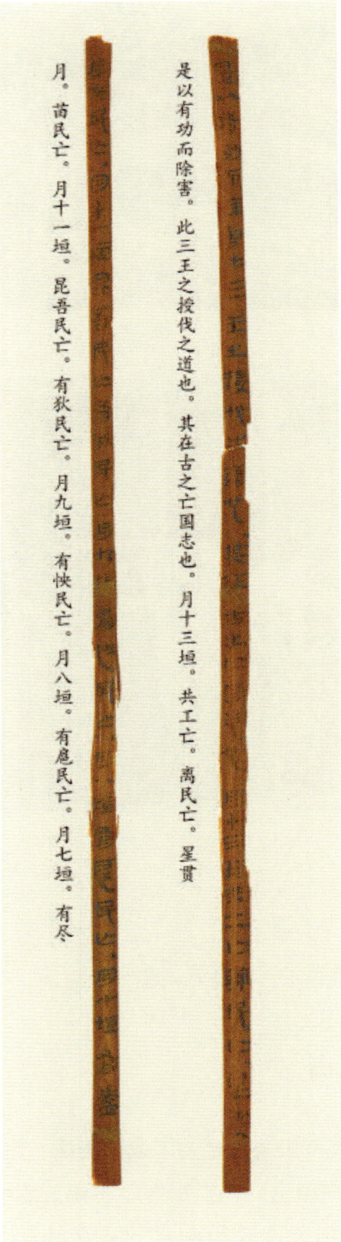

图十四　山东临沂银雀山汉简《占书》

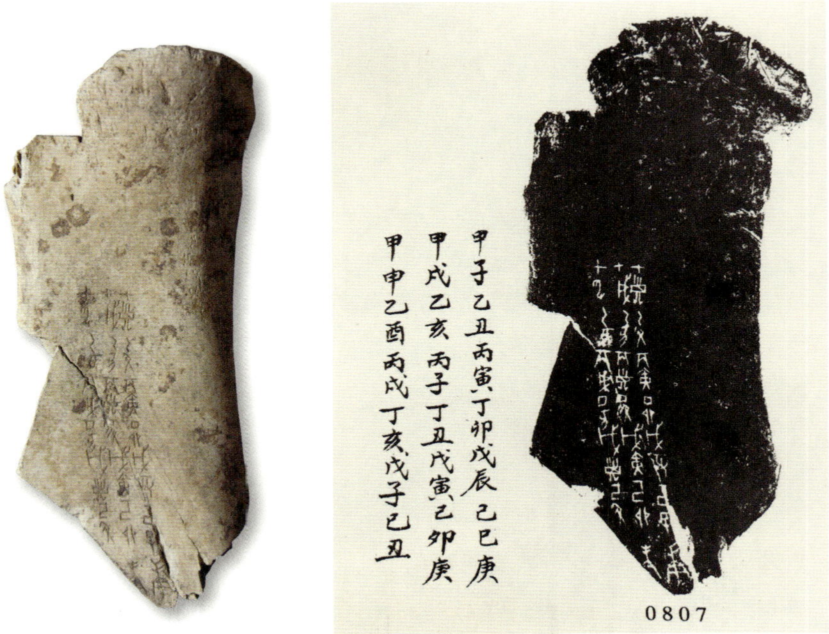

图十五　山东博物馆干支甲骨一

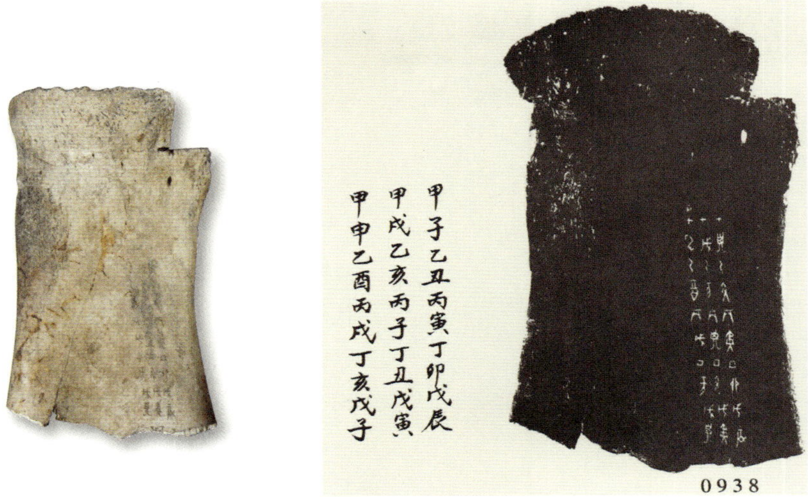

图十六　山东博物馆干支甲骨二

金星和彗星在天空中运行的位置。天文气象杂占图是迄今发现的世界上最早的星占图，反映了中国古代天文气象科学的突出成就。

山东临沂银雀山汉简的《占书》（图十四）包括了丰富的星占内容，是汉代山东地区古代天文学发展的重要代表。

三 历法和节气

观测天象是为了制定历法，而制定历法是为了“钦若昊天，敬授民时”，即遵循大自然的规律，教授百姓按节气从事农业生产。农业是国家之本，中国古代十分重视历法的制定。中国传统历法是阴阳合历，既显月相盈亏，又合寒暑时令；节气随回归年而变，实际上与阳历有关。制定历法的最重要的条件是岁实和朔策的确定，岁实是指回归年，朔策是指朔望月，这两个数据反映了历法的疏密。

传说黄帝时期即有历法，距今约五千年，商代甲骨文有以甲子纪日的文字（图十五、图十六），这是中国最早的有关历法的记录，此后历代逐步改进，据统计中国古代历法有104种，纵观中国历法史，大约可以分为四个时期。古历时期：汉武帝太初元年（公元前104年）以前，主要包括黄帝历、颛顼历、夏历、殷历、周历和鲁历，原本均已散失。中法时期：从汉太初以后，到清初改历之间，虽多经改进，但方法均是中国自己创立，期间有七十余种历法，在二十四史的《历志》或《律历志》中均有记载。中西合法时期：借用西历的方法与数据，来合乎

图十七 临沂银雀山汉墓《元光元年视日》竹简

图十八 日照海曲故城汉墓《汉武帝后元二年视日》竹简

中历的规模，清康熙年间制定《历法考成》，成为定式。公历时期：辛亥革命以后，改用公历即格里高利十三世所定的历法。

二十四节气是通过观察太阳的周年运动，了解一年中时令、气候、物候等方面的变化规律而形成的知识体系。主要是把太阳周年运动轨迹划分为24等份，每一等份为一个节气，起始于立春，到大寒结束，周而复始，既是历代官府颁布的时间准绳，也是指导农业生产、预知冷暖雨雪的指南针。2016年，二十四节气被正式列入联合国教科文组织人类非物质文化遗产代表作名录，二十四节气在国际气象界被誉为“中国的第五大发明”。

在春秋时代，仲春、仲夏、仲秋和仲冬四个节气就已经确定。战国后期成书的《吕氏春秋》“十二月纪”中，有了立春、春分、立夏、夏至、立秋、秋分、立冬、冬至八个节气名称，这八个节气标示出季节的转换，清楚地划分出一年的四季，是二十四个节气中最重要的八个节气。西汉时期二十四节气最终确定，西汉淮南王刘安主持编写的《淮南子》一书记载有二十四节气。公元前104年颁布的《太初历》正式把二十四节气定立于历法，并明确了二十四节气的天文位置。

1974年在山东临沂市银雀山二号汉墓出土的《元光元年视日》（公元前134年）竹简（图十七），记载了“三伏、月徽、冬至、夏至、立秋”等节气。32枚竹简中第一枚记年，第二枚记月，以十月为岁首，之后依序排列到后面九个月；第三枚至三十二枚记日，记录每月各日干支，32枚竹简排列起来即为元光元年全年日历。2002年山东日照市海曲故城汉墓中出土了《汉武帝后元二年视日》（公元前87年）竹简（图十八），残存了“春分”“夏至日”“立冬”“冬至日”等属于八节的名称。

这两批《视日》简是目前出土最早且最完整的汉武帝时期视日简，对校正古籍历谱提供了不可多得的资料，其中“三伏、月徽、冬至、夏至、立秋”等节气描述，是中国历法中节气演变的见证，具有十分重要的研究价值。

四 总 结

浩瀚星空，令人敬畏，也引人憧憬。《尚书·尧典》载称“历象日月星辰，敬授人时”。《史记·天官书》记载：“自初生民以来，世主曷尝不历日月星辰？”在社会经济发展到以农牧业为主的新石器时代，先民通过观测日月星辰来定季节和方位，编成历法，以便安排农事，时空秩序由此建立，原始的天文学随之产生。殷商时期，甲骨卜辞中以符号和文字记录了先民们对天象的观测。春秋战国时期，鲁国天文学家多次记录了太阳和彗星的活动情况。山东地区的汉代墓葬中出土了多种记录日月、云气、星辰和四象的汉画文物。

从史前的起源到随后的发展，中国古代天文学到汉代已经形成了自己的体系。从生产到生活，从文字到艺术，从居室到墓葬，从祭祀场所到城市建设，天文观念渗透到了文明的各个组成部分之中，在这些与天文学有关的各种活动中，中华文明独特的宇宙观逐步确立起来。

参考资料

[1] 陆思贤、李迪著：《天文考古通论》，紫禁城出版社，2000年，61-63页。
[2] 苏兆庆编著：《古莒遗珍》，人民美术出版社，2007年，3-4页。
[3] 陆思贤、李迪著：《天文考古通论》，紫禁城出版社，2000年，113-116、118页。
[4] 王睿：《八主祭祀研究》，《传承与创新：考古学视野下的齐文化学术研讨会论文集》，上海古籍出版社，2019年，404-409页。
[5] [汉]司马迁撰：《史记·封禅书》，中华书局，1959年，1367-1368页。
[6] [汉]司马迁撰：《史记·封禅书》，中华书局，1959年，1367-1368页。
[7] 张华松：《八主析论》，《管子学刊》，1995年02期，52-53页。
[8] 王睿：《“八主”祭祀研究》，北京大学博士研究生学位论文，2010年，76页。
[9] 俞伟超主编、中国画像石全集编辑委员会编：《中国画像石全集》，山东美术出版社，2000年，57页。
[10] 陆思贤、李迪著：《天文考古通论》，紫禁城出版社，2000年，97-98页。
[11] 山东省石刻艺术博物馆、山东省文物考古研究所编，蒋英炬、杨爱国、信立祥、吴文祺著：《孝堂山石祠》，文物出版社，2017年，48-49页。

传统工艺中的造物思想

——《考工记——山东古代科技展》

文/李晓洲 山东博物馆

内容提要

中国传统造物关注人与造物、人与自然之间的整体和谐的统一关系，在选材与创造、从自然物到人工物的过程与结果中重视科学性能的发挥和人机关系的融洽。《考工记》则记录了两千多年前中国人的一些主要的造物活动，其中蕴藏着丰富的智慧，显示出一种科学与人文精神相交融的理性光辉，给人以启迪，至今仍散发出瑰丽的光芒。在山东博物馆的新增常设展览《考工记——山东古代科技展》中，可以看到中国古代所取得的许多科学技术成就与工艺技术方面的综合运用等。本文则力求结合《考工记》展览以解读古人“制天命而用之”的造物思想，梳理传统工艺的形成、发展脉络，并探讨传统工艺在连接过去与未来中的功用以及其在现代语境下的新生。

关键词

造物　考工记　展览　科学技术　传统工艺

一　绪　论

中国古代的春秋战国时期，随着以铁器为特征的生产力的革命与发展，导致各诸侯国的变革运动和封建制度的最终确立。新旧制度、统治秩序交汇之际的剧烈社会变革，促使了士人理性的觉醒，为工匠们提供了施展智慧才华的自由空间，出现了百家争鸣、思想文化空前繁荣的局面，中国文化进入了对后世影响深远的轴心文化期。《考工记》诞生在这一时期的齐国，作为官营手工业的技术规则和工艺规范而成书，其周密、翔实地记载了我国三代时期许多重大的科技成就、手工业部门的技术分工、器物形状和一些具体的工艺制作技术，记述了木工、金工、皮革工、染色工、玉工、陶工等六大类三十个工种的内容，每一个具体的工艺通常就对应于一项有着相应称谓的工种，如：“木工”中包含了木制工艺的各项工种——制轮、造车厢（盖）、乐器、食器、弓箭、农具、建筑等，有“轮人”“舆人”“梓人”“庐人”“匠人”“车人”等职。除上述的专业分工外，书中还列举了各类交叉或更细密的分工和在此基础上实现的技术协作。对设计分工的强调促进了设计水平的提高，磨炼了百工精湛的专业技能；而协作则突出了集体的才智和力量，提升了生产效率，有助于满足社会对大批量生产的需要。此外，《考工记》中还包括制车、兵器、礼器、钟磬、练染、建筑、水利等手工业技术，又涉及天文、力学、数学、物理、声学等自然科学知识，蕴含了丰

图一　展览海报

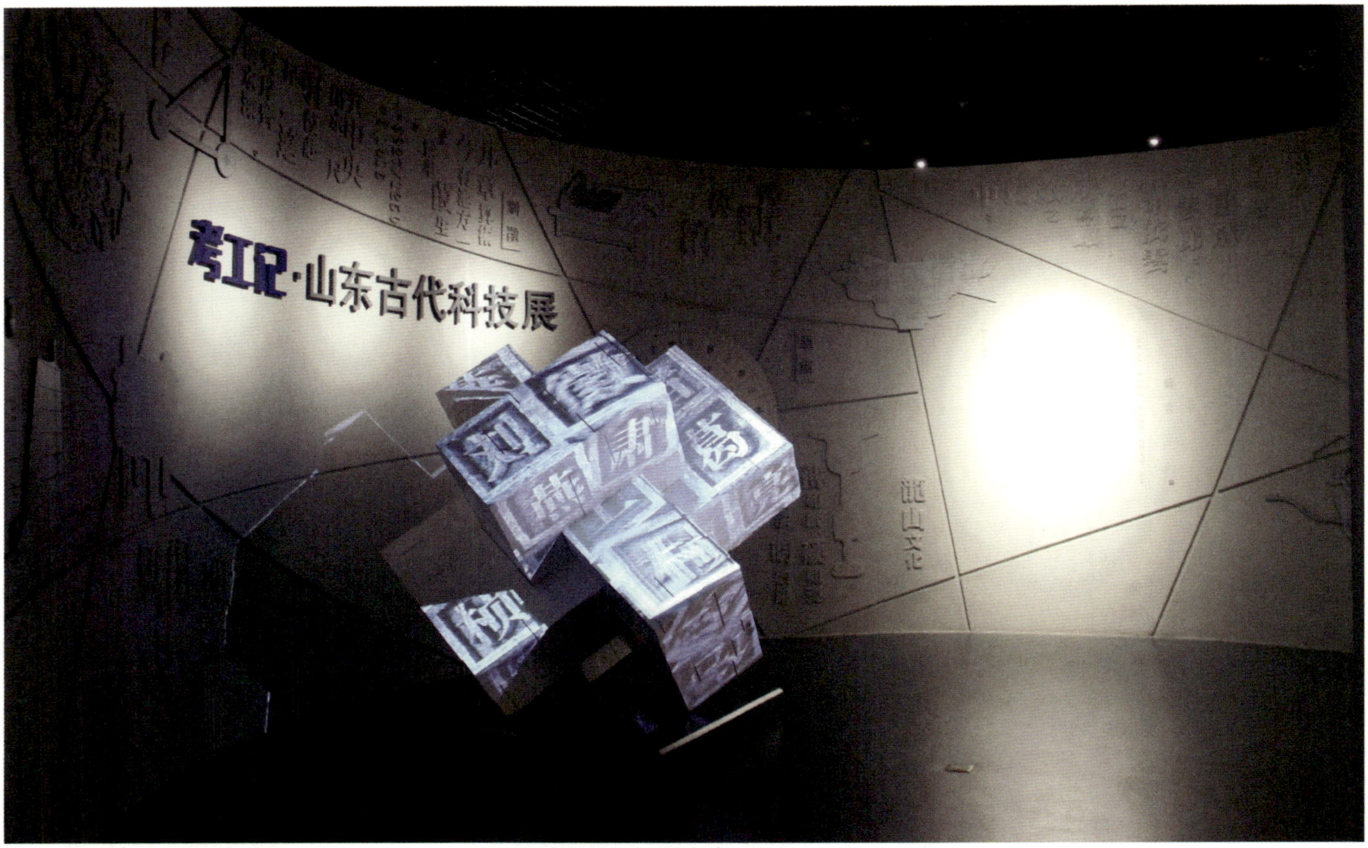

图二　展览序厅——鲁班锁模型展示

富的工艺造物方面的美学思想和实用技术涵义，彰显了中国传统文化的科技精神。尤为可贵的是，《考工记》在总结先民生活经验和在生产实践的基础上形成了先进的设计理论和系统的美学思想，其主要围绕着如何进行体现文化观念的工艺设计而展开，在中国乃至世界科学技术和设计艺术发展史上，都具有举足轻重的学术地位。

2019 年，山东博物馆新增常设展览《考工记——山东古代科技展》以 60 余件组精品文物、12 组复原模型和多处互动装置呈现出山东古代的科技成就和由我国传统文化观念、哲学思想、社会环境以及科技思想、人文观念等构成的传统工艺造物思想的价值尺度和本质内容的特征。这种造物思想是在达成实用功能的前提下正视人与物的亲和关系和人文主义思想，主要包括两方面：一是实用性和审美性的统一；二是工艺制作和宇宙观念的统一。展览内容以《考工记》为基础，从“道法自然——科学”“天工开物——技术”两个层面去构建、梳理山东古代科技发展的脉络，凸显出齐鲁先民造物的生活形态和实用功能目的，其造物观念体现了物以致用的价值取向，以及人对物的创造追求和物对于人的需求的价值关系；展览形式也以《考工记》为设计依据，强调“天时”“地气”“材美”“工巧”四者合一的“和谐”设计观，力求要言不烦的呈现先民在经历了漫长的历史过程后，“制天命而用之”，总结积累的造物活动的技能、技巧、技艺的经验和知识等认识和利用自然物或自然规律的创造手段，并使之合乎现代人的生活需求和审美认知，彰显古代科学技术、工艺造物的技术内涵和技艺性以及对当代社会的影响，传递出浓厚的工匠文化和匠人精神。

日本哲学家、科学技术史家三枝博音在《技术论研究》中阐述，“技术本是实践性的，而科学却是理论性的。”[1] 中国传统工艺造物思想重视人与造物的沟通、融合，关切人的情感心理因素，同时又蕴含着丰厚的科技涵义。人们不仅积淀了渊博的自然科学知识，而且在农业、手工业、交通运输、建筑营造等领域取得的成就也给中国人的生活带来了实惠，其合理、先进的科技内涵，推动了科学的发展。在展览的科学篇，初始于天下之本——农学，又通过多角度、多方位、多层次的一一展现天文、水利、医学、军事的发明、技艺、典籍、创举等，直观诠释了各学科所取得的成就和经典案例。比如勾股、少广、害术和缀术、隙积术、会圆术等运算术的应用为工艺造物实用功能的实现带来了诸多的便利；《考工记》中关于车辆的制作、造船、冶炼技术的记载都富有科学的理论与技术的总结和依据；建筑、陶瓷、家具、乐器等也都是建立在科学认知的基础上的，从而获得了美观的造型与合理适用的功能。

技术的实践性既体现在造物思想、选材和加工上，也体现在技术的形态和造物的技术规律上。展览的技术篇由制陶、冶

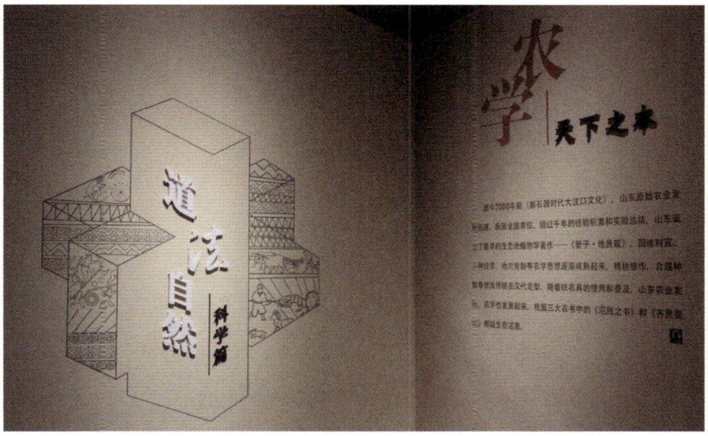

图三 道法自然——科学篇

图四 天工开物——技术篇

炼、纺织、建筑、交通几个部分组成，以技术成果与技术地改良发展为依据，强调设计和设计者的主观能动性。《考工记》开宗明义："国有六职，百工与居一焉……知者创物，巧者述之守之，世谓之工。百工之事，皆圣人之作也。烁金以为刃，凝土以为器，作车以行陆，作舟以行水，此皆圣人之所作也。"[2] 即"百工"是国家的六种职别之一，"知者"设计发明、创造产品，再经"巧者"加以传承、发扬。百工所从事的工作，包括炼制兵器、烧制陶器、制作车辆、制造舟船等都是神圣而庄严的"圣人之作"。《考工记》强调"百工"的重要性，表明工艺设计的创新与工艺造物传统的承继和推广是并重的。在展览的交通部分，通过展板的形象描述清晰地展现了中国古代舟船的制作方法和技术不断改进的过程，以及古人为提升舟船的稳定性和安全性所做出的不懈努力。

中国传统工艺造物的这些科学技术知识来源于人们的经验认识和总结，技术理性作为一种科技精神，伴随着人们的自身需要而发展，建立在人们实用心理的基础和范围之上，并以解决日常生产生活中的实际需要而见长。以此观之，传统工艺造物实用功能的实现是人的思想情感与科学理性交织融合的结果，它反映在传统工艺造物的价值理念与技术过程的差别把握之中。

图五 舟船展示

二 实用性与审美性的统一

一般而言，“造物”既指人通过获取和利用自然的物质世界所提供的材料，用自己的智慧和双手进行劳动实践而获得的物态化产品——千百年来，人类创建了一个庞大的人造物的世界；也包括人们为了得到这种物态化产品的劳动过程或动作。前者可称为“人工物”，其本质特征是人工性以及人所赋予的目的性和价值，它与“自然物”的本质区别就在于“人工性”；后者可称为“造物活动”。造物的首要目的和基本功能是为了满足人们生存生活的自然生命需要，然而人类的劳动是一种有意识的、自觉的创造活动，是人作为类的存在物的普遍特性，这种劳动也不仅仅是为了满足物质生存需要，而是为了满足人类需要的丰富性和多层次性而进行的一种主观能动的全面的人类劳动。马克思在论述“异化劳动”时指出，动物只局限于自身所属的物种的尺度来造物，而人则打破了这种局限性，还能掌握其他物种的尺度进行生产；动物所属的物种的尺度只能本能地生产对象，而人则能认识和掌握美的规律，能够按照美的规律来造物。中国传统造物在摆脱了造物的第一需要，实现了造物的实用生活功能的基础上，也在以中国人固有的审美尺度，按照美的规律进行造物活动。

图六　馆藏金器展示

图七　馆藏陶器展示

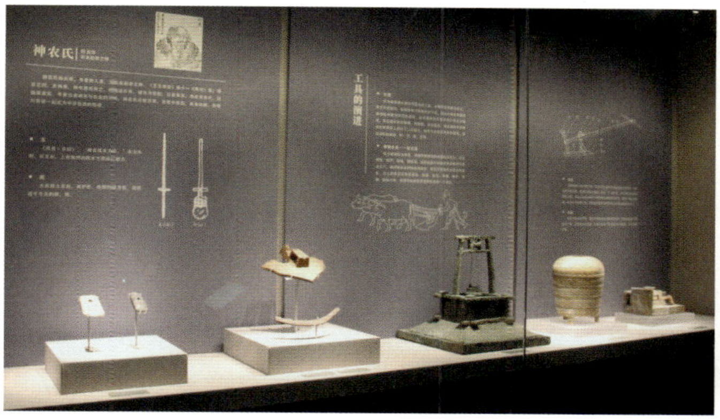

图八　展出的馆藏古代工具

图九　纺织工具模型展示

新石器时代，黄河中游地区最早跨进了文明的门槛，到距今6000年左右，黄河流域进入全面繁荣的仰韶文化时期。农耕文明建构的人地关系和对泥土属性的深刻理解，使以泥土为材质的陶器成为这一时期人们的生活必需品和最重要的审美表现形式。陶器不仅长期广泛应用于古代生活的各个方面，陶器上形形色色的几何纹饰和动植物图案，表现出多样的审美趣味和高超的工艺水平。山东地区的陶器制造经历后李文化时期的青涩、北辛文化时期的粗糙，到了距今5000年左右的大汶口文化时期有了很大的发展，无论是制作方法、器皿造型、纹饰图案，还是色彩的运用都有了很大的提高。仰韶文化与大汶口文化之后，黄河流域进入更为高级的龙山文化时期。龙山文化的陶器制作已多采用轮制技术，部分器物采用模制。其中，出土于潍坊姚官庄的酒器——蛋壳黑陶高柄套杯，漆黑光亮，壁薄如蛋壳，采用快轮制作，器形更加规整和匀称，制作难度极高。如此轻薄，反映了当时人们卓越的审美造型能力和精深的制作技艺，能够完整保存下来更是不易。其作为龙山文化陶器的代表作，使陶器的制作实现了审美性和实用性的统一，是中国远古制陶水平的顶峰。

中国传统造物与人、与物、与自然的关系，还涉及人们的诸多社会性追求。造物是一种选择、创造的过程，自然物的存在形态是静止的，而工艺造物活动则是按照美的规律能动地进行创造。从中国文化体系的特征来看这一过程，又包含着对道德伦理、科技理性、自然环境等诸方面的选择。东汉许慎在《说文解字》中把“美”解释为：“美，甘也。从羊从大。羊在六畜，主给膳也。美与善同意。”宋代徐铉补注云：“羊大则美，故从大。”徐纪敏在《科学美学思想史》中说，“这种高度强调美与善统一的结果，就是要使美的自然规律为人的伦理道德服务，为人性的完善服务。按理说，科学的本性应当是真的，也就是说美的规律的理论总结应当与美的自然界的现象符合，这就是美与真统一的意义。中国古代科学，虽然也是从美的自然现象中总结抽象出来的，但是这种总结与抽象是否合乎自然界美的规律，这倒是次要的。”[3] 济南旧城民居四合院的向心格局作为一种整体围合的布局营构，是以自我为本的理念和宗法伦理观念使然。民间靠背椅倚坐的仪态感，侧重的并不是人机关系的妥善应用，而是以正襟危坐的姿态和心理感受作为长者的庄严与地位的象征，还有不少的家具、用器等都具有这种造物观念。年节时，木工艺人在供奉先师鲁班的同时，还要在自己的工具上也贴上“酉”帖，以示对工具一年辛勤劳动的感激，让工具也过年，又包含着对来年的一种吉祥祝福和祈愿。这种造物思想和待物观念兼有实用功能的合理性与使用者心理稳定性的特征，具有人与造物相亲和的色彩，而不是处于疏远、对抗的心理境地，是一种和谐的人机关系。至于服饰、工具、织绣等这种心理情感因素以及伦理观念则体现得更为充分。事实上，中国传统的伦理观念和社会意义充分渗透于工艺造物的过程及结果中，人的主体性、人伦性和情感性在实用造物形态中使物与人的内在精神相联通，并在作品中体现出浓厚的人情味，进而表现出重视实际功用与重视人的自身价值和思想情感相统一的人文观念。

三　工艺制作与宇宙观念的统一

中国古代天圆地方、阴阳五行的宇宙观念对传统工艺造物有着深刻的影响。

“轸之方也，以象地也。盖之圜也，以象天也。轮之辐三十，以象日月也。盖弓二十有八，以象星也；龙旂九斿，以象大火也。鸟旟七斿，以象鹑火也。熊旗六斿，以象伐也。龟蛇四斿，以象营室也。弧旌枉矢，以象弧也。”

在《考工记》中，工艺设计的指导思想遵循严明的“以礼定制、尊礼用器”的礼器制度和“天人合一”“缘物自然”“顺物自然”的造物观，表现出对自然法则的膜拜。车辆的体式和旌旗的动物纹饰等都可以是出自对天地、日月、星宿等的艺术象征，具有象天法地的美学性与礼仪性。

《考工记》还提出了一个尤为深刻的造物原则或审美价值标准，对中国工艺造物思想产生了深远的影响，即：“天有时、地有气、材有美、工有巧，合此四者，然后可以为良。”这是中

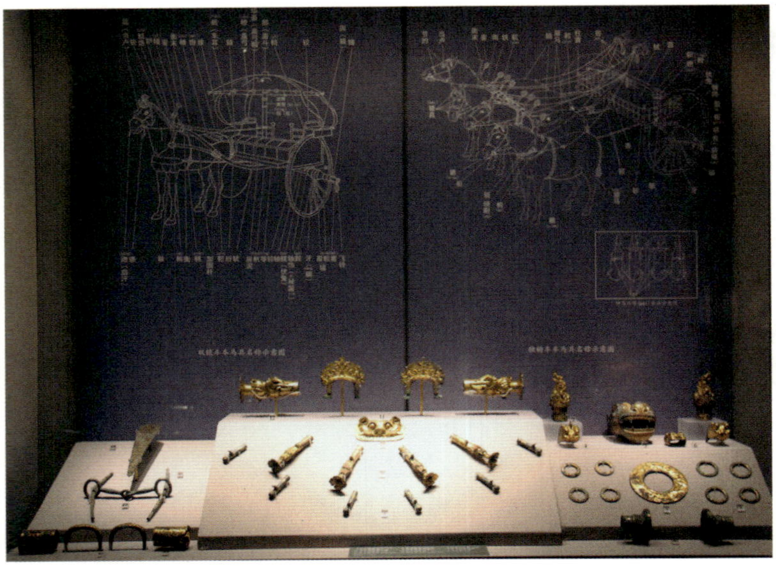

图十　馆藏古代车辆上的各种饰物

国形而上的文化精神之“道”对形而下之“器”的规约，是中国传统造物肇始就重视规范，讲究道与气、道与器、技与艺、器与礼结合的体现，也是对传统工艺造物思想之精华的扼要表述。道只可意会不可言传，是一种近乎自然、自由忘我的最高境界，唯有凝神于对自然大道的体悟才能获得。简言之，道似乎也可以视为自然万物的运行规律。技则是达到这一境界的手段。宇宙在中国文化中是一个气化流行、阴阳相成、虚实相生的整体。在气的宇宙中，气化流行产生万物，物亡又复归于宇宙之气。气是虚的，又是万物之根本，具有生命起源的意义，近似于道。器物的制作过程中不能只注重制作经验的技与艺而遮盖了道与气，仅有技术的精湛是难以达成神气兼备的。进一步把握气的宇宙就是阴阳，即“一阴一阳之谓道”（《周易·系辞上》）[4]，而阴阳还可以进而展开为四（季）、五（行）、八（卦）等各种“多”。五行说是中国古代哲学中对大千世界的物质形态所作的假定性分类，金、木、水、火、土五种物质既象征了自然界相生、相克的关系，又象征了五方、五色、五帝、五味、五音等，它在中国传统工艺造物中也具有重要意义。

关于“天时”“地气”，《考工记》中写道：“天有时以生，有时以杀；草木有时以生，有时以死，石有时以泐，水有时以凝，有时以泽，此天时也。”就是说，万物的生长与消亡、草木的枯与荣、水凝成冰或转化为泽，都为天时。“桔逾淮而北为枳，鸜鹆不逾济，貉逾汶则死，此地气然也；郑之刀，宋之斤，鲁之削，吴粤之剑，迁乎其地而弗能为良，地气然也。”地气则主要指地方性的客观条件，包括自然地理、气候乃至当地人的习俗、生产方式和生产水平等。各地因天时、地气的差异，就有了各类美质的材料，如“燕之角、荆之干、吴粤之金锡等”，即谓之“材美”，肯定了人们依据自身需求和旨趣主动地辨识材料对象美质的选择性。人们对材料的认识和把握也是一个充满了传统思想观念、价值观念、人文意识以及情感和伦理色彩，并在科学理性精神中不断沉淀的认知结构。在人们获取、利用材料的过程中，

图十一　天人合一的宇宙观念

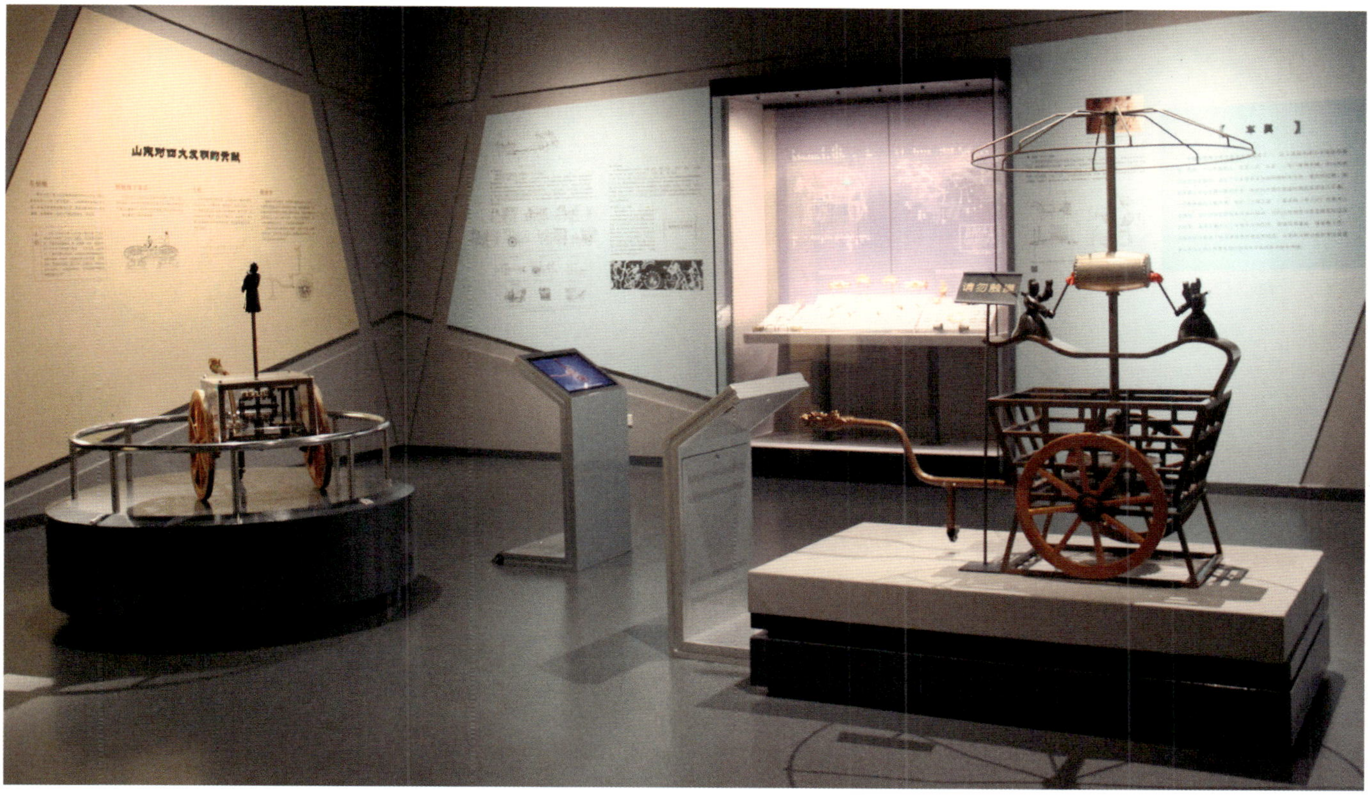

图十二　指南车模型展示

常以人文意识为精神指导，以科学理性为认知手段。科学理性的实现往往打上了人文意识的烙印，同时人文观念又每每遏制了科学理性的发展，即传统精神观念也同时对人们认知、把握、开发、应用材料产生了一定的影响。一言以蔽之，人们常常将某种理性认识与精神情感认识、思维观念相联系，科学理性经验总是在得到某种情感精神观念认识的许可才能完全发挥作用。

“天时”“地气”“材美”一道构成了生机盎然的自然界。中国古人历来讲究应天之时运，承地之气养，倡导人与自然的互动交流。自然环境、自然资源不仅是工艺造物的源泉和物质条件，同时又要适应、协调自然及生态环境。工艺造物既取决于一定的地理环境和物质资源，是一定自然条件下的造物，同时又是对自然的适应和充分合理的利用与开发。例如，窑洞、竹楼、四合院、毡房是不同地理环境中的民居样式；蜡染、扎染、印花布、丝织品是多水、产染料的产棉区及养蚕区的产品；木制、竹制以及石制的家具、用器是林区、山区的制作。这不仅是工艺造物对实用生活的追求，也是人们对自然的合理开发利用及其与自然的和谐关系的表现。因而，中华民族的造物观念深深浸染着“天人合一”的文化精神，顺应天时与地气也成为造物原则的重要内容。“工巧”的原则，是在一定程度上对主体创造性的肯定，是强调人在适应于自然要求的前提下，进一步改造自然，美材“巧”治，即所谓的“适材加工”“因材施艺”。

“天有时、地有气、材有美、工有巧”的造物原则不仅各因素相互制约，而且只有和谐统一才具备造物的完整性，它们相互之间的关系同构于造物的整体观念，是“和谐”设计观在造物中的全面呈现。“合此四者，然后可以为良。”一个“合”字，道出了中国工艺造物的最佳价值准则。“合”不是无矛盾、无差别的同一，而是包含了矛盾诸方面的有无相生、相辅相成，唯有合乎“合”，才能具备利益人生之良质，才是真正的造物。“和合”思想在《考工记》里贯穿始终，强调的是造物与自然的关系，也是人与宇宙天地、人与自然规律、人与造物和谐统一的整体关系。这也是现代人机工程学原理和方法的具体体现，为工艺设计对整体与局部的考量提供了范例。比如，指南车是中国古代指示方向和作为帝王仪仗使用的一种车辆，有着一套复杂的齿轮传动机构，是中国最早的自动控制系统。对它的设计不仅要掌握力学知识，还需要懂得人机工程学中的"反馈"原理，它的出现与应用，表明古人处理人机系统的相关知识已经达到了很高的水准。指南车的设计是经典人机学的一个典范。

《考工记》还特别留意"画缋之事"中的色彩，其色彩观念在阴阳五行宇宙观念的影响下，明确建立了五色、五方与四时之间的文化关联。在展览中，根据各陈列单元内容的不同，分别设置切题的主体颜色，并注重运用多变、质感的"素"色层次，力求"杂四时五色之位以章之"，呼应了展览的主旨，丰富了展览的表现形式。

四 结 语

《考工记——山东古代科技展》是山东博物馆首个关注古代科技发展，以传统工艺的当代创新为主线的常设展览。尽管其内容单元较多，布局宏大，但展线却清楚明晰，并且在内容和形式上都经过精雕细琢、反复打磨，每一个展区的陈列，都是匠心独运的结晶，记录着翔实的历史信息，也传递着生生不息的文化活力。在科学技术飞速发展、现代机器广泛应用的今天，在标准化生产之外，人们前所未有地感受到带有鲜明个性特征和民族情感的传统工艺作品所具有的独特而巨大的魅力。此次《考工记——山东古代科技展》自开展以来便备受社会各界的瞩目，其不仅是对这一渴望的回应，也是对中国当代"工匠精神"的具象阐释。

注 释

[1] (日)三枝博音著：《技术论研究》，人民出版社，1979年。
[2] 杨天宇撰：《周礼译注》，上海古籍出版社，2004年。以下所引《考工记》语皆出自此书。
[3] 徐纪敏著：《科学美学思想史》，湖南人民出版社，1987年。
[4] 李学勤主编：《十三经注疏·周易正义》，北京大学出版社，1999年。

参考文献

[1] 张法主编：《中国美学史》，高等教育出版社，2014年。
[2] 潘鲁生、唐家路主编：《民艺学概论》，山东教育出版社，2012年。
[3] 张道一：《考工记注译》陕西人民美术出版社，2004年。
[4] 肖屏：《〈考工记〉设计思想探析》，《武汉科技学院学报》，2005年7期，41-44页。
[5] 刘克明、杨叔子：《中国古代机械制造中的数理设计方法及其应用》，《机械研究与应用》，2001年1期，56-58页。
[6] 麦秀好、沈法：《论中国古代车辆设计思想》，《包装工程》，2006年3期，165-167页。
[7] 胡飞：《论中国古代造物的设计文化观念》，《艺术百家》，2007年4期，142-144页。

解读古埃及人的永生生命观

——山东博物馆《不朽之旅——古埃及人的生命观》展览

文 / 井 娟 周婀娜 郭云菁 山东博物馆

内容提要

《不朽之旅——古埃及人的生命观》展览于2019年3月31日至6月23日在山东博物馆展出。展览围绕木乃伊与古埃及宗教文化，通过对木乃伊和丰富多样的随葬品的展示，向公众解读古埃及人的永生生命观。此次入境展览为观众提供了近距离接触世界文明成就的机会，取得了良好的社会影响。本文详细阐述了展览五个方面的具体内容，并详细总结展览特色亮点，进一步思考文明互鉴交流带给我们更为深层次的意义。

关键词

古埃及生命观　木乃伊　宗教信仰　文明互鉴

古埃及是世界四大文明古国之一，也是人类文明重要的发源地。公元前3100年古代埃及就已经形成了统一的奴隶制国家，在漫长的历史进程中，古埃及人在农耕、历法、建筑、手工业等方面创造了辉煌灿烂的成就，代表了当时人类的最先进水平，也对后世的古罗马、古希腊文明产生了巨大的影响。

巍然屹立的金字塔，千年不腐的木乃伊，金碧辉煌的法老墓室，壮观的狮身人面像和神庙群。数个世纪以来，古埃及文化就一直以其独特的魅力深深吸引着人们探寻的目光。这些人类文明结晶的形成，与贯穿整个古埃及基于永生的神秘宗教信仰体系密不可分。

2019年3月31日至6月23日，山东博物馆举办了《不朽之旅——古埃及人的生命观》展览（图一）。围绕木乃伊与古埃及宗教文化，通过对木乃伊和丰富多样的随葬品的展示，向公众解读古埃及人的永生生命观。本次展览精心遴选来自意大利佛罗伦萨国立考古博物馆珍藏的100件（套）古埃及珍贵文物，包含了木乃伊、人形棺、纸莎草《亡灵书》、卡诺卜罐、护身符、小金字塔、太阳神供奉盒、圣甲虫宝石指环等，呈现了古埃及人的丧葬习俗、宗教信仰、生活状态与乐趣。

图一　序厅

图二　卡诺卜罐器盖

图三　木乃伊头部

图四　展厅局部

图五　木乃伊

一 展览内容

木乃伊是如何制作的？是不是制作好木乃伊就可以获得永生？为什么制作出色彩艳丽的人形木棺？墓葬里那些制作精美的瓶瓶罐罐又是做什么用的呢？为了解释这些谜题，展览通过五个板块，引领观众拨开整个木乃伊化过程的迷雾，考察古埃及人为得永生而尝试的远古技艺，窥视埃及人的精神信仰世界。

（一）永生的信仰

对埃及人来说，死亡是生命轮回中最重要的变化，它标志着你将进入另外一个更好的地方，开始另外一种生活。埃及人把死亡称为“生命开始的前夜”。逝者的灵魂必须寄居在自身肉体中才能得以往生，因此，虔诚而热爱生命的古埃及人，以制作木乃伊的方式来维持肉身的完整，以此来迎接远行灵魂的再次回归。

巴神，人首鸟身之怪，表征着人类不朽的灵魂。人之将死之际，“巴”将从天而降，附身其上，等待死亡的瞬间，尔后引领魂灵离开肉身。天空是“巴”的活动领域，而木乃伊则是它的休憩之所。当时机到时，作为灵魂样态的“卡”与“巴”结合，逝去的人们将重获新生。

然而，重生的道路并非一帆风顺，在这个过程中不仅要经过重重磨难，还有一些仪式需要遵守。他们觉得有必要为逝者提供各种有魔力的字符，以保护其顺利通过阴间，到达古埃及的天国乐园。对古埃及人追求不朽极其重要的“指导手册”《亡灵书》也因此诞生。此次展览将展出随葬莎草纸画的一部分，其上记载了对重生极为重要的咒语、图文，不仅体现了古埃及人的宗教崇拜，更显示了当时的社会体系与道德规范。

历经艰险，逝者的灵魂终于到达神的审判庭，接受冥王奥西里斯的审判。古埃及神话传说中，在人类文明的初期，有一位贤明的埃及国王——奥西里斯。他的弟弟塞特出于嫉妒将其杀害，并将其尸体切成14块，抛至尼罗河流域各地。奥西里斯的妻子——伊西斯，找回了尸块并将其拼接成了木乃伊的形状，最终与丈夫团圆并产下一子——荷鲁斯。奥西里斯复活之后，成为冥世之主。在接受奥西里斯的审判时，灵魂需要做“无罪辩解”，宣称自己在阳间并未犯过一系列的罪责。是否有罪则要通过称量心脏得出结论。阿努比斯神将心脏放在天平的一端，另一端放置象征真理与正义的羽毛。如果心脏轻于羽毛，将被判定为正义之躯，便可轮回转世得以永生；如果心脏重于羽毛，则意味着“无罪辩解”是谎言，他的灵魂便会被怪兽吞噬，永世不得超生。

（二）木乃伊的制作

这一部分的主要展品包括包扎肉身所用的绷带、种类繁多的护身符，卡诺卜罐（图二）等。其中的一件展品是保存完好的木乃伊的头部（图三），五官俱存，毛发未脱尽。虽嘴唇有裂缝两道，额骨处有小面积剥落，但细观之下，纹缕毕现，神态宛在。他双眼深邃，却垂眸低看，似在沉思，又或憩息。双唇轻启，牙齿微露，似在微笑，又仿佛正在诉说。口中可能塞有食物，送葬者望其能在异世说话、饮食、呼吸，一切如在人世。

木乃伊的制作师会先用尼罗河的河水清洗尸体，他们认为这种河水能促使奥西里斯复活，一定具有神奇的功能。制作木乃伊需要很长时间，大约七十天，主要是因为宗教方面的原因。天狼星隐没七十天后重新出现，预示着尼罗河泛滥季节的开始；而泛滥河水的来临，则象征奥西里斯获得了再生。制作师会在处理死者尸体的整个过程中念诵各种经文，尤其是那些旨在为死者获得诸神保护的祈祷文（图四、五）。

木乃伊的制作一般需要经历这样的过程：通过鼻腔和胸腹部的侧切口将大脑和器官从体内取出，然后用泡碱将尸体脱水，用绷带和树脂保鲜剂填充腔室，并以长达几十米的亚麻布绷带包裹尸体。之所以选择用泡碱这种发现于埃及的天然原料，是出于某些魔法及宗教原因，因为它也被用于净化仪式。被移除的内脏会分别放置于四个卡诺卜罐内。这些罐子用于保存肝脏、肺部、胃部及肠子。这些器官由荷鲁斯神的四个孩子进行守护，他们的形象被雕刻于卡诺卜罐的盖子上：长着人头的伊姆赛提，保护肝脏；狒狒头哈比，保护肺部；豺狗头多姆泰夫，掌管胃部；猎鹰头克本森乌艾夫，掌管肠子。

护身符及逝者的个人珠宝被直接放置于缠绕身体的绷带之间。护身符对于古埃及人来说是一种特殊的用品，他们认为护身符可以带来幸运的符咒，可以依凭它的力量保护人的身体和性命。在古埃及文化中，死者和生者一样都佩戴各式各样的护身符，以获得神的庇佑，保护自己及家人。在众多护身符中最具代表性的有“杰德柱”“圣金龟（圣甲虫）”和“荷鲁斯之眼”等（图六）。

图六　圣甲虫、荷鲁斯之眼等

“心脏圣甲虫”，通常被放置于木乃伊的心脏位置。埃及人将甲壳虫视为圣物，象征着清晨升起的太阳神“拉”。事实上，具有圣甲虫形式的象形文字意味着“变得”、“更新”或“复活”，正是因为这层含义，使之成为陪葬品，尤其在后王朝时期颇为盛行。附有雕刻文字的大型绿色圣甲虫（重生的颜色），被放置于木乃伊的心脏位置，其面部向下的位置通常刻有

《亡灵书》第三十章的内容，这些铭文能够神奇地减轻逝者的心脏重量直至其轻如羽毛以接受奥西里斯的审判。

“荷鲁斯之眼”非同寻常，因为他的左眼代表月亮，右眼代表太阳。他的左眼被塞特夺走，月亮神托特自然要出手相助。在一个月圆之时，荷鲁斯在月亮神的帮助下，经过殊死搏斗，终于打败了塞特，将左眼夺回。荷鲁斯将这只失而复得的眼睛献给了父亲——冥王奥西里斯。荷鲁斯之眼就成了辨别善恶、捍卫健康与幸福的护身符。另外，荷鲁斯右眼代表的太阳有“健全”之意。所以，古埃及人多取其右眼作为护身符，以祈望它能使佩带者远离痛苦，战胜邪恶。

（三） 棺柩的功能

经过防腐处理的逝者身体被放置在木棺中，以保护尸体免受亵渎及变质，使逝者得以转世。在史前时期，尸体会以蜷缩的姿势放置在坟墓里，简单地用皮革或芦苇垫子包裹起来；直到古王国时期，才在石头或木头中发现了第一副六边形木棺。由于它形似一间房子，木棺被解读为逝者的永生住所，绘制或雕刻于其上的装饰物，正式模仿建筑物的外观形式。

图七　棺盖头部

重生的一个重要环节，是让灵魂形态的“巴”正确辨认出肉身，回归其中。因此，作为辨识标志，人们在逝者面部涂上面具。有的面具由涂有泥灰的木材制成，有的由金箔覆盖，这取决于逝者的家庭经济情况。这些面具通常缺乏个人属性：仅在罗马时期，用镶嵌珐琅或玻璃眼的石膏制成的面具透过头饰以及轻微的个人表征，显示出性别差异。这种制作倾向在“法尤姆面具”中达到顶峰，反映出高超的技艺。

展览中可以看到一件“第二层棺盖”，在古埃及丧葬习俗中，棺盖是用来直接放在木乃伊上方的，这是古埃及王国第三中间期的常用方法。这件棺盖为女性木乃伊棺的形状，双手放置在宽大的乌塞克圆领上，下面描绘着一只圣甲虫和一位张开翅膀、行跪姿的女神，人体上覆盖有保护网状装饰。中央垂直的柱子上绘制着铭文，作为祈祷文献给阿努比斯（图七、八）。

（四） 丧葬明器

“事死如生”的观念，使得古埃及人不仅注重亡者灵魂的永生，而且更关心亡者在冥世的生存状况。亡灵在冥世生存，需要配备一些特殊的器具，这些具有装饰功能的陪葬品，被赋予丰富的宗教和礼仪意义，一方面辅助亡者灵魂渡过冥世的各种艰难险阻，顺利通过地狱之门；一方面可以为来生提供诸多便利。

即使到达永生世界，他们也是需要劳作的。为了避免这种情况的发生，便在坟墓里放置一些小人的形象，有时将其锁在木制的盒子里。他们名为“巫沙布提俑”，意为“回答”。每当分配一天的新工作时，他们轮流回答：“我来”。他们以木乃伊的造型出现，拿着农具，肩上背着一袋麦子。随着时间的推移，为逝者准备的小雕像数量不断增加，一年 365 天每天都有一个奴仆为其劳作，且每十个仆人都有一个监工（通常穿着日常生活中的衣服），因此雕塑的数量达到了 401 个。雕像的数量与逝者身份有关，法老的坟墓里小雕像多达 1000 个。

随葬石碑是墓葬的重要组成部分，从古王国时期一直沿用到后世，它们通常由石头建成，嵌在墓室的墙上。不同的时期，

图八　木棺内部

图九　小金字塔

图十　展厅局部

石碑呈不同的形状和图像，但它们的功能都是一样的，确保在丧葬品遗失或在没有亲人看护坟墓的情况下，逝者还有必要的丧葬品和祝福。这项功能通过刻于其上的铭文得以实现，有时还伴随着对不同神灵的祷告。有的石碑上刻画了逝者及其妻子坐在桌前享用丧葬餐的情景。桌上摆满了各种各样的食物，还有盛着红酒和啤酒的酒壶（图九、十）。

（五）生活用品

古埃及人为了让死者能够享受来生，在冥世无忧无虑的生活，会根据死者生前的地位和财富能力，为死者随葬一切必需的生活用品，如食品、饮料、衣物首饰、家具和化妆品等。这些随葬品直观地再现了古埃及人民的真实生活场景，展现了古埃及人的聪明才智和生活情趣。为了确保随葬品为死者所享用，古埃及人会在死者的墓碑上描绘所有随葬品的生产过程，以及死者在人间的生活环境和曾经享受过的欢乐时光，如田间的耕种收割，作坊里的酿酒、制陶，牧场上牲畜的放养，贵族官邸的游猎宴饮等。古埃及人相信，通过宗教仪式和巫术，这些图画可使墓主重获人间的生活。

在古埃及王国，男人和女人普遍都使用化妆品，各种各样的化妆品被保存在小罐子或碗里。装眼影粉的容器形态各异，特别有趣。妆容使用的梳子往往是双齿，装饰有简单的线形几何纹。镜子在古王国时期就已经出现，长长的手柄，上面装饰着爱与美德女神哈索尔的面部图像。

二　展览特色

本次展览从空间设计、灯光照明、辅助展板、视频音频等方面都做了精心准备，力求为观众打造近距离接触神秘古埃及文明的观展体验，让公众汲取更多文化营养。主要体现在以下几个方面。

其一，主题鲜明、层次清晰、展线流畅、通俗易懂。

古埃及人认为“人生只不过是一个短暂的居留，而死后才是永久的享受。”所以对于死亡，虔诚而热爱生命的古埃及人，以制作木乃伊的方式来维持肉身的完整，迎接灵魂

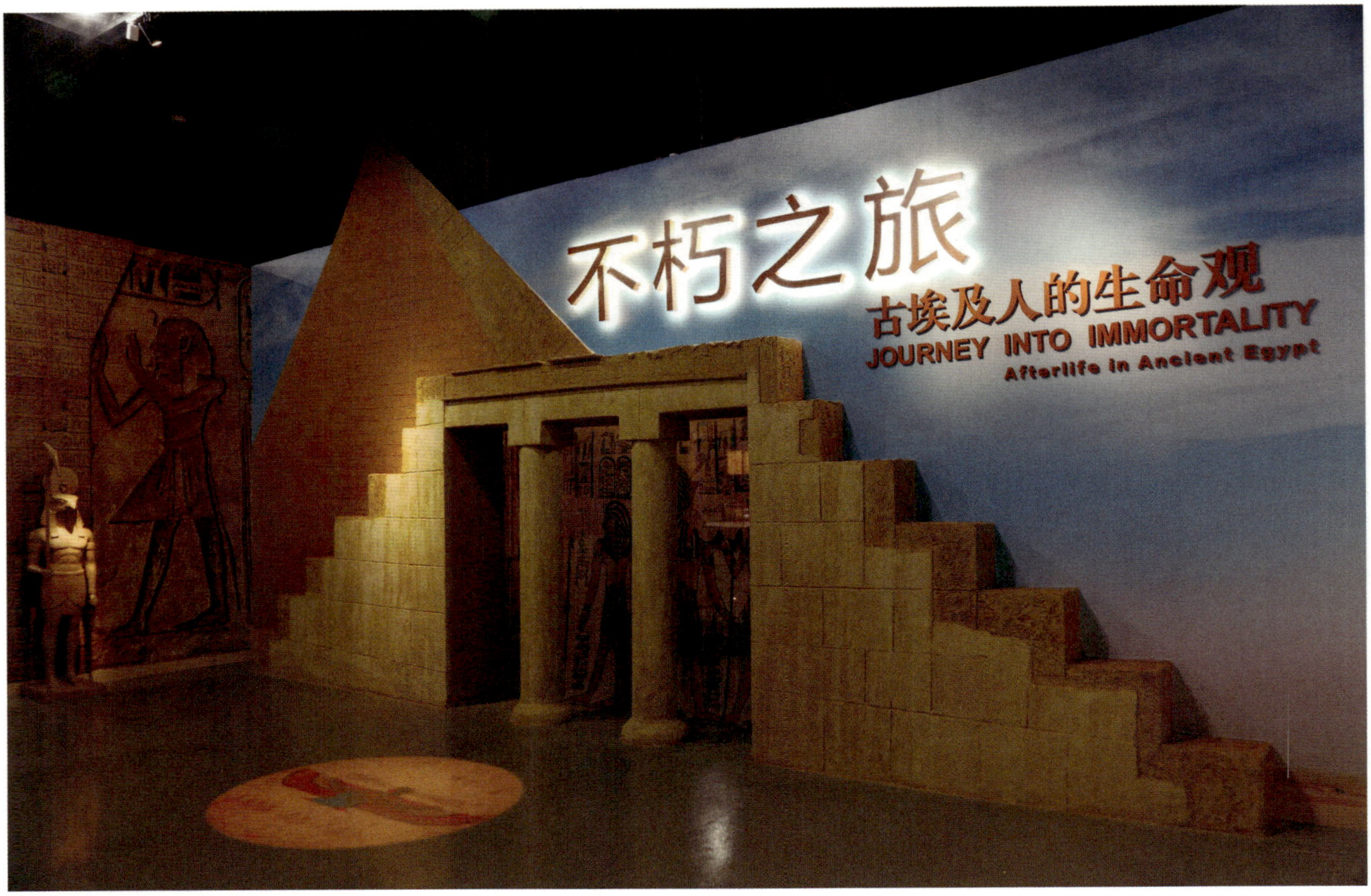

图十一 展览序厅

的再次回归。展览以多种类、多质地、多层次的精品文物，全面翔实、直观立体的展示古埃及人的“生死观”“丧葬制度”这些令人好奇而着迷的神秘主题。对木乃伊的制作，丧葬习俗，宗教信仰，陪葬用品等内容一一阐释。展览单一环绕式展线，自然流畅。紧扣主题，内容层层递进，通俗易懂。

其二，展览序厅，匠心独具，烘托主题，身临其境。

促进融通互鉴，深化国际文化交流，引进国外展览已成为国内博物馆办展的一种潮流。外展的神秘性极大地吸引了观众的目光，对其他文化形态的生疏也成为解读外展最大的障碍。以此展览为例，观众对古埃及文明的了解可能更多地停留在金字塔、狮身人面像这样的具象上。因此，展览序厅设置高大的金字塔背板，并将金字塔的入口进行了场景复原（图十一）。高大的立柱与深浅不一的台阶还原了金字塔入口的真实状态，并依据一定比例进行了放大，起到了突出主题与指引观众的作用。观众进入展厅，好像进入了古埃及的金字塔，迫不及待的开启浩瀚而又神秘的古埃及探索之旅。

其三，空间设计，色彩对比，舒适照明，点亮展览。

展厅面积约 1000 平方米，为了能够在有限的空间内尽可能的放大展览内容，根据展览单元划分清晰、层次清楚的特点，通过展墙、展柜的变化，延伸展线，营造更加开阔和神秘的空间氛围。灵活运用色彩风格，以沉稳神秘的紫色作为主色调，展厅中央部分背景则选用金字塔内的壁画内容，金碧辉煌，震撼人心。

此次展览中的纸莎草纸、木乃伊、人形木棺等敏感度高的展品对照度值有较高的要求，需要严格地控制在适当的照度值范围内。观众在黑暗的环境存在负面心理认知，尤其是面对大量的出土文物时，或多或少会产生程度不等的紧张感。为防止这种现象，适当地调节了展厅的照明强弱，让“暗”适当的“亮”起来，营造适度的观赏环境。

其四，辅助展板，中心展柜，人性服务，贴近群众。

展厅中不乏能看到一些对古埃及文明解读的辅助说明展板，如古埃及主要神话人物、古埃及文明符号、制作木乃伊的基本步骤等，帮助观众更好理解展览内容。在展厅的中心位置，放置高 2.8 米、长 3.2 米、宽 1.6 米的高大的透明独立展柜，展出了此次展览中体量最大的一件人形木棺，在灯光的照射下复杂艳丽的彩绘图案清晰可见。国外展览现场观众量较大，设计独立展柜，不仅突出了精美展品，还起到了分流观众的作用，为观众提供更为舒适的参观环境。

其五，微信扫码，视频音频，互联网 +，提升展览。

充分利用互联网 + 数字平台，让展品走进大众生活，让文化拥有更广阔的宣传空间，在展品与观众之间架起一座桥梁，引领博物馆展览新趋势。互联网 + 数字平台包含了更为个性化的服务机制，突破空间的限制，力图对每一件展品进行更深层次的解读，使观众了解展品的细节和背后故事，使博物馆参观常见的“一扫而过，蜻蜓点水”的参观方式得到了极大的改善。

此次展览特意在说明牌上贴上二维码，让观众可以通过“扫一扫”进入微信小程序，收听文物的语音讲解，收听完毕后，还可以对语音进行打分、评价。展览出口设置大屏幕，弥补观展结束后意犹未尽的遗憾，了解更多展览背后的故事，启发人们对展览深入的思考。

为了让观众理解古埃及人的生命观，领略古埃及文明，创造近距离了解接触世界文明成果的机会，展览还特别采用了数字化音频的形式对展览进行全新诠释。《声临古埃及》是山东博物馆推出的第一部展览声音节目，也是此次展览的亮点之一。除网络平台外，观展出口处也单独设立了声音节目体验区域，观众戴上耳机便可伴随着声音进入到古埃及辉煌灿烂的历史长河中感受一二。内容以展览为缘起及最终归宿，围绕展览的陈列设计、主题内容、文物精品等，选取观众更感兴趣的展览背后的故事，期望为观众带来展厅所体验不到的听觉惊喜。

“一花独放不是春，百花齐放春满园”，文明因交流而多彩，文明因互鉴而丰富。山东博物馆主办此次古埃及文物展，希望给观众创造近距离的了解和接触世界各地文明成就的机会，启发人们对全人类共同创造的珍贵文化遗产所具有的现实意义的思考。山东博物馆将陆续推出反应世界各地特色文化的优秀展览，不断满足人民群众对美好文化生活的新需求。

小小说明牌有大观
——以北大赛克勒考古与艺术博物馆为例浅谈展品说明牌的设计思路

文/周　博　北京市古代钱币展览馆

内容提要

展品说明牌是观者了解文物展品最直观的途径，它的设计直接影响到观者对于展品的理解和认知。因此，展品说明牌的质量直接决定展品信息的含金量。小小的说明牌在整个展览中所占比重实在不大，但就是这样的小环节，设计运用巧妙却能够起到事半功倍，四两拨千斤的作用。展览环节无小事，往往见微知著的细节事关整个展览的成败。因此展陈策划和设计人员在说明牌编写设计环节绝不可掉以轻心。本文以北京大学赛克勒考古与艺术博物馆馆藏部分的展品说明牌为参照举例，谈谈设计思路在展览说明牌中的重要性。

关键词

博物馆　展品说明牌　设计思路

对于博物馆来讲，文物展品是其命脉，观者是信息输出的对象，展览文字说明则是展品和观者沟通的桥梁。展览好不好，观众说了算。因此，如何拉近观者同尘封久远的文物之间的距离，让观者能够轻松并保持兴趣的驻足才是最重要的。毕竟对于绝大多数普通观众来说，兴趣大于知识，通俗易懂大于学术专业。一个受到观众认可的展览，除了好的策划内容外，对展品的诠释方式也是至关重要的。观者对展品的认知最直接的方式就是观看展品说明牌。体量不大的小小说明牌是展览的有机组成，看似微不足道，用心思考，实则需要考虑很多元素：整体风格、文字内容、语言措辞、视觉设计、安装位置等都影响着展品信息能否有效的传递。因此如何做好展品的文字诠释，有效设计说明牌是博物馆展陈人需要深思的。当下国内博物馆展览的说明牌各异，良莠不齐的现象比比皆是。本文以北京大学赛克勒考古与艺术博物馆的常设馆藏文物为例，浅谈博物馆说明牌设计的一点思路。

一　展品说明牌的内容设计

内容文字是说明牌的实体，其中的语言风格和文字内涵几乎决定了展品的全部信息。从赛馆说明内容的模块用词和内容层次上分析，精准的用词和清晰的逻辑关系体现了编写的严谨性。

展品说明牌首先应该具备对展示物基本信息的介绍：名称、年代、出处或馆藏，以及对物的整体说明等。展品说明牌的特点是用简洁的文字概括出一个文物几百上千年的深厚文化，就如同文学翻译家的工作一样，区别在于不是各语种间的转译，而是要把无声的文物用准确并简洁的文字翻译过来。驻足于一个文物说明牌前，笔者常常想，如果文物会说话，它会认同对它的介绍吗？笔者曾经参观过大大小小不少博物馆，其中的展品说明牌也是五花八门多种多样，有极其简洁型，也有长篇大论者。不同风格的说明牌给人的信息量和认知角度都不尽相同。通常，简洁风知识含量太少，起不到传播知识的目的；繁者则信息量过大，面对长篇大段的文字，读者往往首先望而生畏，进而流于大部分走马观花的浏览，无心久读，且文字过多也难以抓住重点，便无法起到教育宣传的目的。

赛馆说明牌的内容设计则摆脱了上述两个模式，让人记忆犹新。其说明牌除基本信息外，还兼具知识性和生动性，激发观者有不断读下去的兴趣。在内容结构设计上总结有以下特点：

第一，引用趣味性文字。兴趣是推动人们行为的一种动力[1]。通常的展览说明牌无非就是基本信息和藏品说明两个部分，赛馆说明牌单独加入一个“入藏故事”模块，其中“故事”二字使用的最为巧妙，无论年龄长幼，每个人都是对故事感兴趣的，习惯了平铺直叙的说明性文字，忽然出现趣味性的提示，马上激发了观者的兴奋点，进而会特别提高注意力去探索其中的奥妙，这种知识传播效果自然要有效于乏味的“说明”。只一个用词不同，便带来关注程度的差异，起到了事半功倍的效果。此模块具体内容体现的是展品的出处由来及入藏的过程，特别是对于考古出土的文物，专门对发掘的墓葬遗址进行了较为详细的介绍，为观者拓展了更为宽泛的知识空间。

图一　展品“簋”及说明牌

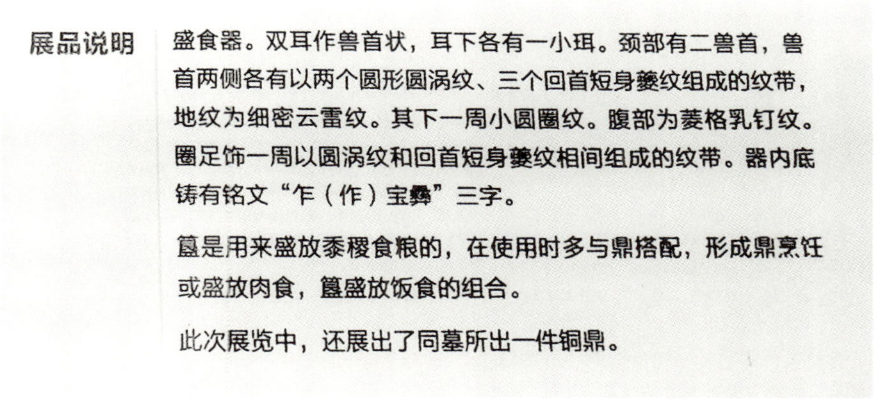

展品说明　盛食器。双耳作兽首状，耳下各有一小珥。颈部有二兽首，兽首两侧各有以两个圆形圆涡纹、三个回首短身夔纹组成的纹带，地纹为细密云雷纹。其下一周小圆圈纹。腹部为菱格乳钉纹。圈足饰一周以圆涡纹和回首短身夔纹相间组成的纹带。器内底铸有铭文“乍（作）宝彝”三字。

簋是用来盛放黍稷食粮的，在使用时多与鼎搭配，形成鼎烹饪或盛放肉食，簋盛放饭食的组合。

此次展览中，还展出了同墓所出一件铜鼎。

图二　“簋”的“展品说明”

第二，整体性与层次性兼顾，逻辑层次清晰。“展品说明”说明自成一体，但仔细观看，其中又隐含分成不同小篇幅，每一个小段落说明角度不同，知识层级不断扩大，由展品本身外延到器物类别，由具体描述扩展到整体类别归纳，由个别到统一。

以展品“簋”的“展品说明”为例。

先来看看“簋”的“展品说明”原文：

“盛食器。双耳做兽首状，耳下各有一小珥。颈部有二兽首，兽首两侧各有以两个圆形圆涡纹、三个回首短身夔纹组成的纹带，地纹为细密云雷纹。旗下一周小圆圈纹。腹部为夔格乳钉纹。圈足饰一周以圆涡纹和回首短身夔纹相间组成的纹带。器内底铸有铭文‘乍（作）宝彝’三字。

簋是用来盛放黍稷食粮的，在使用时多与鼎搭配，形成鼎烹饪或盛放肉食，簋盛放饭食的组合。

此次展览中，还展出了同墓所出一件铜鼎。”

说明文字为一个整体模块，其中分为三小段：第一段描述该件藏品本身的器型特点、纹饰、铭文等细节，从具象层面上加以介绍；第二段介绍了“簋”这种器物整体用途，从大的类别上进行知识普及；第三段，额外提示，展览中还有一件同墓出土的“鼎’在展出，其作用在于启发性的引导探究，在层层递进扩大知识层面的同时，又给观者提供了一个好奇的契机——寻找展品的同伴，想必大多数观者都会下意识地去探索一下展品“鼎”的踪迹。

二　展品说明牌的形式设计

如果说文字内容是说明牌的内涵，形式设计就是说明牌的外在表现。好的视觉元素需要第一时间抓住观者的注意力，读者才有接下来对内容细细研读的可能。因此，形式设计师必须在设计手法上动脑筋做文章。

以展品“鼎”为例加以分析：

首先，从用色角度分析，色彩运用是该说明牌的亮点。展牌选用了红黑两种色彩文字，纯白色底面。黑白对比反差最鲜明，而红色文字运用在了左侧模块的“基本信息”栏中，把展品的名称、年代、尺寸的具体详情用红字表示。这巧妙地利用了色彩原理中红黑搭配的经典组合，黑色沉稳后退，红色最为跳跃突出的

图三　展品“鼎”及说明牌

特点，把展品的最基本信息第一时间主动“送”到观者的视觉中，让人迅速掌握了“这叫什么”“它的年代”“它是什么做的”基本信息，使得观者最快速的认识了眼前的物品。了然之后，才把视线转移到第二位的黑色字体上。进一步探索更为详细的内容。这细小的操作，完全遵循利用了人的生理视觉原理，用色彩把信息的主次视觉化处理，起到了突出重点的效果。

其次，从版式上进行分析，简介清晰一目了然。整个扁长的说明牌被分成了左中右三个

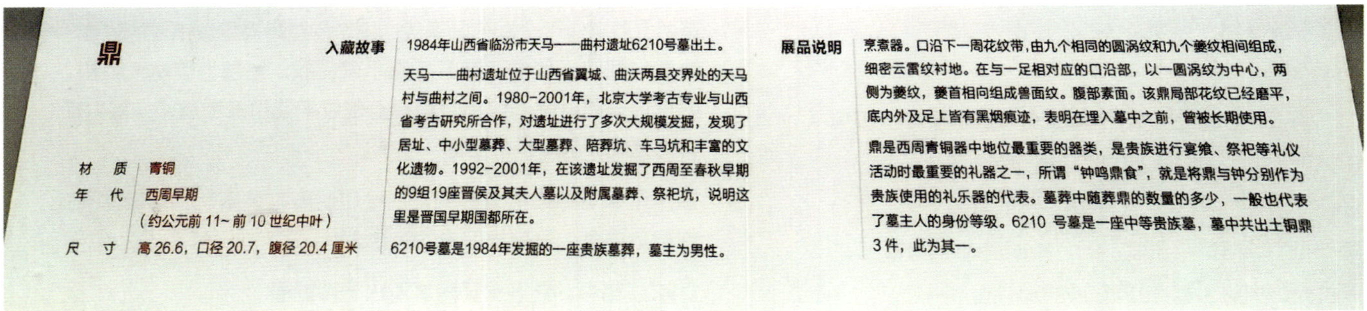

图四　“鼎”说明牌文字

模块，分别以黑体的大标题作为每个模块的主题介绍：展品名称、入藏故事、展品说明，以此明确告知观者每部分所讲内容，观者便可自主而快速地选择信息，避免了一定按照传统习惯从左到右依次看起的传统模式。这种直奔主题，直接从自身兴趣点开始的阅读方式，有效地提高了阅读效率，节省了无效阅读时间。

第三，从在字体和段落的细节设计上着眼，处处体现出设计者以人为本的用意。整个说明牌采用的是大黑字体，题目和内容字体统一，避免了字体不同给人带来的混乱感。器物名称字号最大，突出醒目，模块字号次之，内容文字最小，字号的变化为观者的观看顺序自然而然的排列了先后。

值得一提的是，在“入藏故事”和“展品说明”模块下的段落版式设计形式很用心，整个信息文本第一眼看去是矩形的整体，进一步阅读会发现利用行距的微小调整划分出了不同的段落。这种把小段落融于整体而又能利用视觉方法体现内容层次的设计，着实体现了以观者为本的理念。

在以往的经验中，由于专业不同，陈列设计师只注重视觉效果，往往忽略了内容的框架，在这一点上，该展牌的设计师把文字的内容逻辑和版面视觉形式有机的联系结合，做到了视觉统一中又有逻辑划分，用视觉语言推动了文字语言的层次理解，真正实现了形式助于内容的作用。

三 辅助说明牌的设计运用

辅助说明牌是展品主说明牌的外延，通常是以不同的角度或更深入的维度对展品进行知识的深化。一件文物，特别是展览中的重点或经典展品，本身蕴含着悠久的历史和厚重的文化，往往简短的文字不足以表述清晰的文化信息。这时候辅助说明牌的出现解决了这一问题。辅助说明牌有通常惯用的手法，如对展品中古文的白话文解释、把展品局部文字或图示放大图片展示、以更多的背景文字作为支撑等等，这些都是很有效的信息补充方法。而赛馆的辅助说明牌在以上“常见”手法中融入了一点儿巧妙的设计，立即给观者新颖而清晰的信息传达之感。

下面以“正始石经残片”为例，进行说明。

此件展品为三国时期石经碑文残片，约30厘米 ×20厘米，A4纸大小的石片内残存二十余隶书经文，石片文字保存比较清晰完整，但经过时间的洗礼和拓印之后，石片本身通体乌黑，加之有些碑文字口较浅，小石片放置在展柜中，观者势必难以清晰的欣赏古碑刻文字。这时，在主体说明牌以外，辅助说明牌发挥了作用。

辅助展牌以展板的形式置于展品背后的展柜立墙上，内容分为左右两部分，版式简洁，左侧为石经拓片，右侧为经文内容的出处原文字。以笔者自己的经验，大段的古书原文通常都会作为背景一掠而过，少会逐字研读。至此都是常用手法，亮点在于，说明文字将出处的上下文整段节选展示出来，并将石片中残存文字在整段中以红字区分，出处标题也以大黑体的红色加粗突出。这样设计的妙处在于，使观者不用刻意走近，远远便可分辨出残碑文字在通篇的位置所在，更能推断出原石刻的体量和规模。细节中的一个小小设计，单从视觉上，就能够让观者有自己还原文物的联想空间，观者在联想的同时必然会拿出更多的时间思考和驻足。每人都有好奇探索的心理，进而，读者会凑近说明牌，去寻找比对残碑文和红字的位置，进一步不由自主地去读取上下文。阅读原文完毕后，目光自然而然会回到离观者更近的文物展品身上，带着刚刚的文字故事去再一次品读和回味。自此，一个经历风霜的残碑石片，一段枯燥久远的古老碑经文，就在观者自己的主动探索和发现中完成了被欣赏的使命，相信经过这一过程，每名观者都会有自己不同程度的收获，或是对历史，或是对艺术，亦或是对展品本身的思考。

四 说明牌形式的多样化设计

不拘泥于形式，具体特点具体分析是赛馆的另一个可取之处。纵观国内外所有展览，都会有统一的说明基调和解说方式，然而不同的展品类型会有独特之处，如何既清晰明确的体

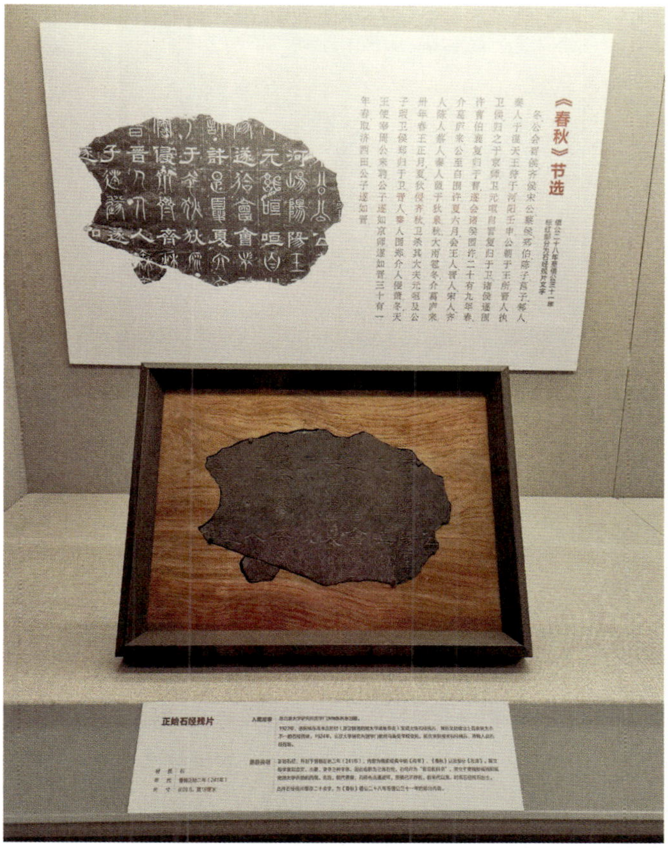

图五 展品“正始石经残片”主说明牌及辅助说明牌

图六 展品“正始石经残片”

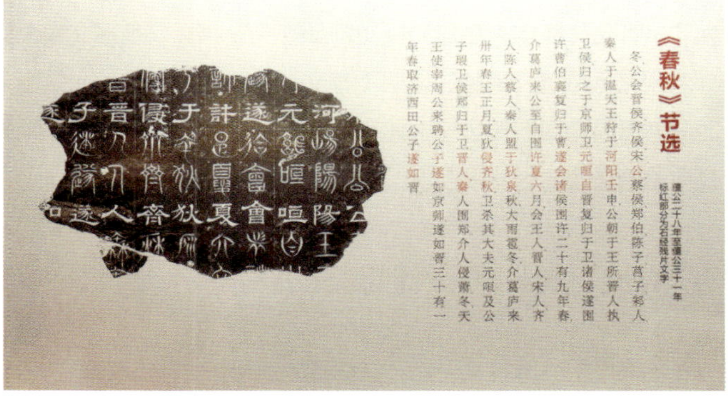

图七 展品“正始石经残片”辅助说明牌

图八　展品“卜辞释读”及说明牌

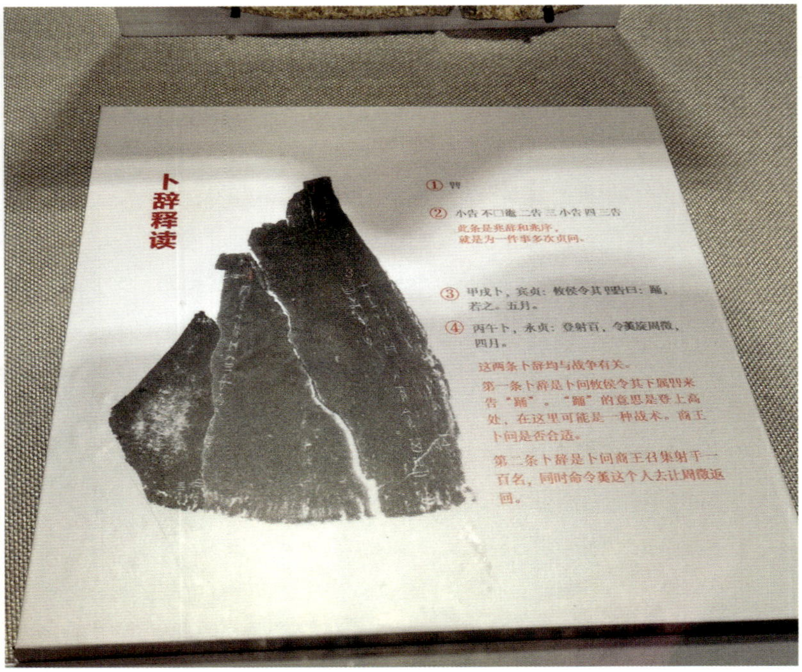

图九　展品“卜辞释读”辅助说明牌

现“个别”展品的独特亮点，又把个性化统一在整体基调之中，是说明牌设计思想成熟与否的一个体现。下面以“卜骨”文物为例加以分析。

“卜骨”是了解商代文化重要的物证，对当时的社会形态、政治军事文化都有着太多的信息传达，其上的甲骨文更是意义非凡。笔者曾经在以往其他展览中看到过展示，简洁者只标明“甲骨文”，详尽者会说明“卜骨”的来历、制作、使用方法，对上面的甲骨文会用现代语言解读。赛馆的“刻辞卜骨”无疑是此展重点文物，除去上文中统一于全展的文物说明牌外，还额外运用了图标指示的方式，对文物的细节加以说明。运用手法明确而又简洁，不但轻松地解决了上面“甲骨文”文字的解读，还将整个卜骨的行文规制点明，这是笔者所见的最快速和有效的“卜骨”说明方式。下面举例加以说明。

主说明牌的展品说明分为两段，首段用说明性文字全面描述此件文物的形象以及相关联系文物。第二段简述了商代卜骨的制作和占卜流程。至此，观者对卜骨本身的制作和作用有了认识。重点是辅助说明牌“卜辞释读”的分析：1. 以拓片形式（而非照片放大形式局部）墨白清晰的体现出卜骨上的甲骨文，这样的好处是不破坏观看的整体性和位置的还原性，且文物的裂痕斑驳清晰。2. 将卜辞以数字标号分组解释，①②③④对数可快速辨别，解决了上古文字难以辨认比对的烦恼。3. 文字红黑有别，亦如整体风格的设计方法，黑字为“甲骨文”，红字为序号和释义，无论在拓片中，还是在文字说明中都一目了然，明确可循。4. 利用序号位置，清楚的讲明甲骨文卜辞的书写格式。一张百余字的图示说明，在极短的时间内可以向观者传达出上述多方面的信息量，充分说明了图示说明法的直观性和设计者使用的恰当性。

五 对展览说明牌设计思路的感悟

不同类型的博物馆，其展览的类型、陈列形式、艺术风格、表现手法、观众受众均有不同，因此，展品说明牌设计要依据具体情况具体分析，切不可固化思维方式，更不是一成不变的格式套用。通过上文的分析思考，对展览中说明牌的设计思路得出以下几点相对共性的感悟：

其一，注重说明牌内容撰写的简洁性和科学性；

其二，注重文字形式的逻辑性和语言风格的生动性；

其三，注重运用视觉规律，艺术性与功能性并行；

其四，注重说明手法的丰富性。

以上所感是基于北大赛克勒考古与艺术博物馆部分馆藏为具体事例分析对象，还有很多方面未能提及，如赛馆说明牌没能体现的英文对照说明，当下新媒体手段在说明导览中的运用等种种方面。更多经验需要博物馆策划设计人员在实践中不断完善总结。

六 结　语

小小的说明牌绝不仅仅是三言两语的说明，它包罗了科学、艺术、心理学等众多学科的综合运用，肩负着让公众通过参观展览自发的读懂文物、获取知识、颐养性情、启迪心灵，从理论和实践上让公众更有效地利用博物馆，从而将博物馆的影响力转化为社会价值[2]的重要作用。说明牌的思路和方式多样，但归根结底，它都是展览的一个组成元素，其最终宗旨是为观者服务，让观者最有效地读懂展览，获得心灵上的体验。

综上所述，展品说明牌虽小，却是浓缩的精华，蕴含的设计思想大有可观。展览的终极受众是观众，作为设计者始终要站在观众的视角去思考，真正用以人为本的核心思想负责地去展现每一个小小的说明牌的价值。

注 释

[1] 杨秋：《创新视觉语言》，《百年传承创新发展：北京地区博物馆第六次学术会议论文集》，中国书籍出版社，2013年，469页。

[2] 夏千惠：《陈列展览文字说明初探》，《中国文物报》，2018年1月16日第六版。

山东淄博古代油滴与黑釉瓷的对比研究

文 / 李媛　康葆强　李合　苗建民
故宫博物院文保科技部

内容提要

油滴是我国古代黑釉瓷中比较稀有的品种之一。为了解淄博古代油滴与当地传统黑釉瓷烧制技术的关系，本研究拟采用能量色散 X 射线荧光光谱仪（EDXRF）、扫描电子显微镜（SEM）、X 射线能谱仪（EDS）对淄博油滴和黑釉瓷的胎、釉元素组成、显微结构进行研究。结果表明，尽管黑釉瓷与油滴胎、釉组成比较接近，但由于烧制温度等的差别造成两者不同的胎、釉显微结构。两者显微结构上的差异不仅改变了瓷釉的乳浊程度、光泽度，而且也形成了斑点、条纹等不同的艺术外观。淄博油滴的成功烧制可能与陶工掌握了窑温、保温时间等对油滴斑点的影响规律有关。

关键词

油滴　黑釉瓷　烧制温度　显微结构

一 前　言

淄博，位于中国山东中部，已先后发掘调查了寨里窑、磁村窑及坡地窑等多处古窑址群，是我国北方重要的民窑窑场之一，不仅瓷器品种丰富，而且烧造历史悠久，自北朝开始，距今已有 1400 余年的历史 [1]。2019 年 10 月，由山东博物馆主办的《窑火千年、流光溢彩——淄博陶瓷琉璃文化展》中展出了淄博地区不同时期的代表性陶瓷珍品，包括青釉瓷、白釉瓷、黑釉瓷等，尤其其中的油滴黑釉瓷（简称油滴，Oil Spot），其釉质滋润、斑点熠熠生辉极富艺术感，可见当时的油滴烧制水平之高，也使人们对淄博古代窑业状况有了一个全新的认识。

油滴，与普通的黑釉瓷一样以铁为着色元素，是我国黑釉瓷的名贵品种之一。在我国南北方很多烧制黑釉的窑场中，都或多或少地发现有油滴遗存的出土。由于各地窑场附近的原料资源、窑炉结构、燃料以及当地陶瓷烧制传统等方面的不同，各地陶工在探索油滴的烧制工艺上也是不同的，如宋代福建建窑在借鉴当地传统黑釉烧制工艺的基础上，通过调整黑釉釉料配方在强还原气氛下烧制银油滴，这在当时是作为“机密”只被少数陶工所掌握 [2]；而山西临汾窑、安徽萧窑等窑场则维持配方不变，主要通过调整窑炉温度、烧制气氛、保温时间以及黑釉在窑炉中的摆放位置获得红油滴或银油滴 [3,4]。考古发掘表明，淄博在唐代时已盛产黑釉瓷器，宋、金时期烧制的油滴黑釉瓷已成为当时代表性品种之一 [5]，但由于古代油滴比较珍稀，有关的科技分析工作还比较少。鉴于此，本工作拟采用现代科技方法对淄博金代的普通黑釉瓷和油滴的胎、釉元素组成、显微结构进行研究，揭示二者的异同点，在此基础上探讨淄博油滴与当地传统黑釉瓷原料及工艺的关系。

二 样品和实验方法

（一）实验方法

采用美国 EDAX 公司的 EAGLE Ⅲ XXL 大样品室能量色散 X 射线荧光能谱仪（EDXRF）对瓷片标本的釉层元素组成含量进行测试。主次量元素实验测试分析条件为：电压 25kV，电流 600μA，束斑 0.3mm，测量时间 600s，经标准样品校准校正后得到近似定量的分析结果；微量元素实验测试分析条件为：电压 40kV，电流 400μA，

1

2

图一　山东淄博黑釉瓷和油滴标本外观照片
1. 黑釉瓷　2. 油滴

束斑 0.3mm，测量时间 200s，得到半定量分析结果。

采用捷克 TESCAN 公司的 MIRA3 型场发射扫描电子显微镜（SEM）对瓷片标本釉层显微结构进行观察。实验测试条件为：高亮度肖特基电子枪，背散射电子探头，低真空模式，采用电压为 25kV，束斑为 12，二次电子图像分辨率为 3.0nm。

采用与上述场发射扫描电镜相配的美国 EDAX 公司 Pegasus 型 X 射线能谱仪（EDS）与电子背散射衍射一体化分析系统，Octane Elite 硅漂移探测器，对瓷片标本釉中微区元素组成进行测试分析。实验测试条件为：扫描电镜电压 20kV，电子束束斑 12，分辨率 129eV，测量时间为 60s。

本研究利用 ImageJ 对背散射电子图像进行处理、分析及统计计算。ImageJ 是一款基于 java 的，由 National Institutes of Health（NIH）开发的一款功能强大的图像处理软件，能够显示、编辑、分析及处理图片，还能进行图片的区域和像素统计、间距与角度的计算、能创建柱状图和剖面图以及进行傅里叶变换。

（二）样品

本文研究淄博地区金代普通黑釉瓷和油滴标本，编号为 SDZB-2 和 HBYD-3，如图一所示。以肉眼观察，普通黑釉瓷标本所残留部分，属于碗一类器物的一部分。釉层玻璃质感比较强、光泽度高，在接近碗底的釉层表面上，分布着若干个形状不规则、大小不等的黄褐色条纹区域，从颜色来看褐色区域与建窑黄兔毫的兔毫颜色比较相近。黑釉瓷的胎体比较均匀、致密，胎体整体呈白色，其中带颜色的颗粒物相对较少。

油滴标本所残留部分，属于钵一类器物的底部。油滴的黑釉整体平整较厚，无强烈玻璃质感，比较润泽。釉面上的油滴斑点也比较平整、无突出或凹陷，且光泽度高，但大小不等，分布亦不均匀，在釉层比较厚的地方，其釉表面的油滴斑点尺寸也明显增大。胎体的中间部分呈土黄色，两边的外侧部分呈黄灰色。胎体的厚度在 1.5~2cm 之间，比较粗糙，可见数量较多的红色、黄色、黑色且大小不等的颗粒，以及无规则形状的坑洞、孔隙。残片内部施满釉，受残件尺寸的限制，推测其外部可能施半釉。

三　实验结果

（一）油滴与黑釉瓷的胎釉元素组成

利用 EDXRF 对普通黑釉瓷、油滴的胎釉元素组成进行了测试，结果见表一。由表一可知，黑釉瓷的釉中氧化铝（Al_2O_3）、氧化硅（SiO_2）、氧化钙（CaO）和氧化铁（Fe_2O_3）含量分别为 14.44%、75.40%、3.10% 和 2.83%，而油滴的釉中分别为 15.45%、74.47%、2.77% 和 2.51%，黑釉瓷的瓷釉元素组成与油滴相差不大，说明它们可能采用当地比较相似的原料制成。从釉的 RO/（RO+R_2O）值来看，黑釉瓷和油滴都属于钙碱釉[6]。已有研究表明[3]，山西临汾窑、介休窑等地生产的银油滴或红油滴釉中 Fe_2O_3 含量在 5.22%~6.33% 之间，是我国南北方各窑场的油滴中最高的。建窑油滴釉中 Fe_2O_3 含量在 3.4%~4.2% 之间，比山西油滴略低一些。对比可知，淄博油滴是所知油滴釉中 Fe_2O_3 含量较低的。

由表一可知，黑釉瓷胎体是由 31.38% 的 Al_2O_3、60.33% 的

表一　山东淄博黑釉瓷和油滴的胎釉化学组成（wt%）

样品编号	测试区	Na_2O	MgO	Al_2O_3	SiO_2	K_2O	CaO	TiO_2	MnO	Fe_2O_3	$RO/RO+R_2O$
HBYD-3	油滴黑釉	0.51	1.88	15.45	74.47	1.92	2.77	0.45	0.04	2.51	0.67
SDZB-2	普通黑釉	0.00	2.04	14.44	75.40	1.71	3.10	0.44	0.04	2.83	0.75
HBYD-3	油滴胎体	0.64	0.42	28.90	61.44	1.21	0.64	2.46	0.02	3.27	——
SDZB-2	黑釉胎体	0.62	0.45	31.38	60.33	1.25	0.82	1.65	0.03	2.47	——

SiO_2、2.47% 的 Fe_2O_3 和 1.65% 的 TiO_2 等组成，而油滴胎体是由 28.90% 的 Al_2O_3、61.44% 的 SiO_2、3.27% 的 Fe_2O_3 和 2.46% 的 TiO_2 等组成，黑釉瓷胎中的 Al_2O_3 含量要略高于油滴，而 SiO_2、Fe_2O_3 和 TiO_2 的含量都略低于油滴，二者胎体的组成略有细微差别。与南方黑釉瓷以含铁粘土为主要原料的高硅低铝的特征相比[7]，淄博黑釉瓷与油滴都为高铝低硅型，这是我国北方典型的胎体组成特征。福建建窑宋代油滴的胎体漆黑如铁，常被称为“铁胎”，其中 Fe_2O_3 含量高达 7% 以上，有些甚至接近 10%。宋元时期山西、河南、河北等其他地区油滴和黑釉瓷胎中的 Fe_2O_3 含量则基本在 1.44%~5.60% 之间[2]。由此可知，淄博油滴胎中的 Fe_2O_3 含量也是各窑口之中较低的。

（二）油滴与黑釉瓷的显微结构特征

在现代材料科学中，材料的显微结构是建立在材料的原料、工艺、性能之间的桥梁，三者之中无论其中一项、两项还是全部发生了改变，都可能在显微结构上产生相应的变化[8]。对于古陶瓷而言，我们已无法确切获知当时的烧制情况，因此可通过显微结构去推测当初所用原料和工艺过程。

1. 胎体显微结构特征及成因分析

背散射电子像在古陶瓷的显微结构研究中应用比较广泛，通过图像上明亮程度的差别，可以方便、快捷地辨认出不同区域的元素组成特点，越亮代表平均原子序数越大。图二为采用 SEM 获得的黑釉瓷和油滴胎体的背散射电子像，根据灰度的差别，图像中主要包含四类物相：第一类为黑色相，代表胎中的孔隙；第二类为白色相，主要是 Fe、Ti 的残余物相颗粒；第三类为灰黑色相，代表胎中的石英相，包括残余石英颗粒及在其周围析出的方石英；第四类为灰白色相，相对于前三类，此类物相组成相对比较复杂，形貌也比较多样，包括由高岭土、石英、长石等矿物单独或全部参与反应所形成的各式各样的玻璃相，另外传统陶瓷胎中常见的莫来石晶相也存在于此类中，以示区分常将不同原料形成的灰白相分别称作诸如粘土团、长石残骸相及基质玻璃相等。从整体来看，虽然黑釉瓷和油滴的胎体都由这四大类物相构成，属于多晶多相结构体系，但二者所含各物相的数量、大小、分布以及形貌是有很大不同的。

首先，二者胎中 Fe、Ti 残余相存在差别。由图二可知，该物相在黑釉瓷胎中与残余石英、黏土团、长石残骸等其他物相的大小相差不明显，大多数在 10~150μm 之间，且数量较少，多以赤铁矿、钛铁矿形式单独存在。而油滴胎中 Fe、Ti 残余相则完全不同，该物相不仅数量多，而且尺寸也比较大，大者可达 650μm，另外借助 EDS 分析，还发现该物相的颗粒之中还存在石英颗粒。因此，当大尺寸 Fe、Ti 残余相被去除时，带走了部分石英，使胎体的 SiO_2 含量降低，从而导致 Al_2O_3 含量富集。由此推测，黑釉瓷的胎料来源与油滴可能是相同的，只是油滴的原料处理没有黑釉瓷精细而已。研究表明[9]，气泡的形成和逸出过程是影响油滴的形成、分布和形状的关键因素之一，而 Fe_2O_3 加热过程中可以产生气体，所以油滴胎料未经过淘洗，反而更有利于油滴的形成。

其次，二者胎中孔隙存在差别。从图二可以看出，黑釉瓷胎中气相分布比较均匀，除个别不规则形状外，大多数孔隙为接近圆形或椭圆形的气孔，尺寸也大多在 20~50μm 之间，表明胎体的烧制温度可能比较高，在高温阶段各个原料之间的反应也比较完全，形成了比较多的玻璃相[10]。而油滴胎中的气相分布则不均匀，孔隙的形态与数量呈两极分化，即大小适中（20~50μm）的圆形或椭圆形孔隙相对较少，更多的是尺寸比较大、形状不规则的大孔洞（可达 300μm），还有大量的狭长形、多见于黏土类矿物之中的微孔隙（5~10μm），表明原料加工处理比较粗糙，而且由于烧制温度、保温时间等原因使原料高温分解、熔融进行得不够彻底，未能形成足够多的玻璃相，造成黏土类矿物之间的微孔隙仍然存在[10]。由此可知，黑釉瓷的烧制温度要高于油滴。

另外，由陶瓷工艺学可知[11]，坯体中析出莫来石晶体的数量及形貌可反映高温烧制过程，数量越多表示烧制温度越高、反应越完全。由图二 2、二 4 可知，黑釉瓷胎中的黏土团和基质玻璃相中可观察到大量的、针状莫来石晶体，而油滴胎中析出莫来石晶体数量不仅稀少，而且比较短小。因此从二者胎中莫来石的差异也印证了上述黑釉瓷烧制温度高于油滴的推论。

2. 釉层显微结构特征及成因分析

图三是黑釉瓷和油滴的釉层背散射电子像。与胎体相同，根

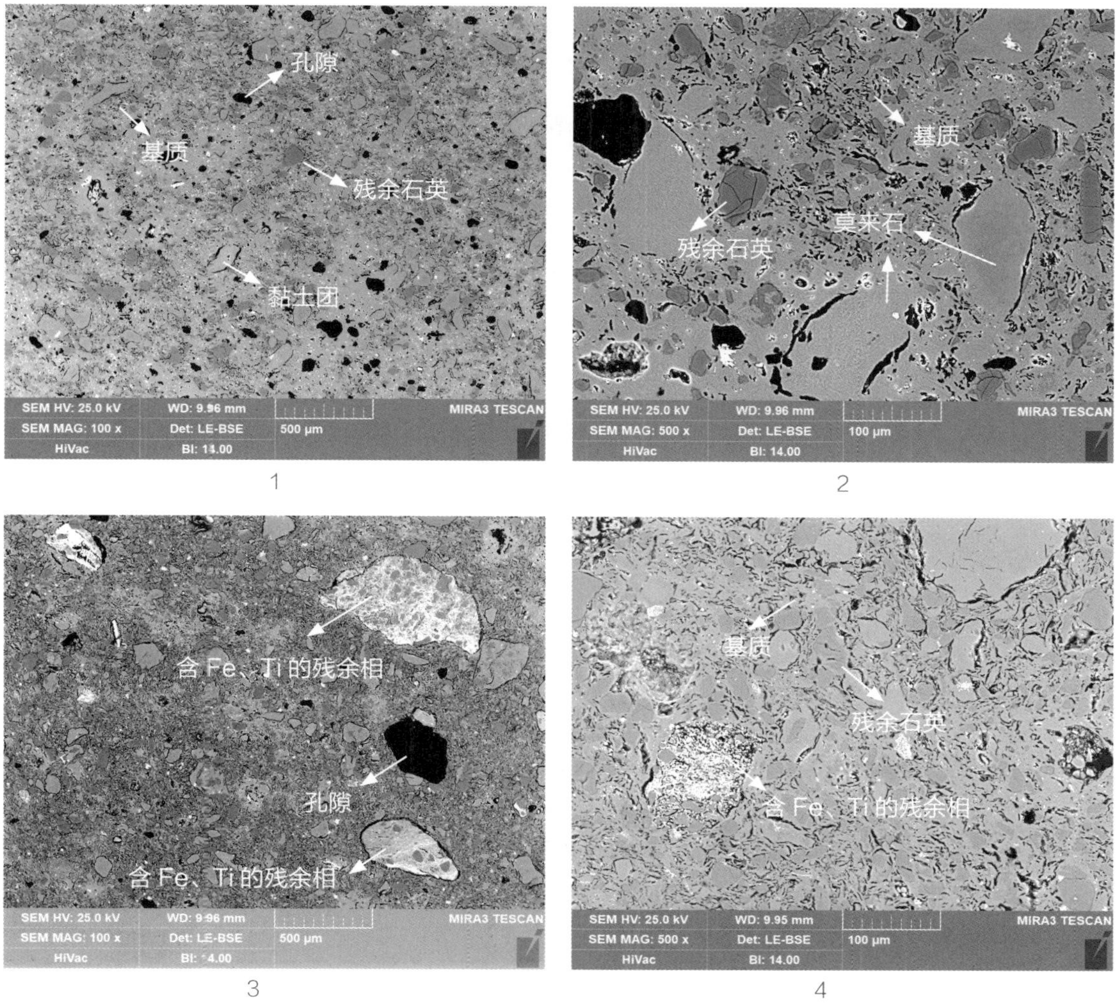

图二　山东淄博黑釉瓷和油滴胎体背散射电子像

黑釉瓷胎体 1. 100X 2. 500X；油滴胎体 3. 100X 4. 500X

据背散射电子像灰度的差异，釉层也主要包含四大类物相：第一类为黑色相，代表釉中气孔；第二类为白色相，代表含 Fe、Ti 的物相，包括含 Fe、Ti 的残余物相，含 Fe、Ti 的晶相及含 Fe、Ti 的分相结构；第三类为灰黑色相，代表釉中的石英相，包括残余石英颗粒及在其周围析出的犬齿状方石英；第四类为灰白色相，代表连续、致密的基体玻璃相，另外传统陶瓷釉中常见的钙长石晶体也在此类中。对比图三 1 和三 2，可观察出改变烧制温度对瓷釉中主要物相的类别、数量、大小、形貌等的影响。

为了科学评价瓷釉的显微结构特征，借助图像分析软件 ImageJ 对釉中各物相进行分析、统计，结果列于表二。

由表二可知，黑釉瓷釉主要由基质玻璃相和气相构成，二者可占到整个釉层的 98%，而且气孔尺寸大小不等，比较随机地分布在釉层之中，可达到的乳浊效果比较弱，所以，在外观上，黑釉瓷的玻璃质感强，光泽度高。另外，由图四 1 可知，黑釉瓷釉中为数不多的残余石英颗粒几乎大部分或全部都已转变为方石英，由于传统瓷釉中石英向方石英转化往往需要在较高的温度且足够长的时间才能完成[10]，这说明黑釉瓷不仅烧制温度高，而且其保温过程也比较长。

虽然黑釉瓷釉中的 Fe_2O_3、TiO_2 含量和油滴比较接近，但其釉中几乎找不到白色的含 Fe、Ti 的残余相（如图三 1 所示）。这是因为釉料中赤铁矿、磁铁矿或钛铁矿等原料经过

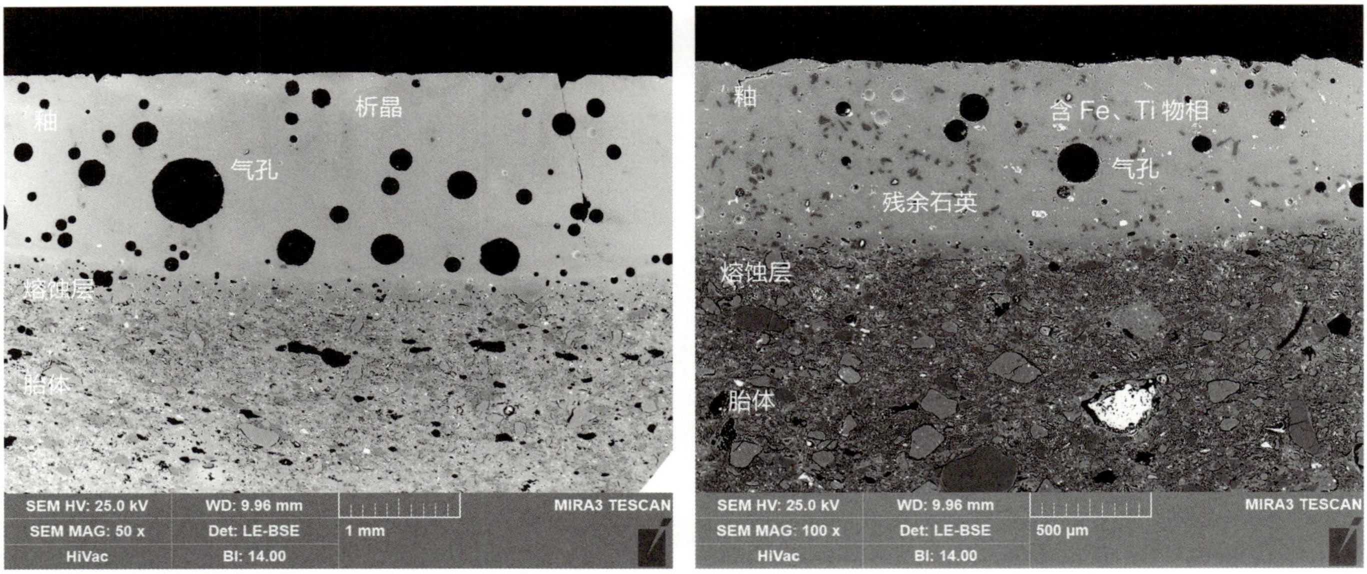

1　　2

图三　山东淄博黑釉瓷和油滴釉层的低倍背散射电子像
1. 黑釉瓷釉层 50X；2. 油滴釉层 200X

表二　山东淄博黑釉瓷和油滴釉中各物相百分含量（以面积计，%）

名称	玻璃相（含析晶）	气相	含 Fe、Ti 物相	残余石英（含方石英）
黑釉瓷	78	20	1	1
油滴	85	3	2	10

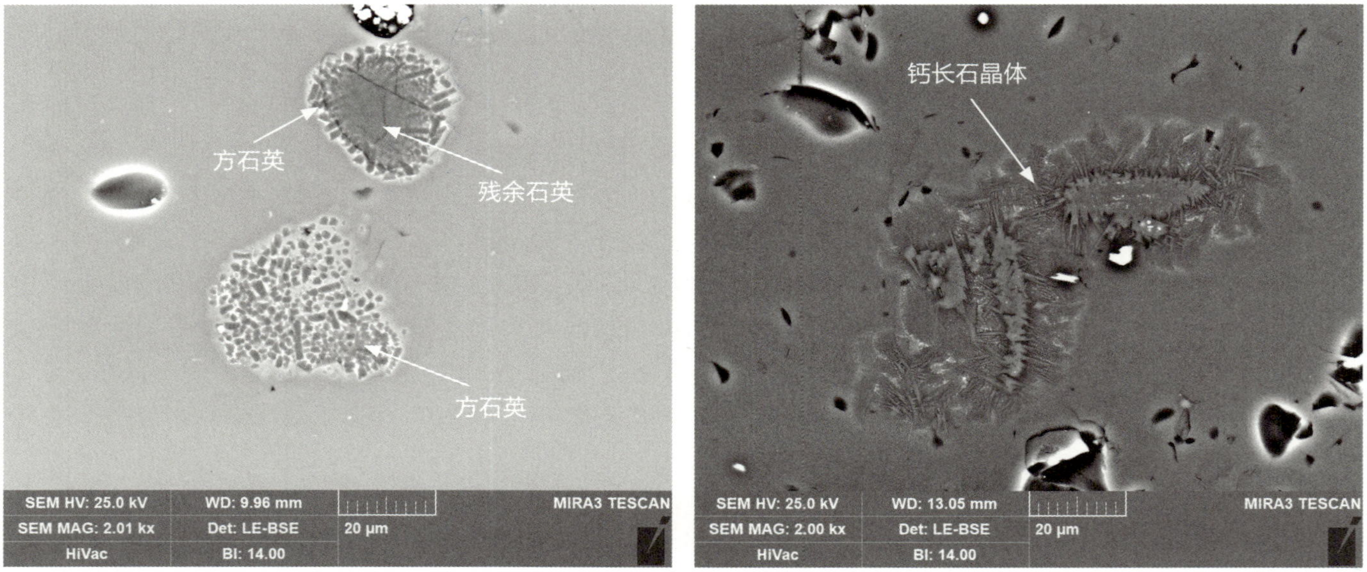

1　　2

图四　山东淄博黑釉瓷和油滴釉层高倍背散射电子像
1. 黑釉瓷釉中残余石英与方石英 2000X；2. 油滴釉中钙长石晶体 1000X

高温分解，已与其他釉料熔融成致密均匀的玻璃相，大部分的 Fe 以 Fe^{3+} 或 Fe^{2+} 的离子形式存在于玻璃相中，并且使釉呈现黑色。有趣的是，并非整个釉层都是如此，在釉层某些区域还发现了另一种结构特征（如图五所示）。从外观来看，这个特殊结构恰好就在釉层局部的黄褐色条纹区域，而从微观来看，这是集晶体层——玻璃相层——分相层于一体的多层结构，说明含铁原

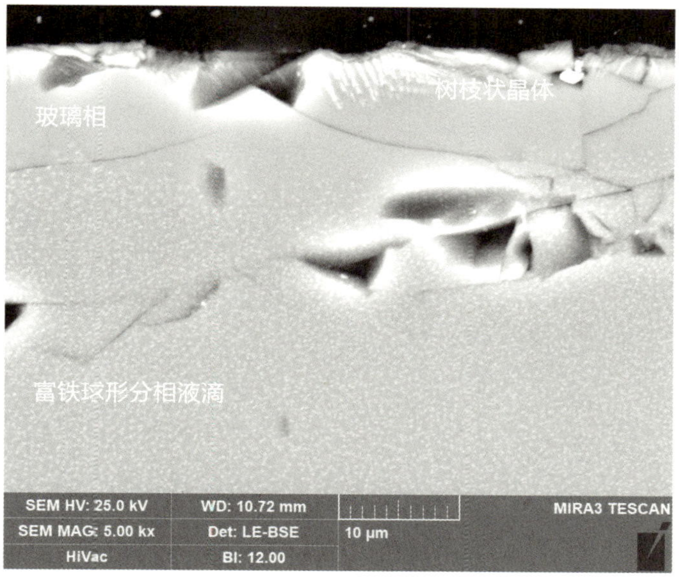

图五　山东淄博黑釉瓷褐色条纹处釉层的背散射电子像 5000X

料在分解、熔融之后，继续发生析晶－分相反应，形成排列有序的树枝状 ε－Fe_2O_3 晶体和大量的富铁球形分相小液滴[12]。研究发现在福建建窑黄兔毫、景德镇清代紫金釉和陕西耀州窑酱釉中也存在相似的三层结构，并且这种结构更易于在温度较高的烧制环境中出现[12-14]。

与烧制温度较高的黑釉瓷不同，油滴釉中的物相更丰富、多样。首先，未熔的残余原料比黑釉瓷多，包括约占整个釉层10% 的残余石英和 2% 的残余 Fe、Ti 物相，这些物相之中大部分颗粒尺寸比较小，且分散均匀，可提供给瓷釉比较好的乳浊效果。其次，存在大量低温型晶体——钙长石[15]（见图四 2），且在其周围还形成一些富 Fe 的分相结构，由于钙长石及分相液滴的尺寸都很小，因此这些结构也同样可以增强瓷釉乳浊效果。这就是为什么油滴看上去比较滋润的原因。

但更主要的是，未熔的残余原料与油滴斑的形成密切相关。从图六 1 可知，油滴中大量的含 Fe、Ti 的残余相富集在釉层表面，从而形成油滴斑[3]。由图六 2 可知，釉层内部的 Fe、Ti 的残余相多富集在气泡内表面上，并随着烧制过程中气泡的逸出而被带至釉层表面。由此不难发现，油滴斑的形成既需要有足够多的 Fe、Ti 残余相，同时釉中还必须有可将 Fe、Ti 残余相迁移至釉层表面的气泡。与其他窑场相比，淄博油滴胎、釉中的含铁量相对较低，如果烧制温度过高，Fe_2O_3 虽然可以剧烈反应生成大量气体，但釉中 Fe、Ti 的残余相减少，釉层变得透明，局部出现多层结构，这样得到的是带有褐色条纹装饰的黑釉瓷。如果降低烧制温度，保证釉中存在大量的 Fe、Ti 的残余相，尽管低温时 Fe_2O_3 释放气体的速度变缓，但釉面上会出现油滴斑。

从上面的讨论可以推测，在长期烧制黑釉过程中，陶工们偶尔注意到同窑烧制的一批黑釉瓷中，总有几件表面带着斑点的特殊产品。通过观察，陶工发现带斑点的产品总是出现在窑炉的某些特定位置，久而久之，由此认识到烧制温度对油滴斑点的影响。由于陶工所使用的制备黑釉的原料本身含铁量偏低，所以，延长保温时间可以使氧化铁的分解反应进行得更加完全，从而释放更多的氧气并将 Fe、Ti 残余相带至釉层表面；此外，增加胎体的杂质元素可以使胎体含铁量升高，以此将增加释放的氧气量。这些做法都利于油滴更好、更多地呈现在釉面上。虽然当时陶工并不了解其中的科学原理，但通过长期地反复实践摸索，渐渐掌握了油滴的烧制方法，巧妙地利用窑炉中窑温较低位置、

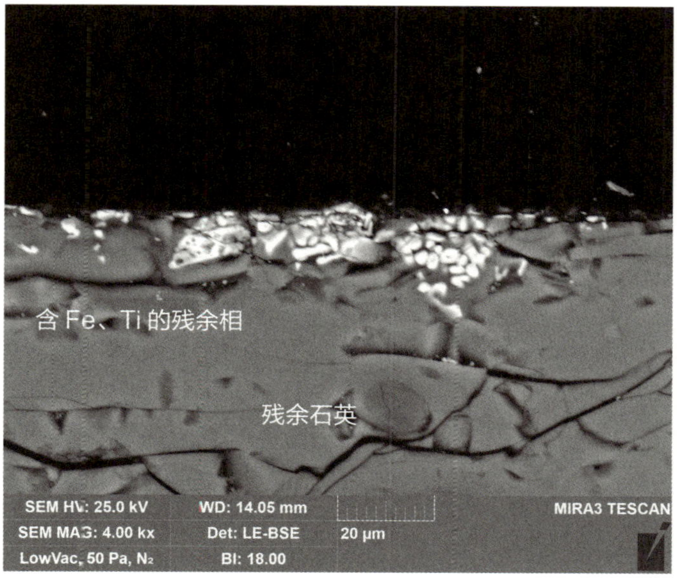

1

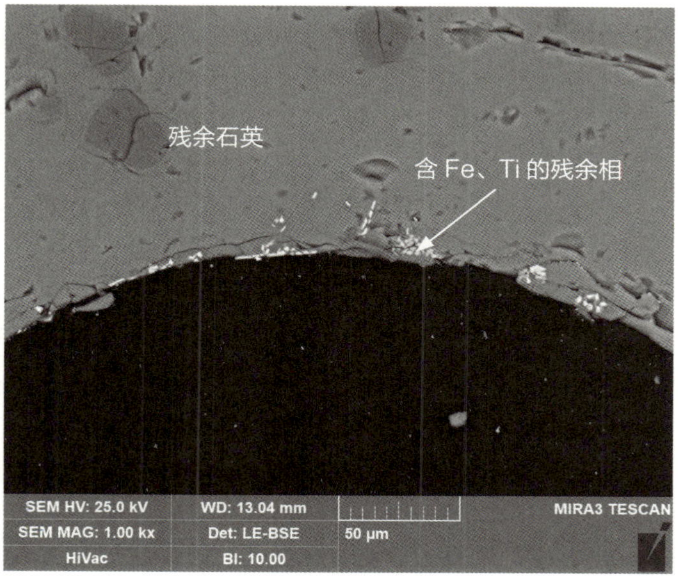

2

图六　山东淄博油滴釉层背散射电子像
1. 釉层表面 4000X；2. 釉层内部气孔 1000X

适当地延长高温阶段的保温时间，以及尽量避免油滴胎体原料淘洗等方法，成功烧制出斑点鲜明、釉质滋润的油滴黑釉瓷。

四 结 论

可以得到以下初步的结论：

（1）油滴釉的元素组成与当地黑釉瓷比较接近，油滴胎体的杂质含量比黑釉瓷要高些。

（2）黑釉瓷胎中的圆形孔隙及莫来石晶体都比油滴多，表明黑釉瓷烧制温度高于油滴。

（3）油滴釉斑点由 Fe、Ti 残余物构成，而黑釉瓷的黄褐色流纹处为晶体层－玻璃相层－分相层的多层结构。

（4）淄博油滴的创烧成功，可能与陶工掌握了窑温、保温时间以及杂质原料对油滴斑点的影响规律有关。

致谢：感谢山东省淄博博山雨点釉非物质文化遗产传承人周祖毅先生对本研究的帮助。

参考文献

[1] 张光明：《论淄博陶瓷的起源与发展》，《淄川考古：北沈马遗址发掘报告暨淄川考古研究》，齐鲁书社，2006年，243-252页。

[2] 卢嘉锡总主编，李家治卷主编：《中国科学技术史陶瓷卷》，科学出版社，1998年，211-213页。

中国硅酸盐学会编主编：《中国陶瓷史》，文物出版社，2009年，191-196页。

[3] 凌志达：《我国古代黑釉瓷的初步研究》，《硅酸盐学报》，1979年9期，836-841页。

[4] Yingyuan Xu, Ying Qin, Fei Ding. Characterization of the rare oil spot glazed bowl excavated from the Xiao kiln site of north China[J]. Ceramics International, 2017, 43(2): 131-139.

[5] 张光明、毕思良：《山东淄博窑址出土的油滴黑釉瓷器》，《考古》，1988年，194(6)：124-132页。

[6] 罗宏杰、李家治、高力明：《中国古瓷中钙系釉类型划分标准及其在瓷釉研究中的应用》，《硅酸盐通报》，1995年2期，50-53页。

[7] 李家驹主编：《陶瓷工艺学》，中国轻工业出版社，2009年，212-230页。

[8] 卢嘉锡总主编，李家治卷主编：《中国科学技术史陶瓷卷》，科学出版社，1998年，217-218页。

[9] 郭强：《淄博雨点釉瓷的研究》，《陶瓷研究》，1996年，11(1)：10-23页。

[10] 李媛、翟毅、吴明俊等：《基于显微结构特征对龙泉金村大窑犇窑历代青瓷原料和烧制工艺演变规律的初步探讨》，《天下龙泉：龙泉青瓷与全球化（卷二·国家公器）》，故宫出版社，2019年，352-362页。

[11] 李家驹主编：《陶瓷工艺学》，中国轻工业出版社，2009年，212-230页。

[12] Catherine Dejoie, Philippe Sciou, Weidong Li. Learning from the past: Rare ε-Fe2O3 in the ancient black-glazed Jian (Tenmoku) wares[J]. Scientific Reports, 2014, 31(2): 126-132.

[13] Lihua Wang, Yu Wang, Maolin Zhang. Three-Dimensional Microstructure of ε-Fe2O3 Crystals in Ancient Chinese Sauce Glaze Porcelain Revealed by Focused Ion Beam Scanning Electron Microscopy. Analytical chemistry, 2019, 91: 13054-13061.

[14] Rui Wen, Dong Wang, Lihua Wang. The colouring mechanism of the Brown glaze porcelain of the Yaozhou Kiln in the Northern Song Dynasty[J]. Ceramics International, 2019, 45: 10589-10595.

[15] 李家治、陈显求、张福康等：《中国古代陶瓷科学技术成就》，上海科学技术出版社，1985年，230-236页。

汉代铜质博山炉的保护修复与研究

文 / 马瑞文　山东博物馆
文 / 张玉静　邹平市文物服务中心
文 / 王云鹏　山东省文物保护修复中心

内容提要

邹平县文管所的一件汉代铜质博山炉因病害较为严重，需要保护修复。保护修复前，采用现代仪器包括超景深显微镜、X 光探伤仪、X 射线荧光光谱仪、X 射线衍射仪、金相显微镜、扫描电镜－能谱仪等对博山炉的制作工艺、病害成因进行了科学分析，发现器物外表面附着有一层以朱砂和赭土等为主要成分的颜料层，同时博山炉表面的腐蚀产物分层结构明显，锈蚀成分主要有赤铜矿、孔雀石、蓝铜矿、白铅矿等。在检测分析的基础上，对博山炉进行了保护修复工作。

关键词

青铜器　博山炉　保护修复　科技考古

一 概　述

2017 年邹平县文物管理所（现更名为邹平市文物服务中心）委托山东博物馆对其馆藏一批青铜器进行保护修复。这批青铜器中有一件汉代铜质博山炉高约 12.4 厘米，腹径约 10 厘米，外表面通体覆盖棕黄色附着物（图一），并伴有蓝绿色锈斑，器物内壁覆盖有蓝绿色锈蚀层（图二），器盖呈镂空博山形，部分位置出现断裂、变形现象。该博山炉出土于邹平县鹤伴五路西段施工工地，器物分炉盖、炉身和炉柄三部分，炉身、炉柄插接为一体，连接处因外力发生变形。博山形象是战国以来兴起的神仙方道思想的物化体现，反映了当时社会流行的思想意识形态。这件器物对于了解汉代熏炉的流行，以及当时社会文化具有重要意义。

图一　邹平县出土汉代铜质博山炉

图二　炉内壁蓝绿色腐蚀层

铜质汉代博山炉的保护修复工作始终坚持最大限度保护文物价值、延续文物寿命、保持文物原貌、科学分析研究的文物保护理念，在保护修复实施前，我们首先对此件博山炉的制作工艺以及病害情况进行了科学分析，为整个保护修复的实施提供科学依据，同时也增强文物的价值认知。在检测分析的基础上，我们运用成熟的传统和现代工艺、材料对文物进行保护修复，确保这件铜质博山炉结构的稳定和展示的完整。

二 检测分析

（一）实验目标及样品

检测分析的主要目的是加强对这件铜质汉代博山炉制作工艺与病害成因的科学认知。工艺研究主要包括分析器物材质、铸造工艺以及表面处理技术。病害研究主要包括分析器物表面的腐蚀产物组织结构以及物相组成。

实验以无损分析为主，需要取样的，样品提取量按照满足实验要求的最小剂量，且确保提取样品位置在已断裂或残缺处，不影响器物铭文、纹饰等重要文物信息。

从炉盖断裂处取下的一小块残片，编号为 CP1。从器物表面棕黄色附着层上取少量样品，编号 FZW1。根据超景深显微镜对博山炉表面腐蚀产物的观察结果，提取具有典型形貌、颜色特征的腐蚀产物。

（二）实验方法及实验条件

1. 残片 CP1 采用环氧树脂包埋，经打磨、抛光后，采用氨水、过氧化氢 1:1 混合液侵蚀，采用偏光—金相显微镜观察截面金相，偏光—金相显微镜型号为德国莱卡 DM6000。金相观察结束后，样品 CP1 重新打磨、抛光后采用扫描电镜—能谱仪，选择非腐蚀或少腐蚀区域做元素成分分析。扫描电镜—能谱仪型号：飞纳（荷兰）Phenom XL 能谱版扫描电镜，测试电压：15KV。

2. 采用超景深显微镜对器物表面腐蚀产物形貌观察，仪器型号浩视 KH-8700。并对典型腐蚀产物分类取样，样品量确保能满足 XRD 分析需求。

3. 利用玛瑙钵将样品 FZW1 以及第二步中提取的典型腐蚀产物研磨成 300 目以上粉末，对样品元素成分进行分析。仪器选用帕纳科 E-1 台式 X 射线荧光光谱仪分析样品元素成分。

4. 将样品 FZW1 以及第二步中提取的典型腐蚀产物分别放在单晶硅片上，滴加酒精，利用探针将其分散均匀，放入样品台上测试。X 射线衍射仪型号帕纳科 X’Pert3 Powder，测试条件为：电压 40kV，电流 40mA，铜靶。分析样品物相成分。

5. 采用 X 射线探伤仪拍摄 X 光照片，观察连接结构。仪器型号：便携式软 X 射线探伤仪：美国 Golden XRS4。无线平板 X 射线探测器：韩国 Ataln Pixx1717。

（三）结果与讨论

1. 制作工艺

CP1 截面能谱仪分析结果见表一。CP1 截面金相组织照片见图三、图四。博山炉表面附着物 FZW1 的 X 射线荧光光谱仪分析结果见表二，其 X 射线衍射仪分析结果见图六。博山炉 X 射线探伤仪拍摄 X 光片结果见图五。

表一　CP1 截面基体的元素组成（单位：wt%）

样品编号	Cu	Sn	Pb	Fe	Hg	Si	Al	Ca	P	Cl	As	S
CP1	89.36	2.04	8.37	–	–	–	–	–	–	–	–	–

表二　FZW1 元素组成（单位：wt%）

样品编号	Cu	Sn	Pb	Fe	Hg	Si	Al	Ca	P	Cl	As	S
FZC1	44.0	2.3	10.8	22.7	2.7	7.5	0.0	3.4	1.5	2.6	1.0	0.4

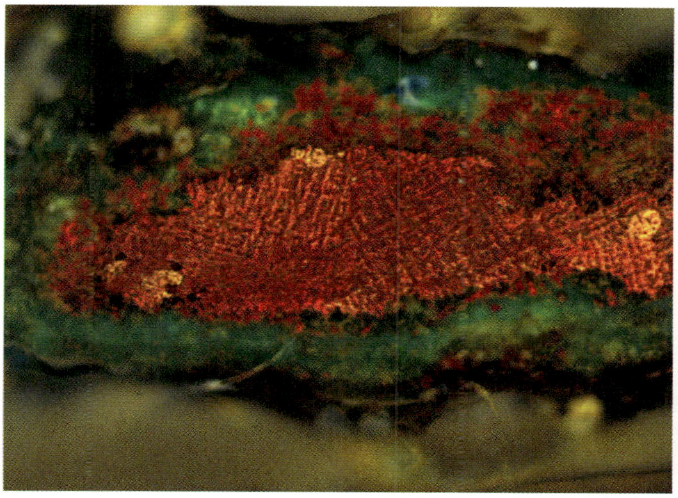

图三　CP1 截面侵蚀前金相照片

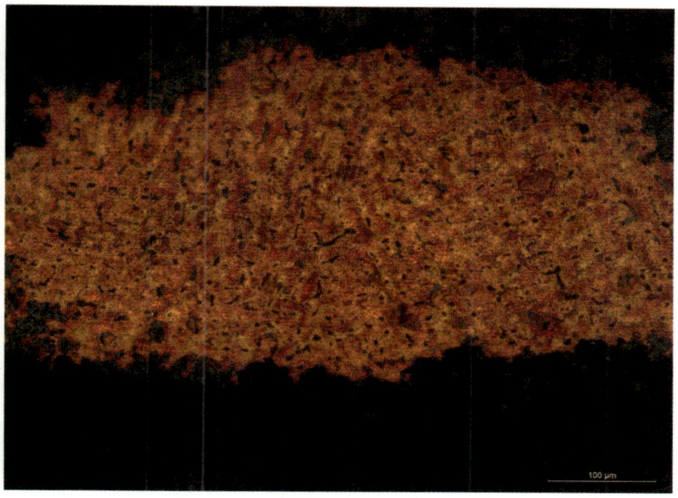

图四　CP1 截面侵蚀后金相照片

图五　博山炉 X 光片

表一数据可以看出这件铜质博山炉的基体材料为铜－铅－锡三元合金，能谱仪未能检测出其他杂质元素，材料纯度较高，说明当时已经具备了较高的金属冶炼提纯水平。从 CP1 的金相组织照片来看，合金基体以 α 固溶体为主，枝晶偏析明显，枝晶间可见（α+δ）共析体，铅以岛屿状离散分布于合金中，根据金相可知博山炉铸造而成。根据肉眼观察，结合 X 光片（图五），可知博山炉由器盖、器身、器柄分别铸造后组合而成，未见明显范线痕迹。可能采用失蜡法铸造而成。

表二为博山炉表面附着物 FZW1 元素组成，结合图六 FZW1 物相分析结果，可知博山炉表面可能附着有一彩绘层，推测彩绘层三要由赭石、朱砂及其他黏土材料混合构成，可能采用有机胶作为粘接材料，使矿物颜料贴附于青铜器表面，形成一层色彩鲜艳的装饰。

2. 病害分析

超景深显微镜对器物表面腐蚀产物形貌观察结果见图七，将典型腐蚀产物分为 a、b、c、d 四种。对 a、b、c、d 四种腐蚀产

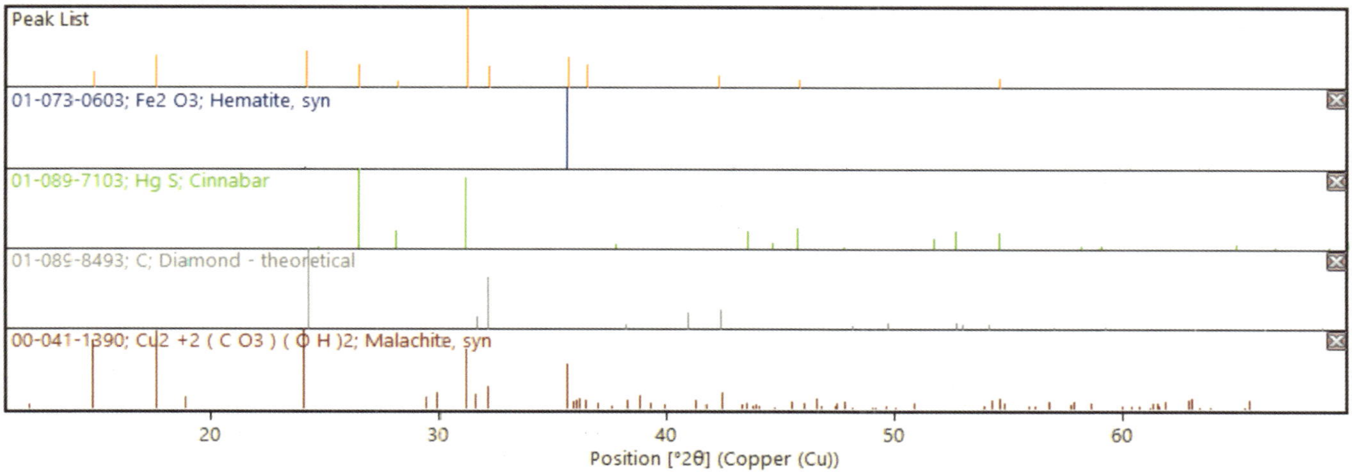

图六　FZW1 的 XRD 物相组成

图七　博山炉表面腐蚀产物观察

表三　博山炉表面四种腐蚀产物元素组成（单位：wt%）

样品编号	Cu	Sn	Pb	Fe	Hg	Si	Al	Ca	P	Cl	As	S
a	84.1	3.5	6.9	0.6	0.1	0.9	0.4	0.4	0.4	0.4	0.4	0.0
b	30.4	5.7	45.7	3.8	0.4	3.4	0.0	3.0	1.1	4.7	0.0	0.0
c	79.1	0.3	6.4	8.1	0.1	2.7	0.6	1.1	0.5	0.5	0.1	0.0
d	83.0	0.1	4.0	6.3	0.0	2.9	0.7	1.0	0.6	0.6	0.2	0.0

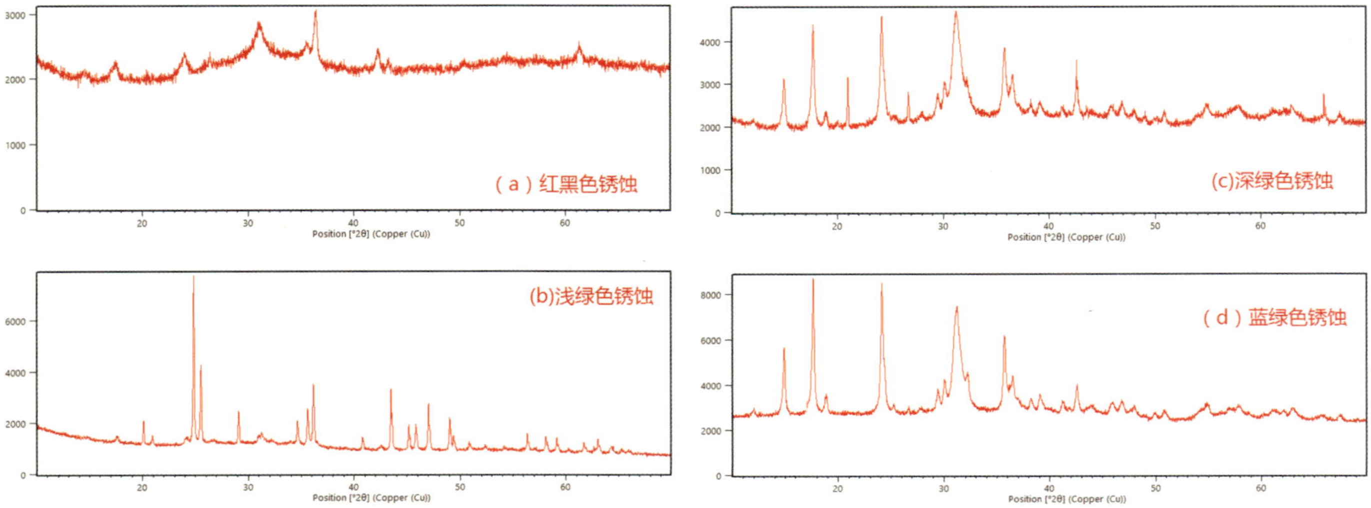

图八　博山炉表面四种腐蚀产物物相组成

物的 X 射线荧光光谱仪分析结果见表三，X 射线衍射仪的物相分析结果见图八。

通过超景深显微镜观察，结果如图七，可以发现具有四种典型特征的腐蚀产物：a 红黑色锈蚀紧贴于基体表面，b 浅绿色锈蚀呈膏泥状，c 深绿色锈蚀结晶良好，具有珐琅质，d 点块状蓝绿色锈蚀散布于器物表面。根据四种腐蚀产物元素组成，结果见表三，可知腐蚀产物主要含有 Cu、Pb、Sn、Si、Ca、Cl、P 等元素。根据图八四种腐蚀产物物相分析结果，a 红黑色锈蚀主要成分是赤铜矿、黑铜矿、孔雀石等；b 浅绿色锈蚀主要成分是白铅矿、孔雀石等；c 深绿色锈蚀主要成分是孔雀石；d 蓝绿色锈蚀主要成分是孔雀石、蓝铜矿等。b 浅绿色膏泥状腐蚀产物类似“粉状有害锈”，但 XRD 物相分析中未发现含氯物质，此种腐蚀产物主要为白铅矿与孔雀石等的混合物。

三 修复过程

整个保护修复严格遵守文物保护修复的基本原则，包括有效性与不改变文物原状、最小干预、可再处理、安全性与兼容性等。根据博山炉工艺研究和病害分析结果以及邹平县文管所文物展示保存情况，制定了针对性的修复技术路线，包括：建立修复档案、清理、矫形、补配连接、做旧、封护、档案完善等。

（一）建立修复档案

修复档案是了解文物基本信息、追查保护修复过程的重要资料，每件文物开始保护修复前都应认真建立文物的修复档案。档案主要包括文物基本信息描述、文物科技信息提取、修复过程记录、修复效果评估等。基本信息有编号、名称、来源、尺寸、重量、保存环境、价值评估、病害描述等；科技信息主要有修复前后的数码影像、材质工艺、病害分析等；修复过程记录器物修复的详细过程，包括修复采用的工艺、材料和方法；修复效果是对整个修复过程及修复效果的评价。

（二）清理

通过对博山炉工艺和病害分析，可知这件博山炉表面可能附着有一层彩绘，腐蚀产物成分主要以孔雀石、蓝铜矿、白铅矿为主，未发现含氯有害锈，因此清理主要以清除土垢等附着物为主，青铜锈蚀因较为稳定不做处理。为防止清理过程中破坏彩绘层，清理主要采用物理法，工具选择棕毛刷、竹签、洁牙机等。

（三）矫形

博山炉两处发生变形，一处是炉盖边缘，一处是炉身、炉柄连接处。通过金相观察，博山炉炉盖铜质较好，可以进行物理矫形，炉身、炉柄处需打开后重新插连。修复工具主要采用 U 形固定夹，垫以随形木块和脱脂棉，逐步施加压力的方法，缓慢矫正器物形状。

（四）补配连接

炉盖边缘有部分缺失，用蜡片根据其他相似部位翻出缺失部位外范。根据缺失部位周围部分的颜色，用原子灰掺和少量矿物颜料，调制出适当颜色的填充料，涂抹于蜡片做成的外范内，待干结。干结后，用环氧树脂胶将断裂处连接、加固，最后将补配、连接处打磨抛光。

（五）做旧

为了增强展示效果，对补配、连接处做旧处理，使整个器物色泽一致。做旧材料选用各色矿物颜料、502 胶、黄土等，采用涂、抹、点、弹的技法，确保修复部位的色泽与质感与周围无异。

（六）封护

为了防止博山炉表面的彩绘颜料的脱落，同时考虑到邹平县文管所现有文物保存环境控制能力，对博山炉表面进行封护处理。封护剂选用 2.5% 的 B72 丙酮溶液，采用毛刷多次涂刷。以此加固彩绘颜料，同时隔绝空气中的氧气、水分、二氧化硫等有害气体。至此修复过程结束，修复后效果如图九。

图九　保护修复后的博山炉

（七）完善档案

保护修复完成后，对档案进一步完善，包括修复日志、修复影像整理、效果评价等。

四 结 语

博山炉基体材质为铜—铅—锡三元合金，炉身、炉柄分别铸造后插接为一体，器物表面饰有朱砂、赭土等物质混合而成的彩绘层。在青铜器表面彩绘、髹漆这种表面装饰工艺自商周时期便开始出现，一直到东汉的各地遗存中都有发现。该工艺虽然延续时间长，但一直没有成为表面装饰工艺的主流，这主要与色彩容易脱落、不方便保存有关，所以此类器物多做明器。同时，通过金相观察，该器物未经热处理，没有使用过的痕迹。

博山炉表面的腐蚀产物分层结构明显，锈蚀成分主要有赤铜矿、孔雀石、蓝铜矿、白铅矿等，多为稳定青铜锈蚀。

博山炉整个保护修复过程，始终坚持科学研究、最小干预、保持文物原貌、材料有效性等原则。通过科学分析，加强文物的价值认知。根据博山炉工艺和病害特征，以及现有保存条件和展览教育需求，实施切实有效合理的保护与修复工作。

参考文献

[1] 惠夕平：《两汉博山炉研究》，山东大学，2008年。

[2] SCOTT D A. Bronze disease: A review of some chemical problems and the role relative humidity[J]. J. Am. Inst. Conserv, 1990.

[3] 大卫·斯考特著，马清林、潘璐等译：《艺术品中的铜和青铜》，科学出版社，2009年。

[4] 韩茹玢、孙淑云、李秀辉：《中国古代金属材料显微组织图谱：有色金属卷》，科学出版社，2014年。

唐代铁牛的保护修复与『厌胜』浅析

文/黄瀚东 山东博物馆

内容提要

本文通过研究陕西省西安市长安区紫薇田园都市唐墓出土铁牛的保护修复过程，讨论文物保护修复的理念、方法、材料及通过出土信息进一步分析了解文物的意义等问题，从而探索对保护修复的科学性和文物认知性。文物具有重要的历史、艺术、科学价值，通过一件铁质文物的保护修复了解文物的历史价值，拓宽对文物的认知必要性。

关键词

唐代铁牛　形貌分析　保护修复　压（厌）胜

一 引 言

唐代铁牛，出自西安市长安区郭杜镇北 2 公里的“紫薇田园都市”墓葬群。2002 年 9 月—2004 年 12 月，陕西省考古所在这一区域共发掘墓葬 485 座，绝大多数为唐墓葬 [1]。

唐代铁牛，作为压胜（俗称厌胜）之物。这种民俗具体起源于何时已无从考证，但至少应该是在人类开始定居生活需要建造房屋以后。不管如何称呼，应该是一种巫术，就是利用一点道具、一个形式，把预想中可能发生或已经发生的不好的事来压住（所以民间俗称压胜），可能发生的事别让它发生，已经发生的事让它别发展或向好的方面转化之意。

二 唐代铁牛保存概况

1. 唐代铁牛的基本信息

唐代铁牛（编号为 czT m479:4），西安市长安区郭杜镇北 2 公里的“紫薇田园都市”唐墓葬出土，现藏于陕西省考古研究院泾渭基地。铁质，通长约 20.03 厘米，通宽约 10 厘米，通高约 6.4 厘米，重量为 3550 克。体态成右侧卧姿。

图一　唐代铁牛（体态成右侧卧姿）

图二　俯视图

铁牛整体矿化和锈蚀严重，头部两角缺失，俯视背部牛脖至尾处有开裂约五处，且呈不规则绺裂状，牛的背部及后腿部因点矿化和层状剥离同时也有局部缺失，牛的底部和牛脖处也有裂隙。整体布满开裂、表面硬结物和土垢。（如图二示）

2. 唐代铁牛的保存状况

对出土铁器进行分析的结果证实，腐蚀产物中有各种铁的氧化物 Fe_3O_4 、Fe_2O_3 、FeO 硫化物（FeS）、氯化物（$FeCL_3$）、硫酸铁 $Fe_2(SO_4)_3$ 等。从腐蚀产物来看，出土前的腐蚀反应主要为铁和氧气、硫化物、氧化物及水之间的反应。

由于铁牛发掘来一直存放在陕西省考古研究院泾渭基地库房，库房无恒温恒湿设备，工作室基本处于自然状态，未经过保护修复处理。

3. 病害形貌分析和评估

铁牛整体开裂、矿化和锈蚀严重，直观看约有六种病害：表面结物、开裂、矿化、缺失、裂隙、土垢残留。

（1）表面硬结物：主要存在于铁牛的底部、正侧面和正背面。（2）矿化：主要存在于铁牛的头部、背部、脖子及尾部等。（3）缺失：主要有牛的双角及牛的背部和后腿上部等。（4）开裂：主要在牛背至牛尾处。（5）裂隙：主要存在于牛背和脖子及底部。（6）土垢残留：铁牛每个面基本都有。（如图三－四所示）

由于较厚硬质土垢和锈蚀物的覆盖，器物的锈蚀矿化程度、表面是否有纹饰，已经无法辨识。因此在保护处理铁牛前用高景深显微镜，对器物病害做了病害形貌拍照分析，作为一种无损分析方法，用于文物保护修复之前，通过对所拍病害特征的分析研究，能有效地对文物的保存状况及修复后状况作出科学的评估。（如图五－六示）

图三　病害图

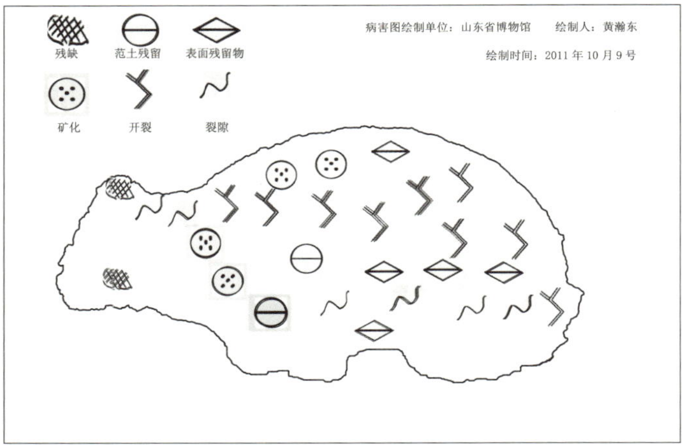

图四　病害图

为清楚显示出铁牛各部位病害信息，使用超镜深拍照可以更清晰观察到铁牛的病害信息，从照片上看保存环境基本稳定，未进一步的腐蚀。牛的机体部分可见，整体锈蚀较厚坚硬，另有锈蚀产物及瘤状物等；牛的双角基体已不存，在背部和后腿上部有腐蚀缺失，未发现铁牛有其他装饰物或纹饰。

图五　铁牛脖后部处硬结物处理前高景深显微镜照片

图六　铁牛脖子后部 处理前高景深显微镜照片

三 保护修复方案的制定和实施

1. 建立文物保护修复资料档案

科学、全面、详细的记录是文物可持续保护的重要依据。铁牛文物保护修复档案记录是按照《馆藏金属文物保护修复档案记录规范》（WW/T 0010–2008）执行。记录的内容包括：文物保护修复基本信息、文物名称、收藏单位、文物登录号、文物来源、文物时代、文物材质、外形尺寸和重量、文物级别、文物保存现状、文物检测分析、文物保护修复记录、文物保护修复验收等。建立健全保护修复档案，便于随时监测保护修复过程中的效果，同时也为以后再进行保护修复工作提供研究和参考依据，也是进一步对器物的历史认识重要的组成部分。[2]

2. 整体预加固和锈蚀清理

由于铁牛文物背部开裂缝隙中的氯离子与空气接触能够加速腐蚀产生应力改变，因此为防止铁牛背部继续开裂，进一步受氯离子影响腐蚀生锈，所以开始把重点放到整体预加固，用德国“爱牢达”环氧树脂 2020 渗透加固，注射器分多次加固，然后根据铁牛背部开裂情况，分别多次重复用双组分环氧加填充物黏结裂缝。使其具有了一定的牢固性后，开始进行除锈步骤，在除锈过程中同时对铁牛后腿上部的缺失部分进行补缺实验，是为对铁牛的背部多条开裂、缝隙、缺失部分做黏合加固补缺准备。通过补缺实验后，在它的背部多条开裂处的交汇点和缺失的部分，进行加固、补缺、打磨随色。目的是为了对铁牛的背部多条开裂、缝隙的汇集点起到进一步加固作用。然后对该铁牛再进行锈蚀清理。

清除锈蚀的目的，一是为了更好地去解读器物所遗留下来的各种历史信息（纹饰、铭文以及铸造工艺痕迹），还原器物表面及加工的原始形貌，为研究当时社会的政治、经济、文化提供证据。二是清除那些不稳定的对器物有腐蚀的物质，防止对文物的继续腐蚀损坏，最大限度的延长文物寿命。

清洗方法分为机械物理清洗和化学清洗：

a. 机械物理清洗法主要通过手术刀、棉签、毛刷、超声波洁牙器、电动打磨机、喷砂机等工具所产生的机械震动、摩擦的物理性，去除有害锈蚀及影响美观的各种沉积物、污渍。

b. 化学清洗法是：通过化学试剂采用溶剂或乳液等与铁锈发生化学反应来溶解金属表面的锈蚀层，从而达到除锈的目的。此方法一般需要对表面进行多次处理，清洗周期长。在使用时要求小心谨慎。目前用于铁质文物除锈的化学除锈剂主要包括柠檬酸、草酸、磷酸、EDTA 二钠盐等化学除锈剂。

锈蚀清理过程是整个保护过程中很重要的一个步骤。根据对铁牛的锈蚀分析判断，采用机械物理清洗为主。先做清洗试验块，在器物上选择对呈现不同病害问题的部位，进行了小面积实验，选择出最适合的清洗方法（超声波洁牙机和喷砂机交替使用），确立最终的清洗标准，并同时采集了处理前后的照片资料对比，从而保证对器物的最小损害及整体最小干预的效果。（如图七 – 十所示）

经实践后确定对铁牛进行以下具体操作步骤：

(1) 对铁牛表面酥松的锈蚀及病害采用机械法清除，运用实体显微镜开始对铁牛的锈蚀采取机械方法清除，先从铁牛底部中间部开始向后清理除锈蚀（主要是为除锈前后效果做比较），采取手术刀、超声波洁牙机和喷沙除锈交替使用。

（2）对于铁牛的牛角缺失部分是否进行补配，经过探讨确定，因原有的双角形制同时缺失无参照物，为保持器物出土原形态，在没有资料和对称物参考下应保持原有的信息不实行补配。

（3）对铁牛的身体中间前半部进行除锈时，由于前半部锈蚀坚硬，采取了不同的除锈方法，根据锈蚀硬度的不同使用电磨机更换不同的金刚砂钻头对锈层进行交替打磨处理，另外使用喷砂机除锈，在使用喷砂机选用沙料时，也是根据铁牛的锈蚀强度，来调整喷砂机的气压和沙料目数，选择最适合的气压和沙料目数对器物进行除锈，以达到最佳效果，经过不断反复处理，除锈达到了理想效果。

3. 缓蚀

（1）首先缓蚀处理仅适用于仍存在金属芯的铁质文物。缓蚀剂是一种添加少量能阻止金属腐蚀或减缓金属腐蚀速度的物质，是铁器保护技术的重要环节的一步，铁质文物修复后主要在库房保存或展厅中陈列，其腐蚀特征主要为大气腐蚀。大气中由于氧、水分及其他介质作用所引起的长时间接触中腐蚀不

图七　对文物开裂、缝隙预加固

图八　超声波除锈

图九　铁牛俯视修复前的开裂现象照片

图十　铁牛俯视修复后的开裂加固照片

图十一　铁牛修复保护后正侧面的照片

容小视，要使铁质文物长期保持稳定，对其缓蚀处理非常必要。

（2）根据缓蚀剂使用原则应遵循所选材料必须严格遵守 a.“最小干预”、“可再处理”和“不改变文物原状”。b. 优良的缓蚀效果，根据缓蚀机理寻求合适的复配材料，改良性能，提高缓蚀效果。c. 保护环境符合《污水综合排放标准》（GB 8978-1996）。通过以上原则和认识，筛选了改进后的复配单宁酸缓蚀液对其进行缓蚀，缓蚀剂的配方为单宁酸 (5 mM）+ Zn（H_2PO_4）（0.5 mM）+ Na_2SiO_3（10 mM）+ 乙醇胺 (3M)，将清理完锈蚀的铁牛放在缓蚀液内浸泡 24 小时。将浸泡后的铁牛置于 FX101-2 型落地台式干燥箱内，设置干燥温度 60 度，反复干燥 8 小时后取出。使其渗透、干燥在铁牛表面形成一层缓释膜，达到缓释作用。

4. 封护

封护是在文物表面涂覆天然或合成材料，以防止或减缓环境（介质）对文物造成的损害的过程；是使用封护剂在文物表面形成防护层，以隔绝外界环境中的水分、氧气和其他有害成分，从而更有效的保护文物。金属文物封护材料应该具有性能：基本透明无炫光、防腐性能较强、膨胀系数与金属接近、具有一定的硬度和良好的耐磨性、耐老化性能、可再处理性。根据以上特性此次选用了 Paraloid B-72 。戴好防护设备，面罩手套等，在通风橱内后进行。封护剂的浓度约为 1% ~ 3% 左右的乙醇、乙酸乙酯、丙酮复配溶剂，对器物整体经反复数次渗透涂刷，常温下置于阴凉处晾干，直至整体成膜均匀无眩光后完成。封护后，铁牛形貌与封护前铁牛形貌无太大变化，保持了原貌（见图十一）。

四 问题和讨论

1. 关于预先加固问题

（1）根据铁质文物腐蚀的特性，在自然环境中，铁器远比其他金属器难于保存，因为铁的性质较活泼，化学稳定性比铜、铅等金属差，它极易被腐蚀，铁器出土后接触到空气会导致其开裂与分解，所以保存完好的铁质文物比其他金属器要少得多，大多数铁质文物锈蚀严重，有相当数量的铁器基体已经部分腐蚀或完全腐蚀，丧失了部分或全部力学强度。所以在铁质文物保护中，预加固是一项常见的工作，因此在保护操作前需要进行加固来提高文物的强度。金属文物的加固一般是指化学加固过程，使用加固剂溶液对疏松的文物开裂和缝隙进行渗透，利用加固剂的黏结作用重建文物内部的连接，使分散裂开的微小部分和结构重新成为稳定整体的过程。本文的铁牛在保护前也要完成这项工作。

（2）加固材料选取和方法

加固是一项补救性操作，由于加固剂的粘接强度与可再处理性往往矛盾，所以不应以加固取得的力学强度来评判效果好坏，而应采用“适度”的原则。在满足后续保护操作、保存或展示情况下，选用适当强度的加固剂是必要的。加固剂的一般要求是：无腐蚀性；对铁质材料有良好的附着力；溶液固含量一定的情况下，黏度应较小；材料收缩率较低；材料膨胀系数应尽可能接近铁质材料；耐老化；有可再处理性；操作工艺简便。加固方法按照操作环境可以分为常压加固和减压加固。a.常压加固指在开放环境下滴加、涂刷和浸泡加固剂的操作，操作简便，但渗透效果有限。应根据需要渗透加固的深度选用合适的溶剂配制加固液，表面加固可使用挥发速率较快的溶剂，加固一定深度时应使用挥发速度较低的溶剂，为了增加渗透效果可以使用低浓度再逐渐过渡到高浓度的加固方法。（本文器物选择了此方法）反复多次完成。b.减压加固，减压渗透加固可取得较好的加固深度，但选择环境设备有一定的要求，操作较复杂。减压加固具体方法如下：将文物放置于密闭真空容器中；抽真空并保持一段时间（约5小时）；通过管道向真空容器中加入加固剂溶液，浸没文物，维持真空度保持一段时间（约4小时）；恢复常压，保持文物浸没一段时间（约10小时）；除去多余加固剂溶液，取出文物干燥或消光处理。

另外注意事项a.为了使加固剂溶液能够充分渗入文物孔隙内，在保证加固强度情况下，溶液黏度应尽可能低，聚合物溶液浓度一般开始在5%以下。b.考虑到固化时的体积收缩率、固化后的膨胀系数和可再次处理等因素，加固剂应尽可能使用挥发粘接型聚合物，避免使用环氧树脂等交联固化型加固剂。c.应注意加固过程中加固剂的“溢出”现象。“溢出”是指加固剂溶液渗入多孔文物内部后，由于有机溶剂挥发将部分加固剂带出并在文物表面富集的现象，造成污染和不必要的操作。

2.通过考古信息认识文物（厌胜）之说

（1）“紫薇田园都市”唐代墓葬人群结构

本文中的铁牛出自西安市长安区郭杜镇北2公里的“紫薇田园都市”唐代墓葬群。2002年9月~2004年12月，陕西省考古所在这一区域共发掘墓葬485座，绝大多数为唐墓。根据“西安紫薇田园都市唐墓人骨种系初探”[3]紫薇组唐代居民颅骨的形态学特征大致可以概括为中颅、高颅结合很窄的颅型，中等的额宽、较为平直的额部、略阔的鼻型，偏低的眶型及中等偏小的面部扁平度，相对低矮的鼻根等特征，这些特征既接近蒙古人种的南亚类型，同时也接近蒙古，唐代长安城是一个国际化的大都市，这里生活着国内外各色人种，从某种意义上说，是一个活生生的人类学博物馆。除了汉人居住于此以外，当时自立的吐蕃、南诏、回纥、龟兹、于阗、疏勒等少数民族以及突厥人也在此定居，还有一些西域及其他外国王子、质子、才士艺人、商人适兹乐土，交融文化，世代安居。从唐墓人群结构来看也证明了唐朝经济和文化处于当时世界先进地位，开放探求，兼收并蓄，对外交通发达，统治者能实行开放的对外政策，唐都长安是当时世界上人口最多，最为繁华、最为富庶和文明的城市，也是各国人民所向往之地。

（2）唐代时期随葬出土的各类镇墓厌胜神物分类作用及用意

历史研究表明，唐代时期是国家空前强大、政治稳定、经济繁荣昌盛、文化高度发展的重要历史时期。隋唐墓葬的随葬品，按性质可分为四类：第一类为守护墓主的镇墓神兽和镇墓俑（武士俑、天王俑）；第二类是表现墓主出行的以牛车为主体的仪仗俑群（盛唐以后逐渐被以骑马、骑骆驼为主体的仪仗俑群所替代）；第三类是表现墓主家居生活的男女僮仆、侍吏、乐舞、劳作俑以及假山、房舍、厕所、院宅、庙宇等各种建筑模型；第四类是家养畜禽如羊、猪、狗、马、牛、鸡、鸭、鹅以及日常生活用的各种器具器皿等模型。“随葬品在墓中的分布有一定的规律。而晚唐时期取代镇墓神兽作为守护死者亡魂的是铁牛、铁猪。这种铁牛、铁猪在一般墓葬中较普遍的出现，多放置在靠近墓门处或墓室北侧，它被认为是为死者镇伏邪魅的压胜之物，并能防御土龙和水龙的侵害”。[4]

（3）关于铁牛的厌胜之说（铁牛、铁猪在墓室里的作用）

我国传统水文化中自古就有镇水的习俗，《山海经》记载，炎帝牛首人身。《周易》中称“坤为牛”，即牛是负载生养万物的大地（坤卦）的象征物，因为“坤像地任重而顺，故为牛也”。明李时珍《本草纲目》云：“龙性粗猛……畏铁，故……镇水患者用铁”。牛在五行中属土，按照五行之说，土能克水。所以，古人才奉牛为镇水神兽。传统镇水习俗中，尽管镇水神物种类繁多、千奇百怪，但是其中出现最多的非牛莫属。[5]唐代刘肃《大唐新语》卷十三“记异”条记载开元十五年（727年）正月，集贤学士徐坚请假往京兆葬其妻岑氏，问兆域之制于张说，说曰：“墓而不坟，所以反本也。三代以降，始有坟之饰，斯孝子永思之所也。礼有升降贵贱之度，俾存殁之道各得其宜。长安、神龙之际，有黄州僧泓者，能通鬼神之意，而以事参之。仆常闻其言，犹记其要。墓欲深而狭，深者取其幽，狭者取其固。平地之下一丈二尺为土界，又一丈二尺为水界，各有龙守之。土龙六年而一暴，水龙十二年而一暴，当其隧者，神道不

图十二－十三　唐代铁牛修复后

安，故深二丈四尺之下，可设电多。墓之四维谓之折壁，欲下阔而上敛。其中顶谓之中樵，中樵欲俯敛而傍杀。墓中抹粉为饰，以代石垩。不置令瓦甋瓷瓦，以其近于火。不置黄金，以其久而为怪‘不置朱丹、雄黄、矾石，以其气燥而烈，使坟上草木枯而不润。不置毛羽，以其近于尸也匚铸铁为牛豕之状像，可以御二龙。玉润而洁，能和冋神，置之墓内，以助神道。’僧泓之说如此，皆前贤所未达也。”文中托徐坚、张说之辞，言长安、神龙之际黄州僧泓，能通鬼神之意，其所述应与当时的埋葬习俗相合，其中关于铁牛、铁猪的有关记载也是目前文献中所见最为直接的证据。由此而说“铸铁为牛豕之状像”乃是御地下土、水二龙之意，这是当时风水堪舆的一种说法。

关于铁牛、铁猪在唐代墓葬中资料比较完整明确的一批墓葬材料是河南洛阳偃师杏园晚唐时期的墓葬群，在所发掘的69座唐墓（其中属于晚唐时期的有29座）中，有出土铁牛、铁猪的墓葬8座。一般情况下，一座墓中出土1件铁牛、1件铁猪，当然由于某些原因，比如保存情况，有的墓中只出土1件铁牛，但这些并不影响整个墓葬铁牛、铁猪的随葬情况。除此之外，西安地区也有少量发现，唐懿宗咸通十四年（873年）郭克全墓和僖宗乾符六年（879年）王季初墓各有1件铁牛、1件铁猪出土，目前晚唐墓葬中出土铁牛、铁猪资料虽然不多，但从中我们也可以了解这种埋葬习俗的大致情况。唐墓铁牛、铁猪的形制，根据简报和报告所发表的材料看二者均呈站立状，四肢分立，下无底座，有些锈蚀严重，只存大致模样。铁牛、铁猪出现于晚唐的洛阳地区，牛和猪的初始形态为站立状，四肢分立，下无底座，并且一般情况下是一座墓出土1件铁牛、1件铁猪。这种葬法稍后即在西安地区出现[6]。而此次对长安区紫薇田园都市唐墓出土的铁质文物保护修复中，还有另外两件铁猪也来自此墓葬群，分别为姿态呈正卧式铁猪，无底座，长19厘米、宽9厘米、高7.5厘米，重量3550克。姿态呈正卧式铁猪，有底座，长24厘米，宽14厘米，高12.6厘米，11300克，（图十二—十三）从形态上观察铁牛、铁猪都呈现卧姿，与偃师杏园唐墓葬出土的铁牛、铁猪有所不同，这点值得关注和继续探讨。唐代以后，随葬铁牛、铁猪的墓葬逐渐增多，其地域范围也明显扩大。[7]关于铁牛、铁猪为墓中“压胜之物”之说，徐苹芳先生[8]结合文献记载已作论述。压胜，文献又称为“厌胜”，而压胜之法自古就是地理堪舆中所常见的一类，其讲究也颇为复杂，此处不加赘述。

五 结　语

紫薇田园都市唐墓出土的铁牛、铁猪，由于埋在地下年代久远，铁牛、铁猪均不同程度地腐蚀生锈，尤其是铁牛受腐蚀严重。本文拟在陕西长安区紫薇田园都市唐墓出土的铁牛保护修复过程中，在对铁牛的去锈保护与修复的基础上，探讨有关铁牛在随葬基础上的压胜作用和保护修复问题。

一是在经过器物考古出土信息及环境调查、病害图绘制等病害分析的基础上，制定了除锈、缓蚀、封护等保护方案并予以实施，合理有效地保护修复了该文物。修复前对于器物的多处开裂、裂隙进行了预加固处理。运用科学的保护方法和传统的修复技术，对该件铁牛进行保护与修复。在保护过程中，选择了适当的方法，对文物做到了最小干预，成功地保护了历史信息。总体来讲，此次保护修复工作，达到了既揭示文物信息，又延缓文物寿命的基本目标。

二是通过对文物的保护修复以及对文物出土信息的认识延伸，认识到“文物保护与修复是考古学整体研究的有机组成”。长期的文物研究及文物保护修复实践，也使我们认识到，现代意义上的文物保护修复不仅仅是把破碎的文物复原，把残损侵蚀的文物寿命延长，而且也是对其历史价值、艺术价值和科学价值的重新"发掘"、认识和评估的过程，使考古学研究得以丰富和深化，实实在在起到了真正意义上的“第二次发掘”的目的，从而使得考古学研究内容更丰富，也拓宽了其研究范围。

参考文献

[1] 陕西省考古研究所：《西安紫薇田园都市工地唐墓清理简报》，《考古与文物》，2006年1期，16-17页。

[2] 国家文物局博物馆与社会文物司主编：《博物馆铁质文物保护技术手册》，文物出版社，2010年，107-111页。

[3] 陈靓：《西安紫薇田园都市唐墓人骨种系初探》，《考古与文物》，2008年5期，105页。

[4] 张文霞、廖永民：《隋唐时期的镇墓神物》，《中原文物》，2003年6期，64页。

[5] 王培君：《镇水兽与中国传统镇水习俗》，《河海大学学报（哲学社会科学版）》，2012年2期，54-55页。

[6] 孙宇：《偃师杏园晚唐墓出土铁牛铁猪研究》，《文博》，2018年3期，57-62页。

[7] 孟原召：《唐至元代墓葬中出土的铁牛铁猪》，《中原文物》，2007年1期，73页。

[8] 徐苹芳：《唐宋墓葬中的“明器神煞”与“墓仪”制度—读〈大汉原陵秘藏经〉札记》，《考古》，1963年2期，87-106页。

菏泽元代古船出土铁鱼叉的保护修复

文/白广珍　王云鹏　王　笑　山东省文物保护修复中心

内容提要

使用X射线探伤、X射线衍射等方法评估菏泽元代古船出土的铁鱼叉病害现状，经除锈、脱盐、缓蚀封护、粘接和做旧等保护修复工作后，消除文物病害，最大程度恢复了其原貌。为类似铁器文物的保护修复提供了参考。

关键词

铁器文物　X射线探伤　保护修复

一 概 况

（一）文物考古背景

2010年10月，在菏泽市牡丹区国贸中心建筑工地上，发掘出土了一艘木质古船。从出土器物及菏泽古船的制作技术看，此船沉没的年代为元代末期[1]。在古船内及周围发现有100余件文物，主要包括瓷器、玉器、石器、铁器、铜器、金器等。其中龙纹梅瓶等元青花瓷器引起了社会广泛关注。为做好该批文物保护修复工作，山东省文物保护修复中心联合菏泽市文物保护中心等单位开展了前期研究，编制保护修复方案，并具体实施了保护修复工作。本文系统整理其中一件铁鱼叉文物的保护修复工作，以求方家指正。

（二）文物基本信息

该批文物出土后，现场打包装箱提取，运至博物馆收藏。文物保存环境较为简陋，缺乏足够的温湿度控制系统，夏季高温潮湿，冬季干燥寒冷，脆弱的铁质文物易受到进一步的腐蚀损害。

这件铁鱼叉通长38厘米，通宽16厘米。器物被土质硬结物全面覆盖，表面腐蚀层非常脆弱，稍一触碰，锈蚀产物就从本体剥离。目前的状态非常不利于长期保存和展览使用。

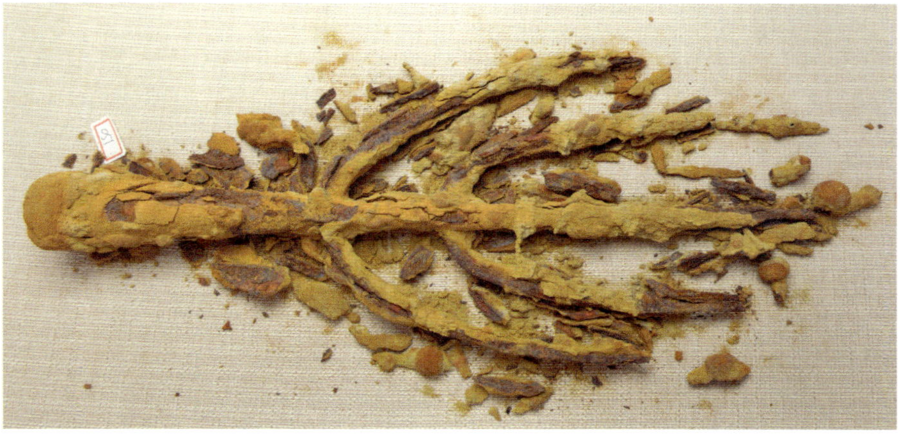

图一　铁鱼叉保护修复前

表一　分析设备及实验条件

序号	分析方法	分析设备	实验条件
1	X 射线探伤	德国依科视朗便携式 X 射线探伤仪及 CR 成像系统	拍摄参数：管电压 90kV，管电流 1mA，曝光时间 1s
2	离子色谱仪	美国 DIONEX EX-600 型离子色谱仪	AS14 分离柱，流速 1.2ml/Min，3.5~1.0mmol/LNaCo3 等度淋洗。
3	X 射线衍射	日本理学 D/max-2550PC 型 X 射线衍射仪	工作电压 40kV，工作电流 150mA，扫描角度范围 3-90°，步长 0.02°，发散狭缝（DS）、防散射狭缝（SS）1°，接收狭缝（RS）0.3mm

二　分析测试与病害评估

（一）分析测试

为科学评估文物病害，我们采用 X 射线探伤法分析腐蚀分布，从而掌握文物本体保存情况。采用离子色谱法，对文物腐蚀产物进行分析，了解其中氯离子含量，为下一步脱盐处理提供依据。采用 X 射线衍射法，对文物腐蚀产物进行分析，了解产物物质构成，从而掌握文物腐蚀程度和腐蚀原因，为下一步清洗除锈提供科学依据。

1. X 射线探伤

X 射线探伤是金属文物修复的重要分析手段。X 射线探伤可较清晰地看到铁器等金属文物表层的形貌、锈蚀程度、覆盖物下的铭文纹饰、裂隙、孔洞等肉眼不易发现的情况。使用 X 射线探伤透视器物以确定其形状或判断腐蚀程度，进而探讨器物初始形态和用途，判明其历史价值及艺术价值[2]。

因文物较为脆弱，连同展览木质底座一块进行 X 光拍摄，故照片中有较多的底座加固气钉等非文物信息。从 X 光探伤照片可以得到，该文物整体轮廓尚好，尤其是四根叉子前端的倒钩清晰，说明该文物确为捕鱼鱼叉，同时证明铁质本体保存尚好，纠正肉眼判断腐蚀程度偏高的问题。给下一步清洗除锈等保护操作，提供了很好的参考依据。

2. 离子色谱

选取铁鱼叉剥落残片的去离子水浸泡液（24h），做离子色谱分析，结果如下：

3. X 射线衍射

首先在玛瑙研钵中将样品研成精粉，然后涂敷在单晶硅样品架上，送入 X 射线衍射仪进行测试。衍射结果见图三。

X 射线衍射结果显示，该样品除含有石英、针铁矿、磁铁矿比较稳定的铁的锈蚀产物外，还发现有活泼的含氯的铁腐蚀产物－四方纤铁矿。

表二　离子色谱分析结果

离子	Cl	NO_3	SO_4	Na	K	Mg
样品量 mg/L	36.99	1.10	3.88	2.66	0.39	2.41

图二　铁鱼叉 X 光探伤照片（经电脑处理）

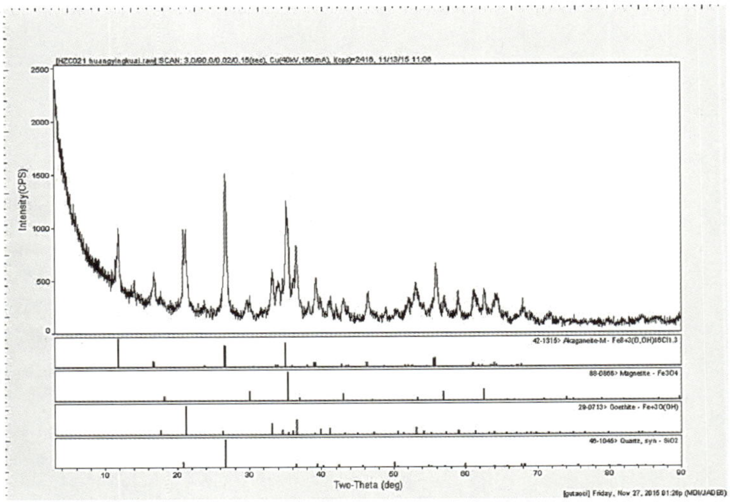

图三　铁鱼叉腐蚀样品 X 射线衍射图谱

（二）病害调查与评估

该铁鱼叉保护前，器物被土质硬结物全面覆盖，器物肉眼表现为通体矿化。表面腐蚀层一层层的从本体剥离，稍一触碰，就有残渣脱落。同时，表面疏松锈蚀层也极易吸收空气中的水分，形成电化学反应病灶，若不及时采取保护修复措施，该文物存在整体损毁灭失危险。

通过 X 射线探伤，发现文物本体尚在，整体形状保存尚好，也揭示了腐蚀锈层分布情况。通过离子色谱，发现剥落样品中含有氯离子，需要进行脱盐处理。通过 X 射线衍射，发现文物腐蚀产物存在活泼的含氯的腐蚀产物—四方纤铁矿，说明其锈蚀还处于发展之中，需要对有害锈蚀进行较为彻底的清除。有效的分析结果，对下一步采取保护修复措施提供了很好的科学依据。

三 保护与修复

（一）原则与目的

遵照文物保护基本原则，针对病害特征采取相应的保护修复措施，最大限度地恢复文物原貌，延长文物寿命，发掘文物价值。特别对于可发展病害，应将病患彻底去除或转化，满足文物在一般库房保存条件下相对长久保存和展览要求。修复工作按照文物修复“修旧如旧”的原则来开展，且兼顾该文物的历史、科学及艺术价值。

（二）保护修复流程

该铁鱼叉文物保护修复工作拟采用的技术路线：建档→分析检测→除锈→清洗脱盐→缓蚀封护→粘接补配→做旧→完善档案。

1. 建档

提取器物，进行拍照、测量尺寸、称量重量及做好现状描述，并绘制病害图。

2. 除锈

铁质文物除锈程度是个重要的课题。铁器腐蚀产物可分为稳定锈蚀和不稳定锈蚀。稳定锈蚀产物结构紧密坚硬，如磷酸铁、四氧化三铁、针铁矿等，其性质稳定。而不稳定锈蚀，如亚铁氧化物和铁的氯化物，其结构疏松可吸水，使水分子深入内部，不断发生化学腐蚀、电化学腐蚀等[3]。所以铁器除锈要在不改变器物的原始形状，不损伤纹饰和铭文，保留器物原始表面的历史信息（如织物残留等）的前提下，尽量清除器物表面疏松的不稳定锈蚀。

该铁鱼叉器物表面的硬结物锈蚀层相对疏松，为不稳定锈蚀和病害病灶，需进行清除。硬结物锈蚀层非常脆弱，较多自行剥离，故使用手术刀、毛刷结合去离子水软化等机械手段即可剔除干净（图四）。

3. 清洗脱盐

铁器脱盐实质上主要是脱除氯化物，脱盐对于铁器文物长久性的保存具有非常重要的意义。根据资料，氯离子能够阻止钢铁表面生成的活性 γ-FeOOH 向非活性的 α-FeOOH 转变，并破坏钢铁钝化膜的形成[4]；氯离子能加速点蚀、应力腐蚀、晶间腐蚀和缝隙腐蚀等局部腐蚀[5]，因而去除铁质文物内的氯化物等有害盐对保持铁器的稳定性有重要作用。

该铁鱼叉文物采用去离子水浸泡法进行铁器脱盐工作。首先使用电导率仪（型号 DDS-11A 307A）检测去离子水空白样电导率数值，为 35us/cm；然后将器物浸泡于 3000ml 去离子水中，每天更换新的去离子水，并检测浸泡液电导率数值，当数值接近空

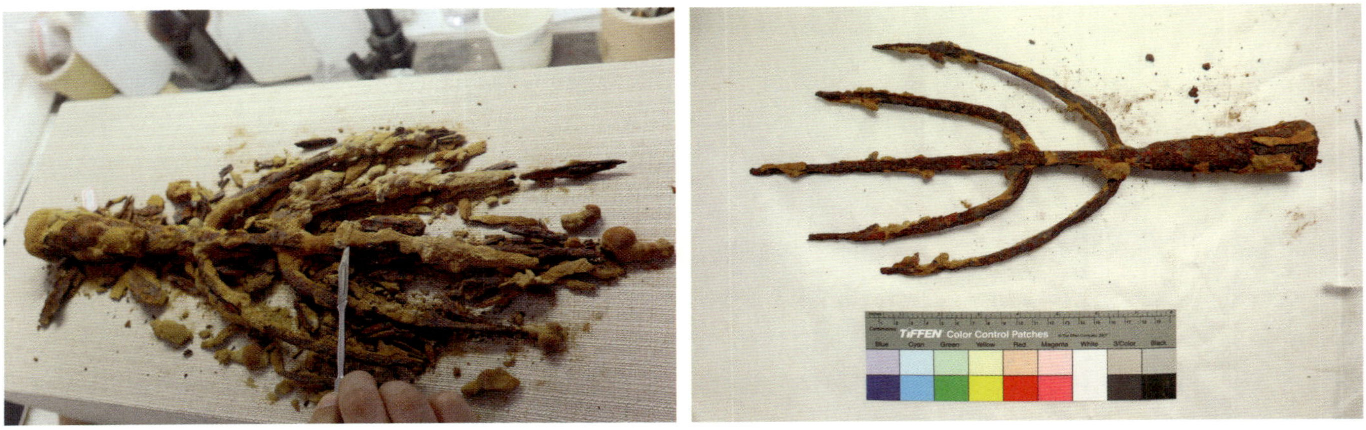

图四　手术刀剔除表面锈蚀物及初步清理后

白样或者平稳，可表示脱盐工作结束。经过一个多月的脱盐工作，浸泡液电导率值由最高的 327us/cm 降低至 45.4us/cm（图五脱盐数据走势图），脱盐工作结束。

4. 缓蚀封护

使用单宁酸刷涂法进行缓蚀操作。首先将单宁酸、磷酸、无水乙醇、蒸馏水按照比例配制缓蚀溶液，待溶液充分溶解混合后，使用软毛刷进行表面涂刷工作，每天涂刷一遍，连续涂刷 3 天。然后使用去离子水清洗掉器物表面残留的药液，干燥后再涂刷一遍无水乙醇，完成缓蚀操作。采用 1%B72 丙酮溶液进行涂刷封护，每隔 2 小时涂刷一遍，共计涂刷 3 遍（图六），完成封护操作。

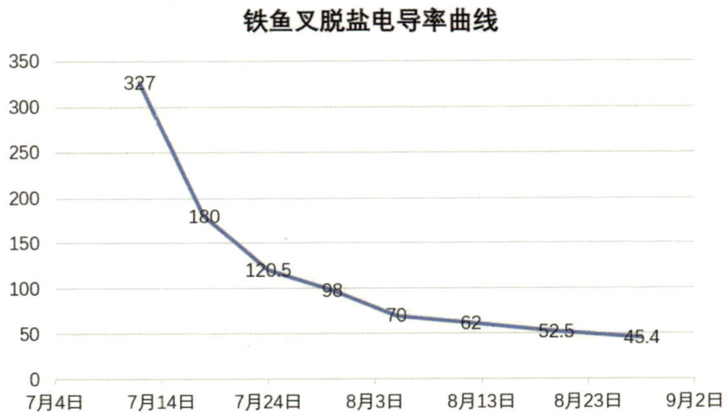

图五　脱盐电导率曲线变化图

5. 粘接做旧

使用环氧树脂胶粘接加固断裂及脆弱处，使用胶加填料补配缺失处。使用矿物颜料笔涂法对粘接补配部位进行随色做旧（图七）。

6. 完善保护修复档案

到这里，这件铁鱼叉文物的保护修复工作就完成了，然后拍照、称重、完善保护修复档案。

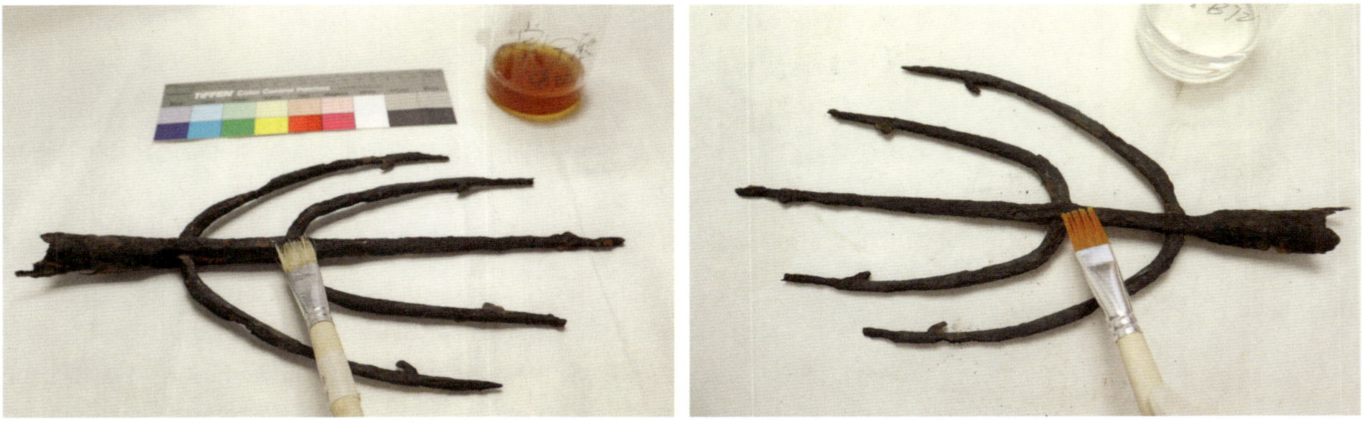

图六　缓蚀、封护操作

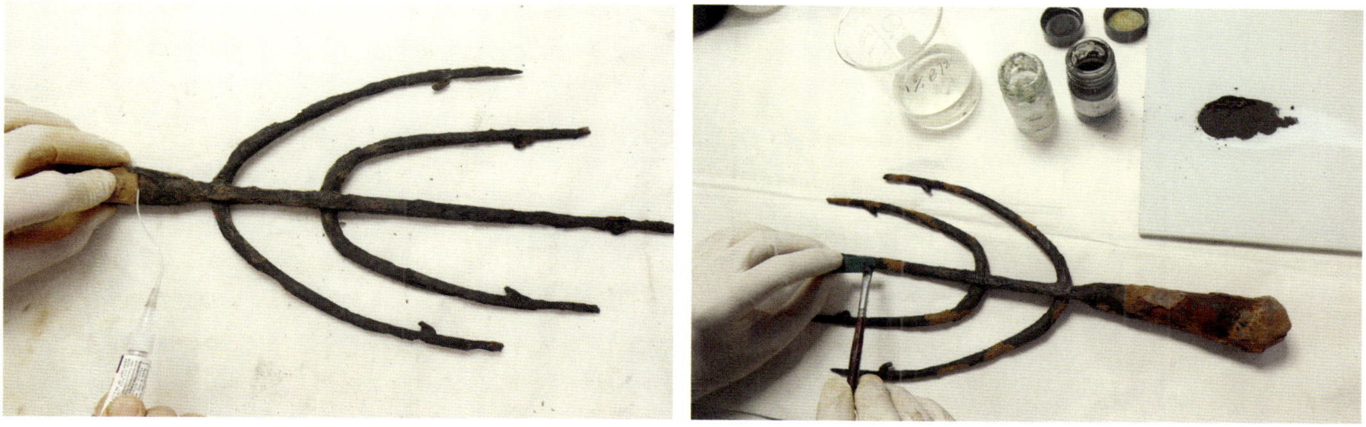

图七　粘接、做旧操作

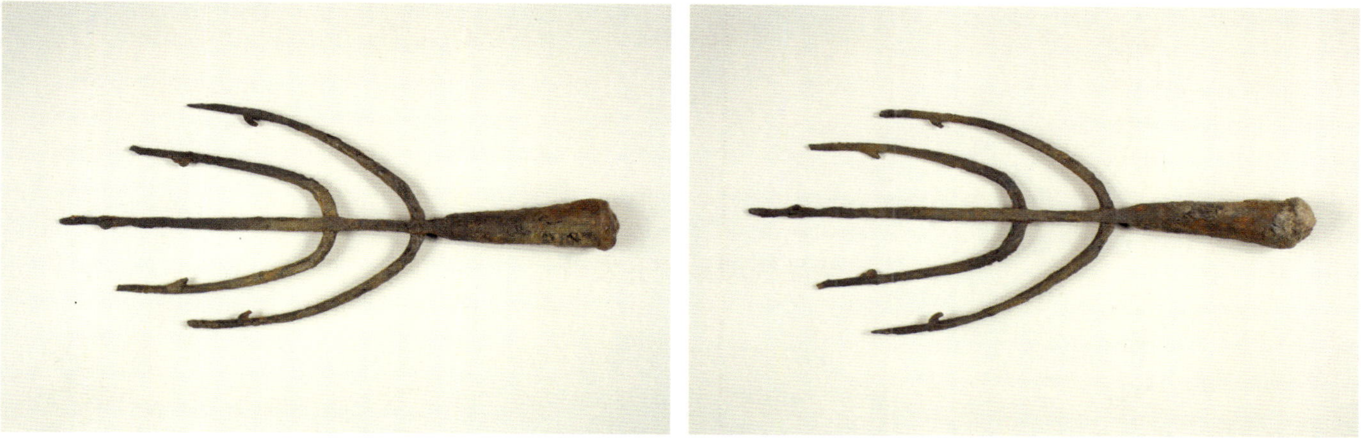

图八　铁鱼叉保护修复后

四 结　语

菏泽元代古船出土的铁鱼叉，保存环境较为简陋，文物表面大量覆盖有疏松锈蚀，存在极大的腐蚀病灶。经 X 射线探伤照相，文物本体保存尚好，符合捕鱼鱼叉特征；经离子色谱和 X 射线衍射分析，发现文物存在氯离子和不稳定铁质腐蚀产物。

通过采取机械手段清理疏松锈蚀、脱盐和单宁酸缓蚀等技术措施，器物病害得到消除，基本原貌得以展现，文物整体强度增加，达到了既最大程度恢复文物价值又延缓文物寿命的目标。建议为该件珍贵文物配置专属囊匣，保存在恒温恒湿环境中。温度控制在 20℃，温度日波动不高于 5℃；相对湿度控制在 40% 以下，相对湿度日波动值不大于 5%；大气环境要求清洁，无灰尘、无酸性气体。

参考文献

[1] 王守功、张启龙等：《山东菏泽元代菏泽古船发掘简报》，文物出版社，2016年2期，40-49页。
[2] 杨军昌、齐扬：《X光探伤技术用于馆藏文物的研究》，第七届全国考古与文物保护化学学术会议，2002年，186-191页。
[3] 魏书亚：《化学原理与方法在文物保护中的应用》，《华夏考古》，1995年3期，100-103页。
[4] 张安福：《影响钢铁大气腐蚀的因素》，《材料保护》，1989年2期，15-19页。
[5] 李金柱、赵闰彦等：《腐蚀和腐蚀控制手册》，国防工业出版社，1988年，49-58页。

浅谈山东博物馆藏品管理系统的建设

文/滕 卫 山东博物馆
文/孔路明 中科软件公司

内容提要

山东博物馆藏品管理系统是基于现有藏品管理业务，整合了原有的数字资源，实现了藏品征集、藏品登编、藏品保管、藏品注销、藏品鉴定、藏品修复利用管理、藏品展览利用管理、藏品拍摄利用管理、账目查询、统计分析等基本功能。建立了完善合理的藏品利用指标体系，定义符合国家标准、满足本馆实际需要的藏品利用指标体系。开发严格合理的藏品利用管理工作流程，通过流程定制，将藏品选择、利用限制管理、藏品占用管理等工作流程化、规范化。开发强大的统计查询功能，通过大量的统计报表，实时统计当前馆藏藏品的各种利用信息。设计完善的对外接口，通过合理、完善的对外接口设计，为以后系统的对外服务提供强力保障。系统还使用统一的用户管理和权限管理系统，基于角色的权限管理，使业务流程实现起来更清晰，分责明确，针对角色管理使得权限管理更加灵活、容易操作。

关键词

身份认证　藏品管理利用流程　规范的流程化审批

一　藏品管理系统开发背景

山东博物馆是新中国成立后建立的第一座省级综合性地志博物馆，成立于 1954 年，新馆于2010年11月16日向社会开放。山东博物馆具有丰富的藏品优势，尤其以青铜器、陶瓷器、甲骨文、碑帖古籍、古生物化石等方面的收藏在国内位居前列。

山东博物馆的藏品数字化建设分别经历了：2009 年全国珍贵文物数据库建设时的 48895 件（套）；2013 至 2016 年第一次全国可移动文物普查中，采集登录文物、资料、化石标本约 14 万余件（套）；2015 年山东数字化博物馆建设时 2036 件（套）馆藏精品文物的 3D 扫描影像信息。多种版本、多种数据格式导致的问题就是：

图一　山东博物馆藏品管理系统主页

1. 没有统一的管理系统，各自成体系而又不能统一使用，数字资源信息孤岛化，不能做到馆内藏品资源信息共享。

2. 已有的单机版管理系统功能不完善，自身存在着一些不可实现的功能和系统封闭性，导致系统“天生缺失”。

3. 馆内沟通、协调、反馈三大难，缺乏一整套标准的管理服务协同系统。

因此，希望通过建设山东博物馆自己的数字化管理项目，将不同体系、不同格式的数据进行整合，提高馆藏数据利用率，规范业务流程，从而确保数据安全。

2016 年 3 月 4 日国务院颁发《关于进一步加强文物工作的指导意见》中指出：“健全国家文物登录制度。建立国家文物资源总目录和数据资源库，全面掌握文物保存状况和保护需求，实现文物资源动态管理，推进信息资源社会共享。”2016 年又是第一次全国文物普查项目的收官之年，普查成果在行政管理、行业应用、公众服务等方面的应用尤为迫切。为了充分利用好通过普查建立的可移动文物数据，山东博物馆适时决定建设自己的藏品管理系统。2016 年、2017 年经过招标、设计、研发工作的有序推进，该系统于 2017 年 6 月在山东博物馆正式上线运行。

二 藏品管理系统建设目标

山东博物馆藏品管理系统的用户划分为以下几个不同角色：馆内职工、藏品征集员、藏品登编员、摄影师、总账管理员、库房责任保管员、各部门主管主任、馆领导。每个不同角色在系统中拥有不同权限。

山东博物馆藏品管理系统的建设目标：1. 建立完善的藏品著录指标体系：依据国家标准，在征集指标、编目指标、鉴定指标、方位指标、藏品利用指标、出退库管理指标等基础上，制定博物馆藏品著录指标体系。2. 实现合理的账目管理功能：通过对藏品征集信息、登编信息、方位信息、出退库（馆）信息、相关资料信息、完残信息等的管理，生成藏品总账、各分类账。支持账目查询、导出或打印各种报表。3. 实现严格的藏品出退库（馆）管理：通过藏品出退库流程化、规范化管理，实现藏品在线审批、单据打印、在线点交等出退库管理。4. 提供强大的藏品综合查询功能：在合理的权限管理的限制内，针对各种不同业务需要的用户群，开发便捷的藏品查询功能，包括藏品信息查询、账目查询、出退库记录查询等。5. 支持多维度的统计功能：通过大量的统计报表，实时统计藏品的各种动态信息，用户可根据需求选择多种统计指标，自定义统计标准，生成各类统计图和统计报表。6. 设计完善的对外接口：通过合理、完善的对外接口设计，为以后新开发系统的对外服务提供强力保障。

三 围绕藏品进行的业务主线设计

山东博物馆藏品管理工作主要分为藏品入藏、藏品编目、修改、藏品利用、藏品移库、藏品注销等几方面。其中，藏品入藏是藏品管理的基础，包括藏品入藏审批、藏品登编、上传影像、分配库房、入库点交等；藏品编目、修改是指藏品编目信息的修改及审批，包括重要指标项信息修改和普通指标项信息修改；藏品利用是指因各种需要进行的藏品提用，包括提用申请、审批、出退库藏品状况的查验、出退库点交等；藏品移库是指藏品存放位置的变更，包括同一责任保管员名下库房藏品移库、部门内移库、跨部门移库的申请和审批；藏品注销是指藏品生命周期的终结，例如藏品因损毁、调拨、交换出馆等情况，需办理藏品注销手续，不再进行该藏品的管理。

1. 藏品入藏——藏品登编——上传影像——藏品入库。这条业务主线是博物馆藏品从无到有的过程，主要包括藏品入馆、藏品入库两项业务。在藏品入馆环节，由具有相关录入权限的人员录入征集单据、藏品信息、鉴定意见等信息后，提交给征集部门进行审核、根据实际需要提交给分管馆长、馆长进行审核。全部审核通过之后，将单据信息提交给登编人员进行登编。登编是指将征集来的藏品进行分类整理、录入藏品相关信息，例如年代、尺寸、简要描述等。藏品入库点交：藏品登编完成之后，藏品需要交由库房进行收藏管理，在收进库房之前，库房责任保管人员和总账人员、征集人员等几方同时对藏品进行点交，确认藏品的完残情况等信息，便于管理中分权分责。

2. 藏品提用申请——藏品出退库管理。藏品提用是博物馆发挥藏品作用的一项重要工作。这条业务主线是藏品在提用过程中的各项业务管理。当需要进行筹展、拍照、修复保护等利用藏品时，需要提出藏品出库申请，写明利用原因、地点、时间等，选择相应藏品进行提交，经由主任、总账管理员审核、分管馆长进行审核（出馆藏品需要馆长进行审批）。全部审批结束之后申请人才能去库房提用藏品。藏品出入库点交：进行出库申请之后，申请人到库房领取藏品时，需要申请人和库房保管员对藏品进行点交，需要多方认可藏品的完残信息，如果需要出馆的藏品需要有总账人员作为第三方进行监督验放藏品。当藏品利用完成需要退库，还需要退库送回人和库房保管员进行点交，多方重新对藏品完残信息进行确认。点交后，藏品的安全责任回归到库房保管员。

3. 藏品修改编目信息——更新藏品总账记录。这条业务主线是藏品在日常保管过程中，保管部门人员对藏品信息不断完善的业务。包括重要指标项信息维护和普通指标项信息维护两部分。变更后的藏品信息自动更新到总登记账中，并保留修改痕迹，以便进行备查。

4. 藏品移库申请——藏品移库点交。这条业务线是记录藏品存放方位的变化，以及相关保管负责人的变化。包括藏品移库申请审批，双方库房责任保管员进行藏品验伤、点交。部门内部移库，需要部门主任审批即可，部门间移库需要目标库房主任进行审批，当两库房属于不同责任保管员时还需要库房保管员之间进行点交，确定藏品完残信息。

5. 藏品注销申请——适时在藏品总账中进行相应信息的注销。藏品出现自然损毁、上级调拨、馆际交换等情况发生时，需要对藏品进行注销，说明藏品已经不在馆内保管。需要有注销申请权限的人员进行申请注销藏品，填写注销原因、注销凭证号等信息后提交给审核人员进行审核，审核通过后藏品进行藏品注销库，在进行申请出库、移库申请时将检索不到该件藏品。最后将所注销藏品的材料一并报上级主管部门备案。

藏品管理系统建设，一方面，可以对博物馆的藏品管理主线有更清新的划分，使得藏品各个阶段的业务更加清楚明了；另一方面，从博物馆的藏品管理工作看，对相关的业务进行分析，相较之前各部门独立的藏品管理工作更集中，各业务之间的关联性也更紧密。藏品信息数据不断在业务发展变化中完善，业务的变化促进数据动态的变化和更新。文物总账室和各个保管部门始终能掌握第一手准确、完整的藏品动态数据，可以进行各类藏品、单据、动态的查询统计，为全馆各业务部门人员使用数据提供了便利条件，同时，多维度的统计报表也为馆领导提供辅助决策支持。

四 藏品管理系统功能模块

山东博物馆藏品管理系统的主要功能模块有：1. 藏品管理；2. 登编入库；3. 利用审批；4. 出退库管理；5. 移库审批；6. 编目修改审批；7. 注销审批；8. 查询统计；9. 统计分析。系统功能结构图如图二所示：

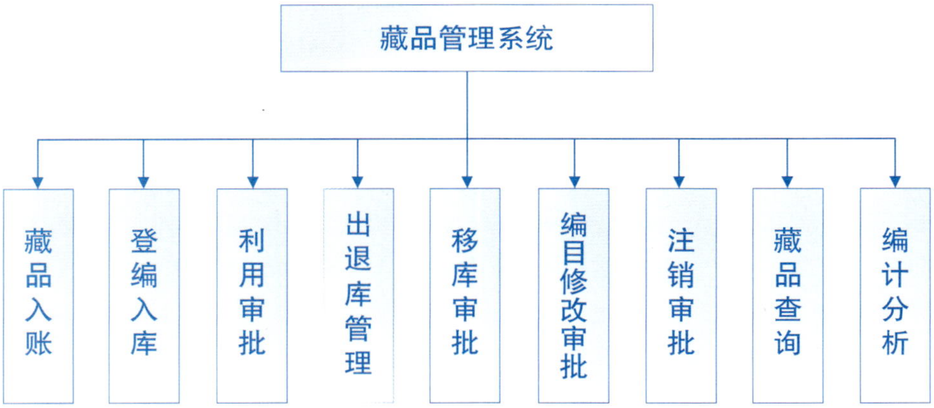

图二　藏品管理系统模块

主要业务工作流程举例：

第一，以山东博物馆藏品入馆流程为例：藏品入馆是获取藏品数据、藏品管理的最初始点，入馆模块可以分为两个过程：一个是藏品入账过程，一个是藏品登编入库过程。藏品入账过程包括：藏品征集员提交征集申请—录入征集藏品信息—录入鉴定意见—部门主任和主管领导审核—产生征集单据和藏品基本信息；藏品登编入库过程包括：藏品登编员完善藏品信息—摄影师上传藏品影像—分配库房—库房责任保管员入库验伤—录入藏品存放方位—三方入库点交。整个过程通过藏品征集获取第一手藏品数据，再经过登编完善藏品信息、验伤点交进入库房。藏品正式入库后，藏品基本信息及相关的鉴定

图三　藏品档案更新相关业务

信息、影像信息、完残情况等信息自动计入藏品总账及分类账，无须再次录入。

另外，藏品管理系统中，最重要的是形成第一手完整的藏品信息档案，藏品的各类信息在管理利用期间会发生各种变化，有些源于各项业务，有些源于藏品编目信息修改，而无论何种变化，最终都体现在藏品信息档案中。我们在进行系统设计时，仔细分析了各项业务对信息产生变动的触发点以及变动的指标项信息，同时与变动的相关影响结果进行联动。图三列出了藏品在管理利用过程中信息档案更新的相关业务。

第二，以藏品出库申请为例说明藏品提用流程。（图四）

对拟提用藏品，需由申请人提出申请，填写相应单据信息，并选择需要出库的藏品，提交给主管主任进行审核，审核通过后，单据提交分管馆长审核，分管馆长审核通过后，如果有一级品或者藏品出馆等情况，系统自动提交给馆长审核，否则通知申请人，同时将单据按照库房分担后，进入“藏品出退库点交”流程。

在馆长审核确认提交之前，如果认为申请单据有问题，例如所选择的某件藏品不能出库等原因则可以逐级退回，退回到申请人可以对单据信息进行修改或者对藏品进行增删。

在使用过程中，我们将单据按照“待办”“已办”主动推送到业务人员的工作桌面上，业务人员只需要打开自己的待办列表，就可以看见所有等待自己处理的工作单据，处理完成以后，单据自动转移到已办列表中。业务人员可以检索查询自己的已办列表，通过已办列表检索自己已经处理过的单据，可以打开查询当时处理的详细信息，可以查看当前单据的位置。

图中（图五）黄色方块表示已经经过的任务，鼠标悬浮可以显示处理该任务的人员以及处理事件。红色的方块表示正在进

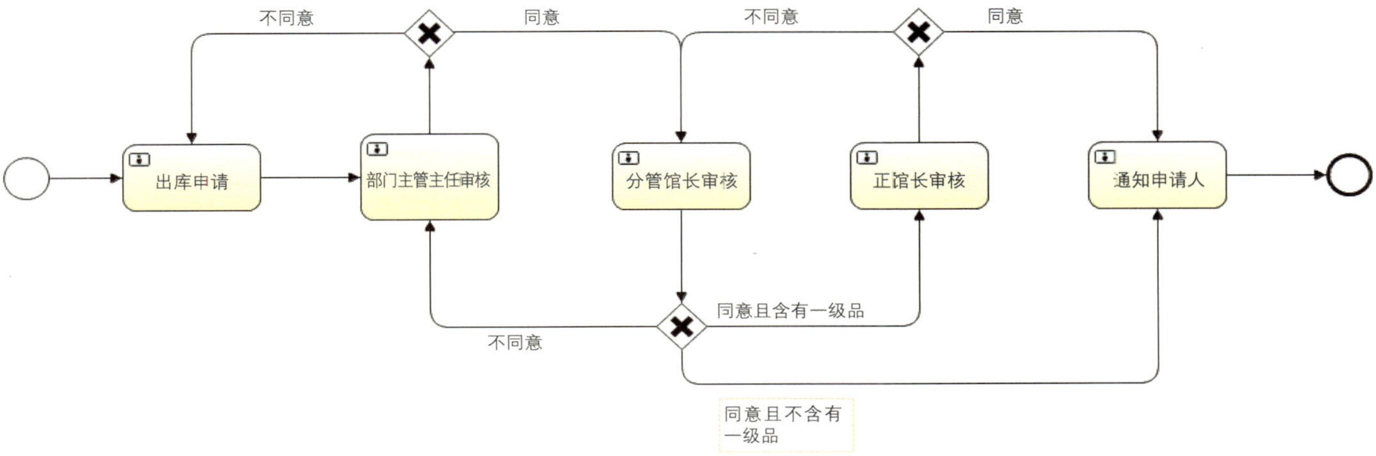

图四　藏品提用流程

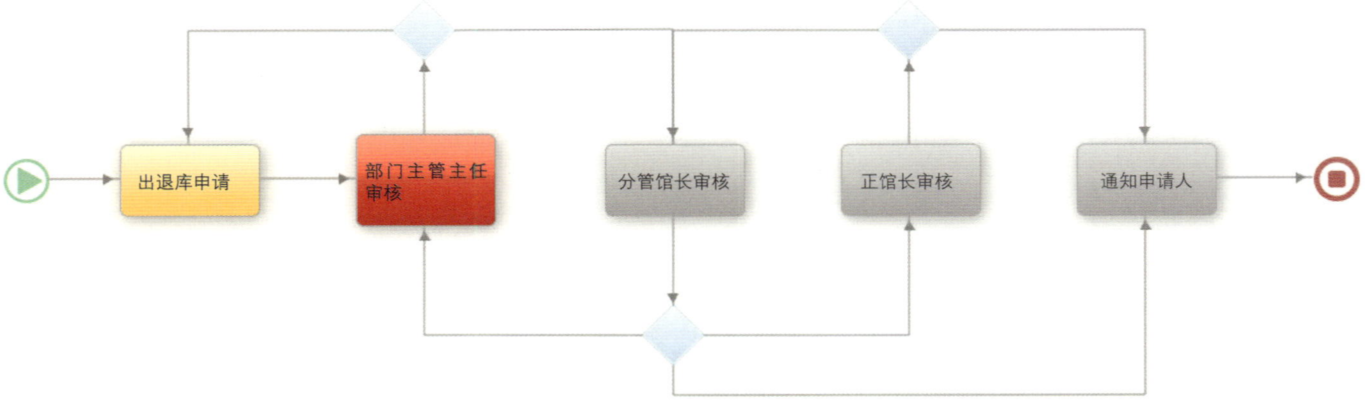

图五　工作进度位置图

行的任务，鼠标悬浮则显示可以处理该任务的人员。灰色的方块表示尚未经过的任务。通过该图可以一目了然地看到任务单正在由哪个用户处理，实现监督功能。

五 统一身份认证平台

山东博物馆藏品管理系统，还建设了公用的认证系统，统一管理和验证用户的身份。用户通过实名从统一认证平台中获取证书或令牌，通过所在部门和密码的认证，可以实现在平台和多个集成系统之间切换，系统会根据用户的角色和权限，自动完成身份认证。同时完成用户管理功能，主要包括人员信息管理、组织机构信息管理、统计查询以及系统接口四个部分内容。

按权限进行任务分配是管理系统任务分配的基础。当流程流转到某一个活动时，工作流引擎首先分析可以执行此活动的权限信息，然后解析出都有哪些人员拥有此权限，然后把此任务分配给这些拥有对应权限的人员。在实际工作中，"权限"受三个方面的制约，分别是：部门、身份和角色。通常来说，部门和身份经常组合在一起使用，查找某部门中某身份的人员进行分配任务。例如，在出库申请流程中，在对"部门主任审核"步骤进行分配时，首先是查找当前单据申请人所在部门中的人员中身份为正主任的人员，最后将工作单分配给最终查找到的人员。系统中使用统一用户管理系统对人员的所有信息进行管理，包括人员部门以及身份等信息的维护，并提供对外使用接口，其他功能需要调用相关接口获取人员部门信息以及身份信息或者根据部门和身份获取相关人员信息。因此当工作流系统需要实际情况调用用户系统相应接口获取人员用于分配。

而角色则一般是单独使用，某些活动需要直接将单据指派给特定的角色，例如在藏品征集流程中，在对"总账管理员审核"步骤进行分配时，工作流引擎根据配置分析出具有"总账管理员"角色的人员可以知晓该活动，因此只需要查找到具有该角色的人员对工作单进行分配。在本系统中采用统一的权限管理系统对角色进行管理，实现角色的注册或注销、分配、取消，同时对外提供查询使用接口。其他功能需要判断人员角色或者需要根据角色获取相关人员时，调用权限管理系统相应接口获取所需信息。

在实际工作流设计过程中，除以上任务分配规则以外，还有一部分特殊的制约，需要根据其他特殊条件进行判断，例如在藏品利用流程中，"库房管理员审核"步骤需要根据藏品列表中的所在库房进行分单，因此该步骤分配时需要调用系统中查找相应库房的库房管理员的接口后进行分配。此类特殊情况出现较少，需要根据实际情况进行判断。

六 系统外部接口

作为博物馆信息化建设的一部分，藏品管理系统并不是孤立存在的，支持与其他现有或将来再上的系统进行交互。系统在设计时分析了藏品管理系统的外部接口，如图六所示，左侧为藏品管理系统调用的其他系统接口，右侧为藏品管理系统提供的可供外部应用系统与之集成的接口。藏品管理系统与各个业务系统之间可以通过 Web Service 接口实现数据的共享和交互。

七 结　语

山东博物馆藏品管理系统通过两年来的线上运行，基本上实现了馆内相关业务部室的藏品管理与协同利用，业务主线的设

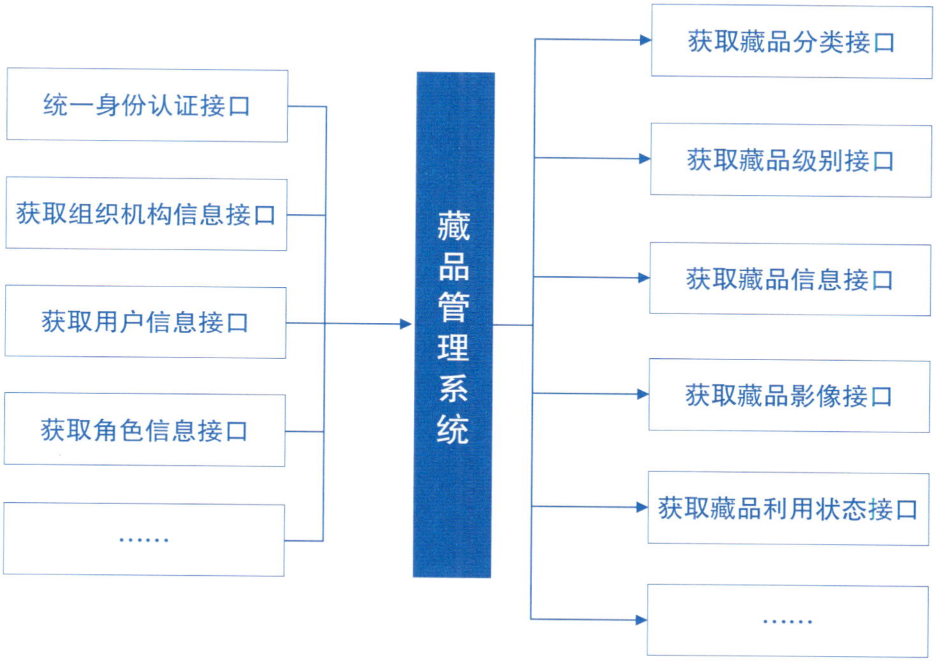

图六　藏品管理系统外部接口

计也基本满足了藏品入账、点交、利用申请、编目修改、注销等功能的流程化管理，经过层层审批，增强了系统中录入数据的正确性，减少误差，责任明确。利用统一的用户管理与基于角色的权限管理对系统中的用户信息以及角色分配等功能进行统一的管理，减少用户维护的不一致性，降低权限维护的复杂度。但山东博物馆藏品管理系统，仅仅就是围绕藏品所发生的最基本的工作流程进行了框架式搭建，诸如影像管理、藏品修复保护等方面仍需进一步展开设计并加以细化完善，以期为山东博物馆藏品管理水平的提高再添助力。

参考文献

[1] 唐华云、郭芬、桑英硕：《工作流管理平台的设计及其在自助服务中的应用》，《计算机系统应用》，2016年7期。

[2] 丁振凡：《基于工作流的固定资产管理平台设计与实现》，《华东交通大学学报》，2014年5期。

浅论博物馆红色教育项目的策划与实施

——以山东博物馆『国宝小主播』为例

文/涂　强　孙友德　山东博物馆

内容提要

随着博物馆教育功能的逐渐凸显，教育项目的策划越来越重要。对于综合性博物馆，如何发挥馆藏革命文物资源，充分挖掘革命文物背后的故事，将革命文物与革命精神发扬传承下去，值得深思。

红色革命精神与文化自信具有高度契合性，博物馆通过设计开发红色教育项目，在未成年人思想道德建设工作中能发挥重要作用。本文以山东博物馆“国宝小主播”教育项目为例，浅论博物馆策划实施红色教育项目的思路。

关键词

博物馆教育　革命文物　红色文化

2019 年 6 月，山东博物馆联合山东省青年志愿者协会、山东广播电视台融媒体资讯中心、山东体育休闲广播，共同发起了“国宝小主播”活动，旨在通过本次活动激发未成年人学习和传承红色革命文化。

一　厚植基础 明确思路

山东博物馆历来重视志愿者队伍建设，积极引领志愿服务在丰富公共文化服务体系中发挥重要作用。未成年人志愿者作为志愿者团队建设的重要组成部分，是持续化开展志愿服务的预备队。在多年志愿者工作中，山东博物馆通过向未成年人培训志愿服务精神和博物馆志愿服务内容，加强未成年人思想道德和公民素质建设，积极引导他们从小树立投身志愿服务的志向。

随着此项工作的不断推进，山东博物馆推出“小莲蓬”志愿服务项目。“小莲蓬”寓意一颗颗志愿服务的种子紧密团结在一起，寄托着山东博物馆对该项目的殷切期望。项目实施以来，“小莲蓬”志愿者在日常讲解服务中，年均为到馆参观群众提供讲解服务 1200 余场次，服务时长 2400 余小时，服务社会群众约 12 万余人次。2018 年，山

图一　小莲蓬荣誉

图二　直通博物馆直播间

图三　奋进的山东—山东省庆祝中华人民共和国成立 70 周年成就展

东博物馆将“小莲蓬”提交国家知识产权局，注册为教育项目品牌。同年 12 月，在由共青团中央、中央文明办、民政部、水利部、国家卫生健康委、中国残疾人联合会、中国志愿服务联合会等单位共同主办的第四届中国青年志愿服务项目大赛中，“小莲蓬”志愿服务项目获得银奖荣誉（图一）。“小莲蓬”志愿服务项目成为山东博物馆志愿者工作项目化、志愿服务品牌化又一个博物馆社会教育项目力作。

新时代的博物馆，要主动融入经济社会发展大局，利用新媒体、新渠道宣传推广，推动中华优秀传统文化创造性转化和创新性发展。2019 年“国际博物馆日”期间，山东博物馆联合山东广播电视台打造了全国首家省级博物馆固定直播间——“直通博物馆”直播间，这是山东博物馆进行馆媒融合开展博物馆教育推广的重要举措。直播间通过直播展览、专家访谈、直播教育活动等系列形式，融合传统与未来，让更多新时代的元素走进博物馆，打造了中华优秀传统文化的传播平台。（图二）

在上述工作不断融合发展过程中，山东博物馆将自身志愿者工作和社会教育活动相贯通，结合以展览为依托的革命文物资源，联合山东广播电视台的媒体力量，面向社会推出了“国宝小主播”活动。[1]

二 整合资源 精心设计

活动第一季的主题为“沂蒙颂”，倡导“保护革命文物，传承红色基因”，旨在宣传革命文物资源，弘扬革命精神，传承红色基因，促进文化发展。八百里沂蒙是片红色热土。革命战争年代，百万沂蒙人民拥军支前，十万英烈血洒疆场。习近平同志指出，在沂蒙这片红色土地上，诞生了无数可歌可泣的英雄儿女，沂蒙六姐妹、沂蒙母亲、沂蒙红嫂的事迹十分感人。沂蒙精神与延安精神、井冈山精神、西柏坡精神一样，是党和国家的宝贵精神财富，要不断结合新的时代条件发扬光大[2]。活动第一季的主题代表了主办方对沂蒙精神的追思和对未成年人红色革命文化教育的责任与担当。

在时间节点上，2019 年是中华人民共和国成立 70 周年。70 年来，特别是党的十八大以来，在党中央的坚强领导下，山东省委、省政府团结带领全省人民，探索奋进，砥砺前行，在齐鲁大地上描绘了一幅沧桑巨变的历史画卷。9 月 20 日，《奋进的山东——庆祝中华人民共和国成立 70 周年成就展》在山东博物馆盛大开幕。展览展出的一件件实物模型、一张张图片图表、一段段影像资料，吸引和感动了众多观众（图三）。活动主办方依托此项展览，在国庆节前夕推出国宝小主播活动，借此对未成年人开展爱国主义教育，培养未成年人的爱国情怀。

三 规范流程 注重实效

活动主要分为海选、培训、汇报演出、志愿服务四个环节。

1. 海选。海选之前，主办方动员媒体力量，通过广播、微信等媒体平台不断宣传，线下组织中小学教师召开教师沙龙，将活动方案向校园推广。最终，活动凭借优质的内容吸引到了 600 余名学生报名参加。在海选环节，同学们以崇高的热情和动情的演讲，讲述了一个个红色经典故事，朗诵了一首首精神赞歌。（图四）

2. 培训。海选结束后，主办方对晋级复赛的选手开展了为期 5 天的封闭式培训。培训课程内容丰富，深受参赛选手欢迎。

在开班仪式中，主办方详细介绍了本次活动的宗旨、目的以及课程内容，鼓励同学们以本次培训为契机，更好地学习和传承红色革命文化。

随后，山东博物馆的近代史研究学者介绍了山东博物馆馆藏革命文物情况以及背后蕴含的红色经典故事。山东博物馆革命文物典藏丰富，地域来源广泛，自 2013 年开始，历经 5 年时间，完成了全国第一次可移动文物普查工作中馆藏文物的系统整理，其中整理统计革命文物数量总计 14029 件。这些革命文物凝结了中国共产党的光荣历史，展现了近代以来中国人民英勇奋斗的

图四　海选

图五　红色文物—山东第三支队义勇奖牌

壮丽篇章，承载着催人奋进的红色传统和红色基因，是激发爱国热情、振奋民族精神的深厚滋养，是中国共产党团结带领中国人民不忘初心、牢记使命、奋勇前进的力量源泉。它们也见证着齐鲁大地新民主主义革命的伟大历程和山东人民感天动地的丰功伟绩，彰显着千千万万革命英烈对党、对革命事业的无限忠诚，也蕴含着勇于胜利、勇于突破、勇于牺牲、光照千秋的革命精神，是最富感染力和说服力的爱国主义教材。（图五）

培训第二天是 8 月 15 日，正值日本帝国主义宣布无条件投降，抗日战争取得胜利的纪念日。在这个特殊的日子里，主办方组织参训同学前往山东省军史馆参观。山东省军史馆布展内容以山东军事斗争史为主线，以各个历史时期发生在齐鲁大地上的经典战例、重大事件和重要军事活动为脉络，通过 1500 张珍贵图片和 300 多件珍藏品，重点记录了 1921 年以来山东军民在中国共产党的领导下艰苦卓绝的革命斗争历程，以及部队、民兵预备役建设取得的突出成就，生动再现了齐鲁军民爱党爱国、不屈不挠、牺牲奉献、团结奋进的伟大精神。在军史馆讲解人员生动的讲解中，一张张老旧的照片，一件件珍贵的展品，给同学们带来一次次心灵的洗礼。（图六）

图六　参观山东省军史馆

图七　汇报演出

在随后的培训中，同学们又先后参观了山东广播电视台、山东广电展览馆、宏济堂博物馆等场馆。这些培训内容让同学们既开阔了视野，又体验到了平时难得一见的传统文化。

3. 汇报演出。9 月 28 日，参训的同学在山东博物馆礼仪大厅以舞台剧的形式向观众展示培训成果，致敬沂蒙精神，献上自己对祖国的深情祝福。演出的节目都由主办方精心编排，充分发挥每个人的特长，深情的朗诵饱含着同学们对伟大祖国的礼赞和对革命先烈的追思。他们饱满的热情和嘹亮的童音感染了在场的所有人，赢得了观众们的热烈掌声。（图七）

4. 志愿服务。演出结束后，山东博物馆讲解培训专家对同学们开展了展厅讲解和志愿服务方面的培训，让他们了解展厅讲解相关礼仪、讲解规范和讲解词内容。在今后，这些同学将会走上志愿讲解服务的岗位，将山东博物馆的馆藏展品和深厚的齐鲁文化介绍给来自全国各地的观众，既能锻炼自己，又能惠及他人。

四 结　语

近年来，山东博物馆在实践中贯彻落实习近平总书记关于文物工作，尤其是关于革命文化传承的重要指示精神，加强文物保护利用和文化遗产保护传承，促进革命文物保护和宣传，推进文物事业不断发展。

爱国主义和革命文化教育一直都是博物馆的重要工作之一，尤其是在新的历史条件下，博物馆更应发挥自身对历史渊源的传播和文化内涵的传承，切实发挥红色教育功能，把革命文化一代代传下去，引领青少年建立科学的世界观、人生观和价值观，帮助未成年人树立英勇顽强的作风、勇于奉献的品质和争先创优的进取精神。

革命文化的继承和发扬应该落实在行动上，尤其是未成年人的红色教育工作，应该得到不断进步和发展。本次“国宝小主播”活动的举办，是博物馆引入媒体宣传力量，将自身工作经验与教育活动相结合，充分利用馆藏文物资源和优质展览内容，开展的博物馆青少年教育项目。活动在培训内容设置上充分调动了同学们的学习积极性。此次活动不仅为“小莲蓬”志愿者团队吸收了一批新生力量，而且在加强革命文物保护利用方面起到教育示范作用，进一步引领青少年弘扬革命精神，传承红色文化。[3]

参考文献

[1] 涂强：《齐鲁瑰宝耀中华——国宝小主播活动掠影》，《人文天下文化大观（增刊）》，2019年。
[2]《中国共产党精神谱系——沂蒙精神》，《人民日报》，2019年01月30日第9版。
[3] 程东：《革命纪念馆开展革命精神教育的几点思考》，《科技创新导报》，2015年15期。

品读『掌上博物馆』——山东博物馆微信公众平台的建设管理

文/杨 帆 山东博物馆

内容提要

在新媒体技术发展下，以手机微信平台为载体，信息交互模式走向更高效、先进的移动互联网时代。本文以山东博物馆公众微信平台的建设管理为典型案例，详细论述了其三大主体功能设计，总结其在文博领域信息工作中的先进建设经验和模式创新，为文博领域在新媒体应用中如何更好地服务大众，宣传博物馆工作探索出一条实践道路。

关键词

微信公众平台　博物馆　自媒体

一 微信公众平台的特点

随着信息技术日新月异的发展，人们获取资讯不再仅仅通过电视台、报纸、网站等主流媒体，以博客、微博、微信等为代表的新型自媒体平台正在蓬勃发展，在全球化、交互式的信息网络时代独领风骚。

区别于主流媒体主导的传统、单向信息传播模式，自媒体的特点是私人化、个性化、自主化、普适化，信息交互简单便捷，时效性高，内容生动活泼，更加贴近普通民众。尤其是基于手机应用的微信公众平台使得信息获取更加便捷高效，广受用户推崇，成为人们日常生活中不可或缺的信息伴侣。

微信是腾讯公司于 2011 年推出的一款手机网络多人互动社交媒体软件，最新数据表明其平均日活跃用户已达 11 亿，用户覆盖 200 多个国家、超过 20 种语言，成为覆盖 90% 手机用户的超级自媒体应用平台。

微信公众平台，简称公众号，主要面向名人、政府、媒体、企业等机构。管理者可通过创建一个面向所有微信用户的公众号，实现与关注用户之间的文字、图片、语音、视频的多媒体信息互联互动。管理者既可通过微信系统平台向手机微信用户发起一对多的信息传递，用户也可主动向微信平台索取信息服务，并主动分享给任意非关注用户，建立起一个线上线下，全方位立体化的高效信息网络。

作为山东唯一的省级综合性地志博物馆，山东博物馆肩负着展示山东地区璀璨的古代文明、弘扬民族传统文化、普及自然科普知识、进行爱国主义教育的重任，是展示齐鲁文明的重要窗口。为了让“文物走出去，活起来”，使深藏于博物馆研究室和展柜中的古老文明与人们亲切地握手交流，微信平台架起了一座博物馆与观众的交互沟通平台。

山东博物馆微信公众平台（ID:sdmuseum）于 2013 年 10 月 1 日正式开通，关注用户现已达 22 万余人，社会反响强烈，受到群众的广泛好评，成为在新媒体环境下博物馆主动服务群众、实现与观众密切沟通和良性互动的重要渠道。

二 微信公众平台的建设与管理

经过不断钻研、探索、反馈、完善，山东博物馆微信公众平台打造出充分适应文博事业信息宣传、交流互动的三大主体功能，即“丰富便捷的菜单功能”“主动有效的

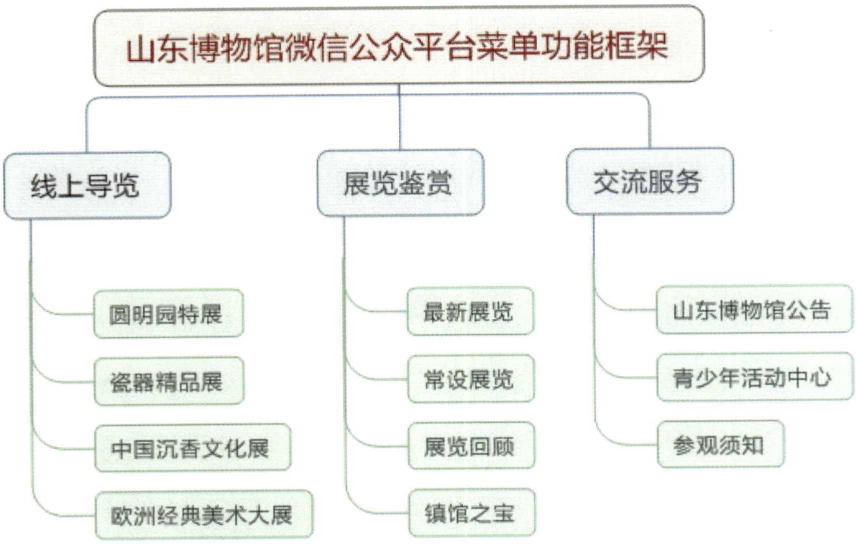

图一　山东博物馆微信公众平台菜单功能框图

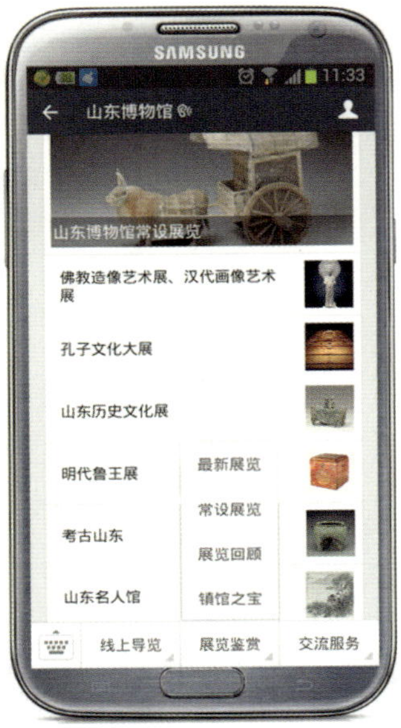

图二　手机端微信菜单功能展示：展览鉴赏板块

信息推送功能”和“灵活多变、适应用户需求的信息检索功能”。

（一）打造丰富便捷的菜单功能

在微信系统平台功能开发中，管理者首先需要根据用户需求，设计出一套面向手机微信用户的界面菜单，类似报纸、电台的专栏。利用“微信自定义导航菜单接口”可以简单方便地设计出针对文博单位的特色“导航菜单”，将常备、相对固定且被用户需求频率最高的内容放入其中，例如“展览资讯”“开放时间”“服务设施”等。

微信公众平台允许管理者设置三个分区板块，每个分区板块可下设五个子功能菜单。通过精心设置主功能菜单，山东博物馆微信公众号形成了以“线上导览”“展览鉴赏”和“交流服务”三大主功能板块为入口的整体服务架构（如图一所示）。

1.“线上导览”板块开启自助查询展品信息的便捷之路

在“线上导览”板块下，可为每个开放微信导览服务的展览设置一个单独的子功能菜单。用户可分别点击自己感兴趣的展览，获得系统自动发送的导览服务说明，只需根据提示输入相关信息，即可得到自动回馈内容。无论在不在展馆内，用户都可随时随地了解往期和在展展览中的藏品图文档案，聆听专业的语音讲解，相当于手机上多了一个在线“微型展室”和“私人讲解员”。

2.“展览鉴赏”板块可供用户随时查阅展览实况

此板块下设包括“常设展览”“最新展览”“展览回顾”“镇馆之宝”在内的四个子菜单（如图二所示）。不仅涵盖了包括山东博物馆9大精品展览在内的“常设展览”、反应当月临展实况的“最新展览”，还突出展示了山东博物馆十大“镇馆之宝”，使用户足不出户即可了解山东博物馆展览的第一手资料；而过去一年举办的最具分量、最受观众喜爱的精品展览，则收入“展览回顾”中，使来不及欣赏这些展览的用户可以延长时间品味鉴赏。

通过四个子功能菜单的划分，博物馆的全部展览资讯便可分类清晰地呈现给所有微信手机用户。在移动信息时代，不仅来到博物馆身临其境的观众们可以使其发挥展览导航作用，按图索骥寻找自己感兴趣的展览参观，亦可使那些不在博物馆的用户远程浏览博物馆里发生的新鲜事，并通过微信朋友圈的转发分享挖掘出更多潜在用户，吸引更多不熟悉文博领域的公众感受古老文化的熏陶，令文物这种“高大上”的文化亲民起来。

3.“交流服务”板块提供及时丰富的活动资讯和便民服务信息

交流服务板块主要包括“山东博物馆公告”“青少年活动中心”“参观须知”三个子功能菜单。分别满足用户查阅博物馆开闭馆时间、新闻动态、讲座活动资讯、交通票务等服务信息。

其中，为宣传展示博物馆社会教育工作而设置的“青少年活动中心”子版块，分门别类展示了“孔子学堂”“历史教室”、“自然教室”三个精品栏目的特色内容和日常活动资讯，并在该子菜单头条设置当月或节假日特殊活动安排和开放报名方式。

通过以上三大板块为主体的菜单设计，建立起一套完整的信息发布构架。为满足用户访问需求，在常设菜单的内容安排上务须简洁美观，分类清晰。特别是在“图片”所支撑的阅读时代，最有效且引人注目的信息传达方式莫过于精美的图片展示，因此，我们在功能菜单的内容设置中插入了大量拍摄精美、高分辨率的展陈图片，并搭配简洁的展览介绍和雅致的字体、文本框设计，从图文质量到版面编排均仔细斟酌，并避免单一的重复。

除了菜单内容的精益求精，还必须保证信息的时效性。除“常设展览”等各级菜单中的常备资讯外，那些经常变更的时效性信息，例如“最新展览”“山东博物馆月度展览活动资讯”“博物馆公告”等菜单中的交流服务信息，均需不断进行更新丰富，切实反映出博物馆各类实况动态。

山东博物馆微信自开通以来通过不断更新栏目信息，探索出一种灵活运用微信功能向广大用户传达实时资讯的新媒体运营模式。

（二）“关键词库”构建信息检索平台。

如果说微信的“菜单功能”和“推送信息功能”是“眼见为实”的两大法宝，那么“关键词库”功能则以想象力构建了一个“看不见”的拥有强大信息检索功能的宝库，利用好此功能，则可打造出自主性极强的信息自查检索服务模式，相当于设置了一个隐形的“人工客服”。

关键词检索功能立足于关键词条的设计，微信公众平台允许管理者在后台数据库内设置不超过两百个关键词条，每个关键词条由一个主题规则定义，内可预设十个触发“关键词”，和五条自动回复信息，用以诠释此词条的用途。山东博物馆微信公众平台结合关键词功能，因地制宜，设计实现了丰富的自助检索服务功能：

1. 利用关键词库未雨绸缪，实现智能化自助服务。

在微信公众平台的交互式信息交流下，不仅博物馆可主动发送信息到用户，用户也可主动向博物馆发问，形成“一问一答”的模式。管理者可在系统后台看到全部观众用户的问题信息，但一一回答需要大量人工成本，对于出现频率较高的相似提问，可进行统一整理归纳，以关键词条的功能设计出自动触发的统一回复，这种自动回复主要针对以下三种内容：

第一种自动回复是针对高频问答设置便民服务信息。例如，对观众最常发问的场馆开放时间，可以“开放时间”这个联想主题构建一个关键词条。用户的提问形式大致包括：“几点开馆？”“什么时间开放？”“几点下班？”等等，通过总结历史数据并展开合理联想，可将用户关于时间问题的提问形式归纳出以下若干词组：开放、时间、开馆、闭馆等。将这些词组作为触发按钮，预设在“开放时间”这一关键词条内，并配备统一回复内容予以解答。完成此设置后，当用户再度提问的内容中包含以上词条内任一关键词时，均会触发自动回复内容（如图三所示），不用再以人工逐一进行手动答复，节省了大量时间成本。

第二种自动回复是针对重要展览设置导览信息，解决大量热点问题。除了针对开放时间、门票获取、交通线路、讲解服务等诸多便民信息均可设置自动回复，还可将此功能引申到展览资讯、导览服务等更为重要的业务领域。

以山东博物馆 2014 年开展的大型实景展览“非洲野生动物大迁徙展”为例，在推送信息进行预热宣传后，大量用户被吸引到博物馆微信平台上来，而他们一时不知该从哪里入手查看关于这个展览的信息，特别是有些用户偏好使用对话框主动发问，而不是翻找常设菜单。

图三　手机端微信关键词功能展示：检索服务信息

这些最常出现的问题包括："动物展在哪里看？""野生动物展何时开展？"等等，通过分析可得出问题的焦点词为"动物"二字，以此作为关键词再合适不过。于是新的关键词条应运而生，方便了大量用户针对这个展览的信息需求（如图四－1所示），同时也对博物馆展览的潜在宣传起到不可忽视的作用。

图四—1（左）手机端微信关键词功能展示：检索热点信息
图四—2（右）手机端微信关键词功能展示：检索实时展讯

这个应用开启了双方互动的信息交流模式：公众方不只是被动地接受信息，而是主动地询问、搜索和提出要求；管理方则更容易发现信息缺失点、公众兴趣点、不同群众的个性要求，以便更好地、更多角度地服务于公众。

为使关键词库尽可能覆盖用户使用需求，管理者需要展开联想，未雨绸缪，尽量多的搜集或猜测观众常问问题的关键词，在后台配置好答案。这些关键词的设置应结合文博单位时下最新的展览活动动态，并从用户角度出发，选择更容易被用户猜中的词组作为触发关键词，以使用户能够通过自己的联想更准确的命中预设"关键词"，提高自动检索信息的效率。

山东博物馆微信公众平台自开通以来分门别类设置了大量关键词条，包括"山东博物馆当月展览活动资讯"、"非洲野生动物大迁徙展""青少年活动中心"等自助查询栏目，并根据用户反馈不断进行更新扩充。用户只需在对话框中输入"展览"、"最新""公告"等相应关键词，即可获得系统自动发送的当月最新展讯、新闻动态及其他便民服务信息（如图四－2所示），很好地提升了微信公众平台的自主交流魅力。

第三种自动回复是引导用户展开关键词联想，提高信息检索服务效率。微信公众平台的"自动回复"功能包括"被添加自动回复""消息自动回复"和"关键词自动回复"三种模式。除了"关键词自动回复"的强大、广阔的应用空间，前两者功能也可被我们利用来发挥辅助效果。

与"关键词"功能不同的是，"被添加自动回复"和"消息自动回复"只允许管理者设置一条不超过600字的仅用文字表达的回复信息，即用户在初次关注博物馆公众号时，或用户向博物馆公众号发送的信息中不包含触发"关键词"时，由公众号自动向用户回复的预设信息。

我们可以很容易地设想到，用户并不知道可以通过这个平台获得怎样的服务，他们最初发送的提问完全是一种试探，在没有命中预设"关键词"时，得到的统一自动回复将关系到用户接下来的行动。如果总是没有有意义的答复，用户将对这种自助服务模式失去兴趣，并很明确地认为这是一个没有人工或智能回复的平台，所有信息只能通过访问菜单获得，这就极大降低了用户与微信公众平台互动的积极性。

因此，这两种功能虽然只允许向用户发送少量文字，但却影响着接下来的信息传递效率。山东博物馆微信公众平台在这两种自动回复功能中设置了统一的答复信息："欢迎关注山东博物馆官方微信。请回复'公告''展览''讲座''开放时间''交通'等关键词浏览最新展览活动资讯及相关服务信息。"在这一答复模式中，通过提示用户可以查询的"关键词"，引导用户的下一步提问形式。用户可以很快地理解并展开合理联想，提出命中率高的"关键词"信息，使得到有效回复的效率大大增高，也使隐藏预设信息被更多地挖掘利用，走到用户眼前。

2. 活用自动回复，打造智能导览平台。

将展览同以关键词功能为基础的新型信息检索技术结合在一起，运用在博物馆的展示和服务上，可打造面向全体用户的智能化语音、图文自助导览平台，为公众带来新的参观感受。

在传统展览方式中，观众必须亲身实地站在展柜前阅读说明牌来获取展品信息，这种方式局限了信息量，而人工讲解服务更非免费的便利手段。利用"关键词"自动回复功能为用户实现自助导览服务，是山东博物馆微信功能构建的重中之重，也是文博事业单位业务领域中的重点应用。

为更好地使文物展品接近大众，增强展示效果，山东博物馆举办的《欧洲经典美术大展》《瓷器精品展》《中国沉香文化展》《圆明园特展》等精品展览均开通了"微信线上导览"功能。

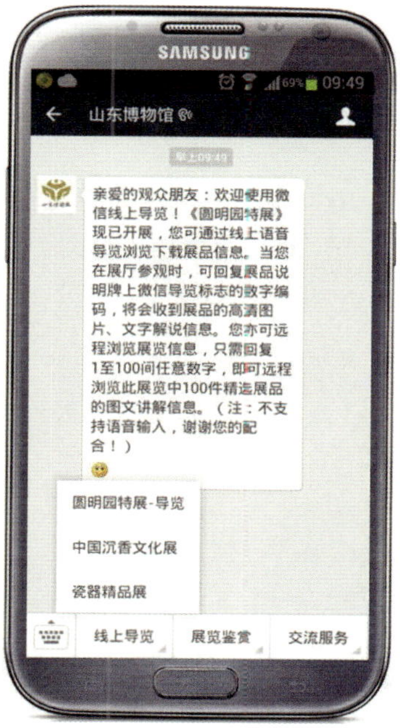

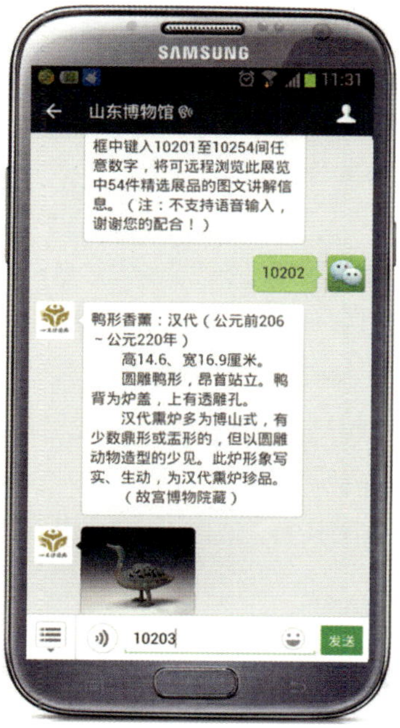

图五—1（左）手机端微信线上导览菜单功能展示

图五—2（右）手机端微信线上导览关键词功能展示

图六　展厅布置微信导览标识牌

以2014年举办的《空灵之约——中国沉香文化展》为例，山东博物馆微信公众平台结合展陈推出了“沉香展微信自助导览体验”服务，共设置包括54段微信文字介绍、51张藏品图片在内的导览信息。该项自助导览功能的具体实现步骤通过“菜单设置”、“编码藏品”、“展厅布置”三步走的方式完成：

一是设置展览菜单，以三大板块中的“线上导览”为入口，在访问菜单中设置“中国沉香文化展”子菜单，用户点击可获得系统发送的自助导览使用方法，引导用户操作（如图五-1所示）。

二是将藏品信息数字化，进行编码。选取沉香展中部分精品文物，按数字顺序编成序列，将每件展品的图片、解说词全部编辑上传至微信公众平台数据库。然后按照展品编号顺序，一一设置独立关键词条，每个词条的触发关键词即展品对应微信编码，所触发的回复信息为该展品的图片和解说词（如图五-2所示）。

三是在展厅布置展品标识牌，引导观众查询。在调试无误后，印制带有导览编号的微信标识牌，与展品一一对应设置在展柜中。通过导览菜单向用户发送说明信息，提示用户可检索的编码序列（如图六所示）。用户只要按规则输入微信编码，即可获得展品信息。

在这个应用中，不光在展厅内参观的观众可通过展柜上的微信编码即刻获得正在观赏的展品信息，即便在家中、在外地，甚至在海外，用户均可随时随地查看自己感兴趣的展品介绍，使之成为全球化的信息共享平台，在用户群体中获得了良好反馈。

3.明确关键词的使用误区，合理利用匹配功能

由于关键词功能发挥着无可替代的重要作用，合理设置匹配功能就成为有效实现这项功能的关键所在。关键词在匹配时有“已全匹配”和“未全匹配”两种模式。

在自助服务信息检索中，诸如询问“交通”“票务”或“展览”信息的提问，较多是通过组词造句的方式发起。譬如观众提问“现在博物馆有什么展览？”或“最新展览都有什么？”等，针对展览信息的提问可能多种多样，除了筛选出命中率高的“展览”作为触发关键词，也必须同时选择“未全匹配”模式，才能使用户无论怎么提问，只要涵盖了这一关键词就能触发有效答复。

而在“线上导览”信息检索中，对所有与展品对应的“关键词条”，其用做触发“关键词”的导览编码应选择“已全匹配”模式。即只有用户完整输入了所有编码数字，且不包含其他多余文字，才能触发回复展品信息。在这一应用中，由于用户无论线上线下都能获得详细的导览提示，可以保证输入的关键词准确完整，有效获得检索信息，因此使用“已全匹配”的设置，从而避免因在其他问题中可能含有与某一展品编码相同的数字序列而被误触发，收到无效信息的情况。

针对这两种关键词的技术细节应予以仔细区分，如果不正确设置，则容易产生误触发，使自动回复“答非所问”，同样不能有效开展自助服务。此外，不同的“关键词条”中包含的触发“关键词”如果出现重叠，则会使系统不知该发送哪个答案给用户，而采取随机发送，也会使这个功能不能有效开展。

自微信公众平台开通以来，山东博物馆在关键词检索功能的应用中积累了丰富的经验，在有限的词库空间中，针对不同的展览服务和社会舆情灵活应变展开应用，最大限度发挥了微信的智能服务效果。关键词库的功能极大覆盖了用户的使用需求，基本实现了用户自助服务，节省了人工答复工作，使信息服务模

式推陈出新，打造出一个智能化、人性化的自助检索信息服务平台。

（三）精选内容推送群发信息

前述的微信“菜单信息”和“关键词检索信息”等应用，是迎候姿态的信息工作，而“推送信息”则是出动的工作姿态。

微信公众平台允许公众号中的服务号每月向所有关注用户发布最多四条群发信息，信息条数的限制反映了服务号的重要性。与“打包成捆”的订阅号不同，服务号类型的公众号以显著位置单独位列于每个用户的微信主通信名录中，通过服务号向全体用户推送信息，信息将第一时间显示在通讯录列表中，并使用户的手机屏弹出信息提示。与此相比，订阅号虽可天天发布信息，却不得不面对“石沉大海”、不容易受到用户关注的窘境。因此，服务号应利用有限且高效的信息发布模式，通过合理规划，精炼内容，达到“发送一条，成功一条”的成效。

1. 注重内容质量

山东博物馆微信公众平台的主微信号作为服务型的公众号，每月虽然仅可向观众推送四次群发信息，每条信息却可第一时间走进观众视野，像一个时刻处在舞台前表演的演员，要使每个举手投足都传递出有效的信息。为宣传山东博物馆重大展览活动资讯，提升博物馆的公众关注度，公众号每月均向全体微信关注用户推送群发信息 1-4 条，内容包括山东博物馆重大展览预告，最新展览资讯，社会教育活动和讲座资讯，节假日开放公告等具有高时效、高需求的信息。在内容组织上，推送信息应务求篇幅短小精悍，内容精彩凝练且图文并茂。

2. 提升用户体验

在信息爆炸的时代，手机用户每日都会收到各类媒介的海量推送资讯，而用户的阅读量和注意力都是有限的，为使山东博物馆的推送资讯醒目突出，我们采用“开门见山”的内容组织形式，简约雅致、大方醒目的版面设计，而不是将大量未经梳理的资料一股脑儿贴上去，让用户疲于查找自己感兴趣的信息点。

图七　手机端微信推送信息功能展示

以发布展览资讯为例，开头采取：展览封面、展期、位置、内容简介四步走，有效传达关键信息，紧跟展厅实况图片、部分精选展品摄影图和简短介绍。用户只需寥寥几眼，即可将重要且最精彩的信息尽收眼底。而在版面设计中，我们采用浅色背景和深色字体，搭配具有一定古意、简洁雅致的文本框，段落布局疏密有致，既避免令用户产生视觉疲劳，被浓墨重彩的版面分散注意力，又营造出亲近民众、不落俗套的文化氛围。

综上所述，推送信息作为微信最醒目的台前工作，必须充分考虑用户的需求，不但在信息内容的质量上精益求精，图片、版式设计的美观和易赏性皆是必须考虑在内的。归根结底，微信作为一种面向手机用户的信息互动媒介，是以用户的主观体验为基础，当这种体验被认可，才会以一传十，十传百的方式被用户“广而告之”，形成二次传播，进入立体化社交网络。因此，微信公众平台的管理者应当养成换位体验的习惯，以用户感受为基准，去打造一个人性化的信息交互平台。

三 结 语

当今时代，是一个以移动终端为主的自媒体信息时代，而拥有庞大用户数的微信自媒体平台也成为名副其实的传媒“喉舌”，无论是政府、媒体还是文博事业单位，都积极致力于建设自己“亲民”“爱民”的信息互动平台。

为积极落实习近平总书记就保护和弘扬中华优秀传统文化所作出的重要指示，响应让“文物走出去，活起来”的时代呼声，山东博物馆大力加强微信等自媒体平台建设，在六年微信工作中广泛探索，注重反馈，反复改进，活用技术，最终形成了较为完善的功能界面和高效的信息发布模式，打造出顺应时代发展、以民为主的智能化互动交流平台，真正架起了一条“博物馆与公众沟通的桥梁”。

今后，山东博物馆将更注重与时俱进，大力开展微信平台的二次开发，利用更多先进信息技术手段进一步完善加强微信公众平台的功能，开拓更广阔的微信应用空间，使收藏在博物馆中的古老文明走进千家万户，触动人心，让文明通过新的载体交互流动，薪火相传。

博物馆视角下的日本海外教育旅行研究

文/郭映雪 山东博物馆

内容提要

日本海外教育旅行历史悠久，模式较为成熟，是学校教育的重要一环，对于拓展学生国际视野和提高学生综合素质具有明显的作用。在中国，博物馆是文化和旅游融合的重要窗口，提供高质量文化旅游服务是博物馆发展的总抓手，随着全球经济一体化步伐的加快，重视文化体验的日本海外教育旅行对我国博物馆事业发展有新的借鉴意义。

关键词

日本　海外教育旅行　青少年学生　文化和旅游融合　博物馆　文化体验　感性认识

日本是一个重视海外教育旅行的国家。盛唐时期，日本留学生阿倍仲麻吕 19 岁赴中国长安太学学习，他在华修学、旅游共 53 年，成为日本传统海外教育旅行的经典案例。

日本是最早提出“修学旅行”（教育旅行）概念的国家，并于 1946 年正式纳入全国学校教育体系。在日本修学旅行被看作一种以学习专业知识和技能或增长见识为旅游动机，学校组织学生到其他国家或地区进行的集体旅行活动，借此达到多元学习目标的教育方式[1]。其主体是青少年学生，活动组织者是学校的领导或老师。20 世纪 90 年代起，日本青少年学生的修学旅行开始涉足美国夏威夷、意大利、中国、韩国、澳大利亚等国，有的私立学校甚至将有特色的海外修学旅行写进招生简章，日本成熟的修学旅行经验不仅培养了大批国际化人才，提升了国家的知名度、增进了国际理解、满足了国际化社会的需要。

近年，随着 SDGs、Society5.0 的发展和日本少子老龄化问题的日趋严峻，培养具有国际化视野、跨文化交流能力和国际竞争力的人才成为日本政府高度重视的课题，海外教育旅行被赋予新的意义和使命。为推动日本海外教育旅行的发展，培养国际性人才，2019 年 8 月 1 日，由日本文部科学省（相当于中国的教育部）、福冈县 / 市教育委员会等支援，日本旅游协会、福冈机场利活用推进协议会主办的“令和元年度福冈海外教育旅行研讨会”在福冈成功举办，研讨会的一些经验做法，不仅可以了解日本海外教育旅行的基本现状，而且对中国文化和旅游融合大背景下博物馆如何接待海外教育旅行团队，具有一定的参考价值和借鉴意义。

一　政府高度重视，构建多维度海外教育旅行模式

日本政府高度重视海外教育旅行，出台系列措施，推动海外教育旅行发展。在福冈海外教育旅行研讨会上，文部科学省综合教育政策局教育改革・国际课专家加藤贤一先生以讲座的形式介绍日本海外教育旅行政策和模式。日本的海外教育旅行分为修学旅行、研修旅行和海外留学三种模式。

修学旅行是学生全员参加的社会学习活动，主要参与者是小学至高中的学生。日本文部科学省规定小学生、初中生每年要在国内进行一次为期数天的修学旅行。小学一般安排在 5、6 年级，旅行目的地一般安排去车程 2 至 3 小时相对较近的地方；初中一般安排在 1、2 年级，安排在车程 3 至 4 小时的地方；而高中生可以参加海外的修学旅行，一般安排在 1、2 年级，旅行目的地主要集中在中国、韩国、越南等相对

较近的国家和地区，一些私立高中也会组织学生去较远的欧美国家。

研修旅行是以提高语言能力或某项技能的专题视察，研修旅行具有非强制性的特点，高中生、专科学校学生可根据情况自由申请。福冈海外教育旅行研讨会的调查问卷显示，2019 年，参加研讨会的 7 家公立高中仅仅有 3 家安排了研修旅行，而像私立高中 3 家与专科学校 7 家，都安排了研修旅行，研修目的地主要集中在英语作为通用语言的美国、澳大利亚等国家。

海外留学是拓展学生国际化视野、提高跨文化交际能力的有效途径。为鼓励日本青少年学生迈出出国留学的第一步，2013 年 10 月，"腾飞！海外留学 Japan" 项目启动，这也是本次研讨会被文部科学省专家重点介绍的海外留学项目。该项目由日本文部科学省、日本学生支援机构、民间企业（截至 2019 年 4 月支援企业达 235 家）联合推出的留学倍增计划，每年约 1500 名大学生、高中生接受资助，赴海外留学，预计 2020 年赴海外高中留学生倍增至 6 万，大学生倍增至 12 万。[2] 该项目特点在于打破了以语言学习为主的壁垒，留学生可以根据自己的兴趣制定留学计划，可供选择的留学时间段为 14 日 ~ 1 年，可供选择的项目涵盖范围广，包括人工智能、信息安全、志愿者、友好学校留学、设计、音乐、舞蹈、体育、国际合作等等。

二 社会相关部门通力协作，保障日本海外教育旅行可持续发展

福冈海外教育旅行研讨会不仅邀请了文部科学省的专家，还邀请了中国、韩国、澳大利亚、越南、芬兰、菲律宾、泰国、香港、澳门、关岛等与日本福冈开通直航航班的十二个国家或地区的政府、地区观光局代表、博物馆、航空公司及旅行社代表、西日本的福冈、山口、广岛等地中学、高中及专门学校教师等百余人参加。[3] 由参加者构成可知，海外教育旅行的可持续发展离不开政府相关部门的鼎力支持。比如出席研讨会的航空公司表示愿意将针对海外教育旅行的费用降低 35%；旅行社表示在保证安全的前提下，降低境外的酒店、旅馆、交通等相关费用；日本的新闻媒体广泛宣传海外教育旅行，如东京地铁站对"腾飞！海外留学 Japan"项目的海报宣传、日本电视 the SOCIAL 专题介绍日本青少年赴海外留学。日本的海外教育旅行正是在国家与地方政府、学校、交通部门、新闻媒体、企业机构等全社会的内外相互协调以及严谨规划下得以顺利开展、有序推进。

三 日本海外教育旅行重文化体验

海外修学旅行是一种跨文化体验式教育模式，为青少年学生提供直接探访不同文化环境的机会，通过体验并学习非母语文化，培养学生尊重不同文化，增强跨文化交际能力。[4] 日本海外教育旅行注重体验式学习，活动内容多样化，包括自然体验、生活体验、文化体验、职业体验等等，因此这次的福冈教育旅行研讨会邀请中国、韩国、澳大利亚、越南、芬兰、菲律宾、泰国、香港、澳门、关岛等十个国家或地区代表登台介绍本国或地区海外教育文化和旅游资源特色。山东博物馆馆员郭映雪代表中国，向与会人员介绍了中国文化和旅游深度融合下山东省的文化旅游资源，推介了山东作为适合日本学生海外教育旅行目的地的独具特色的文化积淀和丰富的旅游资源，并重点推介了山东博物馆独具特色的文化体验项目。山东龙山黑陶文化、汉代银雀山竹简、山东样式佛教造像、三国时期的关内侯金印、山东博物馆的古文字体验项目、中华古乐器体验项目等引起与会人员的强烈兴趣。此外还向与会人员介绍了山东的特色美食、山东的世界文化遗产泰山、曲阜三孔、山东境内的住宿及交通等旅游资源。

福冈海外教育旅行研讨会调查问卷显示出席研讨会90%的学校表示希望海外教育旅行目的地增设更多供海外青少年学生体验的文化体验项目。比如山东博物馆的书写竹简体验项目成为备受外国学生争相体验的文化项目。

四 形成连贯机制，提升感性成为日本海外教育旅行的根本目标

日本的海外教育旅行开展时间早，十分关注事前的预热准备、事后的梳理总结，形成了一套连贯机制。福冈海外教育旅行研讨会上，来自山口市立小郡南小学校的冈本校长介绍了赴山东济南交流的山口市青少年交流访问团的相关经验。山口市与济南市是友好城市，为增强两市的青少年交流，该访问团以2015年山口市与济南市的友好30周年为契机，已连续四年向山东省济南市派遣青少年交流团。该交流团特别之处在于采用了连贯模式。比如2018年的交流团行前共安排了五次研修说明会，邀请专家及中国国际交流员给学生介绍中国文化、习俗及山东济南的现状、简单的日常用语交流等等，由此激发学生兴趣和积极性，为现场学习做好预热。青少年交流团的现场学习包括音乐交流、体验中国的书法艺术、体验泥塑、剪纸等传统手工艺品的制作等等，队员们还不忘记录下与中国学生之间的交流内容以及自己的所思所想等。交流活动结束回国后，安排事后研修，在带队老师的引领下回忆海外旅行中印象深刻的点滴并交流记忆深刻的原因，并将自己的所感所获做成访问记，将出访成果传达给更多的日本人。正是这样的连贯机制，让学生海外教育旅行的体验与感动转化成自己日后的动力。

山口市立小郡南小学校的冈本校长介绍说学生认为海外教育旅行最大的收获是“因为亲身看到、体验到书本上学到的东西而感动”“因为接触到当地人而欣喜”等，正因为这些亲身体验而获得的感动是孕育感性的重要因素，这也恰恰成为海外教育旅行的最大魅力。[5]海外教育旅行能帮助学生形成正确的价值观、职业观和国际化素养，能培养学生的好奇心、探究性和思考能力，所以感动、感悟和感性的获得是海外教育旅行的根本目标。

五 启示与思考

日本海外教育旅行是日本教育的重要模式，为日本培养了一大批具有国际化视野、跨文化交流能力和国际竞争力的人才，使日本的高精尖科技居于世界前列。日本的海外教育旅行的成功开展与政府部门、教育部门、文化和旅游部门等等社会各界的贡献密切相关。在中国，作为文化和旅游深度融合下的博物馆领域，应从以下几个方面着手提升服务水平应对青少年海外教育旅行团队。

首先，打造魅力的文化体验活动。中国是千年古国，拥有璀璨的历史文化和丰富的历史遗存，这些成为博物馆的珍贵收藏，为其开展博物馆教育活动提供了重要的实物依据。文化和旅游深度融合下的博物馆，要针对客源国观众打造魅力的文化体验活动。在设计面向海外青少年学生的文化体验活动时，要注重动手能力，将知识性、体验性、趣味性三者相结合，通过文化体验让海外青少年学生了解本地区的历史文化。

其次，坚持全球化视野下的展陈理念。赴中国的青少年海外教育旅行团大多都有进一步了解中国文化的欲望，博物馆是一个重要的窗口。加强博物馆旅游服务职能建设，构建多语言讲解服务体系、多语种导赏指示方式、多文化对比展陈模式，将有利于增强海外青少年学生参观博物馆的体验。

再次，开发趣味性文创产品。文化要素与旅游要素相互渗透，是文化和旅游融合的

基础。国外博物馆的文创产品成为包括青少年观众在内的参观者争相购买的商品，这一方面能增加博物馆收入，另一方面也能加深观众对博物馆馆藏资源的印象。在中国，博物馆应该将文物与文创产业相结合，在确保公益目标、保护好国家文物的前提下，依托馆藏资源，采取合作、授权、独立开发等方式开发趣味性文创产品。

最后，以福冈海外教育旅行研讨会为契机，构建面向国际的博物馆文旅融合宣传模式。博物馆及其馆藏文物是重要的文化资产和旅游吸引物，“以文塑旅、以旅彰文”的博物馆旅游会提升旅游路线的内涵和层次，如国外博物馆旅游已成为文化旅游发展的重要载体和城市乃至国家形象的展示窗口。构建面向国际的博物馆文旅融合宣传模式，需借助学术座谈会、文化旅游高峰论坛、文化旅游资源推介会等平台，形成以“展会带动旅游”的发展链，[6] 为博物馆旅游事业发展提供依据。

参考文献

[1] 董红梅、程伟华等：《海外修学旅行对提高学生国际化视野和综合素质与能力的作用》，《中国农业教育》，2010年1期，30-32页。

[2] 曹晶晶：《日本修学旅游发展及其对中国的启示》，《经济研究导刊》，2011年4期，96-97页。

[3] 平成30年度（2018年度）山口市青少年交流访问团访问记

[4] 陈明孝：《文化旅游融合下博物馆创新发展思考》，《文物世界》，2019年2期，71-75页。

[5] 令和元年度（2019年度）福冈海外教育研讨会 实施报告书 福冈机场利活用推进协议会/日本旅游协会[JATA]

[6] “腾飞！海外留学Japan”官网https://www.tobitate.mext.go.jp/

备　注

1.SDGs

2015年2月，国际科学理事会（ICSU）与国际社会科学理事会（ISSC）发布报告《以科学的视角审视可持续发展目标》《Review of Targets for the Sustainable Development Goals: The Science Perspective》，对可持续发展的消除贫困、消除饥饿等17个大目标和169个子目标进行了独立评估。此份报告由来自自然科学和社会科学领域的40位研究人员共同撰写。

2.Society5.0

人类社会发展至今，已经经历了狩猎社会、农耕社会、工业社会、信息社会，日本首相安倍晋三在2019年达沃斯论坛上，抛出了“5.0社会”的概念。这个“5.0社会”的英文表述，是“Society 5.0”，日本政府把它直接命名为“未来社会”——假象空间与现实空间的高度融合。

论博物馆可持续发展的路径

——以『国际博协2019年京都大会』主旨演讲为例

文/代雪晶[1] 山东博物馆

内容提要

可持续发展的博物馆是国际博协对博物馆未来发展的愿景之一，可持续发展的理念应贯彻在博物馆场馆建设、藏品管理、展览策划的始终，博物馆相关人员，如建筑设计师、艺术家、摄影师，均可通过自己的方式助推博物馆的可持续发展。2019年国际博协大会的三位主旨演讲嘉宾为可持续发展的博物馆提供了现实路径，对我国博物馆事业发展具有一定的启发意义。

关键词

可持续发展的博物馆　场馆建设　藏品管理　展览策划　2019年国际博协京都大会

国际博物馆协会2007年通过的《国际博物馆协会章程》规定，博物馆是"一个为社会及其发展服务的、非盈利的永久性机构，并向公众开放。它为研究、教育、欣赏之目的征集、保护、研究、传播并展出人类及人类环境的物证。[2]"该定义明确了博物馆对社会及其发展，特别是可持续发展所肩负的责任。人类正面临着全球气温变暖、生态环境恶化、价值多元化等自然和社会问题带来的一系列全球危机，如何去应对，实现社会的可持续发展，这需要国际博物馆界去引导。

在山东博物馆馆领导的大力支持下，我有幸获得中国博协开展的"国际博协2019年京都大会青年学术资助计划"的资助，参加了三年一届的国际博协大会。国际博物馆协会第25届大会于2019年9月1日至7日在日本京都如期举行，130多个国家的4000余位文化遗产和博物馆领域的专家学者，共聚日本京都，多角度、多学科的研讨"作为文化中枢的博物馆：传统的未来"这一大会主题。大会安排了丰富的主旨演讲、国际专委会会议和非现场会议，深入透彻地研讨大会主题，启迪国际博物馆界思考当代博物馆发展面临的社会问题，重审博物馆发展史上的遗留问题，瞻望博物馆未来发展方向。现将学习情况进行梳理介绍，以期推动我国文博事业的未来发展。

本次大会主旨演讲的发言嘉宾来自社会多个领域，演讲主题紧扣当代社会发展问题，为博物馆促进社会的可持续发展提供了现实路径。三场主旨演讲分别是日本建筑师隈研吾的《森林时代》、巴西摄影师赛巴斯蒂奥·萨尔加多的《巴西亚马逊森林倡议》和中国艺术家蔡国强的《我的博物馆时光》。演讲嘉宾以工作实践为例，阐释了博物馆未来可持续发展的现实路径，对我国的博物馆发展具有一定的启发意义。

一　博物馆建设是城市建设的重要组成部分，返璞归真的博物馆建筑带动经济发展，促进社会就业，融入自然环境，提升城市综合竞争力，助推博物馆的可持续发展。

博物馆肩负着重要的社会责任，与当下社会发展密不可分，日本建筑师隈研吾认为："博物馆将改变城市并将成为城市的重心。"作为博物馆藏品所依托的博物馆建筑，是藏品保护、研究、传播和展出的固定场所，正如隈先生所言"建筑是连接地方和当地人的桥梁，在后工业化时代，人类需要重新思考'小地方的力量'，而博物馆正是加强人地关系的重要场所"。人类应对自然持有敬畏之心，尊重自然，取法自然，与自然和谐共生。隈先生全面系统地梳理了自己多年从事博物馆设计建设的经验，提出了“博物馆建筑与自然环境应融为一体，博物馆发展应促进社会可持续发展”的博物馆发展理念，并以其代表作苏格兰维多利亚和艾尔伯特邓迪博物馆为例阐释了这一理念。维多利亚和艾尔伯特邓迪博物馆于 2018 年 9 月 15 日正式落成开放，是苏格兰首个设计博物馆[3]。博物馆外观呈复杂的几何造型，设计灵感源于苏格兰的自然海岸风貌元素，即苏格兰东北海岸的峭壁风光。隈研吾解释道：“悬崖之美，来源于土地与水之间漫长的对话。我想将这种美好，转化并体现在当代建筑中。”

馆内光线充足，木质的内部装饰和令人印象深刻的空间设计为参观者提供了友好的氛围，被誉为“城市的会客厅”[4]。苏格兰的这一标志性建筑为邓迪市的旅游业带来转变：吸引着远道而来的参观者，开馆一年来参观人次高达 83 万[5]；发展经济，创造就业机会并使社区得到持续发展。正如隈先生对未来博物馆建设的殷殷嘱托：博物馆是一个沟通场所，应从一个公共空间发展为市民的会客厅，成为社区生活的一部分，成为连接人地关系的桥梁，加深乡土情怀；博物馆是一个教育场所，为藏品赋能，挖掘藏品与人、地之间的故事，传承历史文化精髓，启迪当代人的心智，促进社会的可持续发展；博物馆是地方经济发展的助推者，博物馆的建设应与当地手工业者通力合作，推动当地经济的发展，博物馆的发展应列入城市、国家发展的总规划，博物馆发展带动旅游业发展，促进社会就业，引领社会发展新风尚;博物馆设计应将自然与建筑融为一体，适应森林时代，强化属地感，增强乡土情怀，让建筑成为当地文化的新地标。

二 展现人性之美、还原生态之真，博物馆应讲述“那些难以言说”的事实

摄影师赛巴斯蒂奥·萨尔加多做题为“巴西亚马逊森林倡议”的主旨演讲。生于巴西，关注巴西，萨尔加多先生利用相机镜头，历时七年，深入巴西亚马逊热带雨林地区，拍摄原住民生活场景，用图片记录了一个与自然和谐共生、全面真实的巴西原住民生活状况。长达二十四分钟的“亚马逊”视频，以场景宏大、画面清晰，故事真实、生活再现而赢得了阵阵掌声。众所周知，巴西去森林化的比重已高达 20%，巴西热带雨林正面临着严重的去森林化危机。过度砍伐、森林大火等人为或自然因素，正在威胁着“地球之肺”的亚马逊热带雨林。这需要国际社会直面环境保护和经济协调发展的共同课题，全面落实 2030 年可持续发展议程[6]，共建清洁美丽的世界。正如萨尔加多所信守的：“被摄者虽然衣衫褴褛，甚至赤身裸体，但他们仍然具有人的尊严。我感到在我们这个世界上，存在着太多的不公平。良心驱使我把他们拍摄下来，借以引起人们的关注。”正是基于这一信念，萨尔加多发起了“巴西亚马逊森林倡议”，关心生态环境就是关心生活在那里的千千万万的人类同胞。据萨尔加多介绍，这些生活在亚马逊热带雨林地区的原住民，在他看来，让他看到了人类诞生时期的生活状况，我们在感怀现代文明人的高雅生活的同时，内心深处，却被这些原初生活状态的人们所触动，我们没有理由不去关心他们，关心他们的生存环境，关注巴西热带雨林的生态状况。

这些摄影作品将通过博物馆展览和系列丛书的方式呈现给公众，通过摄影师的绵薄之力，去唤起社会公众保护和促进可持续利用的生态系统的环保意识，为博物馆促进社会可持续发展提供一个现实路径。由于经济发展水平不一，各国的文化事业发展参差不齐。作为文化机构的博物馆，在促进当地经济发展的同时，可对欠发达地区文化事业提供一定的帮助，只有全球文化发展平衡后，方可实现真正的文化公平。正如萨尔加多所倡议的，“作为人类灵魂导师的博物馆人，应对巴西亚马逊地区的发展尽一点绵薄之力，促进当地现代化的发展。”

三 古今艺术隔空对话，当代艺术家的时代担当践行了“让文物活起来”的时代誓言。

艺术源于生活，高于生活。作为社会一分子的艺术家，如何肩负时代担当，履行传承历史文化的艰巨使命，中国艺术家蔡国强先生以“我的博物馆时光”为题做了最佳阐释。作为现代艺术大师，中国的蔡国强先生是一位博物馆爱好者，对中国传统文化和历史精髓的研究，深刻地影响了其艺术作品。他善于将传统与现代完美结合，特别是从文物中汲取养分而创作，将历史在当下复现，实现了古今的隔空对话。

2019 年 5 月 24 日至 10 月 13 日在澳大利亚墨尔本的维多利亚国家美术馆展出的《秦始皇兵马俑：永恒的卫士》展首次将两千余年前的兵马俑与蔡国强先生创作的当代火药绘画同时展出，为澳大利亚民众了解中国古代和当代艺术提供了机会。蔡先生的一组“一万只瓷鸟雕塑”被借喻为描写秦始皇陵所在的骊山。这一宏大场景极具震撼性，让观众在欣赏现代艺术作品的同时感受两千余年前秦代的巍峨壮观，为兵马俑的展示营造了真实的历史氛围。正如该展策展人韦恩·克劳瑟斯所言：“我们把两个非常优秀的展览合为一体，是希望能够产生对话效果，带给观众一些启发，而不仅仅是将历史文物展现给大家。我们希望观众通过观赏古代与现代的中国艺术品，能激发自己的感受，增强对中国古代和现代文明的了解。[7]”该展览创设了一个现代与古代对话的场域，让现代人更加清醒地认识到古代的历史文化精髓与当代人的生活息息相关，警醒当代人珍爱历史，享受生活。

四 我国博物馆未来可持续发展的路径

人类社会要实现可持续发展，博物馆也需要可持续发展，从珍品屋到藏宝阁，从文化圣殿到社区中心，从藏品为主到观众导向，博物馆发展历史表明，博物馆是社会生活的一部分，其发展必须与社会发展步调一致，必须走可持续发展之路。然而实现博物馆的可持续发展不能仅仅停留在口号上，而应成为一种实践，国际博协 2019 年京都大会的三个主旨演讲为博物馆未来可持续发展提供了现实路径，我国博物馆的建设可以通过以下三个方面探索可持续发展的路径。

（一）博物馆建设

博物馆场馆的建设应纳入城市、地区、国家发展总体规划，建筑本体应符合地域文明，承载地域历史，融入地方生态环境。在建筑材料的选取上以当地材料为主，以期带动当地经济发展；场馆建设理念应秉持“以服务带动地方旅游业，进而带动经济发展，社会就业”的宗旨，让博物馆发展为引领地方经济发展新风尚的文化中枢；博物馆场馆设计应满足市民会客的需求，博物馆应发展为“市民的会客厅”，成为社区发展的重要组成部分。

（二）博物馆藏品

博物馆收藏和展示的藏品应关注那些承载着“难以言说的历史”的物件，挖掘现有藏品，关注展示人性真善美的新物件，敢于展示那些人性深处的物件。博物馆从来不是中立的，博物馆的存在有其义不容辞的社会伦理责任。当前国际社会面临的贫困饥饿、环境恶化、气候危机等共同课题，需要博物馆界发挥其文化枢纽的作用，向公众展示真实的世界，唤起公众的危机意识，共同应对国际课题。

（三）博物馆展览

在当前信息化飞速发展的时代，博物馆展览以声、光、色见长的同时，展览形式和展览内容应更加注重当下性，将历史与现实、古代与现代巧妙地嫁接起来，完成一场古今的完美对话。艺术以其跨时空性而为艺术家所追求，当代艺术家从古代艺术作品中汲取养分完成艺术创作，实现古代艺术在当代的重现，完成一场真正的艺术之旅。“让文物活起来”应贯彻在博物馆展览的始终，历史和现代的对话是每位参观者的需求，也是每位博物馆人的使命和职责。

参考文献

[1] 基金项目：本文是2019年度山东省艺术重点课题“考古遗产保护利用的伦理性案例分析与研究”（编号WL201906050），国家社会科学基金项目“‘一带一路’建设下中国非物质文化遗产跨文化传播路径研究（编号为19BXW077）”的阶段性研究成果。

[2] 国家文物局：《国际博物馆协会章程》，2015-05-12，http://www.sach.gov.cn/art/2015/5/12/art_2237_26249.html。

[3] An international centre of design, V&A Dundee presents the brilliance of Scottish creativity and the best of design from around the world. https://www.vam.ac.uk/dundee/info/about。

[4] 刘立群：《苏格兰首个设计博物馆——维多利亚和阿尔贝特邓迪博物馆向世界开放》，人民网，2018-9-17。

[5] 830,000 visitors welcomed in first year. https://www.vam.ac.uk/dundee/info/830000-visitors-welcomed-in-first-year/。

[6]《2030年可持续发展议程》于2016年联合国大会第七十届会议上通过，新议程呼吁各国现在采取行动，为今后15年实现17项可持续发展目标而努力。更多信息可参见《变革我们的世界：2030年可持续发展议程》，2016-01-13，https://www.fmprc.gov.cn/web/ziliao_674904/zt_674979/dnzt_674981/qtzt/2030kcxfzyc_686343/t1331382.shtml

[7] 费菲：《中国兵马俑时隔37年“再访”墨尔本》，2019-05-23，国际在线，http://news.cri.cn/20190523/a3aefe7f-7132-3375-2f4d-9c671d6fa1d5.html。

为优秀传统文化『代言』

——非物质文化遗产的传承与保护研究

文/张露胜 山东博物馆
文/王 丽 山东广播电视大学

内容提要

十八大报告战略性地提出了“建设优秀传统文化传承体系，弘扬中华优秀传统文化”的重大任务，中华优秀传统文化传承的核心就是继承、保护和创新五千年来中华文明创造的丰富多彩的文化遗产。通过推动非遗的保护和传承，不断增强非物质文化遗产的影响力和辐射面，增进社会对中国传统文化的认知，提高社会文化意识与文化自信，尤其是对社会主义先进文化和中华优秀传统文化充满自信。强调研究与实际相结合，将研究的基础建立在全面、深入的实践调研基础上，结合工作特点，在省内采取广泛实地调研。以此为研究基础，以山东省非物质文化遗产保护和传承的现实情况为案例，采取例证的理论分析方式，详细阐述非遗保护和传承所取得的成绩和面临的困境、符合非遗标准的基本元素、非遗保护的意义等内容，最后从政策、考核、整体保护理念和交流宣传等方面提出了针对性的应对措施。

关键词

非物质文化遗产　传统文化　传承　价值观

党的第十八次全国代表大会以来，习近平总书记围绕新时代中国特色社会主义文化建设发表了一系列重要论述，多次在不同场合指出“一个民族、一个国家的强盛是以文化兴盛为支撑”，十八大报告中战略性地提出了“建设优秀传统文化传承体系，弘扬中华优秀传统文化”[1]的重大任务。而中华优秀传统文化传承的核心就是继承、保护和创新五千年来中华文明创造的丰富多彩的文化遗产。我国从2006年以来对非物质文化遗产进行了专业化、规范化的保护工作，国务院共四批分别命名了1372项国家级非物质文化遗产代表项目，各省、市、区批准公布了13087项各级代表项目，建立了“国家—省—市—县”四级保护体系。但同时，广大干部、群众尚对非物质文化遗产保护认识不足，既有对非遗概念的含混不清，也有对非遗保护认识的狭隘和偏颇；如何正确认识非物质文化遗产的传承规律，并以此建立科学的保护体系，从全局、整体来把握非遗的传承与保护成为当前研究工作的迫切要求。本文主要以山东地区非物质文化遗产保护为例，以长期而广泛的调研为基础，通过具体实例对非物质文化遗产保护的问题进行考察和分析，并针对性地提出构建非遗保护体系的措施。以非遗传承与保护为依托进一步构建中华优秀传统文化体系，建设社会主义文化强国。

一 非物质文化遗产相关概念阐释

自从2001年昆曲入选联合国教科文组织“人类口头和非物质遗产代表作”开始，我国非遗传承和保护工作取得了举世瞩目的成就。2005年开展了第一次全国性非遗普查活动。2011年《中华人民共和国非物质文化遗产法》正式颁布实施。每年中央财政投入10亿以上资金用于非遗保护事业。中国优秀的传统文化得到了更多人的认识和推崇，在非遗保护实践中形成的很多“中国经验”得到了国际社会的认可。同时，人们在欣赏和传播非遗文化时，对非物质文化遗产的范围和条件认识不清，将非遗与传统文化混为一谈，对当前的非遗保护工作容易产生误解。所以有必要对非物质文化遗产的相关理论问题进行阐述和分析。

非物质文化遗产是指人类历史上创造的，并以活态形式原汁原味传承至今的，具有重要历史价值、艺术价值、文化价值、科学价值和社会价值的表演艺术类、工艺技术类与节日仪式类传统文化事项[2]。其中，民间文学、传统表演艺术、传统工艺美术、传统生产知识、传统仪式、传统节日是非物质文化遗产最具代表性的七大领域。非物质文化遗产强调其非物质性，与物质文化遗产同属中华传统文明的重要组成部分。非遗的非物质属性决定了大量传统遗存、文物、民俗用品无法归于非遗类别，更无法申报非物质文化遗产保护名录。例如章丘铁锅的传统制作技艺可以申报济南的非遗名录，但铁锅本身和铁锅制作工具则无法申报；如果临夏的砖雕和砖雕技艺都可以申报非遗，那古建的构件也可以申报，如果建筑构件可以申报非遗，那建筑本身也可以申报，如果连古代建筑都可以申报非遗那还有什么古代遗存不能申报呢？其非物质的属性决定了只有技艺、仪式、文学本身属于非遗的范畴，而他们的承载物则不属于。同时，非遗的保护也不能离开物质单独存在，杨家埠的木版年画技艺的传承离不开纸张和雕版的制作，也离不开杨家埠古村落深厚的民俗氛围，没有物质和环境的支撑任何非遗的传承都是无水之源。

很多看似传统的民俗文化并不具备申报非遗的资格，其中重要的一条就是要满足“人类历史上创造的并以活态形式原汁原味留存至今”的活动。在实际工作中需满足传承一百年这一基本条件，周村的瑞蚨祥诞生于清末，虽然与皮影戏、剪纸等传统技艺相比属于新生事物，但其传承至今已逾百年仍保持当年的经营与制作工艺，所以瑞蚨祥得以入选国家级非遗名录。而有些远古或少数民族的祭祀仪式，随历经千年但并未传承至今，当地已无人知晓仪式流程，自然难以满足非遗申报要求。大量近代提出的思想、中华人民共和国成立后形成的新的民俗，虽然社会影响巨大，由于其传承时间不足百年也不符合非遗申报要求。非遗传承要求以活态的形式保存，那些存在于档案、影像中的工艺、知识等，并没有活生生的传承人掌握并且传承有序，那也很难满足非遗范畴的要求。钻木取火这一技艺史书上早有记载，但有人通过记载的方法操作，即使使用电钻高速旋转也无法使木屑点燃，更找不到传承人知晓这一技术，所以钻木取火一度无法进入非遗目录。但是一次偶然的机遇，非遗普查的工作人员了解到海南黎族地区掌握着钻木取火技术，通过实地调研发现通过燧木高速旋转引燃低燃点火绒才是取火的关键，而且在当地这一技术传承有序、代代相传，于 2006 年入选国家非遗项目名录。

传统文化是文明演化而汇集成的一种反映民族特征和风貌的民化，是民族文化的体现，是民族历史上各种思想文化、观念形态的总体表征[3]。非物质文化遗产并不等于传统文化，而是传统文化中优秀的代表，是其中具有鲜明中华民族特色、世代传承的，渗透于人民生产、生活、思维方式中的无形的成果，是具有历史价值、艺术价值、文化价值、科学价值和社会价值的中华优秀传统文化。那些带有封建遗存、宣传迷信的裹脚、跳大神等传统文化的糟粕与社会主义核心价值观格格不入，本来就是需要摒弃的对象，怎么可能入选非遗进行保护和宣传。这已经不是非遗定义的问题，而是关于中华民族文化走向、国家前途命运的核心问题。非物质文化遗产是中华优秀传统文化的无形部分，同文化传承一样具备稳定性、完整性、延续性的基本特征，这也是非遗保护的基本要求。相对传统文化而言，非物质文化遗产的核心就在于“优秀”。

二 非物质文化遗产的价值

人类对历史的认知主要源自史书记载、文物发掘、非物质文化遗产一类活态的文化传承。三者各有优势、相互补充为人类呈现出历史的原貌。中国文明传承至今各朝各代都有专门的史官编撰史书，从未间断，一套二十四史详细记录的中华文明史。由于史书均为官方撰写，反映的是皇家的政务、生活、祭祀等，并无法反映民间的社会、经济、文化风貌，史书更多体现统治者的主观意图，真正代表社会发展的科技、经济和人文状况却无从体现。通过文物的整理发掘可以从当时遗留下来的器物上寻找当时社会生活及民俗情况，这相对史料记载可以更深入的了解古代社会。但某些活态的传统技艺文化却无法通过文字和文物来展现。菏泽的商羊舞起源于商周时期，最早记载于《孔子家语·办证》中“天将大雨，商羊鼓舞”。清代蒲松龄的《聊斋志异》之《跳神》篇也描述了商羊舞：“妇束短幅裙，屈一足，作商羊舞。”虽然文字记载清晰，但通过史料并无法展现商羊舞究竟是什么样子，而通过普查人员的巡访找到了鄄城县杏花岗的传承人，这一段流传已久的祭祀舞蹈才得以呈出原貌。造纸术是中国的四大发明之一，《后汉书·蔡伦传》中对造纸的技法，材料的应用、工具的制作都有详细的描述，尤其是高级麻纸的制作和推广使得造纸术深刻影响着世界历史的进程。东汉时期匠人如何使用这些材料和工具生产麻纸？古人使用的麻纸究竟是什么样子？这些是史书和发掘的文物无法说明和演示的，而曲阜市纸坊村的非遗传承人恰恰就保留着这一传统技艺，他们将数百年前的技艺原样的活态的展示出来。曲阜纸坊古村正是传统造纸工艺的传承地，郑氏“鲁明桑皮纸”传承 500 余年、历经了三十八代传人，经 72 道工序，32 道步骤纯手工完成，保留着最原始东汉造纸技术。这些非遗既印证和补充着历史，又将历史完美的诠释出来。

在非物质文化遗产中既有花灯、打铁花、山东落子等精彩纷呈的表演类项目，也有传统琉璃制作、鲁绣、泰山泥塑等技艺类项目，他们都具有较高的艺术价值、审美价值、文化价值，除了技艺历史悠久还给人以美的享受。这些非遗项目将各个历史时期的科技水平、审美水平活态地呈现出来，对研究古代的人文风俗、社会习俗起到了举足轻重的作用。

联合国教科文组织通过了《世界文化多样性宣言》，承认并尊重文化的多样性，并担负起保护和促进丰富多彩的文化多样性的特殊责任。我国有五十六个民族，不同地域也有不同的文化特征，中华文明就是由大大小小、各具特色的风俗共同创造，通过非遗保护不仅有利于文化的繁荣与进步，更有利于民族的团结、地域的平衡和国家的稳定。同样，中华文化还要面对不同文化及其价值观的冲击和竞争，强调文化多元化建设人类共同的价值观和命运共同体，为世界文化的交融和发展提供中国智慧和中国经验。非遗的保护和推广正是彰显国家软实力的表现，通过与国外进行的传统文化交流，让非遗传承人走出国门，让海外华人和对中华传统文化感兴趣的外国友人领略五千年传统文明的博大精深。当代蓬勃繁荣的非物质文化遗产正是我国提高文化软实力的最生动的载体。

习近平总书记指出“优秀传统文化是一个国家、一个民族传承和发展的根本，如果丢掉了，就割断了精神命脉。”非物质文化遗产是一个民族的精神，是一个国家的集体认同，其有利于提高民族自信，展示我国深厚的文化底蕴，是我国文化软实力最深厚的源泉，具有极高的社会价值。一个民族的振兴离不开文化的振兴，文化的发展终归要从历史和传统中汲取营养，因为这里承载着民族的精神。坚持“四个自信”尤其是对社会主义先进文化和中华优秀传统文化充满自信。非物质文化遗产保护不仅仅是保护的一种技艺、一项知识，更多的是保护传承了千百年来代表中华文明价值的传统道德，尤其是在外来文化产品的冲击下，如果一个民族想要延续和发展，那么他就要保护自己的文化传统和道德体系，而非物质文化遗产就是中华文明的关键。曲阜的“祭孔大典”是经国务院批准的首批国家级非物质文化遗产，祭孔仪式不仅仅是尊崇和怀念先师孔子，更成为对中华传统礼学文化的推崇，传承两千余年不曾间断，被称为“国之大典”，在全世界的孔庙祭祀活动中传播孔子思想推广中华文化。通过祭孔大典来坚持传统文化的特色，增强全球华人的认同感，通过向世界各民族展示我们的文化包容性，进而实现中华文化的伟大复兴。

三　山东地区非物质文化遗产保护的现状与发展

齐鲁大地是中华文明的摇篮，是海岱文明、河济文明、淮海文明的发祥地，齐鲁文化也是中华民族文化的源头，其浓郁的文化氛围、深厚的文化底蕴，培育了山东传统文化鲜明的地域特征。山东作为文化大省有着丰富的非遗资源，拥有国家级非遗项目127项，拥有省级非物质文化遗产项目282项，山东省通过推动非遗传承，不断加大传统优秀文化的创新性发展不断增强非遗的影响力和辐射面。通过建立非遗保护中心，启动非遗传承人研修研习培训计划，建立了非遗传承人抢救性记录工程自评体系，并开展了培训班，通过研修实践及时记录抢救了大量濒临失传的非遗项目，也使传承人和非遗保护从业者加深了对非遗文化和文保政策的认识。通过培训机构与传承人的交流，提升了专业教育水平和文化创新能力。各类非物质文化遗产传承人技艺培训班纷纷举办，制陶、刻瓷、葫芦雕刻等众多非遗门类吸引了大量非遗爱好者和传承人进行交流和学习，通过与艺术类高校合作，学习民俗、民艺类理论课程，以及与非遗大师的交流和实践提高了学员的技艺和实践能力。

通过多领域宣传提高公众对山东非遗文化的认识，培育了非遗传承环境和传承人群。山东省文化馆举办的非遗传习大课堂就是走进学校，与小朋友交流非遗技艺的宣传媒介。东明粮画的韩国瑞、高密剪纸的齐秀花、小儿推拿的张锐等非遗传承人纷纷走进大课堂，用浅显易懂的语言教授小朋友山东的传统文化，并且鼓励孩子动手实践，让兴趣成为非遗保护和传承的工具。通过非遗传承大课堂不仅让更多的参与者接触到地方民俗，也让一个个非遗传习基地落地生根。

文化传承平台的建设取得了丰硕成果，依托“四馆一站”（博物馆、纪念馆、图书馆、美术馆和文化站）开展了各类非遗文化的展览，成为推广文化传承的主阵地，尤其是一些非遗专题博物馆的建立，既科学保存了珍贵的文化遗存，又将它们向公众展示。小磨香油博物馆是一家展示600多年香油文化的企业博物馆，将崔字牌小磨香油这项非遗项目以博物馆的形式保存和展示，陈列了大量小磨香油的历代制作技艺流程、传统制油工具、潍县沙滩大集以及潍县发展史料，表现了小磨香油这一中华老字号的历史贡献。除此之外，山东博物馆举办的“孔子学堂”和“历史教室”活动，依托传统儒家文化和文物向青少年诠释中华历史文化内涵，启蒙传统文化价值观。这些教育活动每年举办百余场次，经常邀请当地非遗传承人教授孩子泥塑、剪纸、绘瓷等动手性强的传统技艺，既为青少年培养了传统文化的理念又将各个非遗项目进行了宣传。

在国家社会全力抢救和支持非遗保护、传承的同时我们还要看到当前非遗保护形势依然严峻，在调研工作过程中发现大量非遗项目面临着后继无人、资金缺乏、保护性改造等问题，众多非遗濒临失传。据统计，现有国家级非遗传承人711人，80岁以上的占18%、60岁以上80岁以下占59%、50岁以下的占14.5%，尤其是一些传统手工技艺的非遗项目面临着无人传承的问题。每年国家财政投入大量资金用于传承人的传习补助，国家级代表性传承人传习补助从每年2万元，各省、区、市为本级代表性传承人设立了3000元至2万元不等的传习补助资金。但面对众多的非遗项目和传承人群尤其是一些对地方旅游、产业化等带动性不强的传统技艺通常是杯水车薪。“济南微雕大师王天明”由于传承遇到困难，面向社会招徒，这种技艺山东仅剩他一人，为了手艺不至失传才登报寻徒。济南鞭指巷的杜福庄胡琴铺，百年传承的胡琴制作手艺由杜文源和杜长江兄弟俩继承，但由于没有后辈愿意继承祖辈产业，两人至今没有传承人。还有一些优秀传承人已年迈体弱，面临着“身在艺在，身亡艺亡”的景象，这不仅仅是非遗的救助、文化的救助，更是对民族的救助。山东潍坊黄家庄泥塑失传50年，徐文忠老人通过记忆与努力将其“复活”。但徐文忠年逾八十，技艺传承活动已无从进行，寻不到新一代传承人。作为“龙舟说唱”的国家级传承人尤学尧于2010年病故，生前生活拮据，凭借过年过节时挨家挨户卖唱为生，逝世后其技艺也随之而去。这些非遗项目由于自身特点，其制作工艺复杂、学习时间长、市场开发潜力不大，甚至还有一些传内不穿外、传男不传女的特点，导致了没有后辈继承，财政传习资金不可能面面俱到。由于这些非遗产品并无市场，老艺人生活大多贫困，就算补助资金到位对于传承人生活和传授而言也是杯水车薪，无法从根本上形成从事非遗传承来提高生活水平的过程。

非物质文化遗产需要保持“原汁原味”的、活态的传承，在各种现代文化的纶番冲击下，传统非遗项目为了生存而迎合市场，不同程度的接受收了现代文化的改造。这脱离了非遗保护初衷的变化，并不是传统文化的创新和进步，而是让我们离传统文化渐行渐远。这需要我们将非遗保护和文化创新区别开来，在保留非遗原真性的同时利用传统文化的元素进行艺术的再加工。非遗的原真性保护就是要求表现的内容、表现的形式、表现的原料是否传统，是否同古代一致。很多传统戏剧、民间音乐的传承人在接受过现代音乐的培训后，在唱法中加入了某些美声的元素，虽然演出效果更好，但没有了原生态的唱腔这项传统技艺就变得面目全非。中原的中古音乐以“宫商角徵羽”五音为代表，很多民间的地方音乐依然保持着传统的五音唱腔，很多传承人有的迎合演出市场的口味、有的接受地方政府的集中培训，将中古音乐向西洋音乐方向改编，这导致了这些非遗项目“千曲一面”，各类地方戏都有现代京剧的影子，他们的历史文化意义也无从谈起。也许以后大量传统曲艺就是在经过现代化改编后消失的。

四 构建科学、合理的非物质文化遗产保护体系

通过相关理论的分析和实际调研，传统非遗文化的传承和保护需要制度完善、管理考核、整体性保护、宣传教育等多个层面相互促进、相互协调，将非遗保护工程同国家的文化建设、经济建设和社会建设相融合，实现传统文化的可持续发展。

（一）完善非遗保护体制，健全管理考核机制

根据2017年1月中共中央办公厅、国务院办公厅印发的《关于实施中华优秀传统文化传承发展工程的意见》，从中央到省市地积极推动非遗传承的保护和传承工作，各省分别颁布了非遗保护条例，建立了非遗保护专项资金，成立了非遗传习补助机制，建立了非遗保护中心和文化中心，设立了21个国家级文化生态保护实验区。这些措施从制度建立到非遗保护工程的落地，从根本上形成了非遗保护传承的完整体系。同时要健全管理考核机制，很多非遗保护措施并非一次投入或建立制度之后就可以放任不管，文化的保护是一个长期的过程，需要大量人力物力投入，不是仅仅作为地方政绩将非遗中心或文化中心建立起来就可以一劳永逸。非遗保护专项资金应做到传承人群全覆盖，尤其是针对那些依赖传统技艺谋生的贫困人群，应该加大帮扶力度，不要让贫困成为非遗消亡的原因。这类传承人祖辈依此谋生，因为各种原因技艺无法市场化，群众接受程度不高，传

承人没有其他盈利手段，更无后辈愿意继承。这类非遗项目不在少数，除了一次性给予专项资金，每年也应给予一定扶持，并每年考察传承人和非遗项目的生存状态，并给予评估，根据评估结果展开下一步保护和帮扶方案，尤其是需要通过政府文化部门搭建一个非遗项目产业化、市场化的平台，利用传统元素进行市场化开发，让其自身具备造血功能，逐步形成“非遗保护—市场开发—非遗保护”的良性循环过程。除了政府部门需要年度考核、评估，非遗传承人同样需要考核。针对非遗项目能否保持原始状态、能否保证活态延续、有无下一代传承、非遗项目有无投入和收入资金以及运转情况如何、获奖及学术成果等情况进行考察及评估，根据评估结果确定下一周期财政对该项目的帮扶手段。通过对双方的考核既可以获取地区非遗项目的生存状况，也可以提高传承人发展传统文化的自主性，逐步减少对政府的依赖，同时也避免了财政资金重复投入、覆盖面小、各项目不均的状况，提高非遗保护专项资金的利用效率。各项非遗保护政策的制定需要考虑非遗的特殊性，其不同于一般的文化保护，任何措施应有利于传统文化原状传承，而不应人为的改造从而失去了原始的味道，应该将产业化和市场化的创新同非遗保护区分来开，不能借市场化开发的名义使非遗濒危化甚至消失。这需要地方的非遗保护从业者脱离重视 GDP 的政绩观，不要将各种场馆的建设作为工作的核心。

（二）形成整体性保护理念，构建可持续文化生态

非遗保护强调技艺或仪式本身的保护，而任何非遗不能脱离环境独立存在。非遗属于相对封闭、自给自足的传统非物质形态，是一种长期保持相对稳定、原始的文化形态，一旦环境变化由于其无法抵抗现代文化的冲击，要么被同化要么消亡。所以，需要整体性保护非遗的原始状态和原始环境，将现代因素对它的影响降低到最小，脱离环境谈非遗保护是不切实际的。就像泰山皮影戏作为世界十大濒危非遗项目，它的技艺传承离不开驴皮道具、影窗以及伴奏乐器的制作，离不开泰山皮影戏演出团队的配合，离不开泰山老城热爱皮影戏的居民形成的泰山皮影戏繁荣的氛围。可见非遗保护并非单纯技艺的传承，而是非遗生存土壤的培育和保护，需要形成一个整体性的保护理念，将某一项非遗的保护转换成区域性整体保护，建设“见人见物见生活”的文化生态保护区。“一切文化事项都会随其所处的时代语境改变而改变。”现代虽然回不去传统文化繁荣的时代环境，但人为保持、再造保护非遗所需的当下生存环境，让这个小环境去适应非遗，让非遗在新环境中能够原始的、活态的生存下去。地方政府需要总体编撰生态区的规划，形成非遗集中、因地制宜、各具特色的区域规划。结合非遗传习中心开展非遗生态区整体保护和普及教育工作，在传统文化集中的基础上开展非遗的发掘、抢救、记录、上报工作，明确保护特点，建立实时的、可持续的非遗传承记录档案工作。文化生态区的建设在借鉴自然生态区的基础上为其他历史文化类保护提供了借鉴，通过政府规划、财政投入让一大批濒危的传统文化重现生机。同时，还应避免在生态区建设过程中人为改变非遗的原始生存环境。济阳鼓子秧歌、德州抬花轿等一类曲艺表演类非遗项目，通常在田间地头、街市庙宇进行表演，他们的传承离不开百姓生活场所的喧杂与热闹，一旦在政府规划下搬到了剧场、文化中心，他们就失去了生存的氛围，更失去了存在的意义。在遗址、古村落改造保护中，要保留原住民及其生活方式，避免老遗址翻新成新建筑，人文环境也变得面目全非，传统文化也就无法扎根生存。这是非遗整体规划中需极力避免的问题。

（三）以宣传促保护，形成非遗传播新格局

将非物质文化遗产保护同社会主义核心价值观相协调，传承中华传统文化，弘扬时代精神，既立足本国又面向世界将中国传统文明传承成果传播出去。中国非物质文化遗产博览会已连续举办四届，全国共开展其他非遗宣传展示活动 32 万余场次，累计参观观众五亿余人次。通过开展大量、高规格的非遗展示活动不仅对非遗项目进行了宣传，提高了非遗及传承人的社会关注度，也加深了不同区域传承人之间的交流与借鉴。通过以展会促宣传的活动应该进一步提高覆盖面，让大量不为人们所知的非遗项目和传承人走到台前，让藏匿于深巷中的传统文化浮出水面。山东省举办的“非遗传承发展成果展”系列活动举办了多期，展示葫芦雕刻、木板年画等多项本地非遗项目。为促进青少年了解传统文化举办了“非遗文化进课堂”“山东非遗传习大课堂”等活动，将非遗文化进入学校课堂，尤其是与美术课相结合，将美学教育与文化传承结合起来，承担起传承与创新的双重任务。

提高国家文化软实力，要努力展示中华文化独特魅力。拓展对外传播平台和载体，把当代中国价值观念贯穿于国际交流和传播的方方面面。借助国际论坛、对外文化交流项目将非遗展演作为中华传统文化的名片，既加深了不同国家、不同文化之间的相互了解，也通过国际交流宣传了传统的非遗项目。作为 2019 传统年“丝路文化月”的揭幕活动“2019 韩国・中国山东文化年”向韩方带来了鲁绣、古筝演奏、惠民面塑等传统非遗项目，向韩国民众展示了齐鲁大地深厚的历史文化。在联合国教科文组织总部举办了“孔子文化周”活动，其中泰山皮影戏传承人范正安、剪纸传承人卢雪、济南中国结编制、淄博内画、木板年画和葫芦雕刻六位非遗传承人，其精湛的技艺和其表达的民俗文化，将中华文化的独特魅力展现在国际舞台。通过多次对外交流，众多传承人逐步成长为省级、国家级工艺美术大师，成为非遗领域的领军人物，将这项传统文化发展壮大。

非物质文化遗产的传承和保护是一项长期、系统的工程，只有认识到非遗对于中华文化发展的意义，采取科学、有效的措施才能保持非遗项目的可持续发展，实现各个非物质文化遗产呈现的异彩纷呈，推动山东文化强省的生态文明建设，建设社会主义文化强国。让非遗成为中华优秀传统文化的代言人。

参考文献

[1] 中共中央宣传部：《习近平总书记系列重要讲话读本》，人民出版社，2016年，201页。

[2] 苑利、顾军：《非物质文化遗产干部必读》，社会科学文献出版社，2013年，3页。

[3] 李先明、成积春：《中华优秀传统文化传承体系的构建：理论、实践与路径》，《南京社会科学》，2016年11期，139页。

2019『新时代博物馆展览提升与发展』学术研讨会
——暨山东省博物馆学会陈列艺术专业委员会年会胜利召开

文/张红雷　山东博物馆

图一　开幕式现场

2019 年 11 月 8 日至 9 日，作为 2019(山东)国际文物保护装备博览会的重要组成部分，由山东省博物馆学会、日照市文化和旅游局主办，山东省博物馆学会陈列艺术专业委员会和日照市博物馆承办的 2019“新时代博物馆展览提升与发展”学术研讨会暨山东省博物馆学会陈列艺术专业委员会年会在日照国际博览中心召开，参会代表和特邀嘉宾 80 余人共同出席了本次会议。出席会议的领导有：山东省文化和旅游厅副厅长王廷琦、山东省博物馆学会理事长郭思克、山东博物馆党委书记、馆长郑同修、山东省博物馆学会监事长王斌、山东省文化和旅游厅博物馆与社会文物处副处长荣瑞峰、日照市文化和旅游局局长张东。会议开幕式由山东省博物馆学会秘书长卢朝辉主持。

王廷琦副厅长指出，目前全省博物馆 558 家，总量占全国十分之一，国有博物馆 158 家，非国有博物馆 327 家，行业博物馆 73 家，其中国家一、二、三级博物馆 52 家，492 家博物馆实现了免费开放。对照目前博物馆发展的新形势、习总书记的要求和人民的期待，审视全省博物馆事业的发展现状，还有很多不足。新时代博物馆建设事业要从高速度发展转向高质量发展。不能盲目追求发展数量，更要关注博物馆发展的内涵。目前全省的陈列展览水平参差不齐，大多数强调学术性、专业性，而趣味性和观赏性不足。展览主题挖掘不够，思想不深，表现手段单一，缺乏群众喜闻乐见的精品。合作办展、共同策划的展览偏少，跨行业、跨地域的展览交流比较稀缺，展览同质化、平庸化、模式化的现象突出，存在“千馆一面、千展一面”的现象。做好展览工作，需要综合素质，需要强调 3 点，第一，严守意识形态阵地，确保意识形态安全。第二，挖掘中国文化精神，表现文物展览的现代价值，弘扬核心价值观，不要为了展览而展览，要深入挖掘文物背后的故事，讲清历史的发展脉络。第三，坚持以人民为中心的办展导向和服务导向，展览要接地气，有观赏性和吸引力。

郭思克(孔子博物馆馆长)在致辞中指出，博物馆陈列展览是博物馆与公众交流传递信息的特有语言，在博物馆的各项业务活动中处于核心地位。新时代如何更好地策划举办陈列展览，提升展览水平，是摆在文博人面前的一项重要课题。博物馆在经济社会发展中的作用越来越明显，但是全省各级博物馆存在两极分化的趋势，省级博物馆和国家一级博物馆的带动作用和溢出效应非常突出，而绝大多数博物馆还处在被平均被抬高的层面。大而不强、博而不均的现象比较明显。全省博物馆陈列展览的办展理念、策展方式、展示手段等与先进省份相比还存在非常大的差距。山东省博物馆学会陈列艺术专委会今年四月成立以来，组织开展了一系列富有成效的活动，成为山东省博物馆学会开展工作的有力抓手和陈列展览领域沟通联络的重要渠道。本次会议就陈列展览在新时代的提升与发展的主题展开研讨，是非常必要的。

图二　与会嘉宾合影

张东局长在贺词中强调日照历史悠久、文物资源丰富，发展博物馆事业是建设文化强市的重要抓手。希望借举办本次盛会的有利契机，加深展览业务的学习与交流，汲取经验，拓宽视野，为开创本市文化建设新局面寻找新思路、新方法。

2019“新时代博物馆展览提升与发展”学术研讨会特邀中国博物馆协会陈列艺术委员会主任刘鹭、首都博物馆副馆长黄雪寅、中国科学院空天信息研究院研究员王心源、江苏省美术馆原副馆长陈同乐、南京博物院文物保护研究所所长张金萍等进行主旨发言，邀请文物保护装备相关企业代表做新技术分享发言。与会专家从博物馆展览提升和发展两个维度，围绕“新时代展览的标准”“陈列展览展示与文物保护”“新时代展览发展趋势”等几个议题展开学术讨论。

刘鹭作了题为《博物馆历史、纪念类陈列展览的创新之路》的专题报告，介绍了全国博物馆概况。截至2018年底，全国博物馆保有量5354座，一级博物馆130座，二级博物馆286座，三级博物馆439座，2018年全年博物馆接待参观9.7亿人次，制作完成了2.6万个展览。综合类专题类的博物馆正在成为城市的新中心、新门户和新客厅。此外还就博物馆与纪念馆在陈列展览上的差异，作了专门阐述。博物馆展览强调实物的见证作用，纪念馆侧重教育和形式的表现。最后结合全国陈列展览十大精品评选活动，就博物馆展览创新提出新的建议，分别在内容策划、文物选取方面的创新研究作了精彩阐述。他指出，革命历史类展览风格和表现正在由红光亮，高、大、上、贵的做法，转向质朴简约的审美追求、简化辅助表现手段，直奔主题。强调“以物见事、以物见人、以物见精神”。

黄雪寅作了题为《展览策划与当下公众需求》的专题演讲，提出了博物馆与美术馆各自策展人制度的差异化问题，以及博物馆展览理念以观众为先导的重要性。现代观众与博物馆没有围墙，观众参与策展是非常必要的。博物馆与公众之间应该搭建一座交流的桥梁。现代博物馆要从全方位服务观众，在藏品研究、文物保护、展览宣传、广告导览信息、开幕活动、展厅空间、讲座论坛、图书文创商品甚至餐饮休息等等多方面都要深入研究观众需求，为观众打造文化大客厅。此外还提出了博物馆参与文化外交的职能创新问题。

王心源作了题为《数字文化遗产保护与发展》的专题报告。

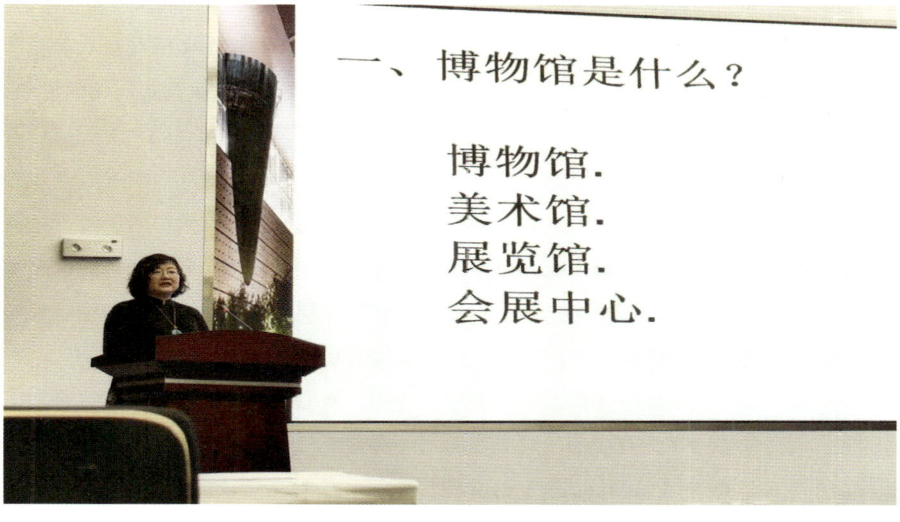

图三　首都博物馆副馆长黄雪寅作主题演讲

图四　中国博物馆协会陈列艺术委员会副主任陈同乐作主题演讲

他认为博物馆不是如同传统图书馆的分门别类的展示场，而是策展方与考古方、历史文化方、科技研究方、文化创意方等多方共同打造，营造出一个回归文化遗产所在时代的自然与文化环境的场所。合理利用遥感技术无损探测文化遗址，助力于考古遗址环境的数字化重建，则是“空间考古学”的主要研究内容。空间考古学致力于数字文化遗产的保护与发展，为博物馆打造虚拟 3D 历史空间提供技术支持。

陈同乐以《后博物馆时代》为题专门从博物馆策展与人、策展与展览、策展与博物馆三个层面阐述了博物馆在新时代的发展趋势。他指出中国博物馆语境中的策展人和西方博物馆的 Curator 从来不是等同的概念。当博物馆内部没有足够的专业人员进行展览策划，外部策展人可能会在未来的一段时间内继续与博物馆合作。进而提出两个问题：第一，什么样的策展机制适合当前中国博物馆展览的发展？第二，策展人在展览建设过程中究竟应该扮演什么样的角色？他提出一个发人深思的怪现象：今天我们在反对千展一面的情况下把所有的展览做成千展一面。这里面存在策展制度的深层问题。以前策展人只是把历史文献研究、文物的组合作为策展的基本方式，而今天的策展人是以发现、创作作为策展的基本方式。不要让观众觉得自己很愚蠢，而应该做观众喜欢的展览。陈先生展望博物馆在新时代的发展趋势时指出，博物馆是发现意外之美的地方，博物馆是文化交流的空间，博物馆是带来灵感的空间，博物馆是能唤起沉思和学习的地方。今天 5G 时代的来临，已经发生观众更新、理论更新，进而倒逼博物馆进入“后博物馆时代”，博物馆展览的面貌从静态到动态、从单一到多元、从物到人，博物馆要使观众从参观展览到参与展览、从加入展览到融入展览、从体会展览到体验展览，从长知识到增见识、从理解技术到感悟艺术、从心理感受到精神享受，参观博物馆要成为观众人生的成长历程而非简单的教育过程。

来自南京博物院的张金萍作了题为《陈列中的预防性保护》的专题报告。她首先梳理了“预防性保护”的概念及其内涵，以及开展文物预防性保护的必要性和重要性。做好预防性保护的措施可分为四个层面，分别是博物馆建筑层面、微生物防治层面、日常养护层面、环境调控层面。结合在南京博物院的工作实践，她介绍了展览中预防性保护工作的特点和原则。在展览中尤其要重视展厅小环境、展柜微环境的控制，文物必须在洁净、稳定的微环境中才是安全的。对文物展示环境的空气质量、温湿度、曝光量、色温的精准控制是搞好一个精品展览的物质前提。

来自文物保护装备相关企业的代表作了新技术分享发言，席间有代表针对专家的主

图五　会议讨论现场

旨发言提出了不同看法，就博物馆展览实践中的具体问题进行了深入讨论。

山东省博物馆学会陈列艺术专业委员会年会由山东博物馆陈列部主任王勇军主持。他指出本次年会主要有两个议题，一是统计总结并通报今年省内主要展览情况；二是商讨专委会的工作计划。

根据前期对陈列艺术专委会 35 家委员单位提交的本年度陈列展览情况统计总结出本年度一共举办各类陈列展览 295 个，教育活动 300 余次，且各馆对原创展览越来越重视。随后山东博物馆、孔子博物馆、烟台博物馆、青州博物馆及临沂市博物馆等 5 家单位的代表对各自所办展览情况进行了详细汇报。山东博物馆介绍了基本陈列、临时展览、教育活动和文创产品四个方面的情况；孔子博物馆由于刚刚开放不久，因此重点介绍了博物馆选址的缘由，以及基本陈列中如何用具象化的手段表现抽象的孔子文化和精神。烟台市博物馆、青州博物馆、临沂市博物馆也对本馆的基本陈列、专题展览和教育活动的开展情况和取得的成效进行了汇报。

针对专委会今后一段时间的工作规划与会代表积极热烈地进行了讨论。为加强省内博物馆陈列工作的深入交流与合作，大家结成初步共识，一致赞同成立山东省博物馆联盟、召开全国陈列工作者会议、开展全省博物馆陈列展览历史与现状统计研究（由各地委员分区域包干）等多方面的计划和构想。

在自由交流阶段，济南市博物馆刘小漪副馆长提出现在是博物馆事业发展的最佳时期，抓住大好历史机遇做好陈列展览工作是我们博物馆人的责任和义务，大家应该发挥创新思维，发挥各个馆的特色和优势，探索出一条科学合理的办展模式，提升展览水平。筹办一个展览不是陈列部门的孤立行为，应该与社会教育和文创开发等部门协同工作。此外，与会代表立足自身发表了各自的畅想和建议。比如，有的希望参与或者观摩先进博物馆的展览项目运作的过程中，进行现场学习；有的希望把陈列艺委会年会和专家研讨会办成各成员单位轮流举办，便于更多的基层博物馆业内人员参与学习；有的希望专委会发起全省青年策展人陈列展览大赛，鼓励创新，给新人创造发展的平台；有的希望专委会多办陈列专业的培训班，解决在职继续教育的迫切需要等等。

本次学术研讨会暨陈列艺术专委会年会的胜利召开，将对山东文博事业的发展产生重大影响。与会专家和嘉宾的真知灼见，参会代表们就会议主题进行的充分讨论和深入交流，达成的共识和今后的工作计划将有助于拓宽我省博物馆人的办展思路，创新办展理念，有助于提升山东文博陈列展览的水平，有助于推动全省博物馆事业发展，助力经济文化强省建设，探索中国特色的陈列展览发展路径。

济南市博物馆2019年展览简述

文/杨　倩　济南市博物馆

2019年，济南市博物馆共举办《博古聚珍——济南市博物馆藏一级文物特展》《气韵游心 神采用笔——济南市博物馆藏宋元明绘画特展》《重温红色记忆 见证光辉历程——庆祝新中国成立70周年红色收藏展》等26个临展；加强馆际交流，馆藏文物赴烟台市博物馆、滨州市博物馆、历城区博物馆展出，引进烟台市博物馆、上海浦东南汇博物馆、莱芜博物馆精品展览。现择期要者简述如下：

一 《博古聚珍——济南市博物馆藏一级文物特展》

展出济南市博物馆珍藏的陶器、瓷器、青铜器、砚台、杂项等一级文物共32件（套），大部分文物为首次对外公开展出。

二 《气韵游心 神采用笔——济南市博物馆藏宋元明绘画特展》

共展出馆藏宋元明时期纸本、绢本绘画作品 26 件，画幅形式主要有立轴、长卷、条屏、扇面等。

三 《流光溢彩——济南市博物馆藏珠宝玉石臻品展》

共展出 67 件馆藏珠宝玉石精品，时代上溯新石器时代，下至中华民国。

四 《松鹤延年说颐园——馆藏松年书画特展》

精选馆藏、原店藏清末书画家松年的纸本、绢本书画精品 32 幅。

五 《重温红色记忆 见证光辉历程——庆祝新中国成立 70 周年红色收藏展》

展出建党初期、抗日战争、解放战争、建设新中国等各个历史时期的百余件“红色藏品”，还展出了许多体现新中国成立 70 年来经济、文化、科技、社会生活变化、具有纪念意义的“老物件”。

六 《画为心声——济南市博物馆藏近现代名家书画精品展》

展览遴选馆藏 49 位书画家、28 件套、57 幅书画精品，摒弃了传统平铺直叙，采取分单元论述，以弘扬爱国主义精神为核心，将书画艺术与爱国情怀有机交融。

七 《一指定乾坤——济南市博物馆藏扳指臻品展》

展览遴选馆藏精品扳指百余件，时代跨越商、清、民国近三千年的历史，绝大部分藏品是首次公开展出。

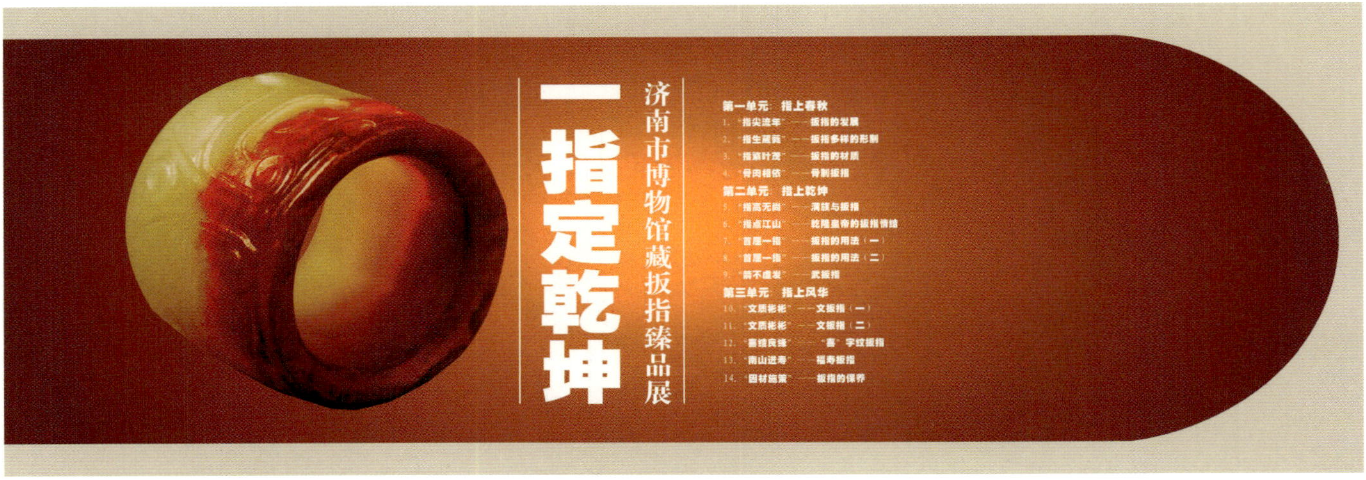

威海市博物馆2019年临时展览简介

文/周　强　威海市博物馆

2019 年威海市博物馆共举办临时展览 17 次。其中原创展览 13 次，馆际交流合作展览 4 次。威海市博物馆在充分利用馆藏文物的基础上，进一步发掘社会资源，成功举办多个展览。2019 年举办的重要展览如下：

一　穿过硝烟的记忆——红色胶东革命文献主题展

为庆祝新中国 70 年华诞，6 月 29 日至 8 月 7 日威海市博物馆策划举办了《穿过硝烟的记忆——胶东革命文献主题展》。400 余件 / 套珍贵档案、资料讲述了胶东革命根据地在抗日战争和解放战争时期的烽火岁月，激励当代人“不忘初心，牢记使命”。该展览开放一个半月，接待观众近 4 万人次，荣获 2018-2019 年度全省博物馆十大精品陈列展览“优秀奖”。

二 百年经典 晚霞生辉——威海民间晚清民国瓷器收藏展

本展览由威海市博物馆与威海市收藏家协会合作举办，展期8月24日至9月25日，共展出晚清民国期间110件套精品瓷器，是威海首次有规模、系统性的大型瓷器收藏展，展示了民间收藏成果，对提高市民收藏文化的认识、丰富群众精神文化生活起到了积极作用。

三 花径漫步——江宏伟工笔画展

本展览是威海市博物馆与著名画家江宏伟合作举办，展期为10月19日至11月30日，展出花鸟工笔作品80余件，包括工笔画、瓷板画、瓷瓶等。不仅有香港凤凰卫视等知名媒体对开幕式进行直播，还吸引了省内外众多观众专程来威海观展。江宏伟先生向我馆捐赠绘画及瓷绘作品共两件，均具有较高的艺术价值和收藏价值。

除此之外威海市博物馆还举办了《2019 第五届中国设计院校大学生生肖猪文化设计大赛优秀作品全国巡展威海站》《拓印威海——威海古代石刻拓片展》《毕克官水墨漫画精品展》《大美寻源圣地撷英——杨晓霖国画作品展》《大美寻源翰墨薪传——诗书画印系列巡回首展》《大美中国古文字——庆祝建国七十周年暨威海第二届古文字书法篆刻展》等原创展览。2019 年威海市博物馆继续坚持“走出去”与“请进来”相结合，深入开展馆际交流合作，与中山市博物馆合作举办《幽上一默——方成漫画作品展》，与晋江市博物馆合作举办《贴得人间喜气来——晋江市博物馆典藏年画展》，与湖北明清古建筑博物馆合作举办《碧瓦朱甍——荆楚古建筑图片展》等。同时还策划了《漫妙丹青——中国当代水墨漫画作品展》等精品展览在全国各地巡展。